晚清帝国风云Ⅲ

火燒圓明园

关河五十州／著

中国出版集团 现代出版社

图书在版编目（CIP）数据

火烧圆明园 / 关河五十州著 . —北京：现代出版社，2018.1
（晚清帝国风云系列）
ISBN 978-7-5143-6667-9

Ⅰ. ①火… Ⅱ. ①关… Ⅲ. ①中国历史—清后期—通俗读物 Ⅳ. ① K252.09

中国版本图书馆 CIP 数据核字（2017）第 303619 号

火烧圆明园（晚清帝国风云系列）

作　　者	关河五十州
责任编辑	张　霆　哈　曼
出版发行	现代出版社
通信地址	北京市安定门外安华里 504 号
邮政编码	100011
电　　话	010-64267325　64245264（兼传真）
网　　址	www.1980xd.com
电子邮箱	xiandai@vip.sina.com
印　　刷	三河市宏盛印务有限公司
开　　本	710mm × 1000mm　1/16
印　　张	22
字　　数	355 千
版　　次	2018 年 1 月第 1 版　2018 年 1 月第 1 次印刷
书　　号	ISBN 978-7-5143-6667-9
定　　价	49.80 元

目录

郭嵩焘做事的原则是“循理”，他认为对西洋各国也适用这一原则。所谓“循理”，就是讲道理，放到外交领域就是要遵循通行的规则。他对僧格林沁说，打不是不可以，但打之前一定不要破坏外交规则，这样万一仗打胜了，可以让对方心服口服，免除后患，就算打败了，自己也堂堂正正，不会输理。僧格林沁是坚决的主战派，而且那时正想施计挫败对方，他认为郭嵩焘不过是书生之见，根本听不进他的意见。

就连宫中嫔妃都有人表示了异议，这个提出异议的嫔妃就是咸丰长子的生母、懿贵妃叶赫那拉氏。在北巡这件事上，那拉氏表现得比自己的丈夫更勇敢，她力主咸丰留在京城：“皇上在京，可以镇摄一切，圣驾若行，则宗庙无主，恐为夷人践蹈。”那拉氏也懂得一点历史，她引用东周时期周平王东迁，“天子蒙尘，永为后世羞”的典故，说咸丰如果要弃京城而去，也会因此承受同样的羞辱。

曾国荃诚然不是弱将，但吉字营是弱兵这一事实却无法遮掩。以弱兵围城，怕就怕外围敌援兵过于强大，连阻援部队都挡不住，结果来个反包围，把他们给困在城下。江南大营两次被太平军击破于南京城下，便足可为前车之鉴。曾国荃在攻城时不可能完全没有这种心理阴影，胡林翼教给他的方法是要学会“懵懂”。

“懵懂”者，迷糊也。胡林翼的意思是说要做大事不能瞻前顾后，适当迷糊一下是必要的，否则就什么事都干不成，“天下人，唯懵懂足以成事”。

第一章

天下兵将只靠湖南

1858年11月中旬，湘军遭受到了有史以来最大的一次挫败，其主力李续宾部在三河全军覆灭。

三河战役令湘军元气大伤，用曾国藩的话来说，已是“如车脱一轮，鸟去一翼”。三河战役刚刚结束，陈玉成、李秀成就乘胜分两路南下，其中陈玉成一路在桐城再次大破湘军，湘军仅将领便战死二十多人，所余各部士气低落，风声鹤唳。

太平军既夺桐城，接下来便剑指正在围攻安庆的鄂军。鄂军系胡林翼所部，因步兵兵勇也全部招募自湖南，所以实际仍属湘军，总指挥为荆州将军都兴阿。

都兴阿、西凌阿是兄弟俩，二人曾同率黑龙江骑兵，在僧格林沁的指挥下与北伐的林凤祥、李开芳大战。事后，弟弟西凌阿以钦差大臣的身份被调到湖北作战，哥哥都兴阿也后脚跟前脚，带着骑兵前往助阵。

西凌阿在南方水土不服，总打败仗，不久便被革职。都兴阿不仅坚持下来，而且还从湖北打到安徽，与李续宾分别担负起了统领安徽战场之责。

李续宾在的时候，形势很好，但随着李续宾部被消灭，都兴阿的日子就不好过了。按照曾国藩的“主客之道”理论，如果说原先湘鄂军是“主”，一旦陈玉成反打过来，由于湘鄂军在安庆外围已无打援的机动兵力，可就要变成“客”了，这叫主客易位。

发现情形不对，都兴阿急忙下令从安庆撤围，将兵力收缩至宿松一带。陈李联军在解除安庆之围的同时，又搂草打兔子，捎带将安庆周围的潜山、太湖等重镇揽入怀中。

按照这个趋势发展下去，宿松似乎也唾手可得，但与湘军不同，鄂军虽然退却，部队尚完好无损，尤其是李续宾部全军覆灭这一惨痛事实，让他们不敢再存有任何骄兵轻敌的念头。

第一勇将

鄂军开始要铆足劲使绝活了。都兴阿主动撤围、退兵宿松此举，不管他是有意识还是无意识，都暗暗符合了“主客之道”的准则。

战场形势千变万化，一转眼的工夫，鄂军已由被动变成了主动。可是陈玉成却没有看到这一点，他太急于将湘军全部逐出皖境，匆匆忙忙地便调兵对宿松发起了进攻。

都兴阿除了脑子较为清醒外，运气也比弟弟西凌阿好得多，尤其是他还有一个非常厉害的部将，此人名叫多隆阿，被公认为是继塔齐布之后八旗的第一勇将。

多隆阿祖居黑龙江齐齐哈尔城，据考证属于蒙古八旗，也因此从小就像很多蒙古人一样练就了一身骑射的本事。他原先在北方跟着胜保打仗，之后才随都兴阿来到南方。都兴阿领兵出战，多隆阿总是以先锋官的角色在前线一马当先，左冲右突，世人谓之“突将”。

塔齐布固然勇猛绝伦，每战必身先士卒，但他充其量只是一员猛将，用兵没有什么方略。塔齐布每次传令出战，命令上都不说某营应从哪路进兵，某营和某营如何接应，或者怎样进行埋伏，弄得部下们茫然不知所从。向他请示，他也答不出个所以然出来，只说你们跟着我往前冲就好了，实际上他是根本不知道该怎么办。

多隆阿则不然。他不但部署有方，而且作战时经常可以料敌先机，出其不意。有些捧他的人甚至说韩信、曹操的谋略都不及他。吹自然是吹得过了些，但多隆阿智勇双全，仗打得好是真的。

战将最忌骄傲和急躁，李续宾兵败三河，败在一个“急”字上，如今陈玉成也犯了同样的错误。多隆阿紧紧抓住他急于求战的弱点，明知太平军大兵将至，却故意在营中大摆宴席，通宵达旦地吃饭喝酒。

获知这一情报，陈玉成判断多隆阿没有防备，遂乘夜对其军营进行突袭。谁知多隆阿早已在要隘处预先设下伏兵，太平军一出动就中了埋伏，被杀得大败。多隆阿随后乘胜追击，一口气摧毁太平军营垒三十余座。

作为多隆阿的上司，都兴阿也没闲着。他指挥骑兵击败了陈玉成部将李四福的进袭，陈玉成两面夹击宿松的计划由此完全落空。

陈玉成一心要把湘军挤出安徽，虽然吃了败仗，但并不甘心就此罢手。不久他便回太湖与李秀成商议，希望能与其联手再攻宿松。

李秀成认为湘军刚刚获胜，气势正旺，不可轻易与之交战。无奈陈玉成一再强调自己已定下妙计，反败为胜的把握也极大，李秀成拗不过他，只得表示同意。

陈玉成的妙计是沿太湖二郎河抄袭宿松。计策是不错，但他和李秀成都没有料到，扼守二郎河的鲍超会那么厉害，可以说丝毫不亚于多隆阿。

鲍超是重庆人，自幼丧父，母亲给人家当奶妈，家里穷得那真是底朝天，因为生活所迫，他一直给人做杂工，连私塾都没读过。

太平天国起义爆发的那一年，重庆籍的向荣募兵组建“川勇营”，鲍超应募入伍，当了一名担水夫，实际也就是军营里的伙夫。向荣后来尾追太平军去了江南，鲍超没有随军东进，他带着妻子来到长沙，想在长沙城里混口饭吃。无奈他大字都不识几个，谋生岂是易事，没多久夫妇俩就坐吃山空，花光了身上几乎所有的积蓄。

从小就穷，想着长大后总能改变人生，料不到的是壮年之后更穷，鲍超苦闷到简直没法活，他搜遍身上仅有的铜板，到街上买来酒菜，又在酒菜里下了毒，准备和妻子一起做个饱死鬼。

邻居老太太认识在湘军水师中当营官的黄翼升，便把这件事情告诉给了他。黄翼升一听，赶紧前去敲鲍超家的门，结果发现门闩都已经插上了，而且屋里的人也不愿开门。他救人心切，干脆砸掉大门冲了进去，进去一看，呵，鲍超夫妇对面而坐，正要举筷子呢！

黄翼升问鲍超，老太太所说是否属实。在鲍超承认自己的确是想要自杀后，他劝说道：“我看你也是个壮士，为什么要像庸男俗女那样，动不动就哭哭啼啼地寻死呢？”

鲍超又羞又愧，就把自己的落魄之状说了一遍。黄翼升救人救到底，胸脯一拍：

“你跟我参加湘军吧，这样不但可以不死，而且说不定还能有飞黄腾达的一天呢！王侯将相宁有种乎？”

湘军采取厚饷养兵制度，普通士兵的军饷便足以养活家人，但湘军同时又施行“兵为将有”，兵都是由将自招，而且招募的主要都是湖南兵。换句话说，如果黄翼升不主动开口，鲍超恐怕连湘军的门槛在哪里都找不到。

鲍超绝处逢生，对黄翼升十分感激，当下就流着眼泪给恩人叩了头。黄翼升说到做到，马上拉着鲍超回到了军营，因为鲍超是中途破例招募的士兵，所以他还专门向曾国藩进行了引荐。

有什么难的呀

据说曾国藩擅长相面之术，连一本《冰鉴》也伪托是他的相面专著，但彼时的曾国藩却绝对“相不出”鲍超日后的成就。真正重视鲍超并把他提拔起来的人其实是胡林翼。

那还是胡林翼及其湘军水师鏖战于武汉的时候。当时太平军跨踞武昌、汉阳两城，他们在江岸边用石头垒起了多如繁星一般的水寨，用来拱卫两城，同时又依托于水寨，跨江建起浮桥。这些浮桥以形同巨臂的铁索组成，远远看去，仿佛是在洪波之中开辟出了一条坦途。

每次湘军整好队伍还没出发，水寨中的太平军就已通过望远镜观察到这一情形，并且提前做好了准备。湘军攻汉阳，武昌的太平军就猛袭其侧背；攻武昌，汉阳的太平军便直冲其腹心，反正两城之间的人马随时可以通过浮桥相互增援，非常便捷。

湘军白天无隙可乘，晚上呢？也不行。太平军在浮桥上点着火炬，把个江面照得通明，而且二十四小时都有人值守。

胡林翼召集部下幕僚开会，密谋破浮桥的办法，可是一时之间谁都想不出高招，这让他非常着急。

胡林翼平时喜欢穿着便服在军营巡察，借以暗中考察和选用军中的能人异士。一天他闲步从一座营房旁经过，正好看到有人从帐中走出，而且一边走还一边嘀咕着："有什么难的呀？如果用我鲍超，早就将浮桥毁掉了。"

说者无心，听者有意，胡林翼暗暗记住了营房的编号，回到中军帐后即派侍卫前往该营房找人。一名幕僚听后不以为然地笑起来，他对胡林翼说："那不过就是一个说话不过大脑的笨蛋士兵罢了，能知道些什么？这样的人吃饱了没事干，整天就会信口胡吹，明公（对胡林翼的尊称）日理万机，不值得为此人浪费精力。"

鲍超是不是信口胡吹，胡林翼自有办法辨别，他回答道："你说得不对，此人既敢夸下海口，必定有特别之处。"

不一会儿，侍卫就带着鲍超来到了中军帐。胡林翼二话不说，单刀直入："你是不是说过你能毁浮桥，你这话是否当真？"

当着胡林翼的面，鲍超并未怯阵："说过，当真。"

胡林翼又问："如果这件事交给你去做，你要用几个人？需要什么工具？"

鲍超首先提到的是随军铁匠。在胡林翼将铁匠召来后，鲍超交给他们一个活，要求打造十二柄特别锋利的钢斧，锋利的程度是一斧头砍下去，必须能将铁索断为两截。

胡林翼问他除了钢斧，还需要什么。鲍超回答说差不多了，人手方面，他自己会在士兵中约集一批壮士，组成敢死队，只要胡林翼将这些人都交由他调用即可："现在就等铁匠把钢斧铸好，一拿到钢斧我们就出发，到时再向大帅禀报。"

钢斧很快就铸好了。一天黎明，鲍超率队带着钢斧走出军营，其时浓雾锁江，渺不见人，非常适于执行秘密任务。出发前，他依约到中军帐中向胡林翼辞行，并且要求一旦看到敢死队砍断浮桥，后续大军必须立刻进行策应。胡林翼点头答应下来。鲍超等人随即划着几只小渔舟，沿江岸前往浮桥。

虽然隔着浓雾看不清人，但在浮桥上值勤的太平军哨兵还是听到了船桨划水的声音，他们急忙吹起号角，召集队伍准备抵御。鲍超早已有备，他事先在船头放了许多吃的喝的，把渔舟装成酒船。随着渔舟慢慢向浮桥靠近，看清来者只是"酒船"，太平军便放松了警惕，相互吆喝道："这是酒船，都是些做小买卖的，不是妖（太平军对清军的贬称）。"

打仗也不能不吃东西不喝酒，平常就有许多商贩驾舟在江上往来交易，太平军和湘军也都从他们手里购买食品，所以大家对此已经习以为常，浮桥上刚刚集结起来的队伍也就散掉了。

在太平军失去防备的情况下，鲍超率队迅速将渔舟泊于浮桥之下，众人拿出藏好的钢斧便朝铁索猛砍。随着铁索被一一砍断，浮桥瞬间崩塌，桥上铺设的白板木片四散坠落，几乎把江面都给遮住了。

浮桥崩塌时，声音大到如同堤坝被洪水冲垮。正在待命的湘军水师大部队一听就知道敢死队已经得手，遂战舰齐上，火箭纷飞，在击退太平军的反击之后，将武昌和汉阳之间的江面完全控制起来。

从毁浮桥一役起，鲍超受到胡林翼的赏识和拔擢，从一个普通士卒逐级晋升为水军准将。私下里，胡林翼也非常喜爱鲍超，鲍超字春亭，胡林翼亲自给他改为春霆，见了面总是亲热地喊他："春霆大弟（相当于老弟）！"

多龙鲍虎

湘军以营为基本作战单位，有一次胡林翼对鲍超说："春霆大弟，你真是个将才，如果能带着两营陆军作战，必为出奇制胜之偏师。"

言者或许无意，听者却分外有心。鲍超随即到长沙招募了两营共三千多名兵勇，然后率部来见胡林翼。胡林翼感到有些后悔，因为他并未给鲍超下达募兵令，换句话说，就是这两营人马实际是没编制的，而没编制也就等于军饷方面出现了大缺口。不过既然已经招来了，再遣散是不可能的，胡林翼只能另外设法给他们凑饷。

湘军中凡五百人以上的大营常常以指挥者的名字来称呼，鲍超字春霆，他的部队便被称为霆营，也称霆军。霆军自成立起，其军饷就不稳定，有的时候有，有的时候没有。

没有军饷怎么办？总不能听任部队垮掉。鲍超的办法是每攻克一座城池，便允许部队劫掠三日，三日后再整肃军纪，做出秋毫无犯的样子。

湘军一般来说军纪还都不错，但鲍超的霆军在外面的名声却很差，曾胡能够一直予以容忍，完全是因为霆军特别能打仗，是一支不可或缺的劲旅。

鲍超练兵颇有一套。有的营排兵布阵时，是以低级武官和新兵驱前，高级将领率强兵督后，鲍超反其道而行之，他把级别高些的营官全都安排在队伍的最前列。

太平军老远一看这些人的衣服，就知道他们的身份，于是常常集中力量予以攻击。营官们为了保护自身安全，必然要挑选和训练精兵随其左右，这样鲍超都不用自己过分操心练兵的事，营官们会自觉自愿地去做。

亲自上阵搏击是鲍超打仗的一贯风格，不过他并不光靠蛮勇取胜。每次与敌人相遇，他的第一反应不是哇哇叫着拎两把板斧往前冲，而是深沟高垒，以静制动。在此期间，他四处派出间谍，对敌方将领的情报进行刺探和收集，以便全方位了解其性格为人和行军作战的特点。

收集情报只是第一步，第二步是实地侦察。在战前的两天，鲍超会带着几名营官亲自到前沿，对敌方营垒及其前后左右的地形进行仔细观察，并在回营后将观察结果画成草图。

第三步是开“诸葛亮会”。营官们被全部召集到中军帐，对照着草图商讨战法，讨论时大家可以畅所欲言，甚至于唇枪舌剑，互相辩论，总之是碰撞出的智慧火花越多越好。

开完会，定下战策，就进入了执行阶段。鲍超这时的要求是各司其职，不能再有任何异议，谁违反了规定，战后即以军法处置。

因为情报未搜集完整或形势不利于仓促出战，霆军常有与敌人相持长达数十天的情况，但是一旦决定要打，就一定要打到赢打到底，而且必须是歼灭战。有时部队追溃败之敌，一追就要追一两天，在这种情况下，鲍超也不肯舍弃，他就是要打一股灭一股，这一股如果不灭掉，就绝不匆匆忙忙地另开一席。

曾国藩总结湘军的基本战术，谓“结硬寨，打呆仗”，鲍超虽非曾国藩一手提拔，却将湘军的这种战术特点和优势发挥得淋漓尽致。

在二郎河一役中，陈玉成率先败于鲍超之手，营垒被霆军击破，所部死伤达万余人。发现太平军突进二郎河，多隆阿也挥兵杀到，李秀成拼命力战，才勉强保住了六座营垒。

无论鲍超还是多隆阿，在用兵方面都不莽撞。他们知道这两次能打胜仗都只是钻了陈玉成急躁轻进的空子，太平军仍拥有反败为胜的足够实力，因此天黑后就马上收拢部队，以防遭到反噬。乘此机会，陈玉成、李秀成方得以连夜突围。

长江后浪推前浪，过去在湘军大将中塔罗（塔齐布、罗泽南）齐名，如今多隆阿和鲍超已足以取代他们的位置，军中呼为“多龙鲍虎”。陈李联军本有希望借三河大胜之势横扫湘鄂军，但因为多隆阿扼守宿松，鲍超据守二郎河，胜利之师在二人面前又变成了败军，原有计划自然也就无法实现。实际上，陈李联军至此就停留在了太湖一线，未能再往前推进一步。

获悉太平军连胜的势头被遏制，胡林翼断言：“贼（对太平军的贬称）不能乘着我军士气沮丧之机，合力继续进行攻击，单从这一点来看，我就知道他们走不远了。”

话虽是这么说，但经过三河、桐城两战，太平军在安徽曾面临的危机已然解除，与此同时，他们暂时不敢动的也只是湘鄂军，打绿营依然不在话下。

在太平天国后期涌现出的主要统兵将领中，除了陈玉成、李秀成外，尚有李世贤、杨辅清、黄文金等人。李秀成将重点放在江南，到安徽这边只是应陈玉成之请进行联合作战，所以在曾国藩、胡林翼看来，他的威胁性反而最低，尚排在李世贤等诸人之后。

以在安徽战场上的活跃程度而言，李世贤被认为仅次于陈玉成。就在陈李联军都止步不前的时候，李世贤在安徽宁国连破绿营各部，1858 年 12 月，又击破清军湾沚大营，浙江提督、督办宁国军务的邓绍良阵亡。消息传出，朝野为之震惊。都兴阿上书咸丰，奏请让胡林翼“夺情视师”，居中指挥，同时他还提到在三河战役中，如果有胡林翼在武昌调度，李续宾绝不至于孤军落败，行文措辞颇为激烈。

都兴阿的这份奏折所触及的正好也是咸丰的心病，他当即给胡林翼下达了“夺情视师”的圣旨。

笔墨游戏

三河之败早就令胡林翼坐卧不安，急欲奔赴沙场，现在皇帝既颁下圣旨，“夺情视师”似乎显得更加有理有据，可他同时又是个出名的大孝子，即便接到圣旨，内心也仍处于两难之间。

是曾国藩的来信最终促使胡林翼下定了决心。曾国藩在信中说，湘军在三河阵亡将近六千人，元气大伤，今后能否复振已成未知数，如果“润公”（胡林翼号润芝）

再不出山，时局将不可挽救。

1859 年 1 月，胡林翼接受曾国藩的建议，从湖南原籍回到武昌，复任湖北巡抚。在武昌巡抚衙内住了没几天，便渡江驻扎黄州，加以整顿军务。

在胡林翼复任之前，李续宜已先行到达黄州，收容了自三河、桐城两战溃退下来的七千余湘军。胡林翼到黄州后又新征了一批兵卒，加起来不下万人，他把这些部队全部交由李续宜掌握和整训。

李续宜是李续宾的弟弟，兄弟俩多年随老师罗泽南征战，但李续宜的名气一直远不如乃兄。在胡林翼看来，这并不是因为李续宜才能不济，而是李续宾生前的光芒太过耀眼，以至于李续宜“功多为续宾所掩”，若得到合适的机会，必能够脱颖而出。

这时胡林翼还了解到，在他回家服孝期间，湘军的后勤供应不正常，官兵已经有两个月拿不到饷银了，部队士气很受影响。获悉这一情况，他眉头一皱，从案头取出一张白纸，用毛笔唰唰地写上几行字，然后让文书刊印多份并盖上了他的印章。

文件是寄给各路厘局的，胡林翼在上面写的是自己现编的一首打油诗：“开口便要钱，未免讨人厌。官军急收城，处处只说战。性命换口粮，岂能一日骗？”文末他直接提出要求：“恳求各路厘局大财神办厘金三万串。”

文件寄出不到十天，运送军饷的船只便络绎而至。通过看似戏谑的笔墨游戏，一个困扰湘军的难题得以迎刃而解，但胡林翼也知道这并非长久之计，为此他决定让阎敬铭主持武昌粮台。

阎敬铭是陕西人，早年三次参加会试均告落榜。按照科考制度的规定，他这样的落榜生可以像江忠源一样参加“大挑”。“大挑”没有笔试，只有面试，现场由王公大臣负责挑选验看，实际就是看这些王公大臣对士子的印象如何。

阎敬铭身材矮小，两只眼睛一高一低，走起路来还慢腾腾的，不像一个青年士子，倒活脱脱是个乡间老头儿。“大挑”时，他刚刚按次序跪下，连说话的机会都没能得到半句，一位参与面试的亲王就如同看到鬼一样大叫起来：“阎敬铭你赶快离开考场！”

因为颜值的差距，同样是参加“大挑”，江忠源得了教职，阎敬铭什么都没捞到不说，还遭到了当众羞辱。他深以为耻，此后便发愤读书，不但终于考中进士，而且如同曾国藩、胡林翼一样，被选为了翰林院庶吉士，成为进士中的佼佼者。

生活就是这么充满喜剧性，当年“大挑”中的那位亲王以貌取人，没想到却在无意中把一个人的人生推向了更高阶段。

庶吉士在翰林院要学习三年，三年后再进行一次考核，叫作“散馆”。同为庶吉士，三年学成后，大家的水平有高有低，“散馆”中考得好的，比如曾国藩、胡林翼就被会被授予翰林院编修或检讨，拥有留任翰林的资格，此谓“留馆”。

剩下来的人或被派到各地做官，或到六部任主事、御史。阎敬铭属于这一类，他被分到户部“以主事用”（即干的是主事的活，但还不是正式的主事）。

任何一种官僚制度在诞生之后，随着时间的延续，都不可避免地会出现很多弊端，清代部务也是如此。

尚书是部的最高长官，官员能做到这个位置，一般年纪都已经是爷爷外公辈了，精力难以集中。侍郎作为副职，大多直接来自于“留馆”的翰林，身上或多或少还存有书生气，加上初涉部务，并没有多少处理实际事务的能力。司员把拟好的文件送上来，侍郎们常常只会在上面占个位置署个名，时人称之“画黑稿”，如曾国藩那样精明强干的侍郎只是凤毛麟角。

按清代旧例，尚书、侍郎先在工部任职，稍稍对工部的事务熟悉了，就很快要调到兵、刑两部，等到在兵、刑两部也琢磨出点味道来了，却又要再转礼部、户部直至吏部。当年曾国藩就是这么一个个跑过来的，要说“换岗锻炼”也不是没有益处，问题是自吏部以后，官员升迁方向将脱离六部的圈子，到了那时，尚书可升协办大学生，侍郎可升总宪（即都察院左都御史），他们就算已经精通部务，也失去了继续打理部务的机会。

尚书、侍郎既对部务漫不经心，就不得不委权于下属，即郎中及其副职员外郎。后者的情况其实也好不了多少，能干一点的积累十余年资历，刚刚达到熟稔部务的程度，就会在“京察”（即京官考核）中被保为一等。朝廷一看是个人才，马上便派去做道府以上的外官。剩下来的多为鱼目混珠或好逸恶劳之辈，这些人自己干不了或不肯干，就把活全部推给主事等更下属的官员，从而形成了各部实际权力反由主事掌握的奇怪现象，史家称之为“太阿倒持”。

以上制下

太阿剑为古之名剑，很锋利，但你必须顺手持剑柄，如果倒着拿，不是把剑锋朝着自己吗？清末各部中“太阿倒持”的问题很严重，这是导致政事越来越颓废的原因之一。

当然任何事都有利有弊，就阎敬铭而言，“太阿倒持”反倒将他锤炼成了一个理财高手。在他之前，户部左侍郎王庆云亦以擅长理财著称，但除王以外，便再没人能比得上阎敬铭了。

在阎敬铭实任户部主事后，武英殿大学士文庆兼管户部。文庆发现阎敬铭熟稔部务，便经常采用其建议，甚至于某些事务本不在阎敬铭的职权范围内，但在处理前也会先听听他的意见。

文庆乃道咸年间的著名满臣，曾国藩、胡林翼都得其护佑，凡文庆器重的人，大家自然都会对之另眼相看。胡林翼主政湖北之初就听说了阎敬铭，他曾屡次给阎敬铭写信，表达自己的慕才之意，并疏请朝廷予以调用，但一直未能如愿。后来眼看南方形势越来越严峻，咸丰这才松口将阎敬铭派到了武昌。

阎敬铭不仅擅长理财，而且也深谙各种人情世故，之前胡林翼、官文闹矛盾，他是调解人之一。被胡林翼赋予总管军需之责后，阎敬铭首先就武昌粮台的人事结构进行调整，粮台的具体办事人员即所谓“胥吏”被全部以士子所代替。

军需本身是个肥差，最易被胥吏营私舞弊。相比之下，读书人更要脸面，不会那么下作，而且就算他们想浑水摸鱼，也还没有能够完全掌握其间关节。

士子们所缺只是尚不懂得如何办事而已。不过这没关系，跟着干就行！阎敬铭在官署的厅堂放上长桌子，大家团团坐，通过开“圆桌会议”来进行集体办公。

阎敬铭名不虚传，粮饷转运一事很快被他调理得井井有条，原先的漏洞缺陷都统统不见了。胡林翼知道阎敬铭很能干，却也不知道对方这么能干，在给朝廷的奏折中，他盛赞阎敬铭“其貌不扬，而心雄万夫”，实为国家少有的贤才，同时强调阎一专多能，为理财官将“必无欺伪”，做法官则“弄律有准”。

在整顿人马、保障后勤的基础上，胡林翼决定发起安庆战役。

太平天国自金田起义之日起，兵锋所向之地达十七省，按照区划设置，当时内地一共十八省，只有甘肃一省未被太平军染指。太平军攻下的城池虽然不少，但大多不能守，所恃为根据地的，实际仅南京至九江、武汉一线，以及以安庆为中心的皖南北若干州县。针对太平天国的这一弱点，还在湘军创建伊始，胡林翼、曾国藩等人便制定了“以上制下”的战略，主旨是首先攻下武汉，然后以此为大后方，顺江东下，占领九江、安庆，最后攻克南京。

武汉是1856年12月收复的，按照胡林翼的说法，第二年湖北方面就有了谋夺安庆的打算。等到第三年李续宾攻下九江，他们要实现这一目标的愿望就显得更为迫切了。

为什么安庆如此重要？因为安庆不仅和九江一样，是长江中游的军事重镇，同时还是天京的西部生命线。胡林翼说得好：“安庆为江表咽喉，不收复安庆，水陆阻塞，湘军便不能直抵金陵。”

应该说，湘军集团谋夺安庆的战略是正确的，也一直在朝着这个方向走，此前胡林翼便曾集中都兴阿、多隆阿、鲍超三部力量围攻安庆，然而三河、桐城之败，使这一战略部署面临着夭折的危险。

1859年初，胡林翼旧事重提，得到了曾国藩的积极响应，两人以组织安庆战役为核心，共同制订了三路谋皖的行动计划。按照计划，三路人马将夹长江东进，长江北岸以都兴阿、多隆阿、鲍超为主，长江中流系杨岳斌、彭玉麟率领的水师，长江南岸则是曾国藩亲自统领的湘军。

大战之前必须增兵添将。自三河之役起，太平军大量使用骑兵（当时称为马队），这使原先均为清一色步兵的湘军受到很大威胁，三河落败的一部分原因，就是被太平军的骑兵冲击所致。以后曾国藩在实战中也遇到了同样的问题，作为对策，他在像以往一样招募水陆兵勇的同时，还上书朝廷，为湘军增添了骑兵这一新兵种。

胡林翼移驻鄂东上巴河，做好了东进的准备，但就在这时，石达开自江西杀入了湖南。湖南是湘军的后方基地，湘军所要补充的兵勇全部来自于湖南，粮饷也有一部分需从那里拨转，倘若湖南有失，后果不堪设想。为援救湖南，湖北方面先后调拨包括李续宜部在内的水陆兵勇一万多人南下，行动计划因此不得不暂停下来。

安徽是太平天国最早建立地方政权的省份之一，它既是拱卫天京的屏障，又是供给天朝粮秣的谷仓，因此太平军方面同样寸土必争。乘湘鄂军无力东顾之机，陈玉成大破安徽绿营，活捉并处死了前署理安徽巡抚李孟群，杨辅清等部在安徽与绿营作战也同样是胜多败少，至此，安徽大部分州县都已落入太平军之手。

表面文章

在安徽捷报的反衬下，太平军在江南的形势却更显黯淡。

向荣病死于丹阳后，他的老部下和春接班，以钦差大臣的身份执掌江南大营。和春能力平平，军事方面主要依赖于张国梁。张国梁原名张嘉祥，十八岁即为盗魁，在江湖上以有勇有谋、盗亦有道著称，时人谓之“拯弱锄强张嘉祥”。因为有着做盗魁的“黑历史”，张国梁即便已被官府招安，也总有人看不惯他，想找机会进行暗算。还是代理广西巡抚周天爵爱惜其才，保护备至，这才把他留了下来。

此后张国梁随向荣转战数省，经历了大小数百战，仗越打越多，名气也越打越大。他的军事天分很高，虽然没有读过什么兵书，但排兵布阵每每都与古兵法相合，也经常能够做到以寡敌众，以少胜多。

作为江南大营中不可或缺的大将，张国梁被清军视为“东南半壁，倚如长城”。太平军一向看不起绿营八旗，但唯独不敢小看张国梁，江南大营第一次被太平军击破时，就是靠张国梁护佑，向荣才得以逃到了丹阳。

向荣病死后，新江南大营的主要亮点全都集中在张国梁身上。他先解金坛之围，继而连克镇江、句容，其中镇江已被太平军占领达五年之久。消息传到京城，咸丰大喜，在诏书中嘉奖张国梁“谋勇超群”。

得到皇帝的嘉奖，张国梁更加起劲，在原有基础上，他不断增挖壕沟，扩建土墙，里三层外三层地对天京进行包围和封锁。在天京所面临的几次围困中，以这一次为最严密，威胁也最大。人们看到，大队的清军战船已经从上游封锁了天京的水上交通，旗帜林立的陆上围城部队更是遍布城外的山岗、凹地以及几乎所有村庄。

围困使得天京城内的粮食供给越来越困难，洪秀全只能不断抽调部队增援安徽、江西和长江北岸，以保证粮道，这又使得城内兵力剧减，防守力量捉襟见肘。

为解天京之围，受李秀成之邀，陈玉成紧急自安徽回援，两人再次在江苏区域实施联合作战。与此同时，天京城也迎来了另一位重要人物，1859 年 4 月，洪秀全的族弟洪仁玕到达天京。

天京事变使洪秀全受到了很大刺激，他时时刻刻都害怕出现第二个杨秀清与韦昌辉，由此对所有外姓大臣都存有猜忌疑惧之心，遂封洪仁发为安王，洪仁达为福王，让两位王兄共同参与政事，以挟制石达开。洪仁发、洪仁达皆庸碌无能之辈，石达开岂甘于受二人挟制，他之所以出走天京，这是其中很重要的一个原因。

在石达开被逼出走后，为了给文武百官一个交代，洪秀全宣称将永不封王，并被迫削去了洪仁发、洪仁达的王爵，但实际仍将朝政委之于自己的“皇亲国戚”。

洪仁玕虽不是洪秀全的近亲，但他是最早信教的洪氏族人，而且早期与洪秀全的关系就较为密切。金田起义后，洪仁玕在香港皈依基督教，还在教会担任职务，对中西学问都有一定研究，自非洪仁发、洪仁达可比。对于他的到来，洪秀全感到满心欢喜，当即便封其为干天福。

按太平天国后期官制，王以下为爵，爵有六等，干天福是第三等。应该说这已经是超规格任用了，但洪秀全觉得不够，仅仅几天后，又封洪仁玕为干天义加护京主将。

干天义是六等爵中的第一等。太平天国实行五军主将制，陈玉成、李秀成、杨辅清、李世贤、韦俊分别是前、后、中、左、右五军主将，洪仁玕被封为护京主将，意味着他已和这些戎马多年、屡立战功的高级将领同级。

还没完，5 月，洪秀全自食其言，打破永不封王的承诺，再封洪仁玕为干王和开朝精忠军师，主理军国大政。不仅如此，他还将洪仁玕的地位明确为与死去的南王冯云山相当，也就是说即便已经出走的石达开回来，也只能位居洪仁玕之下，更不用说陈玉成、李秀成了。

太平天国是靠马上打天下的政权，一般情况下，将士们的每一步升迁都需要用鲜血乃至生命去置换。洪仁玕初来乍到，一仗未打，没有任何战功，仅仅因为他是天王的族弟，就被授予如此显要官职，自然会惹得众人不满。

当然，洪仁玕如果真的具备与其职位相匹配的才气，时间一长，也能像诸葛亮出山那样，逐渐得到大家的认可，问题是他又不具备这样的条件和资质。

不错，刚到天京的洪仁玕在见识、学识方面确有过人之处。在他起草的《资政新篇》中，不仅提出要学习引进西方先进的武器和设备，还主张系统地学习其法规、制度，比如建立法制、创办银行、修建铁路、发行报纸以及废除占卜和溺婴陋习等。

《资政新篇》可谓是开天国风气之先，很多方面甚至超过了素为人称道的《海国图志》。这让它即使在敌方阵营中也赢得了较高评价，曾国藩的幕僚赵烈文读到《资政新篇》后曾经惊呼："此文颇有见识，作者对夷情非常熟悉，由此来看，似乎贼（太平军）中也不是没有能人啊！"

《资政新篇》得到洪秀全的亲自批注。在发行报纸、传播信息一条上，他批示道："因为可能招来妖魔（清军）乘机反间，此策现在还不能实行，等杀绝残妖（残余清军）后，再实施不迟。"除此之外，对其他所有改革措施，天王都表示赞同并允许推广。

可惜的是，《资政新篇》和太平天国的另一文件《天朝田亩制度》命运相似，都不过是表面文章而已，除了额外增加了几个新潮官衔外，在实践中几乎没有得到任何推进。对此史家众说纷纭，有人判断是洪秀全并不真正认可，推动不力，有人分析是战争环境使然，内外都没有实现的条件，还有人认为是因为洪仁玕在朝中缺乏权威，尤其是武将们对他不服所致。

应该说这些因素多多少少都存在，但洪仁玕自己也难辞其咎。与洪仁玕打过交道的英国人评价他"志向特高，但赋性特懒"，换言之，他或许能够提出让人眼前一亮的见解，但却缺乏付诸实施的勇气、能力和韧性。

唯一劲敌

改革家容闳在香港时就认识洪仁玕，他曾到天京拜访洪仁玕，其间向对方提供了一套很具体的改革方案，结果洪仁玕说你这个方案不错，可是我不能用。

容闳所能得到的，不过是一枚"义爵"的木头官印而已，人家是真正要干大事业的人，岂会在乎一个空头虚衔？容闳辞别而去，洪仁玕和他的天国也就此与可以帮助他们振兴事业的良机擦肩而过。

洪仁玕理政无成效，军事方面更是一筹莫展。陈玉成、李秀成虽在前一年曾联合击破江北大营，但如今江南大营的力量已大大超过江北大营，要彻底解除天京之围，光凭陈李联军难以做到，非召集各路兵马"勤王"不可，而这就需要主持军政者从中进行指挥协调。

东王杨秀清在世的时候，调兵遣将完全不成问题，石达开倘若不出走，在不遭到挟制的前提下，亦可号令三军。洪仁玕却无此权威，因为太平天国主要靠武将打天下，本身就带有重武轻文的风气，洪仁玕以一个没有多少军事知识的文臣，要想从容驾驭那些身经百战的武将，岂是易事。实际情况是，洪仁玕顶着一个军师的光环，在整整两个月时间里，几乎是一事无成，不但一个兵都调不来，而且也拿不出任何良策来缓解危局。

在太平军的五军主将中，前军主将陈玉成名气最大，所部的战斗力也最强。从早日解除天京之围的全局出发，李秀成请求洪秀全封陈玉成为王，以便他能够节制天京以外诸军。

鉴于洪仁玕确实难以撑持军事大局，同时也为了对功臣进行安抚，洪秀全接受李秀成所请，决定封陈玉成为英王。

李秀成为陈玉成请封的最主要目的是征调援兵，可惜的是陈玉成只能独战，不善将将，在太平军诸将中的号召力一般，被封英王后仍无法调动非嫡系部队。尽管如此，封王这件事无论对陈玉成个人还是其他前线将士都是一个极大的激励，也直接推动了天京外围的战局。

太平军最值得肯定的制度之一，是各级军官的升迁主要凭借战绩，所以陈玉成、李秀成等人才能在没有任何背景的情况下，从普通士兵擢升至高级将领。陈玉成被封英王后，陈李联军士气高涨，在皖苏边境频频出击，连续击破围困六合、浦口的清军，天京之围由此得到一定程度的缓解。

其实湘军方面也同样有理由感到振奋，1859 年 8 月，援湘的李续宜部在宝庆保卫战中取得成功，石达开被迫退入广西休整。这说明经过整顿，曾经溃败于三河、桐城的湘军在实力上已获得稳步回升。

湘军仍是太平军的真正劲敌，也是唯一劲敌，包括八旗绿营在内，其他任何一支官军的战斗力都无法与之相比！胡林翼在居中运筹和筹饷时变得更加底气十足，他给陕西巡抚写信，请求支援湘军军饷，信中写道："我感到特别安慰的是，湘军虽在三河损失了相当多的人才，战斗力与原来相比，可能也有所逊色，但这支部队仍然保持着朴实严谨的作风和底子，比东南各省的军队要好得多，数月之后，仍可奋发有为。”

毕竟是写给外人看的信，胡林翼在话里尚留了不少余地，当回过头来面对自己人时就直率多了，他告诉李续宜：“天下兵将只靠湖南！”

石达开虽然攻宝庆失败，但其再度入川的意图已显而易见。胡林翼打算让朝廷授曾国藩以四川总督之职，由曾国藩带兵入蜀，以堵防石达开。

自秦汉创立郡县制度以来，中央与地方的势力常有此消彼长之势。在咸丰以前及其执政初期，中央一直都可以统摄四方，就是在赛尚阿到广西对付太平军的时候，大权也仍操于中央政府之手，这是因为兵部掌握着调动绿营的兵权，而户部掌握着饷银。

随着战争久拖不决，饷权首先出了问题。户部的银子被用得干干净净，再也无法拨付大额军费，只能靠地方自筹。向荣奉旨建立江南大营，军饷就全部依赖于江苏、江西、浙江三省督抚。

在这种情况下，连昔日手握兵符令箭的中央大员都不得不看地方督抚的脸色行事。向荣身为钦差大臣，但苏浙赣三省只要一处有急，督抚发一纸文书，他都必须立即分兵前往救援，否则的话一旦饷源断绝，军队就无法维持，甚至很可能眨眼之间就溃散一空。

不分兵固然不行，可分兵的最终结果，却是向荣不但无法顺利完成围攻南京的使命，还导致江南大营本部空虚，被太平军一击即破。

曾国藩首创湘军，名震朝野，然其境遇与向荣相比，也不过是一百步与五十步的距离。在他征战江西期间，江西巡抚陈启迈及其继任者多方掣肘，始终不肯痛痛快快地拨付饷银，就连湘军用于自筹军饷的厘局都遭到了阻挠。这对湘军在江西的作战有着很大的消极影响，无怪乎曾国藩要以奔父丧为名中途离开前线了。

有鉴于此，胡林翼打算借机给曾国藩谋个川督的职位，以解决一直困扰老朋友的军饷问题。

胡文忠地图

按照胡林翼的授意，官文密奏咸丰，请求皇帝授命曾国藩援川。官文暗负监督上游军事之责，深受朝廷的信任和倚重，胡林翼以为假其之手一定能够如愿，想不到的是，皇帝只准了一半——同意让曾国藩率兵援川，却对川督一事只字不提。

一种说法，是咸丰不愿意曾国藩被地方督抚的职位所限制住，希望朝廷能掌握这样一支机动性的劲旅，以便随时调用。当然还有另外一种可能，即咸丰依旧像过去一样，始终对曾国藩心存疑忌，不肯让他兼有封疆大吏之权。

湘军在江西是客军，去了四川还是客军，一样都要被地方督抚卡脖子，去那里干吗？接到朝廷命令，曾国藩立即表示他很难从命，拒绝的理由也相当充分："臣以区区万人入川，不要说主动进攻，就是单纯防守，力量都不足，而且我们作为寄居他乡的客军，遇到伤亡也无法就地补充。"

发现咸丰只令曾国藩入川督军，而不令其督川，胡林翼赶紧又说动官文上奏皇帝，留曾国藩一军合力谋皖。咸丰正好已吃了曾国藩的软钉子在前，便也顺水推舟地重新下旨，让曾部改援安徽。

在此期间，胡林翼重新回顾了让他痛心疾首的三河战役。他发现，李续宾兵败与不熟悉安徽地形也有很大关联，由于地形不熟，湘军只能请当地人做向导，但向导常常故意指错道路。与此同时，惯使"回马枪"的陈玉成却可以沿着偏僻道路，出其不意地抄袭湘军后路，打他们一个冷不防。

前车之覆，后车之鉴。胡林翼带着湖北布政使严树森一起做这方面的功课，他们首先绘制出了湖北、江西、安徽三省地图。在新绘的地图上，各种山岭溪流和捷径小道都标注得非常详细具体，包括从某地走到某地需要走几里，从某村绕到某村可以近上几里等等，地图上都有说明。依靠相对翔实的地图，官军在与太平军作战时就可以率先抢占要地，使自己处于主动地位。

这一制图经验随后被胡林翼推而广之，用于绘制其他各省乃至藩属国的地图，它们后来被统一称为"胡文忠地图"（文忠是胡林翼的谥号）。因为胡林翼制图的主要目的是方便湘军在长江流域的行军作战，所以"胡文忠地图"里以长江各省的地图为最精细。

在胡林翼看来，地图是棋盘，用兵的谋略也即兵略是棋子。长江流域历来为兵家必争之地，打过的仗很多，胡林翼让严树森把史书中的有关篇章都找出来，配合着地图，讲清楚古人当时是怎样用兵的，采取了什么兵略，为什么胜，为什么败。

按胡林翼所嘱，严树森花了功夫，基本把清以前的战史都一网打尽，相关内容也被编辑成书，这就是由胡林翼亲自作序的《读史兵略纪要》。

1859 年 9 月，曾国藩与胡林翼在黄州会晤，对进兵安徽进行筹划。胡林翼特地将绘制好的数十张“胡文忠地图”分发给有关人员，用以听取意见。

最终，在原先三路谋皖计划的基础上，曾胡推出了一个四路谋皖的全新方案，但这一方案却遭到了钦差大臣袁甲三等人的反对。

在与太平天国对峙期间，咸丰始终以保证京师安全为基本出发点，为此他除在南京城外建立江南大营外，还在长江以北建立了水陆两个大营，其中，重点预防太平军沿运河水路北上的是江北大营，预防太平军沿陆路北上的是临淮军。

临淮军以安徽临淮为指挥所驻地，故以此名，统领者即为袁甲三。袁甲三身任钦差大臣，军权在握，但他没有地方行政权，所部粮饷不继，仅仅他自己被拖欠的薪俸即达七千余两，这导致临淮军战斗力薄弱，缺乏与太平军、捻军大规模对抗的能力。

湘军如果分四路大举东进，会不会压迫皖北太平军与淮北捻军联合北趋，从而危及河南、山东、直隶直至京师？到时候临淮军可顶不住啊！袁甲三对此非常担心。河南巡抚瑛棨等也有此顾虑，他们联名给朝廷上书，请求从曾胡中抽出一军，取道豫皖两省交界处，以防太平军和捻军向北进攻。为了让曾国藩能够同意抽兵北上，他们还承诺一定筹足北上湘军的军饷，绝不拖欠。

先发制人

咸丰一直偏重北防，而且对太平军北伐造成的危急情形也记忆犹新，他不仅完全赞同袁甲三等人的意见，而且视为首要之事，下旨命曾胡切实照办。

曾胡对此则有自己的通盘考虑。曾国藩把自古以来的起义军分成两类，即所谓的“流贼”与“窃号之贼”，前者主要采取快速流动的作战方式，后者的特征是拥有相对稳定的政权和根据地。

曾国藩认为，对付“流贼”只需预防以待其至，坚守以挫其锐，对付“窃号之贼”则必须主动进攻，而且必须剪其枝叶，捣其老巢。在他看来，南京的洪秀全和安庆的陈玉成都是“窃号之贼”，与石达开、捻军等“流贼”不同，只有先发制人，拿下南京、安庆方能一劳永逸。

东进会逼得太平军与捻军联合“北窜”吗？曾国藩的结论是，湘军不东进，太平军倒有可能“北窜”，东进之后反而不会。因为“窃号之贼，没有不豁出命去保卫其基地的”，只要湘军猛攻太平军所必救的安庆、南京，他们就没有能力“北窜”。

曾胡打定主意不分兵北进，但皇帝的面子也不能完全不给，商议下来，两人对原方案中的李续宜一路做了调整，宣布这一路将可能绕至豫皖两省交界处，不过究竟能否成行，还得等李续宜到皖以后再定。

曾胡在官场浸淫多年，他们和左宗棠一起合称“天下奏牍三把手”，各自都有一套用文字跟朝廷周旋的绝活，尤其胡林翼更是一个打马虎眼的老手。援湘的一万多人虽早已撤回湖北，可是带队李续宜仍告假在湖南老家奉母。不仅如此，胡林翼还给李续宜写信，让他在家多住一段时间，等太平军大举增援皖北，再飞函相请。曾胡都很清楚，一旦安庆战役启动，皇帝的注意力就会被吸引过去，那时他在意的必然是战役能不能打赢，安庆能不能拿下，李续宜一路究竟北进与否再不会是其关心的重点了。

东进不能分兵，必须最大限度地集中兵力。想当初李续宾率八千人孤军东进，沿途不断分兵驻守，到三河大战时仅剩五千人，兵少将寡，要不然也不会败得那么惨。这次曾胡吸取教训，除水师之外，他们把能集中的五万步骑精锐全部都调到了皖北。

因兵饷难筹，湘军无法大量招募新兵，所以湘军的兵力一直都很有限，从来达不到如太平军那样动辄十几万、几十万的集结规模，五万精兵被调至前线，使得湖北后方一下子就空虚起来。

假使把湖北看成一个人，他的右臂在江西，左臂便在豫皖两省交界处。经曾国藩率湘军反复征战，太平军在江西已很难搅起大的风浪，唯“左臂”所在仍隐患不小。胡林翼对此有清醒认识，在绘制地图时对该区域地形标注得也特别详尽。

尽管曾胡认为一旦安庆战役打响，太平军必然无暇北上，但太平军和捻军通过豫皖交界处杀入鄂省北岸却是有可能的。从这个角度上说，曾胡进兵皖北的部署其实冒了很大风险。

可是这个风险又完全值得去冒一下。说到底，战争本来就具有一定的冒险性，必须有所取舍，若处处设防，别说湘军仅能凑集五万人马，就算能集结十万之众，这样的打法也不会有什么效果，而且最后的结果极可能是处处都防不住。

胡林翼说："兵事怕不得许多，算到五六分便须放胆放手。"当然，他和曾国藩对安庆战争筹谋已久，胜算是不止五六分的。

在曾胡所商定的四路进兵计划中，曾国藩军一路，胡林翼一路，多隆阿、鲍超一路，李续宜一路。李续宜路是打援军，胡林翼路驻于皖鄂之界处，主要任务为调度诸军和统筹粮饷转运，也就是兼顾前后方的总预备队。这样算下来，名为四路，实际只有曾国藩和多鲍两路能够起到实际作用。

开动脑筋，从战争中学习战争，通过总结不断丰富自己的战略战术知识，向来是湘军首领们的特点和长处。在这方面，胡林翼做得最为突出，他在制订安庆战役的作战计划时，反复研究了自太平天国起义以来湘军所亲历的重大战役，三河溃败之役自然是重点，但像石达开围攻宝庆失败这样的例子也没放过。

李续宾以九江得胜之师进军皖北，一个月内连克四城，后来为什么会惨败？没有安排好援兵，单兵突进，败就败在"急躁冒进"四个字上。石达开集结兵力达三十万，却打不下一个小小的宝庆，虽然具体情况与李续宾有区别，但归根结底还是由于缺乏足够的后援和补充，攻城时间受到了限制。

以此为戒，胡林翼在组织安庆战役时格外强调谨慎从事，谋定后战。在战役正式打响之前，他首先瞄准的不是安庆，而是安庆周围的四个重镇——石牌、太湖、潜山、枞阳。他认为只有先攻克四镇，使安庆守军失去东西两侧的重要支撑点，才能稳稳妥妥地围攻安庆。

兵家所忌

这一期间陈玉成正与李秀成合兵征战江南，尽管他在安庆四镇都派了兵进行驻守，但由于留下的兵力不敷使用，各镇驻守力量均显单薄，石牌守军就只有数千人，这就为湘军攻城提供了极好的机会和条件。

1859 年 9 月 24 日，半夜四更天，在鲍超堵截太湖外围太平军的前提下，多隆阿督率各军分扑石牌城东南北各门，并于次日上午攻陷城池。

石牌城上城下均密布炮眼，城外还有六道拱卫木城和三道深壕，若是双方打相持战，多隆阿可能还要费点劲，他能如此轻松得手，说到底还是陈玉成未能亲自在皖北主持战守事宜，守军疏于防范之故。

石牌乃安庆门户，石牌既下，就轮到了太湖、潜山、枞阳。后者大致构成一个半圆，为安庆提供外围屏障，曾胡决心在打破这道屏障后再进图安庆。

得知湘军攻陷石牌，陈玉成颇为震惊。安庆是他的根据地，他的家眷都在安庆城内，岂能不救，当下他赶紧把江南一头交给李秀成，自率大军西上赴援。如同曾胡之前所预料的，这个时候陈玉成根本就顾不上北进——南京、安庆既是太平军立足的根基，但也同时成了他们的两大包袱。

11—12 月间，曾国藩、胡林翼先后移师宿松、英山，对即将开始的太湖之战进行指挥。随他们征战皖北的将领官衔都不低，这么多高级将领聚在一起参加同一场战役，如何协调是个大问题。

唐朝安史之乱时，郭子仪率九节度使包围叛军所在的相州，却因内部不团结而反被叛军击溃。这是清以前发生的事，最近的例子也不少：1851 年，乌兰泰与向荣不合，致使官军包围永安失败，太平军得以冲出广西；1852 年，太平军围攻长沙，赴援的领兵大员包括军机大臣一人，总督两人，巡抚三人，提督三人，总兵十一到十二人，这么多人挤成一堆也没能把太平军怎样，甚至可以说还没有江忠源一个人顶用。

胡林翼怕就怕类似的事情发生在湘军身上，他致信曾国藩："事权不一，兵家所忌。"在写给官文的信中，也表达了同样的意思："军事以统一事权为第一要义。"

胡林翼在组织指挥安庆战役期间，对调和将帅、团结内部、统一事权非常在意，他也在其中起到了别人难以替代的作用。相对于胡林翼，曾国藩个人性格的棱角则比较分明，为人处世也不够圆润，喜欢谁，不喜欢谁，有时会放在脸上，或者表现在行动中。例如，他不太喜欢某几个湘军小统领，结果却让人家都感觉了出来，于是他就很难再直接调遣那几个统领。

曾国藩摆不平的人事，胡林翼全都能搞定，曾国藩自愧不如，承认："江楚皖豫诸将帅，唯润帅（胡林翼）能调和一气，联合一家。”

从本质上来讲，参加安庆战役的军队虽然都可以算成湘军，但原来的统属关系并不相同，按照曾国藩的说法，是江楚皖豫都有，号令很不一致。这样的话，就必须任命一个前敌总指挥（当时叫总统），用以更好地统一事权。

让谁当前敌总指挥呢？胡林翼驻于英山后方，还要负责粮饷调运，自然不能直接到前线去厮杀。曾国藩也一样，必须留在大本营运筹帷幄。三河战役后，都兴阿曾临时负责指挥皖北战场，但他因患足疾，经朝廷批准已离开了前线。

剩下来最有资格和能力的大将，非多鲍莫属。都兴阿临走时曾推荐多隆阿代替他的位置，胡林翼也认为多隆阿最合适，遂决定将这一任命奏报朝廷。

曾胡的大营相距两百多里，两人虽不能常见面，但每天都要互通信件，以交流彼此的看法。对胡林翼的提议，曾国藩表示反对。

在胡林翼所提拔的鄂军将领中，多隆阿与鲍超以“多龙鲍虎”并称，然而两人又都是争强好胜的脾气，平时谁也不服谁。得知上面在考虑前敌总指挥的人选，两人一个向胡林翼提出老母有病要省亲，一个告病请假，都拿出了打死也不肯归对方隶制的劲头。曾国藩担心，多隆阿若是担任前敌总指挥，会立刻造成多鲍的决裂，乃至贻害全局。

除此之外，多隆阿爱争权，都兴阿在任时他甚至连这位上司都排挤。有一种说法，都兴阿离开前线并非真的是因为足疾，而是被多隆阿给挤对走的！作为佐证之一，都兴阿不久就又率骑兵到江北打仗去了，确实没看出“足疾”对他带兵打仗有很大的影响。

如此骄横的一个人，若是让他做了前敌总指挥，如何能够服众？曾国藩一天之内给胡林翼写去三四封信，极力言明利害，劝其慎重考虑：“让鲍归多节制，是非常不适宜的。鲍战功卓著，又不肯屈居人下，就算是让他在迪庵（李续宾字迪庵）下面听令，他还不答应，何况多公（多隆阿）？如果你一定要这样做，就怕反而激怒他，生出异心。”

为了这件事，胡林翼日夜忧虑，寝食难安，最终经过一番权衡，终于痛下决心：“打仗最重要的是统一指挥，绝不能分权，就选多礼堂（多隆阿字礼堂）了！”

他通过官文奏报朝廷，很快就把任命多隆阿的事情给办了下来。

叩一百个头

胡林翼为什么如此推重多隆阿？因为多鲍虽同以勇猛著称，但就谋略而言，多隆阿还是要更胜一筹，而且他又是奉旨帮办军务，在大将中的地位也最高。

多隆阿有什么毛病，胡林翼不知道吗？当然知道。只是他考虑问题的角度和用人方式与曾国藩有所差异，他曾经笑着对幕僚们说："我知道涤帅（曾国藩）的意思，他是怕多隆阿因骄横而失去众心，实际上我只是拿多隆阿来救急的。"

在胡林翼看来，太湖战事马上就要开始了，这个时候必须用也只能用多隆阿，至于怎么用，以及太湖战事结束后是不是还继续这样用，那还不是他和曾国藩说了算！

接到委任多隆阿为前敌总指挥的旨意，胡林翼马上授予全权，并当着众人的面夸奖多隆阿为"东三省第一名"，要求各军将领都必须服从多隆阿的调度，违者即便有功也要追究责任。

不管战功还是能力，多隆阿在将领中都独占鳌头，又见胡林翼对他如此赏识，多数将领自然都不敢抗命，要说心里还存有疙瘩的，也就是一个鲍超了。

多隆阿善战，鲍超凶悍，是胡林翼安置在安庆战场的两支重要机动兵力。如果两人继续不和下去，或者鲍超来了性子，宁愿挨板子也不听从多隆阿的指挥，势必影响战局的展开，曾国藩先前的担忧绝不是没有道理。

一天，胡林翼把多鲍二将请到大营，先请他们居于上座，然后又让士兵拉着他们的手，不让他们动。多鲍一时大惊失色，正要问这是何意，胡林翼突然大声说道："林翼奉天子命剿贼（太平军），贼军凶猛，没有两位将军便不可能破贼。可是如今两将军不合，两虎相斗必有一伤，林翼未能把两将军的关系协调好，这都是林翼之罪！"

没等多鲍完全反应过来，胡林翼又说："林翼没法将这些话直接告诉天子，今天就在两将军面前叩一百个头。不管有没有用，都请两将军宽恕林翼之罪，体谅林翼的苦衷，同心协力报答天子。"

说完，胡林翼便向多鲍叩起了头，叩的时候还让人在旁边数数。多鲍震惊不已，但因为手都被束缚着，不能制止，只好眼睁睁地看着胡林翼叩到了一百方止。

胡林翼此举令多鲍深受感动，至此起码在公开场合，鲍超不敢不遵从多隆阿的号令，多隆阿亦不敢随意给鲍超小鞋穿。

说起来，官军内部闹不合本不是什么稀罕事，当初在湘军水师中，彭玉麟和杨岳斌就曾闹到水火不容，也是经胡林翼调解才得以和好如初。问题是多鲍的情况和彭杨还有所不同，彭玉麟是文人从戎的带兵官，杨岳斌虽出身行伍，但也能诗文，善书法，他们这些人知书达理，只要有人给他们讲清利害关系，便一通百通。多鲍讲穿了都是粗人，鲍超除了自己的名字，多一个字也不会写；多隆阿身为旗人，根本就不识汉字，因此还常有“文官不可亲”的想法。两人都爱使性子，而且还藏不住心事，时间一长，就不免又相互攻击起来。

多隆阿跑到胡林翼面前告鲍超的状。没想到胡林翼马上表示赞同：“鲍超有勇无谋，根本算不上一个上乘的名将，他能有今天的名声和成就，还不是全沾了您的光？”

多隆阿本不属于湘军体系，麾下的主力也一直都是黑龙江骑兵，最担心的就是遭到湘军集团的排斥或胡林翼“拉偏架”。现在一看胡林翼不仅明确站在他这一方，而且话语中一口一个“您”，完全是把他当成了自家兄弟，火慢慢消下去不说，整个人也都变得愉悦起来。

趁着多隆阿浑身轻飘飘之际，胡林翼又接着劝说道：“不过他如今是您的部下，他得了战功，就是您得了战功，所以希望您继续拉他一把，这对您是有利的。”

怎么拉呢？“鲍超粗人一个，他懂什么？您现在是前敌总指挥，是有身份的人，说话可就要注意了。刚刚您说的关于鲍超的那些话，有几句就不够庄重，被人听见了不太好。还有鲍超他们都是您的下属，您不应该过多批评他们的短处，这样不利于发挥他们的积极性啊！”

胡林翼本身是湘军大帅，按照湘军内部的定位，其实只有鲍超才算自己人，多隆阿仍是外人，但也正因为如此，胡林翼在“拉架”时才必须帮着多隆阿，这叫作“屈我以伸人”。

当然了，如果就此把鲍超给气跑，那又不好了。通常情况下，胡林翼这边应付完了多隆阿，那边会立即再找鲍超谈心：“多公（多隆阿）说你有勇无谋啊！这种话反正我是不相信的，但是光我不相信不行，归根到底还是得靠你自己减少失误，多打胜仗，这样别人就没话可说了。好好努力吧！”他还答应鲍超，只要仗打得好就优先扩充霆军。

围城战

自古深情留不住，唯有套路得人心。胡林翼的套路或者说是“权术”并不仅仅用在多鲍身上。东征开始后，骑兵副都统舒保被留在湖北看家，为此很有意见。胡林翼就写信给他说：“无论如何，弟（胡林翼）与兄与希庵（李续宜号希庵）三人，永不相离，总是三人生死与共，风雨同舟而已。一切不必生气。”一封信过去，舒保马上消了气。

李续宜是李家最小的儿子，自兄长李续宾死后，他对在乡侍奉父母特别上心。胡林翼虽出于敷衍朝廷的需要，让李续宜尽量在家多住一段日子，可是时间一长，又怕对方以此为由真的不再出山，为此他不仅与李续宜结为兄弟，还将李续宜的父母接到武昌行署，并且早晚请安，简直把李续宜的双亲当成了自己的亲生父母。

李续宜感动之余，未尝不知胡林翼的用心。他有一次对曾国藩说：“胡公（胡林翼）待人多血性，然而有时也用权术。”曾国藩承认“胡公有时是用一点权术”，不过他“对你们李家弟兄始终还是一片至诚”。李续宜笑道：“其实这倒没有什么关系，即算胡公不是一片至诚，我也应当为他尽力。”

事实正是如此，从湘军嫡系将领到满蒙出身的官吏将帅，与胡林翼的关系都相当融洽，多鲍均乐于为其所用，多隆阿更是只听胡林翼一人调遣指挥。

在打仗方面，胡林翼是个非常善于动脑的人，他曾对远近发生的两次围城失败的战例进行过对比研究。远的例子，是向荣以江南大营的五万兵马围困南京，围了三年，被击溃。近的例子，是石达开以三十万大军围困宝庆，围了七十天，结果同样被击溃。

“贼（太平军）围我而败，我围贼（太平军）而亦败”，这让胡林翼认识到，原来围城战的失败率竟是如何之高。

为什么会出现这样的情况？因为攻城部队四面包围坚城，其注意力必然集中在如何攻城上，很难顾及身后及周边。一旦援敌横击旁扰，部队不仅会被分散兵力，还可能在运动中被援敌消灭，从而使得己方的围城企图完全落空。

打围城战更讨厌的地方，是容易被牵制兵力。打个比方，如果你用一万人围城，那么城池一天不被攻破，这一万人就别想脱身，也就等于减少了整整一万机动兵力。湘军兵力本来就不多，哪里吃得消做如此减法？

胡林翼认为，湘军自创建以来，已苦战近十年，在这近十年时间里，之所以在用兵上始终无法完全做到运转灵活、快速敏捷，追根溯源，就是把精力和兵力都耗费在了围城战上。

看来，包围敌方城池不一定是喜事好事，而更可能是不慎跳入了一个大陷阱，发现这个秘密之后，胡林翼甚至一度发誓“永不围城”。他的意思当然不是说绝对不围城，尤其对于太湖、安庆、南京这样的重要战略据点，该围还是得围，他是反对在不具备条件的情况下盲目打围城战。

按照胡林翼的定义，只有在两种条件下才可以围城，其一是四面无敌，且有十倍于敌的兵力，其二是围城与打援相结合。第一种条件事实上并不具备普遍意义，毕竟打仗的人很少能够碰到这种好事，所以关键还是要掌握好第二种。

就太湖战役而言，情报显示陈玉成已会同捻军组成粤捻联军来援，对外号称有十万之众，实际也有八万多人。太湖城城墙高，堑壕深，防守严密，硬攻的话短时间难以硬下，若不能做到打援结合，击败来援的粤捻联军，围城战必然还要重蹈向荣、石达开失败的覆辙。

战役未开之前，先要准备好与打援部队，胡林翼将这一经验总结为：“天下兵事，只此一理，有围城之人，须先行另筹打仗之人。”在太湖战役的兵力部署上，他设置了两路打援之师，一路是多隆阿、鲍超部的一万八千人，驻于太湖城外小池驿，从正面阻击援敌，另一路由金国琛统领，驻于天堂寨作为打援的机动力量。围城兵力仅准备集结约万人，由于兵力不足，仅能包围三面，东面空缺，无法形成合围。

不少人可能会觉得奇怪，你再怎么注重打援，也不能弄得围都围不起来啊？其实，胡林翼所谓的围城与打援相结合，是以打援为主，围城为次，换句话说，围城只是用来引诱援敌的手段，打援才是最终目的。

在胡林翼看来，只要消灭了援敌，所围之城自然可得，而若不消灭援敌，即便投入再多的围城部队也难以收效。为此他主张以弱兵、中等之兵围城，以强兵打援，同时强调打援兵力在数量上也要超过围城兵力，大致是一兵围城，三兵打援，太湖战役的兵力部署体现的正是这一思路。

神来之笔

中国古代有多次以少胜多、以弱胜强的经典战例，如官渡大战，曹操以两万人摧毁了袁绍十万大军；再如虎牢关之战，李世民率三千五百精兵，大破窦建德十余万众并生擒窦建德……胡林翼一辈子打了许多仗，不是一个虚骄的人，但在给曾国藩的信中，却夸口说即便让曹操、李世民为太湖战役设计战术方案，其机巧程度也绝不会再比自己高出多少，足见他对自己一手推出的作战方案有多么满意。

不料曾国藩泼来的却是一盆冷水。他倒不是反对围城与打援相结合的总体思路，他所不同意的是胡林翼对打援兵力的配备，比如驻兵于天堂寨。

胡林翼对于天堂寨的灵感，最初来自于潜山知县叶兆元。叶兆元是个很不走运的官员，他在三河战役结束后才上任，县太爷的交椅还没坐热乎，潜山就失陷了，他也因此被革职留任。

叶兆元不甘就此沉沦，于是自己编了五营团练，在潜山的天堂寨扼守。天堂寨是大别山区的一部分，可通往潜山、太湖、桐城、舒城，此地地势平坦，但周围山势险峻，四面均有隘可守，有一夫当关、万夫莫开之势。据说明末张献忠就很看重天堂寨的军事价值，屯守天堂寨的时间也最长。

湘军东征部队到达潜山附近后，叶兆元特地将天堂寨的地势绘制成地图，呈送给胡林翼阅览，并告诉他，天堂镇所储存的粮食足够两三千人所用。

胡林翼是制图观察地形的行家，顿时大喜过望，他认为天堂实乃“用奇兵之要道”，只要在山区驻兵三五千人，就可以对潜山等处的太平军起到威慑作用。唯一的不足之处是军火运输不太方便，需从狭窄陡峭的山间小道往里搬运，但只要早做准备，也不存在太大问题。

胡林翼引以为得意的地方，曾国藩恰恰不以为然。曾胡性格不同，用兵方式也有差异。胡林翼战略谨慎，战术上则往往敢于兵行险道，而曾国藩在战略战术两方面都显得相对保守，研究湘军史的王闿运就认为，曾国藩其实是仗打得越多，胆子越小。

胡林翼派驻天堂镇的兵力加起来总计有万人之多。东征的湘军一共才不过五万余人，一下子“闲置”出五分之一，同时又孤悬于山内，若是被太平军发现，处境将十分危险。曾国藩因此反对驻兵天堂寨，并一再劝胡林翼赶紧将这部分兵力从山内撤出。

胡林翼在信中请曾国藩拨出七千余人，与胡所辖的唐训方部合成万余人马来担负围城任务。曾国藩则不愿拨兵，他提出应以鲍超、唐训方二军围攻太湖，至于鲍超在打援方面的空当，完全可以用从天堂寨撤出的山内之军用于填补，这样围城打援的兵力对比仍可维持在四比六，一样足以消灭敌来援的有生力量。

胡林翼自认为设置两重援兵乃是双保险式的战术设计，尤其是天堂寨驻兵更被其视为是神来之笔，哪里肯进行改动。围绕着这一问题，两人书信往返，争执激烈。

胡林翼在制订作战方案时，预计曾国藩在三四天内就会将七千人派至太湖，但一个月过去了，曾国藩方面仍无动静，两人原本亲密无间的关系也因而变得有些尴尬和不愉快了。

就在胡林翼大失所望，已不指望曾国藩再派兵时，曾国藩忽然送来通知，说自己将率七千兵马从宿松拔营，前往太湖。

不管曾国藩有没有真正想通，但最后一刻，他还是选择了尊重胡林翼的意见。胡林翼闻讯，激动得整个人都跳了起来，幕僚们也兴奋不已，手舞足蹈，大家都对曾国藩顾全大局之举感到非常钦佩。

对于当初自己因守孝而未能坐镇前方，从而导致三河之败和李续宾身死，胡林翼一直心怀内疚，郁郁寡欢。在此之后，先后有两件事让他感到特别高兴，除了听说李续宜率部南下解宝庆之围，剩下来的就是得知宿松分兵了。

1860 年 1 月 8 日，陈玉成指挥粤捻联军自潜山出发，兵分三路援助太湖，同时分股牵制石牌守兵，从而打响了太湖战役。

参加太湖战役的湘军共有步骑兵四万人，粤捻联军有步骑兵八万多人，占有足足两倍的数量优势。1 月 13 日，两军会战，湘军先胜后败，陈玉成在击败多隆阿部后，采用大包裹战法，将鲍超的霆军团团围困于小池驿，断绝了他们与周边湘军的联系。

在小池驿外围，陈玉成筑成绵延达数十里的营垒，用以阻击湘军的援兵。这些营垒依山傍岭，漫山遍野，看上去密密麻麻的几乎没有任何空隙，多隆阿、曾国藩、胡林翼先后调兵前去救援，但都遭到了失败。

战争本身充满未知和变数，尽管在制订作战方案时，胡林翼踌躇满志，得意非凡，可是面对挫败，也会有如临深渊、如履薄冰之感。曾国藩更是如此，他在日记中记载，他在那些天里特别焦灼不安，心老是悬在半空中，几乎每天晚上都彻夜难眠。

破釜沉舟

太平军通宵达旦地对霆军营盘进行围攻，双方阵地间隔越来越小，两边官兵已被迫在同一条河流里喝水。一天，霆军外出砍柴的伙夫兵被太平军袭击，有数十个士兵被活捉了，巡逻兵发现后急忙报至中军大帐。

鲍超得知后并不慌乱，他不仅没有急于向全军通报这一情况，当天傍晚还请全体营官吃饭，并让随军戏班当场表演了节目。

有人将中国戏曲比喻成中国古代的话剧，但其实二者差异较大。话剧有布景，但传统的戏台却没有这些，靠演员用虚拟表演来发展剧情。比如表现骑马，演员只是用一根马鞭模仿马，但却可以让观众觉得好像真的有人在骑马奔驰。

那天在霆军军营的表演也起到了这样的效果。节目内容大多跟古来的英雄名将有关，一时间，鼓声阵阵，声势夺人，其间所演绎出的战场激烈争斗以及凯旋场面，令营官们全都如临其境，心驰神往。

有好戏看，还要有好酒喝。喝到酣处，鲍超越发亢奋，频频端着大酒杯给部下们敬酒。不久，戏班的弦乐声低沉下来，开始改奏清幽之曲。鲍超重新坐下，突然通报了白天的险情："今天情况已经非常危急，我营伙夫兵被太平军抓去了，以后该怎么办？"

鲍超这一发问，立刻把大家拉回到了残酷的现实之中。如果后勤渠道被太平军完全掐断，离全军覆灭还会远吗？众将你看看我，我看看你，全都面如死灰。有人叹息这下完蛋了，有人还很不争气地低下头哭了起来。

鲍超早就料到众将会有如此反应："人固有一死，没什么了不得的，主要是选择如何死法。喝药？上吊？自刎？你们觉得哪一种好？"

有一个叫熊铁生的营官向来很能打仗，他一听鲍超所列举的死法竟然全是窝窝囊囊的自杀，不禁愤然起身道："假使我果真难逃一死，那么我为什么不拼死向贼（太平军）冲锋呢？很有可能，贼（太平军）死，我还活着呢！"

鲍超等的就是这句话，他立即拊掌笑道："好男儿！鲍老子和你一起去冲锋。"

戏不是白看的，酒不是白喝的，众将本来也已从中滋生出一股豪气，再被鲍超一激，全都捋胳膊挽袖子准备拼上一场。他们对鲍超说："我等愿意立下军令状，跟从统领（鲍超）冲出营去破贼（太平军），不管是死是活都不退却，亦不反悔。"

看到部下们激情澎湃，鲍超很高兴："太好了！不过营中兄弟多，不一定都愿意往外冲。这样吧，愿意拼死突围的，鲍老子就和他一起拼杀，不愿意怕死的，可以就地退伍，鲍老子正好和他告个别。"

营官们应命各自回去传达。这时霆军大营已被太平军围得如同铁桶一般，谁都知道留下必死，所以纷纷要求随大队突围。

霆军一共三千余人，经过统计，全都欲战不欲留。鲍超于是叫来军需官，让他把营中仅存的牛羊酒全部都拿出来犒赐三军。等到三军吃饱喝足，已经是半夜时分，鲍超下令大开寨门，集中力量朝太平军营垒密集处实施冲击。

突围一般都是要向敌军人少的薄弱处使劲，为什么鲍超要反其道而行之？这是因为太平军人多势众，陈玉成掌握着足够的机动兵力。如果霆军冲击其薄弱处，他很快就可以再次组织包围，而鲍超清楚地知道，一旦错过第一次冲击的机会，就不会有第二次机会了，到时全军都将万劫不复。

既然是破釜沉舟，背水一战，就不如挑敌密集处进行攻击。密集处往往是太平军的重兵所在，一旦被冲开缺口，必然会使太平军阵脚大乱，到时陈玉成反不容易迅速组织新的包围。

霆军于绝境中求生存，他们众志成城，爆发出极强的战斗力，几乎个个都能做到以一当十甚至当百。相比之下，太平军虽占有人数优势，但由于来自不同的作战单位，反而协同作战能力很差。更主要的是，在对霆军实施一段时间的围困后，官兵们也已经滋生了骄傲懈怠的情绪，对于霆军深更半夜倾巢杀出，没有任何心理准备。

在震动山谷的喊杀声中，太平军营垒被冲了个稀里哗啦，霆军成功突围。虽然胜利突围，但他们也付出了很大代价，三千余人伤亡了三分之一，身为统领的“鲍老子”两只眼睛都渗出了血。

趁小池驿鏖战正酣，吸引了太平军的注意力，金国琛奉胡林翼之命，率天堂寨的六千精兵向山外运动。此时积雪满山，沿途都结了冰，行军非常困难，他们翻山越岭，走了十天才走出深山。当这支奇兵站在山上俯视平原时，太平军营垒历历在目，一清二楚。

发现十几里外的山中忽然出现大股湘军，且占据着能够拊其背、扼其喉的险要地形，陈玉成急忙分兵与之抢夺制高点。可是当太平军爬到半山腰时，却遭到了金部居高临下的迎头痛击，太平军吃了个大败仗，阵亡达三千余人。

这一战成为太湖战役的转折点，胡林翼在事后的疏陈中言道：“如果不是鲍军坚忍，大家就都坚持不下去。如果不是国琛（金国琛）出奇制胜，战役就不能转危为安。”曾经极力反对屯兵天堂的曾国藩也转忧为喜，对胡林翼的用兵表示心服口服：“山内一军，其妙无穷，脑后一针，百病皆除。”

待机而动

得知金部得手，多隆阿立刻发挥出作为前敌总指挥的职能和作用，他集结鲍超等九千人马，分三路向太平军发起反攻，金国琛也乘机率部下山夹击。

1860 年 2 月 17 日，湘军借东南风纵火，一时烈焰四起，狂风怒号，粤捻联军的百余座营垒被全部焚毁。从太湖战役打响之日起，粤捻联军已阵亡两万余人，加上腹背受敌，陈玉成只得退出太湖战场。

在援军败退的情况下，太湖城根本无法独守，太湖守军很快也随援军一部弃城而去。

多鲍好强争胜既是缺点，也是优点。胡林翼在要求鲍超必须服从多隆阿调度的同时，一人给一支部队，让他们独当一面，用事实和战功来证明自己。在整个太湖战役中，多鲍全都拿出了平生所能，原先曾国藩所顾虑的问题反而成了他们克敌制胜的一大动力。

鲍超在突围战中固然光彩照人，多隆阿也不示弱，他率部猛追太平军，一直追到了潜山城外。2 月 19 日，太平军欲乘湘军立足未稳出城袭击，不料潜山知县叶兆元早已窥视在侧，在多隆阿的邀约下，立即督率团勇对太平军的后路进行堵截。太平军阵脚大乱，四下溃退，潜山又被多隆阿收入囊中。

正如胡林翼战前所计划和预料的那样，湘军能够一鼓作气，连克二城，其功效都在击破太平军的援兵之上，援兵既破，城池自得。

至此，太湖战役结束。湘军夺取了安庆外围的三个重镇，其主力也得以从容进入预定战场，主动性大大增强，而太平军则损城折兵，优势大减。形势如此之好，何不以得胜之师直捣安庆？

曾国藩原先百般谨慎小心，这时也有了一蹴而就的冲动。可是胡林翼反而又沉静下来，他的意见是抓紧时间进行休整，然后待机而动。

曾胡在决策上再次出现了严重分歧和争执。曾国藩直言：“不乘狗逆（对陈玉成的贬称）踉跄之际进窥安庆、庐州，颇为失策。”他还批评胡林翼“主意不甚坚定”，乃至认为胡在军事上“多谋少断”。

胡林翼能够用来说服曾国藩的，依然还是三河之败的教训：攻克三镇又怎么样，当初李续宾一口气连克四城，还不是一败涂地，前功尽弃？

的确，作为安庆战役的第一阶段，太湖战役虽然取得完胜，但湘军也有较大伤亡，人马由五万变成了四万，而且官兵都很疲惫，在这种情况下若急于扩大战果，难保不步李续宾的后尘。

曾胡在共同指挥安庆战役的过程中虽然常有争论，有时还有些不愉快，但两人都心地坦荡，为公不为私，所以很快就能达成谅解。这次也是如此，一番信使往返，经过充分交流，曾国藩最终听从了胡林翼的意见，不再急于进兵。

胡林翼早已打定主意，接下来要么不打，要打就一定要打赢，为此他提出了能够使己方立于不败之地的三个条件。

首先是要精兵。胡林翼、曾国藩一面“敛兵据险”，继续招募和训练士兵，对部队进行补充，一面下令奖励各级将佐。主要将领也都纷纷得以休息和调整，其中鲍超回四川探亲，多隆阿请假养伤，李续宜、曾国荃迟至三月以后才陆续从湖南来到皖北战场。

其次要做到粮足，胡林翼甚至把主要精力都放在了筹饷上，以保证湘军主力部队的后勤供应。与此同时，他在皖北战场上实施坚壁清野，尽可能把稻谷粮食都集中在湘军所据守的堡寨，以便使得野无余粮，太平军无法久驻于乡村。

此外，在太湖战役中，潜山知县叶兆元立了大功。如果不是他及时提供相关地图和情报，让胡林翼想到设奇兵于天堂寨，太湖战役恐怕难以实现翻盘，其后他更是带着团练直接加入了攻克潜山的作战。从叶兆元身上，胡林翼看到了这些地方官及其团练的作用，休整期间，除了确保兵精粮足，他还积极与皖鄂豫边的各州县官进行联络，通过县官们组织团练、民兵修筑堡寨，并准备在太平军可能出入的道路上进行骚扰。

胡林翼“言战三条件”实施得极有成效，湘军士气高涨，战斗意志旺盛，这为他们决战下一阶段创造了有利条件。

第二章

做一分算一分，在一日撑一日

几乎在太湖战役进行的同时，天京攻防的形势渐趋严峻。和春、张国梁从东、西、南三面对天京加强封锁，仅北面的浦口一处尚通粮道，可以从江北运来粮食，以济天京军民之用。

陈玉成走后，李秀成独守浦口，面临着外无援兵、内无饷弹的困境，不仅如此，一封信件还突如其来地将他卷入了是非旋涡之中。

写信的人是太平军叛将李昭寿。李昭寿是一个反复无常的人，他本在河南为盗，后来在捻军、清军中间不停地变换角色，接着又投降了李秀成。因为在捻军里面干过，李昭寿曾自告奋勇地帮助李秀成联络捻军，最终促成了张乐行、龚得树等捻军将领与太平天国进行合作。

石达开自京城出逃后，韦昌辉曾给李秀成发来檄文，要他派兵捉拿石达开。李秀成不肯接受他的命令，韦昌辉恼怒之下便想如同迫害石达开那样，处死李秀成的在京家属。

有人赶紧劝止韦昌辉，说："你要这么做的话，李秀成必然会背叛太平天国，对你刀兵相向，我们现在一共也没有多少兵力，到时候拿什么去抵挡呢？"

此人把李秀成背叛的后果说得这么可怕，是因为单单和李秀成直接合作的张乐行所部就号称数十万人马（实际也有几万人），若二人联手对付韦昌辉，确实够他喝一壶的。韦昌辉虽然利令智昏，但听了也有些害怕，遂未敢再下毒手。

李昭寿当时就劝李秀成，说韦昌辉既对你磨刀霍霍，不如干脆和张乐行联合，脱离太平天国单干，同样可以西取关中，跨据陇蜀。李秀成一度为之踌躇不决，直到收到自天京寄来的家信，得知父母无恙，他才未被迫走上和石达开相仿的道路。

离间计

李秀成没走，李昭寿走了，由于感到在太平天国不受重用，他不久就投降了清廷，并被赐名李世忠。洪秀全封陈玉成为英王的消息传到清军所占区域后，已为清军将领的李昭寿眼珠一转，便以为李秀成鸣不平为由，写了一封劝降书，派人送往浦口。

信使过去是李秀成身边的护旗兵，李昭寿降清，他也跟着降了清。此人一到太平军营地就被哨兵抓住了，他连忙说："你们不必捉我，我到李老大人（李秀成）处有要事相商。"

众人在信使身上一搜，搜出了李昭寿写给李秀成的信件。监军莫仕暌巡营正巧路过，就拿着这封劝降书去找李秀成。

莫仕暌的正式职务是太平天国的兵部尚书，实际担负着监视李秀成的使命。等李秀成看完劝降书后，他便试探着问李秀成打算何去何从。

李秀成本人对天国忠心耿耿，之前李昭寿降清，他就特地致信李昭寿，责备其反复无义并劝令速归。更何况，封陈玉成为英王这件事，本来就是他向天王提出的，为的就是尽快解除天京之围，又怎么会心生嫌隙呢？

李秀成很坦然地对莫仕暌说："忠臣不事二主，就好像烈女不嫁二夫一样。昭寿自已做了不义的事，还想拖别人下水吗？"

莫仕暌一听，完全放下心来："我知道公（李秀成）乃忠义之人，一定会把情况原原本本地向天王进行奏禀。"

可是还未等莫仕暌入京奏禀洪秀全，天京城里已经流传着关于李秀成可能降清的各种谣言了。洪秀全为此派了六七个侍卫到浦口视察军营，所谓无巧不成书，侍卫又正好看到了尚摆在李秀成案头的劝降书，几个人大惊失色，急忙返京先行禀报。

劝降书似乎是对流言的确证。文武百官们纷纷议论，说李秀成与李昭寿有旧交，上次封王又没封到他，谁能保证他不听信李昭寿之言叛变呢？

洪秀全赶紧下令采取措施，将李秀成在京的父母妻子扣为人质。他的哥哥洪仁发做得还要出格，竟下令将下关船只全部予以封存，同时封锁江面，不准李部人马渡江回京。

李秀成起初尚莫名其妙，不知道天京方面究竟要干什么。莫仕暌自然明白是怎么一回事，不由得顿足道："要是他们这么干，则大事去矣！"

莫仕暌急忙入京，会同其他几位文臣武将一起入宫晋见天王，表示愿以性命担保李秀成忠于天国："秀成以前待昭寿有恩，现在昭寿听说陈玉成封王，而李秀成未能得封，就故意行此离间计。我们难道还真的中他的计，上他的当，自坏长城不成？"

对李秀成的重要性，莫仕暌看得格外清楚。浦口是天京处于重围之下的生命线，全凭李秀成予以保障，此外换了谁去都不行，而且陈玉成被封英王已经好几个月了，但仍无法调动部队来援，这说明要彻底解天京之围，还是得依赖于李秀成。

洪秀全毕竟不同他的窝囊废哥哥，莫仕暌如此跟他一分析，他便明白了其中的利害关系，加上也确实没有发现李秀成有任何异动，便顺势传令解除了针对李秀成的几项防范措施。

莫仕暌等人建议天王下诏对李秀成进行嘉奖勉励，以安其心。洪秀全认为言之有理，当即决定加封李秀成为忠王，并赐予黄缎子一面及尚方剑一把。黄缎子上是他亲自书写的"万古忠义"四个大字，尚方剑则允许李秀成在节制各军时可以便宜行事，主将以下，先斩后奏。

洪秀全的这一册封和授权虽因外因而起，却非常及时有效，对李秀成及其所部起到了极大的鼓舞作用，李秀成至此更加效忠于天国和洪秀全，誓言："主一心用我，我一心实对；主用臣坚，臣力死报。"

李秀成原先主要在江南与绿营八旗作战，但也和湘军打过仗，除鲍超被其视为强敌外，对其余湘军并不惧怕。他认为湘军普遍守强于攻，"守则有余，战则不足"，因此曾叮嘱手下将领，说如果遇到湘军，不用犹豫，一到即可与之交锋。

无独有偶，曾国藩对李秀成的评价是"滑头而不勇悍"，实战能力不但远不如陈玉成，甚至不及李世贤、杨辅清、黄文金等人。听到曾国荃夸赞李秀成为太平军第一勇将，他把个脑袋摇得像个拨浪鼓。

实际上，曾国藩、李秀成对彼此的认识皆有偏颇之处。湘军“结硬寨，打呆仗”，战时步步为营，稳扎稳打，看似过于保守，但只有这样，才能让自己尽可能立于不败之地，也才能在敌方疲惫和暴露出弱点后，抓住机会战而胜之。

同样，李秀成以文武全才、足智多谋著称。他不是不勇猛，也不是不能打硬仗恶仗，只是他的勇区别于陈玉成等诸将，是一种极具智慧的勇，单用“滑头”二字是无法准确加以概括的。

围魏救赵

李秀成原本是个大字不识几个的广西乡下人，从军后却很爱读书，太平天国禁读孔孟之书，谓之“妖书”，他因偷读这些书曾几乎被杀。

读书和悟性使李秀成迥然不同于太平军的其他将领，他也是唯一一个戴眼镜的太平军高级将领。事实上，在太平天国后期，要论对战场总体局势的洞察和把控能力，可以说无人能与之比肩，即便石达开也和他有着一定差距。

为报答天王的知遇之恩，李秀成绞尽脑汁，苦思良策。考虑到直接打破天京之围比较困难，要在浦口立即击退张国梁亦不现实，他想到了采用围魏救赵之计。

所谓围魏救赵，是会集各路援军，主动攻袭清军兵力薄弱的杭嘉湖地区。那一带枕山负海，物产丰饶，早已成为江南大营与皖南清军的主要粮饷供给地，每年都要提供七十万两白银给军队。李秀成大胆预测，只要能够调集到足够的兵力攻击杭嘉湖，江南大营便不得不进行援救，到时天京之围自然可解。

计议已定，李秀成立即骑马进京，向洪秀全报告自己的设想，并毛遂自荐，请求亲自出京调兵。可是这一请求却未能得到同意，洪秀全反对李秀成出京，要求他继续死守浦口。

如果能派别人承担围魏救赵的使命，当然最好，问题是当下没有合适的人选哪！李秀成很是无奈：“留我镇守浦口，解天京之围该指望何人？”

他当着洪秀全和朝臣们的面，扳着指头，将原来的五军主将一个个地数过来：

陈玉成无能力调兵，而且正在皖北与湘军作战，连自己都抽不开身；杨辅清、李世贤与清军胶着在一起，无法移动；韦俊已经降清。

除了五军主将，其余一些将领虽也号称能战，但不过徒有虚名，关键时候很难指望得上。想到天京局势危殆，刻不容缓，李秀成忍不住加重了语气：“京城四门全都被清军包围着，朝内粮食也不多了，现在主（指洪秀全）又不准我离开浦口，谁来救天京之围？我主（洪秀全）到底是怎么想的？”

李秀成的这番话令洪秀全十分不悦，他当场将李秀成给责骂了一番。不过骂过之后，对于到底如何为天京解围，他也依旧想不出什么别的招，只是一味说着靠天父天兄保佑之类的话。

其余朝臣也都苦留李秀成，李秀成的第一次进谏宣告失败。

眼看围魏救赵的计划面临夭折的危险，情急之下，李秀成决定击鼓鸣钟。

中国有一种古老的司法直诉制度，叫作“登闻鼓”，用以让普通民众击鼓鸣冤或向朝廷提出意见。“登闻鼓”在宋以前并不算是个稀罕事，据记载北宋时有个老百姓在京城宫门外击鼓，为的只是自己丢了一头猪，宋太宗不但亲自受理，还诏令对他进行了赔偿。

到了宋以后，皇帝可就没这么好说话了，击“登闻鼓”的条件越来越苛刻，到了清代更已形同虚设，美其名曰“防止无端刁民恶意上访”。

宫门外的鼓都还在，可你要是想击鼓的话，首先得做好被廷杖三十的准备。如果你告状的理由，竟然是想要政府赔你猪这样的“小事”，那不把你的屁股打得像猪头一样肿，估计也不会放你出门。

太平天国移用清制，从天王府到各地方衙署，其大门走廊内都设置有大鼓两面，凡有意见建议或需要申冤投诉的人均可前来击鼓。听到鼓声，天王和地方长官们必须即刻受理。当然它们同样仅仅是用来装点门面的摆设，一般情况下，没人敢冒着被责罚的危险轻易上去击鼓。

李秀成已无路可走，只能选择这种办法。几天后，他再次入京，在天王府的朝堂上击鼓，终于迫使天王不得不重新坐殿听取意见。

当着天王的面，李秀成再次陈述了自己的理由和决心，表示无论如何一定要出京：“为解天京之围，请主（洪秀全）容许臣（李秀成）便宜行事、长算远略，以期能够扫荡妖穴，永奠磐石之安。”

见李秀成坚决要走，除此之外也确实没有别的办法为天京解围，洪秀全终于同意了他的计划。

干王洪仁玕后来在一份自述中说围魏救赵是他的计策，而且也是由他向天王奏准施行，然而从这一期间李秀成的活动轨迹来看，在围魏救赵之计制订之初，他应该并不知情。或许在洪秀全批准后，他也参与了一些意见，但毫无疑问，计划中最漂亮的部分仍然只会来自经验丰富的李秀成，并由其亲自负责实施。

获得天王的允准，李秀成立即将浦口军务移交给其他将领，自己乔装改扮，穿着普通士兵的衣帽服饰潜出浦口，动身前往芜湖。

李秀成离开浦口不过三四天时间，浦口城外靠江边的二十余座太平军营垒就全部被张国梁攻破，九洑洲要塞亦随即陷落。九洑洲要塞是保卫天京和浦口两岸交通的关键，也是粮食转运的咽喉，清军占据此处，不仅完全截断了浦口的运粮水道，而且意味着对天京的合围之势已完全形成，如果李秀成再晚一点走，能不能出得去都很难说了。

李秀成一到芜湖，即以忠王的身份召集皖南的太平军将领开会，以具体商讨如何解救天京。

大事去矣

李秀成待人谦虚亲切，慷慨大方，别说一个战壕里的战友，就算是仇家敌人，只要肯坐下来跟他聊两句天的，都会给以厚待。与此同时，他也很关心民间疾苦，看到老百姓遇到困难，甚至会自掏腰包予以救济。这使得他在太平天国拥有着很高的威信和声誉，大小军民人人对他信服，他说的话别人也都乐意听从。

得知忠王出京来皖，杨辅清、李世贤等高级将领尽皆与会，而且都愿意受其节制。就在这次军事会议上，李秀成订下了攻取杭州，以吸引江南大营南救的方案。

1860 年 2 月上旬，除留置部分兵力守城外，李秀成将芜湖的其余太平军分为两路，一路负责侧面掩护，由其堂弟李世贤率领南下；一路是主力部队，由他亲自率领，直奔杭州。

自太平天国起兵以来，浙江一直未被战火波及，军民头脑中关于战争的概念都很淡薄。以后来被攻陷的乍浦为例，风闻有“长毛贼”来攻，不只百姓混乱不堪，官府也不能澄清传闻，安定民心，反而一些黑了心肠的吏员还乘乱私下盗窃财物，然后自己放火烧城逃走。逃跑前，这些黑心吏员们为了逃脱罪责，让人传谣言说有暗通“长毛贼”者在城中放火。谣言一出，城内外顿时乱如鼎沸，无人准备防火灭火，全都争先恐后地各自奔逃。时值南风劲吹，大风延烧至城外，五分之三的房屋在大火中化为灰烬，妇女老幼被烧死者达六千余人。太平军闻之立刻袭来，不费一兵，刀不血刃，就攻占了乍浦。

把攻陷乍浦之例放大开来，就是李秀成、李世贤在浙江作战的大致过程，他们一路摧枯拉朽，如入无人之境。

浙江巡抚罗遵殿倒是个清正廉洁的好官，曾在湖北协助胡林翼整顿吏治，被胡林翼倚为心腹，但他莅任浙江的时间不长，对军情不熟，无力挽回大局，最后只得被迫退守杭州城。

杭城的壮年男子大多已经逃走，罗遵殿所能掌握的守军又寥寥无几，他知道自己守不住城，便赶紧飞檄传书，请求支援。

罗遵殿最希望得到的援军是湘军，他率先给曾国藩发去了求救信，但太湖战役正处于紧张缠斗阶段，而且湘军各部距离杭州都较远，鞭长莫及。朝廷认为和春兼督浙江军，离得也近，便让和春从江南大营调兵救援。

江南大营兵多将广，仅用于围困天京的部队即达七万，但和春迟迟疑疑舍不得分兵，等意识到若不救援浙江，自己的饷银也将失去着落时，才派提督张玉良驰援。

就在和春犹豫之际，李秀成已提前率部兵临杭州城下。由于沿路攻下好几座城池，每一座城池又都需留兵驻守，故李秀成带来的人马不过六七千之众，但已足以包围杭州城。

杭州城被围三天三夜，援兵仍未出现。太平军土营便趁着晓雾，挖地道通到清波门下并引爆了炸药，随着惊天动地的一声巨响，城墙坍塌，守城士兵被炸得血肉横飞。早已做好准备的太平军先锋营趁势攻入城内，此时守军意志完全崩溃，官兵或逃或降，无一人抵抗。

李秀成用于攻城的主力部队也就是先锋营，其实仅一千三百五十人，若张玉良能提前赶到，李秀成要想拿下杭州是很困难的，连他都没料到这么容易就能破城，事后只能归结为天意，称其并非人力所能为。

罗遵殿悲痛欲绝，他把宝剑扔在地上，流着眼泪长叹一声：“老天就非要这样降祸于我军吗？援兵不至，大事去矣。”当即服毒自杀。

同时死于城中的除了浙江布政司、盐运使、杭州知府、知县等一干官员外，还包括缙绅及妇女八百余人，自杀者的尸体把井沟都填满了，诚为人间之惨剧。

杭州城包括内外城，首先被太平军攻占的是外城，之后杭州将军瑞昌率旗兵退入内城坚守待援。内城是满城，也即满人聚居区，太平军曾对满城实施过屠城政策，这使得满城军民的抵抗一般都较为顽强，李秀成也未能像占据外城那样立刻将其拿下。

1860 年 3 月 23 日，张玉良才率六万余人的援浙军姗姗来迟。张玉良是随向荣出道的蜀将，打仗也算骁勇，他一到杭州，就立即指挥兵勇对城内的太平军展开进攻。

李秀成以为来援之将是张国梁，他本来就不是一心要拿下杭州，见引诱江南大营分兵的计谋已经初步成功，且满城又未攻下，便于第二天主动撤出了杭州城。

临走时，李秀成将在杭州城新制造的旗帜全部插出来，以作疑兵之计。张玉良果然中计，他以为李秀成拥有强大兵力，根本不敢追击，直到过了一天一夜，太平军已经撤得无影无踪了，才进入杭州城。

官军打仗不济，扰民害民却有余。起先他们放火焚烧城外的民居，想借火势攻城，结果太平军走了，火却没灭掉，于是乍浦惨景又降临到了杭州城：城门数处起火，随风延烧，城内的平房楼宇祠庙衙署尽化为灰烬，侥幸得以保存的民居仅五分之一，军民被烧死六千余人，城内臭气扑鼻，经久不散。

更可气的是，明知太平军退走，官军也不赶快追击。张玉良忙着给朝廷发喜报，报告他收复杭州的“奇功”，部下们则趁火打劫，四处掠夺财物粮食。

崭新的一页

和春一开始不肯迅速分兵救援浙江，以后见杭州、湖州等多座城池陷落，江南大营在浙江的饷源面临被切断的危险，又慌了手脚，不断地增派援兵，包括张玉良部在内，先后调去兵力共十三万人。可惜战机早已错过，造成的直接后果是援浙部队疲于奔命，徒劳无功，而大营留守之师也变得单薄空虚，实力剧减。

此时江南大营尚有十万人马，光一个月就需支饷百万两白银，以往这些军饷都取自于苏浙，及至太平军入浙，浙省自顾不暇，来了个扣饷不发，大营的经费一下子变得紧张起来。

怎么办？和春束手无策，主帅以下即为翼长，江南大营翼长、湖北提督王浚献计，说既然经费不足，不如先暂扣一部分兵饷，如果官兵问起，可以推托等完全收复浙江后再予补给。和春觉得这个办法不错，就传谕将士，称今后将每隔四十五天才发一个月的饷。

江南大营集结了当时全国最多的绿营军队，有最精锐官军之称，然而其内部的腐败程度和其他绿营相比并无二致。尤其在认为天京旦夕可破的情况下，官兵更是骄纵自大，不打仗的时候成天酗酒狎妓，挥霍无度，就算是每月发放足饷，他们都不够用，更不用说变相减饷了。

减饷令下，人人无精打采，有的兵勇还私发传单宣泄不满。张国梁察觉后极力劝说和春收回成命，但和春就是不听，结果导致大营军心动荡、兵无斗志的现象越发严重。

接到探子送来的情况，李秀成不由得喜上眉梢。撤离杭州后，他风驰电掣般一路向西，先在广德与从浙江撤出的李世贤军会合，继而占领了军事要冲建平。

在建平，李秀成召开了由杨辅清、李世贤、黄文金等将领参加的紧急军事会议，决定分五路回攻江南大营。一时众人无不摩拳擦掌，跃跃欲试。到太平天国后期，像这样能把将领们聚拢在一起并大干一番的场景早已不多见了。李秀成非常激动，认为是天机所属，证明天国气运尚在，还有振兴的希望。

清代有一部长篇小说，名为《说唐》，它是《隋唐演义》的最初版本。在《说唐》中，起义军为了实现灭隋大业，各路豪杰齐聚浙江四明山开了一次大会。李秀成将建平会议与灭隋的四明山会议相提并论，事实上，它也确实即将开启太平天国军事史上崭新的一页。

建平会议后，向东挺进的太平军可谓势如破竹，先后进占高淳、溧水、溧阳、句容等多座县城。接着李秀成虚晃一枪，假装兵发苏州、常州，和春不知是计，忙调兵至苏常防守，这样一来，天京外围的部队又减了一成。

至 1860 年 4 月底，五路大军共十几万人马全部抵达天京外围。因太湖战役已结束，英王陈玉成亦不约而来，此前已收复浦口。得知李秀成、杨辅清、李世贤等都在长江南岸，他也率部渡江加入战团。自天京事变以来，天京勤王解围之兵容还从未有如此之盛。

江南大营内却是内忧外患。减饷事件让部队士气低落，兵勇皆不愿力战。主要将帅方面，和春与张国梁不合，王浚又从中插一脚，更弄得彼此间矛盾重重。

就算是拼部队数量，清军也已落于下风。从杭州到天京，最近的路都有八九百里，中间弯弯曲曲，实际得走千里有余，张玉良听到消息时已回救不及。其他调援、调防苏浙的部队，或被太平军阻隔，或因一路贪掠财物，也都无法火速赶回。

天京外围大决战虽然尚未正式揭幕，但留给人们的悬念其实已经不多了。

败得十分彻底

1860 年 5 月 2 日，太平军前锋约两万骑兵突破清军防线，对江南大营的中心阵地发起突袭并获胜。天京城内守军也按照预先约定的信号由各门杀出，与城外援军胜利会师。

清军的左右两翼跟被袭的中心阵地较远，加上天色朦胧，雨雾弥漫，无法辨识太平军的行动。听到城内守军冲出，他们便自恃人多势众，以为可以一举击溃软弱疲惫的守军，从而趁机杀入城内。

见清军向城内守军发起攻击，太平军骑兵除分出一队协助城内守军外，主力重新冲回敌中心阵地，再次横扫正在混乱中整队的清军。扫完之后，骑兵分成两路，猛攻清军左右两翼。

左右两翼的清军未想到对方骑兵从旁边杀出，想退回原阵地已来不及了，顿时阵形大乱，纷纷仓皇败逃。

太平军开始发起全面反攻。5 月 3 日，陈玉成部突破清军在西南所筑的长壕。城内守军向清军营内抛掷火罐，火罐正好落入火药库，当即引起剧烈爆炸，又进一步加剧了清军的混乱状态。不到半天工夫，从得胜门至江边的五十余座清军营垒就全部被攻陷了。

两天后，李秀成部击破清军孝陵卫大营，摧毁了东南面的清军防线，清军被紧紧压缩于仅存的大小水关大营。

5 月 6 日，天寒刺骨，雷雨交加，清军大营内一片愁云惨雾。一些兵勇认定必败无疑，便吵闹着到王浚帐下向他索要军饷，要不到钱就干脆拦路抢劫，和春见状竟不敢过问，更不用说责罚了。

这帮人真是怎么挨揍都活该。当晚太平军便攻入了大营，各营火起，王浚部先跑，和春部继之，张国梁见状也只得殿后奔逃。

此战过后，天京城外遍布清军所遗弃的军械、旗帜、火药、粮秣，清军遗尸将他们自己所挖掘的壕沟都填满了，可谓是败得十分彻底。当然更重要的是江南大营垮了！

江南大营始建于 1853 年，也即咸丰三年，其间经历重建，至再度被攻破，已历八年之久，耗费的人力、物力和财力难以计数，然而转眼之间便灰飞烟灭。张国梁不由得顿足长叹："八年心力，不料败于李秀成之手！"

天京之围既解，文臣武将一齐入朝庆贺，同时商议下一步进取目标。朝议时，众人意见不一，英王陈玉成自然主张全力援救安庆，李世贤建议尽快拿下闽浙，而干王洪仁玕则认为应该首先经略长江下游。

长江下游素为富庶区域，但在天京事变前并未被太平天国定为战略控制的目标，太平军发动过西征、北伐，却从未有过东征。这倒不完全是顾忌江南大营的存在，事实上，只要从西征、北伐所用兵力中调一部分过去，是不难完成目标的。

更大的原因是要彻底扫荡下游，就不可能不触碰上海。上海既是五口通商所允许的条约港，又是各国使节的驻节地，在太平天国定都南京后，英法美公使都曾先后前往南京进行试探，并声明将在清帝国和太平天国之间保持中立。

列强与清帝国有着正式的外交、条约关系，并派驻有外交官，它们说要保持中立，本身就带有倾向性，这对太平天国是很有利的，加上当时天国的给养也很充足，因此以杨秀清为代表的决策层就选择了把长江下游置于次要的战略位置之上。

时过境迁，环境和条件都发生了很大变化。如今湘军围住安庆，从上游威胁着太平天国，天京的交通和物资供应仍然时时面临着被切断的危险，但要是能率先控制长江下游，并将之作为保护性后方基地，起码暂时不用为缺乏财力物力发愁了。洪仁玕走南闯北，去过香港，看过洋文，其文化水平、见识比一般人要广博得多，而且他自入京执政以来，日日处理要务，军政知识也增加了不少，自然不会看不到这一点。

再往大了说，太平天国的西征也好，北伐也罢，最终都是想要统一全国。比如，往西面打，至少要打到川陕，才能把这一面全都解决了。以此类推，北面要一直打到长城，南面要一直打到云贵两广，可是川陕、长城、云贵两广距天京都有五六千里之遥。这么一比较，唯有东面的沪苏杭距离最近，不及千里，一打便能打到底。

洪仁玕认为，以太平天国和太平军的现有条件而言，乘胜攻取长江下游最容易获得成功。他进一步设想，一旦控制住包括上海在内的下游地区，仅仅从上海库房中就可以拿到一百万两库银。用这一百万两银子，足以买到一支有二十艘现代轮船的舰队，这支舰队可载运太平军沿江作战，届时不仅能够成功解除清军水师对天京的水上封锁，还有望重开西战场，夺回被清军占领的沿江重镇，从而使得“长江两岸俱为我有”。

进攻上海会不会遭到列强的抗议和干涉？洪仁玕的态度相当乐观，他相信洋人终究会接受现实。理由是当初英法美公使来天京试探时，天国早已公开申明，除鸦片、酒精、烟叶外，准许与各国通商，各国也声明保持中立，在太平军与清军相争的过程中两不相帮。既然如此，若是太平军将清军逐出上海，洋人为什么要反对呢？不但不会反对，没准大加欢迎还说不定呢！

李秀成与洪仁玕的私下关系并不好，但犹如陈玉成始终将安徽作为根据地一样，他向来更重视江南，所以立即对洪仁玕的提议表示赞成。

天王洪秀全在听取众臣意见后，决定采纳洪仁玕的方案，并命李秀成具体负责实施。

大黄旗

击破江南大营以及解天京之围，皆系李秀成之功，但洪秀全却越发以为是天父天兄保佑着他，才会出现如此“奇迹”，至此便更加不理政事。他对李秀成也仍谈不上特别信任，实际上，最为他垂青的人是已故西王萧朝贵的儿子、幼西王萧有和，其次是他的两个哥哥洪仁发、洪仁达，再是洪仁玕和两个驸马爷，接下来才是英王陈玉成，李秀成尚排在陈玉成之后。

萧有和还是个孩童，别说理政，连议政能力都不具备。洪仁发、洪仁达忌李秀成功高，就撺掇着天王颁下严诏，限李秀成所部在一个月内攻取苏州、常州，至于封赏奖励则一个字都未提及。

李秀成心里虽然不是滋味，但王命不得不从，只好在休整了三天后，就又匆匆整兵出发。

李秀成深知，要取苏常二郡，就绕不过老对手张国梁这一关，他必须先干掉张国梁。此时张国梁已收容了一万两千人，退守至丹阳。李秀成步步为营，直抵丹阳城下。张国梁当即大开南门出城迎战，他本人固然是有勇气再决雌雄，问题是他的部队不行，官兵们一看到李秀成军的旗帜，立刻就慌了手脚。

喜欢和善用旗帜是太平军的一大特点。太平军最低级的军官为两司马，自两司马起就有一面旗帜，往上官位越高旗帜越多。一万多人的队伍，大小黄旗就拥有六百多面，每逢攻克清军城池，城头上便“无数黄旗分门站立”，到了野战，更是“黄旗遍野”。

太平军的旗手均由精壮忠勇之人充任，其任务是举着旗帜走在前面，代表所属军官引导大军作战。他们的地位也相当高，重要统帅的旗手甚至和高级军官的官级相同。

李秀成的大黄旗由其亲选士兵执掌，只要大旗挥动，全军必然踊跃向前，凡临阵脱阵者，会被执刀在手的后排士兵当场斩首。清军最害怕这面大黄旗，江南大营被破之前，很多官兵还没等到大黄旗挥动，往往心里面就怯了三分，更不用说处于如今这种风声鹤唳的境地了。

清军描述太平军发动进攻，常用一个词，叫“如墙而进”。眼看着李军在大小黄旗的引导下，一个接着一个，一排接着一排，如同墙壁一样往前推进，张国梁手下的兵勇魂飞魄散，全都争抢着溃退逃散。

张国梁见状大怒，自率亲兵向李军直冲过去，欲与李秀成拼个你死我活。悲哀的是，溃卒塞途，竟然活生生地将他挡在了路上，让他连冲到李军阵前都做不到。

中国古代演义小说中，给人印象最深的莫过于“武将单挑”，但这只是出于小说家们的演绎和想象。在胜券在握的情况下，李秀成也根本用不着逞什么匹夫之勇，看到张国梁在人堆中急得大吼大叫，他当即派一名力士前去“取上将首级”。

力士混入溃卒之中，乘张国梁不备，用刀猛刺过去。张国梁猝不及防，身被重创，他大叫着骑马跳入尹公桥下，于河中溺亡。

李秀成在占领丹阳后，下令将张国梁的尸首予以礼葬。他对此的解释是：“两国交兵，各为其主，各忠其事，生既为敌，死尚可为仇乎？”显然，即便在李秀成的心目中，张国梁亦不失为值得惺惺相惜的一条好汉。

张国梁在绿营中的地位，相当于是湘军中的李续宾。咸丰皇帝闻报十分痛惜，他还寄望于张国梁落水后可能侥幸未死，命军中进行查实，几个月后张国梁已死的消息得以确证，这才下诏优恤。

江南大营被破时，和春、张国梁各走一方，和春去的是常州。江苏巡抚徐有壬向朝廷上奏，称和春在常州迎战太平军时胸口受了枪伤，退至无锡浒墅关后呕血而亡，然而李秀成得到的消息，却是和春在听闻张国梁战死丹阳后即自缢而亡。

不管真相到底如何，事实是张国梁一死，江南战场上便已无任何人能够抗衡李秀成。这时两江总督何桂清因为办理筹饷正驻节常州，他原先就靠和春、张国梁在前方替他打仗，至此便慌了手脚，连忙上疏诈称要回苏州筹饷，准备脚底抹油，逃往苏州。常州绅民见状纷纷跪在道旁，请求他继续留在城中主持，何桂清哪里肯干，竟然命令亲兵向绅民开枪，在当场打死打伤十一人后，很不要脸地溜走了。

徐有壬正坐镇苏州，何桂清对徐有壬曾有提携之恩，他以为对方一定会开门相迎，不料徐有壬认为何某弃常州不守，罪无可赦，不但拒绝让他进城，而且还上疏弹劾他“弃城丧师”等多条罪状。

何桂清走投无路，只得以向英法公使商借洋兵为名，躲进了上海租界。

这时张玉良已率部赶到苏锡常地区，他本来受何桂清之托承担常州防务，但何桂清一跑，他也跟着移师无锡。常州城孤立无援，很快就被李秀成攻破。

张玉良虚名在外，能力和眼光却着实有限。常州城乃无锡、苏州两城之藩篱，藩篱尽撤，其余二城安能独存？李秀成亲自率部向无锡发起进攻，官军大溃而逃，张玉良只好又收拾残卒退往苏州。

张玉良自请守城，徐有壬就让他驻兵于葑门。张部把他们恶劣的军纪从杭州一路带回苏常，到处抢掠财物，胡作非为，百姓怨声载道。1860 年 6 月 1 日，李秀成进军至苏州阊门，城外百姓都举着“同心杀尽张、和（张国梁、和春）两帅官兵”的标语，挑着酒食前去迎接，人心之向背可见一斑。在这种情况下，张玉良自觉苏州难以固守，连夜便带着部下逃往杭州。

苏州城内除了不满四千的弱兵外，还有不少来自天京、常州、无锡一带的残兵败将，他们看到张玉良未战先逃，就密谋为太平军做内应。第二天，这些兵勇突然开门把太平军放了进来，徐有壬拒不投降，继续率兵与敌死战。

徐有壬是个很有气节的文臣。宋末，临安被元军攻破，徐家远祖徐应镳全家自杀殉国。徐有壬小时候读家谱，正好看到这段往事，他便很激愤地说了一句：“我将来也应该这样！”果然一语成谶，他最终死在了巷战之中。

李秀成在占领苏州的同时，另派将领对张玉良实施衔尾追击，直至攻占嘉兴。到他下令停止追击结束战役时，江南田野上已经堆满了清军尸体，港汊河道竟为之阻塞不通。

宿松之会

在千里之外的宿松，自杭州外城被太平军攻破起，就有了一次极其重要的聚会，史称宿松之会。

宿松既是曾国藩大营的驻扎地，同时也是业已殉职的浙江巡抚罗遵殿的家乡。作为曾与罗遵殿共事的老友，胡林翼对他的死感到十分悲痛，遂约集曾国藩赴罗家吊唁。接到胡林翼的邀约，曾国藩又连忙通知正在其营中的左宗棠到宿松一会。

当初因受樊燮事件所累，左宗棠被迫向骆秉章告辞，转荐刘蓉入幕，自己从长沙启程，准备入京参加会试。后者乃是为预祝咸丰皇帝三十诞辰而开的“恩科”，当然左宗棠不是真正要参加会试，只是为了借此避开是非旋涡，图一清静。

左宗棠途经湖北襄阳时，见到了襄阳道毛鸿宾。毛鸿宾和曾国藩、胡林翼的关系都很好，在和左宗棠见面时，他受胡林翼所嘱，向左宗棠出示了胡林翼的密函。

左宗棠原先只知道被人诽谤诬陷，并不了解更多内幕。看了密函，他才弄清那些要陷害他的人不仅仅是要赶他出湘幕，而且正在想尽办法置其于死地，这其中便包括表面大度、内心阴险的湖广总督官文。胡林翼还告诉左宗棠，有关他的流言蜚语已遍布京城，也就是说去京城的结果很可能是自投罗网。

发现处境竟如此险恶，左宗棠悲愤莫名，深感“厕身天地，四顾茫茫”。

京城不能去了，他思前想后，决意沿江而下，去“涤老”（指曾国藩）大营访问湘军旧友。左宗棠前后已经做了八年幕僚，还从未亲自带兵作战，他设想，如果能在湘军中做个营官，可以弥补这一遗憾，免得别人说自己只会坐于戎幕中夸夸其谈，再者，就算拼死在疆场之上，也总比死在小人之手要好得多。

倘若无法留在军营中呢？访完旧友，马上雇舟回家，从此“稳卧荒村，不复与闻世务”。

打定主意后，左宗棠便改变行程，从襄阳辗转前往英山的胡林翼大营，继而又抵达曾国藩大营，此后一直在和彭玉麟、杨岳斌等人叙旧，直到被曾国藩召至宿松。

除左宗棠外，宿松之会还有一个不得不提的人物，他就是陪伴在曾国藩身边的李鸿章。

与曾胡左包括大部分湘军将领、幕僚均出自于湖南不同，李鸿章籍贯安徽合肥，他的父亲李文安与曾国藩为同科录取的进士，通过这种“同年”关系，李鸿章在参加科举考试前便得以拜在曾国藩门下，随曾国藩“习制科举之文”，也就是学写应付科举制度的八股文。李鸿章自幼颖慧，再经曾国藩点拨，很快就掌握了其中诀窍。

清代自顺治、康熙开科取士，最初八股文的格式还不像后来那样僵硬死板。江南才子尤侗独辟蹊径，从戏曲《西厢记》的唱词中取题作文，比如《西厢记》中有一句“怎当他临去秋波那一转”，他就以“秋波一转”为题写了一篇文章。本来不过只是“杂以谐谑”的游戏之作，没想到皇帝觉得好，顺治、康熙都大为赞赏，“亲加批点”。于是凭着“秋波一转”，不仅尤侗试中“博学鸿词科”，连他的弟子徐元文也考中了状元，这种八股文体由此走红，成为非正统八股文的一大流派。

在八股文领域，尤侗和明末清初另一位江南才子王广心的文体被并称为“尤王体”。李鸿章乃是精通“尤王体”的八股名家，每一落笔，那句子能漂亮到让你眼花缭乱。他自己对靠用“尤王体”来敲开会试之门也信心十足，曾经说到，有一天晚上在会馆里试写八股文，案桌上突然灯花如斗——灯花不会无缘无故地变大变小，这不是会试告捷的吉祥之兆，又是什么？

不巧的是，会试那几天李鸿章生了病，为了不错过考试，他只能抱病入场，而且直到考试题目发下来，脑袋还昏沉沉的，得旁边的同学告诉他是什么题目。

“灯花如斗”般的吉兆就来自考试题目，李鸿章一听就高兴起来，原来之前有个同学提到过类似的题目，当时他还试写过一篇，如今正好用上。

李鸿章猜中会试题目的故事来自清末笔记，真假未知，但可以确定的是，他考中了！

接下来，李鸿章向上的路径和乃师相仿，先是被点了翰林，以翰林院庶吉士的身份供职京师，之后庶吉士散馆，他又因成绩优异而被改授翰林院编修。

三千里外觅封侯

李鸿章早年与人谈论今后志向，曾经说：“我希望将来能够得到七间玻璃大厅，四周围全是明亮的窗户，能够让我在其中办理公务。”

那个时代，这种条件可不是一般人能享有的，非得当官而且是当大官才行。终李鸿章这一生，他也确实一直把扬名立万、飞黄腾达作为自己的理想追求，正如其在赴试前所作诗句中所言：“丈夫只手把吴钩，意气高于百尺楼。一万年来谁著史，三千里外觅封侯。”

曾国藩一生有两个最得意的弟子，一为李鸿章，一为俞樾。俞樾苦心钻研学术，在苏州曲园著书立说授课，被后人尊为一代朴学大师。李鸿章却是纯粹拿八股制艺当作敲门砖，跳入龙门之后除了有助于仕途的经世学外，学术方面的书连碰都不碰。

李鸿章曾为曲园题写匾额“德清俞太史著书之庐”（俞樾是浙江德清人，太史即翰林），时人评论道：“李少荃（李鸿章号少荃）拼命做官，俞荫甫（俞樾字荫甫）拼命著书。”

一个拼命做官，一个拼命著书，似乎都只各取了他们老师身上的一面，曾国藩对此也很无奈：“荫甫俞樾虽读书，奈过迂谨；少荃李鸿章英发，又奈不读书。”

虽然并没有能够得到曾国藩的完全认可，但后来的事实证明，能够给曾国藩的中兴事业帮上大忙的，还是这个“不读书”的李鸿章。

要当官就得会写奏牍，这是引得皇帝赏识和朝野关注的一个重要条件。李鸿章如此热衷功名，自然乐于在奏牍下功夫。刑部左侍郎吕贤基和李家是安徽同乡，与李氏父子也过从甚密，李鸿章便经常代吕贤基草疏言事。

尽管李鸿章自认文笔出众，但要想让所写奏疏立刻起到轰动效应，又谈何容易？况且他还不能在上面署名，即便有了那么一点影响力，别人也都以为出自于吕贤基笔下。

有一天，李鸿章在书肆闲逛，遇到了同乡某君。某君对他说：“你不知道省城（指安庆，时为安徽省会）已经失陷了吗？还在做这种无关紧要的事！”

原来是安庆被太平军攻陷了。李鸿章一来保护家乡心切，二来也想借此机会弄篇名疏出来，于是就怂恿吕贤基上奏朝廷，请求派大军前去安徽镇压。吕贤基听后就让他代写奏疏，并且允许他署名。

李鸿章很是激动，回去后翻检书籍，反复琢磨，使出了浑身解数。奏疏写好时已是深夜，幸好他的住所离吕宅不远，便立刻派人送去，以免耽误第二天早朝的启奏。作为捉刀人，李鸿章也累得不行，奏疏送走后就呼呼大睡，一直睡到中午以后方醒。

按例，在京朝官看不到当天朝报。李鸿章心里一直惦记着，好不容易熬到次日，他等不及吕贤基上门告知，就驾车前往吕宅。

刚到门口，就听到一家子都在哭，好像办丧事一般。走进厅堂，忽见吕贤基失控一样地从内室里跳出来，对他嚷道：“你把我害苦了，皇上命令我去安徽！不过我也害了你，已上奏调你一同回乡。”

李鸿章这才知道，他那篇精心创作的长篇奏疏的确打动了皇帝，但皇帝无兵可调，只能谁提的倡议就安排谁去干事，吕贤基因此被派回安徽原籍任团练大臣。

当时朝中官员均视赴前线办理团练为畏途，吕贤基为翰林编修、御史出身，从无当地方官或处理军务的经验，更是料定即将有去无回。他想到自己系为李鸿章所累，便一报还一报，以李鸿章父子籍隶安徽，熟悉乡情为由，奏请带上他们同去。

李鸿章的名字赫然列名于奏疏之上，对吕贤基的请求，皇帝既无不允之理，李鸿章事后也无法推托，尽管他实际对此毫无心理准备。

当天，咸丰召见吕贤基，做君臣间的最后一次告别。咸丰不是不知道自己的任命是强人所难，几乎等于逼着对方往绝路上走，当着吕贤基的面，不免感到内心愧疚，当场便掉了泪。吕贤基被皇帝所感染，也伏在地上大哭起来。

这段往事同样出自清末笔记，或许其中不乏夸张之辞，但当事人那种毫无胜算乃至有些绝望的心境却完全可以想见。

就这样，李鸿章父子匆匆告别翰苑，随同吕贤基星夜就道，奔赴安徽。

吕贤基出京时，无兵无饷，赤手空拳，同时他虽回安徽原籍，却没有像曾国藩那样，回到皖南旌德老家具体办理家乡团练，而是只能遵旨奔波往来于军情最为严重的皖北皖中地区，在那一带督办团练。身为无地方实职的客官，可以说曾国藩遇到的困难吕贤基全都遇到了，曾国藩所具备的有利条件他却一个都没有，这使他很难形成稳固根基，也没有牢靠的子弟兵能随之作战。

1853 年下半年，石达开亲自主持西征，在皖北战场上改守为攻。皖北的官军见到太平军就跑，屡败不振，吕贤基好不容易组建起来的乡勇又多属乌合之众，打起仗来几乎不堪一击，至于吕贤基自己，说到底不过还是一个文质彬彬的白面书生，当然更无能力应敌。

太平军很快就攻至吕贤基所驻的舒城。有人劝吕贤基，说你既无守土之责，又不辖一兵，“可退守以图再举”，实际就是劝他赶快弃城逃跑。吕贤基呵斥道：“奉命治乡兵杀贼（太平军），当以死报国，怎么还敢避寇求得幸免呢？”他立即召集部下幕僚商议守城之策，正在舒城的李鸿章也在其中。

若无意外情况发生，李鸿章毫无疑问将和吕贤基一起死在舒城，千钧一发之际，一个老仆主动站起来，救了他的性命。

书剑飘零

老仆名叫刘斗斋，李氏父子出京前他一直在李文安的寓中为佣，此时李文安正在庐州（今合肥）办团练，他就随李鸿章到了舒城。眼看情况紧急，他忙暗暗地把李鸿章拉到偏僻处，对李鸿章说：“他们死就死了，无可避免。公子为什么也要随他们一起死呢？你纵使自己不怕死，难道就不顾念老人倚门而望，焦急企盼儿女归来的心情吗？”

李鸿章一听，也有了悚然心惊之感，忙问他有什么脱身之策。刘斗斋说：“马已备。”他牵出已准备好的马，让李鸿章骑着马连夜逃出了舒城，第二天舒城便被太平军攻陷，吕贤基投水自尽。

李鸿章对刘斗斋感激不尽。他显达之后，在皖鄂间拥有良田百顷，便命刘斗斋的儿子某甲负责给自己收田租，不料某甲负责了十年，居然一文钱都没有收上来。李鸿章把人叫去询问，某甲将账簿呈递上去，他翻开一看，别说收钱了，账上入不敷出，还得再倒贴进三千两白银才能做到出入相抵。

这哪里是家人，简直是家贼啊！李鸿章大怒，一脚便将某甲踢翻在地。不过他所做的也仅此而已，并没有再加罪于某甲，只因为对方是恩人忠仆之子。

逃出舒城后，李鸿章又随父亲在庐州办团练，但是这条路非常不好走，简单说来，就是乡勇易招，饷银难觅。李文安不得不四处募捐，有时还免不了要用上“勒捐”等不得已的法子，乡民们为此向上告状，说李文安“翰林变作绿林”，借办团练之名假公济私，都快变成强盗了。

李文安的精神压力非常大，很快就在忧愁中告别人世。死的时候正值夏季，李文安身体肥胖，却仍然毫无顾忌地大口喝酒，而且还露宿在外，丝毫不在意会生病，所以有人说他其实是自杀的。

与此同时，李鸿章转投新任安徽巡抚福济幕中。福济是李鸿章参加会试的副考官，两人有师生之谊，他对李鸿章也很器重，但福济与吕贤基相仿，说到底只是一个不懂军事的文官，朝廷命其收复庐州，他在指挥作战时不得其法，导致官军连连受挫。

李鸿章在战场上待的时间长了，已经积累了一些军事知识和经验，见福济一筹莫展，他遂以幕僚的身份主动献计，建议不要再直接进攻庐州，而是应先攻含山、巢县，以切断太平军的援兵及粮饷之路。

经过福济的批准，李鸿章自率所练兵勇出战，在一连夺占了含山、巢县两城后，进逼庐州。石达开急忙派兵驰援庐州，但因为湖北战事所迫，这部分援兵不得不回师援鄂，福济、李鸿章正好趁这个机会将庐州一举拿下。

此次胜利让李鸿章初步博得了善于用兵和打仗的名声，福济立即奏请朝廷，授其福建延津邵道道员衔，并赏顶戴花翎。虽然冒了一下尖，但李鸿章毕竟还没达到能真正独当其任的水平，加上官军内部互相猜忌，他之后就再没打过胜仗，福济部也屡遭失败。

看到太平军声势浩大，各路官军纷纷退避，李鸿章颇觉丧气，他年少气盛，依然想靠主动出击来扳回局面，于是就向前敌总指挥、总兵郑魁士请战。郑魁士说："叛军（太平军）的实力这么强，你既欲战，愿意立下确保必胜的军令状吗？"

李鸿章听后当场立下军令状，随后带兵出击，向太平军发起反攻，结果大败而归。至此，官军一蹶不振，福济亦被朝廷下令免职。

太平军在皖北的攻势并没有中止，他们漫山遍野杀来，合肥附近的村寨皆被其占领，连李鸿章的祖宅都被陈玉成部焚毁一空。李鸿章所练兵勇在作战中全部溃散，无可奈何之下，他只好带着母亲及几个弟弟逃往江苏镇江避难。

李鸿章自随吕贤基回籍办团练起，历时五年，可谓是碰得鼻青脸肿。他备感潦倒失意，自称"书剑飘零旧剑徒""青衫沦落十年人"，以往的"三千里外觅封侯"也变成了"昨梦封侯今已非"。

即便如此，李鸿章也没有停止扬名立万的理想追求，换句话来说，假如没有这种追求，李鸿章就不是李鸿章了。李鸿章的哥哥李瀚章也是曾国藩的门生，曾国藩组建湘军之初，即奉调李瀚章负责粮台事务，对他甚为器重。曾国藩移师皖北后，李瀚章便推荐弟弟前去拜见曾国藩，以便能为其所用。

见到故人之子，自己曾经的学生和门生，曾国藩也非常高兴，当即便留他住了下来。可是令李鸿章感到不解的是，这一住就是将近一个月，曾国藩却始终没有明确表示出接纳他的意思，这是怎么回事？

指南针

李鸿章不好直接去问，恰好"同年"、前翰林院庶吉士陈鼐正在曾国藩幕府中，他就托陈鼐前往打探。

陈鼐见到曾国藩后，旁敲侧击不得要领，干脆打开天窗说亮话："少荃（李鸿章）愿侍奉老师，顺便历练一下，积累一些经验。"

得知陈鼐的来意，曾国藩也阐明了没有马上接纳李鸿章的原因："少荃翰林也，志大才高，这里局面狭窄，恐艨艟巨舰，不是潺潺浅流所能容纳的，他为什么不回京供职呢？”

知生莫如师，曾国藩素知李鸿章才气纵横，豪宕不羁，是块好材料，但好料也还需继续打磨，如果对方不愿接受，倒不如先把丑话说在前面。

陈鼐忙道：“少荃经历了许多磨难，非原先可比，老师为什么不给他一个机会，试试看呢？”

曾国藩点点头，这才同意让李鸿章入幕。

打磨从李鸿章入幕的第一天就开始了。曾国藩的作息极有规律，每天一早起来，六点钟就吃早饭，而且每顿饭必召集幕僚一齐吃。合肥一带的风气白天吃饭较晚，李鸿章也早就养成了贪睡的习惯，就找借口说头疼，想在被窝里再赖一会儿。没想到不一会儿差弁、巡捕都络绎而来，说是曾国藩一定要等所有幕僚到齐才肯动筷，否则宁可不吃。

万不得已，李鸿章只好披上衣服，踉跄着跑去吃饭。饭桌上的气氛很是压抑，因为曾国藩从头到尾一句话也不说，直到众人都吃完了，他才把筷子往桌子一放，然后正颜厉色地对李鸿章说：“少荃，你既然到了我幕中，我有话要告诉你，我这里所崇尚的仅有一个‘诚’字。”说罢，拂袖而去，李鸿章从未领教过被当众严词训斥的滋味，受到极大震动，以致好半天都没能回过神来。

曾国藩并不是故意要给李鸿章难堪。事实上，他是在用“诚敬”二字打磨李鸿章。所谓诚，是不欺己不欺人，反映在现实生活中，是不撒谎。所谓敬，是勤慎有恒，反映在现实生活中，是早起床。

不撒谎、早起床看起来似乎是小事，但只有从点滴入微，把这样的小事做好，方能负巨艰，当大难，否则一切都无从谈起。

“我老师实在厉害”，这是李鸿章被曾国藩训斥后的最直接最真实感受。从此，他再也不敢贪睡了，每天一大早就逼着自己从床上爬起来，胡乱盥洗一番后赶紧跑去点卯吃饭。一开始还真有点受不了，不过慢慢地就习以为常，并且渐渐也不觉得苦了。后来他独立办事处处勤勉谨慎，可以说都是曾国藩一手造就出来的。

李鸿章能够及时投奔曾国藩实在是他的幸运。他自己也说，他拜过很多老师，但都不及“此老翁”（指曾国藩）善于教化。

曾国藩平时都和幕僚们一同吃饭，吃完饭大家就围坐在一起，或者谈经论史，或者研究时局，“吃一顿饭，胜过上一回课”。甚至于有人给曾国藩送东西，他也会拿来给幕僚们看，问该不该收。大家众说纷纭，有的说该收，有的说不该收，说法不一，各有侧重。等众人发言结束，曾国藩又在不与任何一个人观点“撞车”的情况下，独抒己见，并且说的道理还能折服在场的所有人。要知道，曾氏幕府藏龙卧虎，人才极多，能做到这一点，岂能不令人心服口服？

曾国藩召集幕僚议论，不是他真的对收受礼物拿不定主意，而是如同教导李鸿章要“诚敬”那样，为了要将为人处世的态度和方法潜移默化地灌输给身边的人。

身为统兵大帅，曾国藩同样堪称完美。李鸿章先后跟过吕贤基、福济，但两人在军政方面其实都茫茫然没有什么主意，与之相比，曾国藩仿佛指南针，他会抓住任何一个细节，随时、随地、随事地进行点拨，足以令每一个幕僚和部下获益匪浅。

李鸿章秉性高傲，一生很少把别人放在眼里，但他最佩服曾国藩，开口必称“我老师”，敬如神人一般。很多年后，他还告诉曾国藩的孙女婿吴永：“你太丈人文正公（曾国藩）是我老师，你可惜未曾见着。我老师那真是大人先生，现在这些大人先生，简直都是秕糠，我一扫而空之！”

曾国藩一方面着意对李鸿章进行训导磨炼，另一方面也不忘放手使用。李鸿章入幕后，初掌文书，继而又负责批阅公文、起草书牍和奏折。他在京时就帮助吕贤基办理此类事务，自然是把好手。曾国藩很满意，当着别人的面夸赞李鸿章：“以少荃的天资，办理公牍是最适合不过的。所拟文稿都远远超过了一般人，将来必定大有作为，甚至可能青出于蓝而胜于蓝，成就更胜于我，这也说不定。”

湘军内部有两个很重要的机关，一个主饷，称为粮台；一个主兵，称为营务处。营务处并非湘军独创，绿营本来也有，其作用与现代社会的参谋处类似，用于辅助主帅，参与平时练兵和战时用兵等军中事务。不过湘军的营务处除此功能外，还实际担负训练将才的作用。

幕僚之中，凡是经过曾国藩亲自考察，认为可以储为将才的，就会被放到营务处学习军务，以为异日出任将领做准备。李鸿章在幕府待了一段时间后，就奉命随曾国荃往前敌办理营务处，其间曾国藩在信中一再叮嘱他对军务务必度德量力，用心一一加以体察。

未必不可以挽回大局

宿松之会时，李鸿章已从前线返回后方，继续留任曾国藩的幕僚，一边从事文案一边参赞军务。他和胡林翼、左宗棠虽是初次相识，且身为幕僚，尚非主角，但曾国藩、胡林翼都没有什么官架子，平时和部下幕僚称兄道弟，无话不谈，左宗棠更是只以访友身份出现，所以他很自然地就得以融入其中，也因而起到了一定作用。

由于胡林翼尚在英山，曾国藩和左宗棠、李鸿章等人先行前往罗家吊唁。让他们备受触动的是，罗遵殿任外吏二十年，一直做到浙江巡抚，却始终两袖清风，老家竟然只有几间又小又破的土房子。大家还听说，罗遵殿自考中进士以来，离家二十五年，前后一共只寄了三百两银子回家，其夫人一辈子都没穿过皮袄。

曾国藩为官算是非常清廉了，见此情景也分外感慨，说罗遵殿“真当世第一清官，可敬也”。

可惜局势之艰难，形势之严峻，已非一两个文弱的好官清官所能维持了，必须要用兵，但兵在哪里呢？

罗遵殿遇难前曾向曾国藩求救，无奈湘军自身实力单薄，而且当时太湖战役正处于胶着状态，成败未定，又哪里有余力伸出援手？何况就算派过去也来不及了。其实江浙本是绿营效力的地方，他们也从江浙两省大量获取军饷，然而绿营的表现实在令人失望。曾国藩气愤地说：“国家养绿营兵五十余万，二百年来究竟耗费了多少饷银，哪里算得清楚，可是现在大难乍起，却无兵可用。”

现实情况已经变成了处处要用兵，处处没有兵，如胡林翼曾言：“天下皆须兵之地，然天下无带兵之人。”就在众人嗟叹之际，一个更加令人震惊的消息传来：江南大营彻底崩溃！

此前太湖战役刚刚结束不久，陈玉成率部赴援天京，湘军则趁机进行休整，皖北战场一度平静下来，但随着杭州之劫尤其是江南大营的溃败，全国的军事形势发生根本性逆转，这种暂时的平衡状态也被迅速颠覆。

稍加分析即可看出，随着江浙吴会财赋之区落入太平天国之手，太平军的实力将得到极大增强，同时江浙虽还有一些残存的绿营部队，但他们自保尚且困难，更别说对天京构成威胁了。如此，陈玉成、李秀成已无后顾之忧，可倾全力西向，进窥安徽、江西与两湖。

曾国藩一边将相关消息发往英山，传报胡林翼，一边与左宗棠、李鸿章等人紧急商谈时局。几天后，胡林翼赶到宿松，白天吊唁和缅怀老友，晚上便与曾左李彻夜热议，以为大局寻找补救之法。后人谈到中兴豪杰，总是以“曾胡左李”并称，他们四人会聚一堂的机会少之又少，宿松之会当得是一场难得的英雄会。

在对大局的判断上，大家都觉得不容乐观。胡林翼哀叹东南局势难以挽救，国力已竭，天下之祸到了极点，“伤哉！”尽管如此，几个人仍相互勉励：“做一分算一分，在一日撑一日。”曾国藩素以坚忍不拔著称，他更下结论：“此贼（太平军）断然难成正果。我辈如果能同心协力，愈加勤勉，未必不可以挽回大局。”

为什么下游战局会沦落至此？撇开不中用的绿营不谈，仅从战略角度来说，是因为清军近未打破镇江、瓜洲掎角之势，远未肃清长江上游，在这种情况下，光围困南京难以置太平天国于死地，反过来自身实力却不断受到消耗，一旦战术上再出现分兵等错误，就只有被击溃的份了。

过去的战争经验也充分证明，欲平江南之乱，必据上游之势，高屋建瓴，才能成功。江南大营正是因未据上游而失败的，胡林翼一针见血地指出：“未扼贼（太平军）之咽喉，金陵难以收复。”四人最终得出结论，必须继续坚持既有战略不动摇，以收拊背扼喉之效。

所谓塞翁失马，焉知非福，左宗棠在江南大营的崩溃中也看到了新的希望，他说：“这是不是天意有转机的征兆呢？”问他为什么这么说，左宗棠答道：“江南大营兵疲将庸，万万不足以应付贼（太平军）？他们被这么一洗荡，或许正好给后来者以报效朝廷的机会。”

左宗棠不愧自许“今亮”，很有些预测能力。他话音刚落，咸丰的一份特旨就寄到了曾国藩手中，特旨中除认为官文“惑于浮言”，应当为左宗棠进行昭雪外，还问曾国藩今后该如何使用左宗棠，是让他到湖南襄办团练呢，还是放在湘军大营中效力？

曾国藩大喜之余，立即复奏，称左宗棠“刚明耐苦，晓畅兵机”，是个难得的将才，他同时主张让左宗棠赶快到湖南募勇六千，“以救江西、浙江、皖南之疆土，必能补救于万一”。

正好这时左宗棠得知，他的儿子左孝同因为自己案子的事急出了病，不由得大为忧心，于是便在尚未等到新的谕令之前，以回湘募勇的名义离开宿松，返回长沙。

左宗棠前脚刚走，第二天，属于曾国藩乃至整个湘军集团的另一件大事，也是大好事又接踵而至。

心　结

事情是因两江总督何桂清落马而起。何桂清弃城逃往上海，不久被朝廷予以革职逮捕，如此一来，两江总督一职就得另觅他人。

早在江南大营被击破，苏南正在瓦解的消息传到京城时，人们感到形势严峻，就开始议论纷纷，要求重用曾国藩的呼声甚高。曾国藩的友人、有“西南巨儒”之称的莫友芝与几位京城名流私下谈论，都认为江督非用曾国藩不可，于是大家决定去找高心夔商量此事。

高心夔是咸丰近臣肃顺的幕僚，他曾在曾国藩幕府参赞军事，后由曾国藩推荐给肃顺，且深为肃顺所倚重，与王闿运等人合称“肃门五君子”。高心夔自然是一心向着湘军，在樊燮事件中，除郭嵩焘相托外，他也曾力劝肃顺救护左宗棠，说：“宗棠以傲倨对樊之骄倨，失之为粗野，但樊以下骄上，失之为纲纪，怎么可以容许？况且朝廷正当用人之际，季高（左宗棠字季高）才名满天下，岂可不为季高一争？”

后来的事实证明，肃顺对高心夔的话很重视。这次也一样，高心夔把莫友芝等人的意见带给肃顺，说得肃顺连连点头。

第二天上朝，得知咸丰初步考虑的人选是胡林翼，肃顺急忙进谏：“胡林翼在湖北，一向处置得法，且武汉为上游重镇，所以胡不能动。倒不如用曾国藩督两江，则上下游就都有德才兼备的人进行掌控了。”

咸丰表示同意，当即谕令赏曾国藩兵部尚书衔，署理两江总督。散朝后，肃顺喜滋滋地找到高心夔说：“事情成了！你怎么感谢我这个保人呢？”说完便握着高心夔的手大笑起来，两人饮酒庆祝，尽欢而散。

肃顺为曾国藩出任江督出了力，这是毫无疑问的，王闿运也证明说：“曾侯（曾国藩）大用自肃豫庭（肃顺字豫庭）。”

问题是，咸丰为什么能够这么痛快就接受肃顺的意见？要知道，皇帝对曾国藩的畏忌之心不仅由来已久而且已经根深蒂固，几乎形成了一个解不开的死结。

回想六年前，曾国藩率湘军攻占武昌，捷报到京，咸丰本来很高兴，打算让曾国藩署理湖北巡抚。未曾想彭蕴章（也有说是祁寯藻）的几句话把他吓了一跳，不但收回成命，而且对曾国藩倍加防范。

曾国藩在江西督师的那几年，是他从军生涯中极其艰难的一段岁月。因为没有任何实权，很多州县官都不听他的话，江西巡抚陈启迈等人也对他加以刁难和侮辱，筹饷方面更是步履维艰。

曾国藩不堪重负，假都不请就离开江西，匆匆回家奔父丧了。咸丰倒是还要他出力，但除了不断催他重新出山外，却依旧没有任何要授权的表示。曾国藩忍无可忍，终于在给朝廷的奏疏中道出了自己的苦衷："细细观察今日局势，非位任巡抚有察吏之权的人，决无法治军，纵能治军，也决无法兼及筹饷。"

曾国藩把话说得这么明白透彻，皇帝岂有看不懂的道理，但他就是对曾国藩不放心，所以只能继续装聋作哑，一直熬到浙江军情紧急，曾国藩终于同意复出为止。

湘军出兵东征皖北前也是如此，纵然胡林翼鼓动官文合奏，请诏由曾国藩援蜀，以便让其得到川督职位，咸丰也始终秉持着用归用，但横竖不能把督抚重任交到你手里的态度。

这一切被胡林翼看在眼里，对曾国藩特别同情，说："此老（曾国藩）有武侯之勋名而尚未得位，有丙吉之阴德而尚未即报，真正令人感叹啊！"

武侯指的是诸葛亮，丙吉也是一位西汉名臣，有暗中保护未来皇帝却不张扬的美德。胡林翼的意思是曾国藩他们一样有德有才，功勋赫赫，可惜却命途多舛，迟迟无法被提拔到他应有的位置上去。

现如今，咸丰的心结终于被解开了，不过真正替他解开心结的，并非肃顺或其他任何人，而只是大势使然。

清代在立国以后即以绿营为国家常备军，它的缺陷之一是军队过于庞大，需要巨额经费予以维持，这对任何一个缺乏资金的政府而言，都是一种巨大的负担。偏偏清帝国就是那种特别缺钱的政府，稳定或者说是盛世的时候还好，一到多事之秋就不行了。

道光碰上了历朝历代都没有遇见过的强大外患，已经是力不从心，咸丰更好，外患、内乱一齐来，债务多到能把人活活逼死。绿营极差的素质和纪律此时也暴露无遗，并且给这个王朝的螺旋型衰弱趋势又增加了下滑势头：军队越糟，镇压太平军所要耗费的时间就越长；耗费的时间越长，花销就越大，政府就越是拮据；政府越是拮据，帝国行政管理的质量就越差，太平军势力扩大的概率也就越高。

绿营不堪一用，江南大营自初立之日起，便已因军纪废弛、软弱疲沓而形同儿戏，并不是等它覆灭才显得不可靠。这些咸丰都未尝不知，可为什么还要执迷不悟地继续使用绿营，而且不惜耗费大量人力物力，两次重建江南大营？

不能不专用湘军了

绿营的许多弊病说到底都来自它本身的制度，比如“官皆选补，兵皆土著”，但很多人可能不知道，这种弊病其实正是清初那些雄图大略的帝王所看中的地方！

在绿营制度下，士兵并非将领所自招，国家则拥有士兵的户籍，称为兵籍，兵部要查询谁，一翻兵籍，一目了然。将领也是如此，铨选调补之权均操之于兵部，皇帝和兵部可以多方防范，处处约束，使其不存在擅窃兵权的任何一点余地。

咸丰执政之前，无论八旗绿营，兵权全部直属中央。清初三藩当然是个例外，但也正是因为这个例外，康熙皇帝才耿耿于怀，龙床还没坐热乎，就迫不及待地搬出撤藩动议，并不惜倾全国之力予以讨伐，最终将兵权又收了上去。

它的作用和效果是显而易见的。比如康熙晚年，十四阿哥胤禵与胤禛争夺皇位，及至雍正登基，他虽在西北统兵十多万，但雍正诏令他回京，他就不敢不回京师，更不用说提兵造反了。又如雍正一朝，年羹尧平定青海，功震朝野，而且同样手握重兵，驻军西陲，然而当雍正要收他的兵权时，他即便明知穷途末路，亦不敢不束手就擒。

经过严格皇家教育的咸丰岂能不知其中奥妙，可以说，但凡他能想出一点办法，都不会允许以“兵为将有”为主旨的湘军存在。已经存在了，也要竭力削弱它的影响力和限制其发展，这与防范曾国藩其实是一个道理。按照咸丰的如意算盘，他是想以湘军出力，以江南大营（也包括覆灭前的江北大营）收功，最后就像用八旗监视绿营一样，通过绿营来控制湘军。

孰料造化弄人，自江南大营第二次被攻破后，绿营已不复成军，崩溃殆尽，其武装十之八九都被太平军击到粉碎，也间接宣告了咸丰原有计划的彻底破产。

至此，他就不能不专用湘军了，而要专用湘军，又不能不把督抚重任交给湘军集团的首脑人物，曾或者胡，非此即彼。这个时候，即便站在咸丰旁边的不是肃顺，是祁寯藻、彭蕴章之流，他也没有别的更好的选择。

曾国藩奉旨署理江督时，宿松之会已经结束，胡林翼回到了英山，但大家仍由衷地为曾国藩乃至湘军的大局感到高兴，尤其胡林翼更是极为兴奋。

曾国藩原先一直以侍郎的虚衔督师，到了后来，甚至有的部下的官级都比他高，他实际只是一个道义上的统帅而已。现在则不同了，两江总督总辖江苏、安徽和江西三省的军民政务，这意味着曾国藩从此不再是徒有空名的大帅，而是拥有了在下游三省督吏筹饷的实权。

当然咸丰的乌纱帽不是白给的，他在谕令中同时要求曾国藩立即率部前去援救苏州，“以保全东南大局”。

皇帝远在京城，根据奏报得到的信息往往大大落后于实情，曾国藩在谕令上加注道：“查苏、常业已失守，救援不及。”接到曾国藩的回复，也知道了苏常已经易手，但咸丰仍不死心。他在新的谕旨中指示说，如果收复安庆指日可待，湘军自然要先攻取安庆再东援，否则就应保浙复苏，“以保卫苏、常为第一要务”。显然，在他看来，保浙复苏更重于攻取安庆，是战争全局的关键所在。

与之相反，曾国藩认为上游为立足的根本，攻守安庆又是争夺上游的关键之战，“目前关系淮南之全局，将来即为克复金陵之张本”。虽然攻下安庆并不容易，但如果弃安庆不围而援苏常，不仅将重蹈江南大营失败的覆辙，还会打乱皖北部署，导致全局受到影响。

这实际上是湘军集团在宿松之会上就已达成的共识。接着，曾国藩又根据所缴获到的太平军文件，进一步分析了不能马上东援的理由：太平军在东线获胜，夺取苏常后，即将举行西征，争夺上游，因此湘军必须在五到六月这两个月内做好准备，以迎战东征的太平军。

经过一番争论，咸丰终于不得不承认曾国藩分析的有道理，批准他按原有方略行事。

尽管如此，曾国藩的内心亦不免忐忑。因为如果严格按照先争上游、再清下游的战略实施，即便乐观估计，一两年内也无法收复苏常，时间一长，容易给朝廷留下桀骜不驯、我行我素的印象——果然将帅自招的军队靠不住啊，看看，想怎么干就怎么干，多随便！

左右为难之下，他只好给胡林翼写信求教，请对方给自己拿主意。

哪壶不开提哪壶

收到来信，胡林翼经过反复思忖，提出了一个全新的方案。原有的三路谋皖行动计划仅适用于安徽，他建议将这三路视为中路，另起两路，分别以李元度、李鸿章统领，一出杭州，一出扬州，与中路互为犄角，这样就可以二者兼顾，既保上游根本，又照顾了朝廷的面子。

调整进兵方略后，兵肯定不够用，怎么办？胡林翼的办法是加大募兵力度，再增四万兵勇，“倾湘中农夫以为兵”，湖南农民能当兵的全都可以招来当兵。

以往受制于军饷困难，湘军募勇很慎重，能少募必不敢多募。如今不一样了，曾国藩已为两江总督，以后筹饷再不用像原来那样发愁，足可以放胆放手募兵了。

千军易得，一将难求，古来如此。在主张大量募兵的基础上，胡林翼又与曾国藩相约，共同奏请朝廷重用一批将才。他判断，由于苏浙沦陷，官员或死或逃，朝廷手里已经多出了不少实缺，而且又正是依赖湘军的时候，一定会答应下来。

对胡林翼所提建议，曾国藩是一部分接受，一部分不接受：胡提议同时出兵杭州、扬州，曾认为并不具备条件，倾向于只出杭州；继左宗棠回湘募兵后，曾奏请派李元度回湘再募湘勇三千，但仍坚持量力而行，不盲目扩招；胡一口气保举十六名将才，曾则谨慎得多，尤其不愿意给朝廷留下培植私人势力的印象。

曾国藩最终形成的方案，是在不撤安庆之围的前提下，率部移师皖南，之后兵分三路，自率其中一路进驻祁门，另外两路，一路到池州，与江上的杨岳斌、彭玉麟水师联络，一路到衢州，与杭州的张玉良、王有龄军联络。

由于湘军主力大多需用于安庆战场，所以即便压缩了出兵规模，曾国藩的兵仍不够用，于是便向胡林翼借兵八千，包括鲍超的霆军六千，多隆阿的礼营两千。

曾胡部队本为一家，乃不分彼此的关系，自然是曾国藩要多少，胡林翼就尽量抽出多少。胡部有很大一部分是当初罗泽南回援武汉时带过去的，胡林翼因此玩笑说，他和曾国藩开的都是皮匠店，只不过曾是老店，他是老店派出去开的分店，分店的本钱出自于老店，所以只要老店有要求，分店哪怕影响生意也要予以满足。

胡林翼这一借兵不要紧，可把荆州将军都兴阿给眼红坏了。在曾国藩署理江督前，他已受命督办江北军务，不过他有骑兵而无步兵，遂向胡林翼请调昌营的三千人马。

昌营是胡林翼亲自招练的鄂军，被用于屯守湖北后方，哪里肯给都兴阿？见胡林翼不给，都兴阿就赖着不走，可胡林翼仍然不为所动，都兴阿没办法，就把屁股一拍，说我不管了，你自己负责回奏朝廷吧。

这句话把胡林翼惹火了，他生气地对官文说："要弟作奏，弟也不是无词可答！"

不错，都兴阿握有朝廷旨意，但在朝廷面前说话，他显然还没有身为湖广总督的官文好使。官文与胡林翼利益相关，胡林翼打了胜仗，他跟着沾光，胡林翼失败，他跟着倒霉，更何况胡林翼集中兵力于皖北，湖北后方确实相当空虚，他当然只会帮着胡林翼。

不久，听到胡林翼把霆军、礼营都拨给了曾国藩，而且比他所要人马还多出两倍多，都兴阿的心理更加不平衡，向胡林翼催要得也更急了。

胡林翼调兵给曾国藩，既出于湘军内部互相支持扶掖的特殊关系，也是因为他和曾国藩有着共同的战略目标。实际上他自己抽出这么多兵马，力量已显真空，还得另"谋补益之方"，想想从哪里再调些兵到皖北呢。

都兴阿这个时候凑上来缠人，真正是哪壶不开提哪壶，胡林翼气不打一处来，愤愤地对僚属说："霆礼（霆军、礼营）既拨，何厚于涤（曾国藩）！昌字（昌营）不拨，何薄于都（都兴阿）！"

我把霆、礼二营拨给曾国藩，不是因为我俩的私交特别好，同样地，我不拨昌营给他都兴阿，也不是因为我们的关系特别差，全得看实际情况允不允许！

都兴阿拿来吓人的虎皮可以说对胡林翼没有任何效果，他八次奉旨催要昌营，胡林翼就是执意不给，直到后来赴江北，都兴阿还是没能带走昌营的一兵一卒。

第三章

从未见过如此有胆魄的人

1860 年 7 月 3 日，曾国藩自宿松启程，取道安庆、建德，移师皖南。7 月 28 日，抵达祁门驻营。

之所以要选址祁门作为大营驻地，是因为此处地理位置优越，其西面直通景德镇，便于从江西转运粮饷，东面通往浙江与宁国，为日后进兵江浙的必由之路，西北接建德、东流，可与湘军水师、安庆陆师遥相呼应，倚为后援。

真正到了祁门，一看地形环境，曾国藩更加高兴，只见周围层岩叠嶂，泉甘林茂，最妙的是每个隘口只需放一个哨兵即可坚守，相当节省兵力。

7 月 10 日，咸丰实授曾国藩为两江总督，并命为钦差大臣督办江南军务，所有大江南北水陆各军均归其节制。

朝廷下发的任命书很长，挂上去的官衔拖了一长串，把曾国藩自己都给逗乐了，他遂在任命书上自题一绝："官儿尽大有何荣，字数太多看不清。减去数行重刻过，留教他日作铭旌（葬礼上用的旗幡）。"

曾国藩此次出征皖南，与过去不同，过去他只是带兵作战，如今身为总督，还兼有地方民政之责，可他又从未做过地方官，一时千头万绪，都不知从何入手，不由得感叹："做官当从州县做起，才立得住脚。"

好在知人善任素来是曾国藩的强项，再加上向老友胡林翼"借人"，就没有过不去的坎，与此同时，"柔道"也令他大受裨益。

黄老可医心病

二十多年前，曾国藩在长沙岳麓书院读书。

有一位同学性格偏狭急躁，看到曾国藩的书桌被放在窗前，就说："我读书的光线都是从窗户外射来的，你往窗前一坐，光线不是让你遮住了吗？赶快挪开！"

曾国藩语气平和地问他："你叫我放在什么地方呢？"

"放在床边好了！"

曾国藩一声不吭地照做，果然把书桌移到了床边。

曾国藩学习很刻苦，晚上还要用功。这位同学又嘟囔开了："平常不念书，夜深还要聒噪人吗？"

曾国藩没办法，只好改为低声默诵。

不久，曾国藩参加湖南乡试，考中了举人。捷报传到，那位同学这个羡慕忌妒恨啊，当即怒气冲冲地对曾国藩说："这屋子的风水本来是我的，反叫你夺去了！"

曾国藩听了没有跟他计较，反倒是旁边的同学不服气了，质问他："书案的位置，不是你叫人家安放的吗？怎么能怪曾某呢？"那人哼了一声，说："正因如此，才夺了我的风水。"

如此无理取闹，不可理喻，同学们都替曾国藩打抱不平，但曾国藩仍然毫不在意。这一年，他才二十四岁，其超人气度可见一斑。

走上仕途之后，曾国藩给人的印象却是极其较真儿，许多时候都一码归一码，似乎眼睛里揉不进一粒沙子，但其实在私事和个人荣辱上他一直都相当豁达，有了战功恨不得全部归于同事或部属。这也是他能够仅凭道义来统摄湘军众将的原因之一。

曾国藩在意和计较的是公事，所谓"直道对官场"。这种在意和计较让他吃了不少苦头，那一年他不顾一切地奔父丧回籍，朝廷自然是有意见，连湖南地方也对他多有诋毁之辞。

在异乡孤立无援，人见人欺也就算了，没想到回家乡还得承受这么多莫须有的攻击，曾国藩内心十分痛苦，因此得了比较严重的失眠症。

好友欧阳兆熊听说曾国藩的情况，便推荐曹耀湘前去治病。曹耀湘懂得医术，同时也是一名学者，在做完初步诊断之后，他告诉曾国藩："岐黄可医身病，黄老可医心病。"

岐黄是中医的代称，黄老则泛指以老庄为代表的道家学说。古代士大夫往往儒道互补，在仕途得意时强调儒家的积极进取，失意时便以道家的清静无为来作为精神寄托。曹耀湘看出曾国藩所得的失眠症其实源于心病，是遭到严重挫折后的必然反应，他认为单纯的医药治不了曾国藩的病，学一点道家的人生观，倒或许有用。

曾国藩本来就是个博古通今的聪明人，被曹耀湘点透后，立刻变得豁然开朗，多少原先一直想不通的事一下子都能想通了。在日记中，他这样记述自己的感悟——

细细想来，古今亿万年，没有穷尽，可是人生也就只有几十个寒暑而已；大地数万里，看不到边界，但人生活在大地上，白天不过住一间房子，晚上不过睡一张床罢了；书籍浩如烟海，一个人就光是过一过目，他一辈子所能看过的书，也仅是九牛一毛；人情百态，事变万端，一个人水平再高，力量再大，他一辈子所能办成的事，亦只是沧海一粟。

苏轼在《前赤壁赋》中写道："寄蜉蝣于天地，渺沧海之一粟。哀吾生之须臾，羡长江之无穷！"不知不觉，曾国藩的境界与之相合了，他真正懂得了什么叫作退一步海阔天空，什么叫作过刚则折，什么叫作能屈能伸。

曾国藩的性格至此发生了重大转变，最明显的变化就是在一贯的刚直中掺进了"柔道"，即所谓刚柔并济，内方外圆。

仅仅只是图景

以往曾国藩一心扑在事业上，对迎来送往的一套最为厌烦，有的私信或文件凡认为不重要的，也就先搁在了一边，这当然很容易得罪人。重新出山后，他就和胡林翼一样，很注意改善自己在官场的人际关系，该应酬的应酬，需要交好的交好，同时凡书信必复，凡文件必办。

水至清则无鱼，岂止私事不能计较，处理公事有时也不能太一根筋啊！

这种圆融的处事态度和方法收效明显，从复出之初直至出任江督，曾国藩与江西、湖北各方面官僚之间的关系都处理得不错，没有再发生过大的矛盾和冲突。

建德县有一个名叫李元的团练把总，写了份公文让人送到曾国藩大营。曾国藩一看，公文袋上居然用的是“移封”，这是一种平行公文的格式，只有相同级别的部门进行交涉时才能使用。

写公文的人该有多马虎啊！可是曾国藩不急不恼，他先心平气和地回复完公文，再用公文袋将公文重新封起来，然后提起笔，在公文袋上写了一首小令：“团练把总李，行个平等礼，云何用移封？敌体。”

李把总你好，你以同级别待遇招呼我，厉害。我就想知道，你是怎么想起用移封这种格式的呢？还是你真的认为我俩已经可以平起平坐啦？

曾国藩原本就不是一个不苟言笑的道学先生，性格中有幽默诙谐的一面。运用“柔道”，他只通过区区一首小令，就达到了既批评对方，同时又不让人过于难堪的目的。

种种迹象表明，咸丰皇帝至少已暂时抛下过往的所有猜忌和顾虑，要一心一意倚仗曾国藩了。从此以后，长江三千里，将没有一艘战船不张挂“曾”字旗，与此相应的似乎就是：各处兵将，一呼百诺，江苏、安徽、江西三省厘金络绎输送，兵多饷足。

这是胡林翼为曾国藩描绘过的图景，然而它还仅仅只是图景，并没有完全成为现实。现实状况是，虽然先后派左宗棠、李元度回湘募勇，但左李两军短则一两个月，长则三四个月才能投入战斗，同时奏调的张运兰军也尚在湖南。退一点说，就算这三支部队全部到位，也仅有一万五千人，加上鲍超等部，不过两万五千人。要执行三路东进计划，这点兵力根本就不够。

其实曾国藩在决定移师皖南，扎营祁门时，就没有马上东进的打算，他真正的用意，一方面是表示尊重朝廷保浙复苏的上谕，另一方面是为了防止太平军进入江西和皖南西部地区。

皖南现有兵力约万人，如果不守只攻，兵是不算少了，但让曾国藩伤脑筋的是，他帐下缺乏能够独当一面的将才。鲍超回四川探亲还没归队，左宗棠、李元度、张运兰均在湖南，李鸿章虽然已被曾国藩作为将才培养，可他既非湖南人，也没有亲自赴湘招募兵勇，而按照湘军“兵为将有”的特点，他根本指挥不动现有的任何一支部队。

自曾国藩移师皖南起，在将近两三个月之内，皖南湘军实际处于有兵无将的状态，打个比方，就好像一堆铜钱散落于地而没有拿绳子串起来一样。这对部队的战斗力有很大影响，曾国藩自己也说：“无好统将、好营官，虽百炼精勇无益也。”试想一下，倘若此时太平军借击破江南大营之势，全力进兵皖南，曾部是不是很危险？

曾国藩应该感到庆幸，那段时间，是上海牵制住了太平军犀利的攻击矛头。

十年前，上海不过是一座既小又不重要的孤立城市，十年后它已成为五个条约港中最大最重要的港口，相比之下连广州都黯然失色。上海的繁荣不是偶然的，在19世纪中期，长江下游是中国主要的丝绸产地，出口茶叶又多种植于江南丘陵，甚至于如果从上海取道长江销售鸦片，也比经由其他港口便利得多。有“英国官报”之称的上海《北华捷报》由此评论道：“上海是对外贸易的心脏，其他港口则不过是血管。”

对外贸易带来了巨大的财源，尤其是在1854年，上海建立了中外海关管辖区，自此开始，海关每年的进出口税银收入都在一百几十万两左右。在财政危机极为严重的情况下，清帝国也日益依赖于关税，连太平军都通过所搜集的情报了解到，清廷之所以能承受不断增长的军事预算，就是因为增加了两项收入：在内地征收厘金；在上海征收关税。

太平军自然想从清廷手中夺过这项收入为己所用。洪仁玕提出经略下游的方案时，建议购买一支大舰队，所需银两就是要打上海库房的主意。与此同时，太平军如果能够占领和控制上海，除轮船外，要进口其他武器、弹药也将变得极为方便。

作为洪仁玕方案的具体执行者，李秀成要么不攻苏州，要攻苏州也势必连带拿下上海，因为苏州与上海相隔太近，上海的清军对于苏州基地是一种直接的潜在威胁。

岂能引狼入室

在李秀成对下游发动强大攻势后，沿途绿营被打得支离破碎，也无法得到补充。前两江总督何桂清以高出普通绿营兵三倍的薪俸，招募六百人作为亲兵，想用以补充绿营缺额，谁料这批兵勇还没开上战场，其中的一半人就拿着已到手的部分薪俸溜走了。

上海自己募兵也是如此。上海道台组建了一支由五百名宁波人组成的勇军，尽管同样薪俸优厚还配备了新式的西方武器，但他们在与太平军遭遇时仍纷纷逃回上海，而且一路上还不断抢掠。

自己没有兵或兵不行，有人就想到了从上海就近借洋兵。这在中国历史上不乏先例，名为"借材异地"。明朝天启年间，后金崛起，部臣就提议招请寓居于澳门的洋人，利用其对火器的精通，协助明军与后金作战，但皇帝没有采纳。及至崇祯继位，后金变成了大清，边境形势更为紧急。在明朝政府的邀请下，葡萄牙人陆若汉、公沙的劳率领一些本国人，携带着当时较为先进的火枪火炮到前线效力。他们在宁远、涿州等处与清军作战，曾多次退敌。

就是清军，其实也借过洋兵。清开国初年，在与郑成功部作战时，因缺乏海上力量，便雇佣了荷兰船队与郑部作战。

既然在史书上能找到依据，于是早在1853—1854年间，江苏巡抚杨文定等人即上书咸丰，要求由政府出面，联系外国提供军事援助。

自咸丰即位起，以广州入城矛盾为焦点，中西方敌对趋势始终没有能够得到根本性缓和，咸丰本人对外国人极端厌恶，他怎么可能准奏？而且那个时候，别说皇帝，就是很多省级高官都认为借洋兵属于无稽之谈，不值一驳。

待到李秀成占领苏州，江南官场犹如遭遇了一场强烈地震，人人变得丧魂落魄。两名江苏官员向朝廷报告，称"苏省（江苏省）已无一兵一将"，而且"全境空虚，因此无法应付"。

说一兵一将都没有，自然是夸大之辞，但已毫无招架之功却是真的。面对如此绝境，江南所有高官，从江苏的何桂清、徐有壬、薛焕（时任江苏巡抚），上海的吴煦（时任苏松太道），再到浙江的王有龄（时任浙江巡抚），甭管怕死的还是不怕死的，清官还是贪官，都无一例外地倾向于求助外援。

1860 年 6 月末，何桂清、徐有壬向咸丰联合呈递奏疏，除了将江南极为惨淡的军事局势描述一番外，就是提出中国应当答应英法直接带兵进京换约的要求，以换取英法联军参与镇压太平军。

咸丰不看则可，一看大动肝火，他严厉斥责了何、徐的这一想法，强调中国决不能要求外国提供军援，并在上谕上写道："如果这次借助了夷力，使该夷（英法）轻视中国，所产生的后患将没完没了！"

抛去换约的纠纷，咸丰的这种担心同样可以在古史中找到依据。典型如盛唐时期，内地汉人多不愿到边境从军，唐玄宗大量招募胡人服役，结果使番兵番将成了边防军的主流。按照西方观点，安史之乱的性质实际上就是雇佣军哗变。从咸丰的角度来看，这个时候的西方"蛮夷"比唐朝的番兵番将还要可怕得多，岂能引狼入室？

咸丰不只是不愿意借英法军力对付太平军，他甚至还就怕英法主动掺和进来。中英《天津条约》里有在汉口、九江等地增设商埠，以及允许英国商船在长江各口往来等条款，他为此非常苦恼，曾质问主持谈判的桂良："条约中允许英夷轮船入江，他们假如来了就不回去，该怎么办？"

咸丰最担心的就是英军派军舰溯江而上，与太平军进行合作。幸好第一次大沽口之战打了胜仗，英法铩羽而归，《天津条约》也就有了作废或重新谈判的可能。在给何桂清、徐有壬的上谕中，他又特别重申了只要条件许可，坚决不让外国人进入长江的观点。

咸丰不会想到的是，地方官员们如同热锅里的蚂蚁，他们在向自己上疏陈情之前，就已经自作主张，通过薛焕向驻上海的英法两国"借兵助剿"（薛焕是江苏巡抚，同时负责上海的外交事务，后来何桂清说他去向英法借兵，不过是为逃进上海所找的借口）。

可是英法联军正准备远征京津，自然不可能那边马上将开打，这边还向你提供军援，而且他们也确实没做好取消中立政策的心理准备。当薛焕向前英国驻华公使、现驻华代表卜鲁斯借兵时，对方打发式地对他说，如果中国政府能够让步，放弃敌对态度，英国倒可以用轮船将僧格林沁运到上海来与太平军作战。

僧格林沁负责北方防卫，就算是咸丰松口，也不可能把他调到上海来，更不用说乘外国轮船了。薛焕讨了个没趣，认为卜鲁斯简直是在跟他开“拙劣的玩笑”。

皇帝坚决反对向英法借兵，英法本身也不愿意借兵，借兵这条线暂时只好断了，但俗话说得好“树挪死，人挪活”，上海本地官员又打起了雇佣兵的主意。

洋枪队

雇佣外国人打仗同样可以从史册中找到依据，康熙时旗兵中就有俄罗斯人。只不过这时的情况有些特殊，咸丰皇帝不提，就是英法美等各国也都反对本国侨民参加中国内战，英国甚至颁布法令，规定任何违反中立政策的英国人，都将被处以五千美元的罚款，外加两年的监禁。

当然，扎得再紧的篱笆墙也不会完全没有缝隙可钻。各国对待佣兵的态度并不完全一致，尤其一些“不承担国际义务”的小国更是如此，比如上海的西班牙领事馆就允许菲律宾人在华从军（菲律宾时为西班牙殖民地）。美国虽然愿意维护它已公开宣布的中立政策，但它在上海连一座监狱都没有，除了少数重犯要借英国的监狱或自家将领的私邸进行拘押外，大部分被判有“较轻的重罪”的美国人都会被予以释放，而美国人在华从军就属于“较轻的重罪”。

自19世纪50年代起，上海码头上每天都停泊着大约三百艘外国船只，菲律宾和美国籍的失业水手、流浪汉、海军逃兵比比皆是，只要条件足够吸引人，招募佣兵几乎唾手可得。事实上，还在太平军席卷东南之前，上海就已经有了一个佣兵组织。

战乱时期，长江和附近海面上的盗匪极其猖獗，一般捕快根本就对付不了，于是上海捕盗局不得不以船捐作为主要经费来源，雇用了一支名为“缉盗队”的佣兵组织。该组织的头目系美国冒险家、绰号“海军上将”的高夫，原为“孔子”号缉盗船的船长，受雇于衙门后，便带着由菲律宾和华人混合组成的佣兵干起了捕快的活。

“缉盗队”为使用佣兵开了路，但这还只是一个类似于警察的佣兵组织，并非野战部队。苏松太道吴煦、盐运使杨坊在继续雇佣“缉盗队”的基础上，开始谋划建立一支能与太平军作战的佣兵武装。

若按照做官途径区分，江苏巡抚薛焕是所谓正途出身，即通过科考走上仕途，吴、杨则都是所谓异途出身，头上的乌纱帽均来自于捐纳。吴煦是一个典型的胥吏，年纪轻轻就在衙门里混，对办案、理漕、刑讼、交际等关节无所不通。杨坊原先在洋行做买办，他利用这个职务发了财，成为沪上有名的富商，而且懂一点“洋泾浜英语”（上海人说的中国化英语），是吴煦在对外事务方面不可或缺的重要助手。

吴、杨共同的特点是对钱财看得比较重，他们不在乎名节操守，且又很会来事，换句话说，薛焕这种正途出身的人不好意思去做或做不好的事，他们在行。

杨坊名下有一家泰记洋行，这家洋行主要以贩卖鸦片谋利，同时也负责操作一些涉外的半官方事务，“缉盗队”即属此类。得知杨坊仍在继续“寻找富有军事知识的人”，与泰记洋行有着业务往来的英商希尔在高夫的支持下，向他推荐了“孔子号”的大副、美国人华尔。

华尔时年才二十九岁，蓄着一头披肩的长发，看上去更像一个印第安人而不是美国白人。他的性情也确实很像印第安人，从小就异常好动，到了十几岁仍没片刻安静，在职业选择上，除了军人，他对任何一种职业都毫无兴趣。

最初，华尔想报考西点军校，可惜没被录取，但这并没有能够阻止他对于打仗的渴望，之后他便私自离家参加了墨西哥内战，以佣兵身份在墨西哥和尼加拉瓜武装偷渡难民。华尔此举违反了当时美国的中立法，他因此遭到逮捕和拘禁，然而从监狱里一出来，他就又加入法国军队参加了克里米亚战争。

战争尚未结束，由于和上司发生争执，华尔辞职离开了军队。重新回到美国后，他曾做过一段时间生意，但实在难以适应那种循规蹈矩的生活，于是便再度出海来到战火纷飞的中国。

在华尔和杨坊相识时，杨坊被介绍为“一个富甲天下的中国银行家”。当着杨坊的面，华尔建议：“财产与生命受到威胁的上海商人，应组织一支对抗太平天国的私家军队。”同时表示愿意亲自组建和指挥这支军队。

杨坊一听正中下怀，马上同意了他的计划，并答应由中方负责提供军队的粮食和购买武器的资金。

在高夫的帮助下，华尔开始搜罗兵员，最终他招募到了一百多人，其中大部分是菲律宾人，这就是最早洋枪队的雏形，薛焕等中方官员称之为“吕宋夷勇”。

华尔给上海许多华人留下的印象，是一名美国的“被撤职的军官”，但他其实没在美军中待过一天。当然，他也不是什么欺世盗名之辈，多年的佣兵生涯让他积累了一定的军事知识和实战经验，尤其是当年参加克里米亚战争对他帮助很大。那场战争被称为有史以来第一场现代战争，华尔不仅从中了解到世界战争发展的最新动向，也学习了如何组织部队，以及将部队拆开作为散兵使用等各种技能。

洋枪队的问题主要不是华尔，而是士兵。这些人之所以加入洋枪队，纯粹是被冒险的前景、优厚的报酬和战利品所诱惑，队员水平本身参差不齐，有的能力很差，偏偏官府又要应急，在洋枪队尚缺乏充分准备和训练的情况下，就匆匆忙忙地把他们派上了战场。

事实并非如此

那个年代殖民主义思想盛行，通商口岸的英法军人尤其如此。一个英国军人在上海街头行走，如果迎面发现有中国人挡道，其习惯做法是“一掌扇掉他的帽子，不然就用伞尖戳他的肋骨”。照英国人的说法，他们这么做还是客气的，因为“法国兵收拾中国人比我们更狠”。

通常情况下，挨了欺负的中国人只能忍气吞声。这使洋人们更加趾高气扬，认为中国人天生胆小，人格低人一等，他们还从中得出结论，认为一个外国兵在战场上足以抵挡十到十五个中国兵。刚刚组建洋枪队时，华尔的头脑里多多少少也存在这种认识，但是他很快就发现，事实并非如此。

1860 年 6 月下旬，吴煦命令洋枪队配合薛焕的勇军进攻太仓和嘉定。这是洋枪队首次作战，结果一上战场，华尔就发现太平军久经沙场，很能打仗，相比之下，他的洋枪队永远秩序混乱，有时队员甚至都醉醺醺的。

华尔只有西方武器这一个优势。太仓和嘉定都是有城墙的城池，他设计的作战方案是依靠火力，先夺取一个没有防备的城门，制造大规模混乱，接着趁守军惊慌失措，尚未能够组织起防御之际，再通过另外一个城门将对方赶出去。

在华尔看来，这是一种再简单不过的战术配合，但就是这样的战术配合，往往也组织不起来，无论洋枪队还是派来协助他的勇军，都无法实现其作战意图。同样，攻城需要连续不断地投入兵力，然而令他感到沮丧的是，不管他怎样望眼欲穿，增援部队总是迟到，乃至根本不到。

1860 年 6 月 26 日，太平军自动退出太仓和嘉定，让清军白捡了一个“收复”之功，但华尔和洋枪队在其中所起的作用几乎可以忽略不计。

7 月初，华尔奉命率洋枪队前去攻打松江。这时洋枪队断断续续已训练了三周，似乎有了点底气。见白天大炮无法轰开城墙，华尔决定采取突袭战术。

可惜期望越大，失望往往也越大。就在进攻前夜，士兵们喝了一夜的酒，营中人声喧哗。如此涣散的军纪终于让他们在第二天尝到了苦果——进攻队形混乱不堪，漏洞百出。

太平军经验丰富，一个猛烈反击，就将洋枪队打得大败，华尔及其所部仓皇溃退，不少士兵弃尸荒野。

华尔到底是个见过世面的冒险家，战败之后并不胆怯气馁。他回到上海，顶着洋人圈子里的阵阵嘲笑，再次招兵买马。这次募兵，他表现得比以前更有头脑，首先被他招入队中的是菲律宾人马坎纳亚。

马坎纳亚是个有钱人，他腰缠万贯，而且大方豪爽，常常一掷千金，在上海码头上颇得其他菲律宾人的拥戴。有马坎纳亚出面，不需华尔自己多费口舌，就征集到约两百追随者入伍。加上约三十名英美人，洋枪队不但弥补了战损后的兵员缺额，而且进一步扩大了原有规模。

吸取松江之败的教训，华尔又决定招募教官对部队进行训练，但限于列强的中立政策，自然难以招到正规军官，所以他招募的六名教官多为英国海军逃兵。此外，华尔还为洋枪队添置了火炮，以增强部队的火力。

1860 年 7 月 16 日，华尔率队重回松江城下，他们于夜间发动突袭并终于攻克了城池。

据住在上海的一名苏州官吏讲，当时松江的太平军驻守部队大部分都不在城里，留在松江的人很少，而且多为老弱病残，这些士兵甚至都忘了关上城门，这才让洋枪队获得了一次难得的胜利。考虑到洋枪队的规模和战斗力实在有限，冲破坚固防线的机会确实微乎其微，苏州官吏所言应该具有一定的可信度，但就算这样，洋枪队在攻城时也费了牛劲，共阵亡六十二人，负伤一百〇一人，伤亡不可谓不大。

话又说回来，不管洋枪队有多么不济事，他们比绿营和勇军总还是要强上许多。自江南大营被击破以来，清军在江南战场所取得的胜利实在寥寥可数，江苏巡抚薛焕闻报，赶紧给咸丰写去奏折，说自己亲率“吕宋夷勇”打了胜仗，除此之外，他对洋枪队真正的头目华尔提也没提，之前的败仗更是像完全没发生过一样。

得知收复松江，咸丰一方面感到高兴，另一方面却仍强调中国不需要雇佣“夷勇”，并再三命令薛焕解散洋枪队。

咸丰的心情可以理解，这时中西方主要是中国和英法的关系正在进一步恶化，他当然害怕雇佣“夷勇”会使问题更加复杂化。不过皇帝的谕令对薛焕显然并没有影响，因为除了洋枪队，江南确实已没有任何可依靠的军队了。

若硬要说这份谕令有什么作用，或许只是当雇佣“夷勇”遭到不识时务的御史、言官攻击时，朝廷可以拿出来做挡箭牌，证明对此不负直接责任。

风　波

在洋枪队刚刚成立的时候，就有一些西方人对太平天国持同情乃至赞赏的态度，英国驻上海领事密迪乐便是其中之一。

获知洋枪队的作战消息后，密迪乐断定这支佣兵组织不仅严重违背英国的中立政策，而且还将威胁各国的商业利益和在华人力。他立即给英国驻华代表卜鲁斯写信，强调太平天国虽然希望避免触犯外国人，但却未必能将洋枪队和英国正规军区分开来，结果很可能导致其对一切西方人采取报复行动。

卜鲁斯接到信后深以为然，遂向薛焕提出交涉。薛焕则用中国商人们提出的论据进行抵挡，认为中国雇佣菲律宾人和在华英国人雇佣中国人一样，二者在性质上没有什么不同，而且洋枪队的行动本身也是为了维护上海地区英国的商业利益。

可是卜鲁斯并不理会薛焕这一套说辞，仍然坚持要求取缔洋枪队，气得薛焕在背后一个劲地抱怨洋鬼子“固执”。

你有西洋拳，我有太极功，对于卜鲁斯的交涉，薛焕干脆来了个左边耳朵进，右边耳朵出，置若罔闻，而英国此时最关注的是英法联军远征北京的问题，也没有足够精力对此事进行追踪。

密迪乐在致信卜鲁斯的同时，还给美国、西班牙领事写了信，希望两国共同阻止洋枪队，可是两国领事起初几乎什么都没做，后来发现抗议洋枪队的呼声越来越高，美国领事士觅威良才联络吴煦，要求不得让高夫、华尔等美国人从军，以免妨碍美国的中立政策。

吴煦比书生出身的薛焕可油滑多了，他承认确实雇用了外国人，但他说这只是为了剪灭海盗——我让他们帮着抓抓海盗而已，没有让他们从军啊？怎么可能妨碍贵国的中立政策！

士觅威良哑口无言，因为他手中并无确凿证据证明华尔等美国人参与了作战。

恰在此时，洋枪队的内部发生了一场风波。按照当初杨坊与华尔订下的合同，薪水方面，中方每月支付士兵一百美元，军官六百美元。除了这些固定薪水外，洋枪队每打下一座城池，就可以根据城市大小，得到四万至十三万美元不等的赏金。洋枪队打下松江后，《北华捷报》算了算，说仅华尔个人就可以得到三千五百英镑（约合四千多美元）的赏金。士兵们既然全都是奔着钱来的，在“分赃”问题上当然不会温良恭俭让，大家很快就发生了激烈争执。

虽然因为这场风波，多数人开小差离开了队伍，但华尔并不用为兵员发愁。令人目眩的巨额赏金一开，又听说其间还有机会劫掠财物，更多的新兵开始自发向华尔的军旗下涌来，至于这样做是否会败坏自己的名声，以及违背本国中立政策可能遭到监禁等等，则完全不在他们的考虑范围之内。事后，士觅威良就写信给吴煦，指控美国轮船“哈特福德号”上有两名逃兵加入洋枪队，“与叛军（指太平军）作战”。

经过补充，洋枪队除菲律宾人继续保持在两百人外，欧美籍官兵也已达到一百人之多。华尔趾高气扬，一再鼓动部下，说以后只要收复“反叛者占领的任何城镇或坚固阵地”，就付给他们“大量但不固定的酬金”。

薛焕、吴煦、杨坊为洋枪队选定的下一个攻略目标是青浦。为了让这些冒险家们卖命，他们开出了更高的赏格，据《北华捷报》透露，如果华尔能够率洋枪队攻下松江以北的青浦，他本人就能得到总计三万六千两的赏银。

重赏之下必有勇夫。1860 年 7 月 30 日，在约一万勇军的协同下，华尔率洋枪队直扑青浦。

在太平军尤其是李秀成部队中也有以私人资格，自愿为之效力的外国人。他们一般都是退役军人且携有枪支，而且作战时也比较勇敢，太平军给予他们以很高礼遇，称之为“洋大人”“洋兄弟”。青浦城防的指挥者中就有这样一位“洋兄弟”，此人是前英军中尉萨维奇。在萨维奇和太平军将领周文嘉的指挥下，守军隐身于坚固的城墙背后，对洋枪队进行了猛烈抵抗，华尔所发动的三次突袭均以失败告终。

在据城固守的同时，周文嘉向正在苏州的忠王李秀成告急，请求大部队予以增援。

第一条也是最好的消息

可能有人会觉得奇怪，李秀成很早就横扫江南，拿下了苏州，为什么迟迟未向上海大步推进，以致让洋枪队在上海周边兴风作浪呢？

原因还得从太平天国那份经略长江下游的方案说起。在这一方案中，挺进江苏东部只是最初步骤，其战略重点还是上海。洪仁玕和李秀成，一个是方案的制订者，一个是实施者，两人重视上海是一致的，区别只在于洪仁玕主要出于政治动机，而李秀成更多着眼于军事。他们也都意识到，在清廷与西方矛盾加深和相互仇视之际，赢得外国人的好感，使其严守中立，将对己方有利。当然，如果西方各国还能对太平天国表示积极支持，就更加具有不可估量的价值。

基于这一考虑，洪李很希望能够在控制上海的问题上与各国谈拢，为此致信驻上海的外交首脑和传教士，邀请他们来苏州面商。

可是各国代表都没有给予什么回复，甚至卜鲁斯还不让密迪乐收信，最后只有五名传教士从上海动身前往苏州。

太平天国定都南京之初，西方各国包括一些观察家一方面出于对清廷的仇视和愤恨，另一方面也为起义军身上所具有的基督色彩所吸引，一度对太平天国表现出了浓厚兴趣，这也是各国主张中立的重要原因。

然而在近距离接触后，各国代表很快发现太平天国的教义与真正的基督教并不是一回事，而且天王洪秀全公然自称“所有国家的主”，视各国为对中央王国的“纳贡者”，其表现居然比清廷还要狂妄自大。

不看不知道，一看吓一跳，至此，除密迪乐等少数人外，公使领事们都在大失所望之下迅速改变了立场。

有了这样的认识，各国虽然仍持中立政策，但他们却决不会允许太平军接管上海。道理很简单，上海由谁掌管，关系到列强的整个在华权益，清廷再难以沟通，总还承认上海是条约港。若是让比清廷更难打交道的太平军进入上海，他们连这个都不承认，该如何是好？那岂不是连到手的权益都丢掉了吗？

在各国看来，太平军要攻取上海，这是谈都不用谈的事。肯赴苏州一行的传教士无任何官方背景和职责，也明确拒绝接收并携带写给官方的文件，去苏州只是为了试探在太平军辖区传教的可能性而已。

这五名传教士中有两人都是洪仁玕在香港的熟人，一个还是他的朋友。当时还在天京的洪仁玕不可能不知道他们的真实身份，但或许是为了抬高自己在天国的身价，他致函李秀成说这五人都是“洋官”，来苏州是为了代表各国和太平天国讲和。

听了洪仁玕的话，李秀成也真的相信是“洋人来降”，便让部队暂停进兵，以便等待洪仁玕来苏州和“洋官”进行谈判。

等到青浦告急，李秀成才察觉情形不对。他不可能分清楚洋枪队与西方正规军的区别，只是理所当然认为外国人已违反中立政策，插手内战和帮助清军了。既然如此，苏州谈判自然不会有结果，于是他急忙率部增援青浦。

1860 年 8 月 2 日，李秀成部与洋枪队在青浦城外展开大战，双方从早上一直激战到中午。李秀成带来的是太平军主力，通过两次主动出击，就把洋枪队打得丢盔卸甲，狼狈不堪。

华尔的助手法恩尔德参与了这场令他毕生难忘的战役。他的感觉是打着打着，忽然就发现太平军占了上风，如同秋风扫落叶一般地将他的士兵迅速消灭。他还惊恐地看到，一些军官的头颅已被挑在了太平军的矛尖上，“他们（指太平军）打起仗来心狠手毒，活像恶魔，转瞬之间，我们的人几乎全被消灭了”。

青浦一战，全队官兵共死伤三分之一，华尔自己也身负重伤，所有的大炮、炮船以及一列军火列车丢得一干二净。这是华尔在华军事生涯中所遭遇的最大失败。当他逃回上海欲重组军队时，遇到的全是敌意和谩骂。《北华捷报》幸灾乐祸地评论道："第一条也是最好的消息是……华尔及其走卒们在青浦遭到惨败。这个臭名昭著的流氓给上海抹了黑。"

华尔仍不服输，他补充了新兵，配备了新的大炮。一周之后，洋枪队由其副将法尔思德、白齐文率领，再次重返青浦。可惜在同一地点，这支倒霉的佣兵部队并没有能够得到咸鱼翻身的机会，他们遭到李秀成的侧翼包围并被击溃，损失非常严重，残部只得退往松江。

李秀成连喘口气的机会都没留给他们，8 月 12 日，又马不停蹄地对松江发动猛攻，洋枪队毫无招架之功，太平军轻轻松松就将松江城拿了下来。

洋枪队败退和华尔受伤的消息，令已经对洋枪队产生依赖的上海官绅受到极大震撼。江苏巡抚薛焕惊呼："夷军（洋枪队）锐气大挫，上海、松江恐怕要出事了，怎么办？怎么办？华尔受伤，若群夷散去，更不得了。"

上海的外国人同样感到紧张不安。在此后的很长一段时间里，很多清军将领在与外国人见面时，都发现对方神情沮丧，这使他们在更为惊惧的同时也不免感到一丝莫名的快意：原来洋人也这么害怕太平军！

震惊和困惑

李秀成下定了进攻上海的决心，1860 年 8 月 14 日，他正式宣布将攻取上海。

上海城内的空气由此变得分外紧张，各国侨民、商人竞相将行李皮箱搬上船，自愿者则纷纷应征入伍，各种武器也被集中起来准备用于作战。数日之内，约一千五百名英法联军已被部署于租界周围的各个要害阵地以及七座城门之上，"许多事情都以超常速度完成了"。

8 月 16 日，李秀成偕洪仁玕率部自松江前进，占领了上海周边的泗泾镇。卜鲁斯和英国海陆军军官急忙给李秀成写信，申明上海市区本身及租界正被英法军事占领，劝其勿攻上海，否则"会被认为是开始与联军对抗，并将得到相应的制裁"。

李秀成没有能够及时收到这些信件，其部继续由泗泾进至上海西南的七宝、虹桥、法华诸镇。

8月18日，太平军的先锋约三千人直抵上海徐家汇，逼近上海西南两门。这时李秀成显然仍希望列强保持中立，他致书英法美等各国公使，提出太平军攻城时的几个注意事项：洋人最好留在屋内，等到战火平息再出来；洋人之住宅店面，凡挂出黄旗，便可不受干扰；所有洋人教堂也得挂黄旗，以免受军队破坏。

太平军在松江与勇军作战时，勇军中混有四个洋人，由于难以辨别，其中一人被太平军士兵杀死。为了表明对外国人进行保护的诚意，李秀成特意下令处决了那名士兵。

可是不管李秀成怎样再三声明和显示诚意，洋人始终置之不理。因为有大风雨，太平军也没有立即攻城，直到次日才从三面围攻上海，城内的英法联军随即向太平军开火。

战事一开，李秀成大感震惊和困惑。这倒不仅仅是因为洋人动了手，事实上，从谈判失败和与洋枪队交手起，他就已经有所预料，他真正感到意外的是英法联军的实力竟然如此之强——枪炮弹密集如雨，且极为准确。

李秀成可能一直把洋枪队错认为是英法联军的一部分，他哪里知道洋枪队不过是临时拼凑的杂牌军，不管是士兵的战斗素质还是武器的精良程度，都无法与真正的西方正规军相比。他的部下同样对此毫无心理准备，当炮弹倾泻到阵地上时，一个个竟然都像石头一样呆立不动，既不知道隐蔽也不回一枪，数百名太平军官兵因此当场丧命。

1860年8月20日，李秀成挥军再攻上海。战斗更趋激烈，黄浦江上的英舰也加入进来，用舰炮对太平军进行猛烈轰击。太平军伤亡惨重，李秀成脸部受伤，只得退至徐家汇。

东线战事一向势如破竹，没想到会在上海吃大败仗，其后加盟太平军的洋将萨维奇也英勇战死。李秀成既痛苦又失望，他致函英美等各国领事，责备各国不守中立，并且说："我压住数日来的愤慨，宽厚地让出一条通道，以便我们相互交换我们目前的阵地。"

打仗都是靠实力说话，这种信函自然不可能得到任何回音。此时太平军后翼已受到清军威胁，恰好嘉兴被围求救，李秀成便顺势南下浙江，以解嘉兴太平军之围。

进攻上海受挫是太平军战史上的一个转折点。除未能占领上海外，这次战役对他们在其他方面的军事和政治利益也造成了难以弥补的损失。军事方面，李秀成在上海耽搁的这两个月，等于救了曾国藩之急，也因而使他错失了消灭湘军的天赐良机。这还不算，由于与洋兵为敌，英法联军不仅禁止太平军在距上海城五十公里以内布兵，而且禁止洋商逆江而上，向太平军提供补给和武器。政治方面，洪仁玕的外交政策完全失败，他在太平天国领导集团中的权力也开始日益衰落。

事后，洪仁玕归咎于李秀成，说他本人已经与来苏州讲和的“洋官”谈妥，是李秀成不肯，执意要打上海，最后“中空城计败回”。这种说法颇有点欲加之罪、何患无辞的味道，其实连洪仁玕自己都清楚，来苏州的洋人根本不是什么“讲和的洋官”，而仅仅是几个没有任何政治背景及其权力使命的传教士罢了。

说到底，上海之败还是因为太平军和清廷一样，对西方根本不了解，亦缺乏正确有效的外交政策和沟通手法，结果便只能是事与愿违，南辕北辙。

在江南官员看来，保住了上海，似乎说明声名狼藉的洋枪队也已经没有了存在的必要。吴煦奉薛焕之命，写信给美国领事士觅威良，告诉他：“中国人以前为消灭海盗雇佣的外国人现已全部解雇了。”吴煦在信中还补充说，除外国海关人员外，中国政府没有雇佣任何外国人。

《北华捷报》随后证实了吴煦的说法，确认洋枪队已经全部解散。至于华尔，他在青浦遭遇挫败后就渐渐销声匿迹。有人说这位美国冒险家负伤后，他的“幕后老板”杨坊还以为他已经死了，是曾将华尔推荐给杨坊的英商希尔给了他一间房子，并“守护他，照料他”。还有些报道则说华尔到国外去治疗了，不过对于他的确切行踪，谁都无法提供可靠的消息。

世界上最愚蠢的傻瓜

1860年这一年，南北都爆发了中西之战。与上海战役不同的是，英法对北方的战争蓄势已久，早在前一年冬天，英国就以额尔金为公使，以格兰特为陆海军统帅，率英军及印度士兵一万三千人，外加五千香港驻军前往远东。法国紧随其后，以葛罗为公使，以孟斗班为陆海军统帅，率军七千赴华。

在额尔金出发前，英国外相罗素对他的训示是："你此次的使命，一是质问中方在海河攻击我使舰的理由，二是索要英法军舰被损坏的赔款，三是确保在北京交换《天津条约》。"显然，这是对第二次大沽口战役失败以及中国宣布废除《天津条约》的回应。

1860 年 2 月，作为前英法公使和第二次大沽口战役的当事人，卜鲁斯、布尔布隆在上海照会时任两江总督兼通商大臣的何桂清，提出上述条件，并限中方于三十日内予以答复。

第二次大沽口战役获胜后，中国朝野信心倍增，认为本国军队"陆战能胜，骑射可倚"，与外国军队作战未必就会落于下风。同时为防备英法联军卷土重来，咸丰还陆续抽调满蒙骑兵及北方各省步兵数千人，专门用于加强天津大沽一带的防务。

随着防御能力的增强，咸丰的态度趋于强硬。看到何桂清的奏折，他下达上谕，认为之前卜鲁斯单方面带着兵船北上，破坏了海河的防御设施，是英国首先背约。既然责在英方，那么英军损兵折将就属于咎由自取，怪不得别人，原有《天津条约》的各项条款也只能作废。

咸丰在国内还面临着太平天国这一强大的对手，他本质上并无再战之意，废约云云不过是想给对方一个下马威而已，所以在上谕中留了余地，称英方如果"自知悔悟"，仍可在上海重议条约，中方愿意斟酌道光年间曾答应对方的条件，有选择地予以"通融办理"。末了，他又再次强调英国代表不得擅自北上，"再有兵船驶入拦江沙者，必痛加攻剿"。

不管皇帝真实的意图怎样，他的这一态度就等于拒绝了英法的要求，英法岂肯罢休，局势开始向战争方向全面演化。

4 月，英法联军进攻舟山，用以建立海军军火库及部队的补给中心。舟山防务薄弱，一看到洋人打过来，当地官府就不战而降。得意万分的联军在事后进行了一场比赛，看谁船上的旗帜飘得更高：先是法国把旗帜升上一个更高的旗杆，接着英国下令把船上一个更高的桅杆当成旗杆，再然后法国又找了一个更高的桅杆……

与普通官兵不同，作为英法联军的首脑，额尔金承受着不小压力，而且越往北去压力越大。

第二次鸦片战争一开始，额尔金就被英国政府任命为全权公使，负责对华用兵，直到中国政府被迫同意签订《天津条约》才卸任，由其弟弟卜鲁斯接替。可是万没想到卜鲁斯在大沽口马失前蹄，败给了中国人，于是他不得不重新出山，替已被降为对华外交二把手、黔驴技穷的弟弟擦屁股。

为了组织这次远征军，英法把一流的兵员和精良的武器都拿了出来，尤其英军全部采用了最新式的线膛枪炮。正如一名中校所夸耀的："英格兰发动战争的时候，从未有过这样一支组织良好或者说如此精干的军队。"可是这也同时让额尔金失去了后路，他不光要胜，还得速胜，否则无法向英国国内交代。

另一方面，尽管军人们大多认为以远征军如此雄厚的军事实力，要击败古老中国的防御线乃是轻而易举的一件事，但大沽口毕竟不是舟山。尤其在民间，由于中方在第二次大沽口战役中所取得的胜利，很多中国人乃至英国人都觉得，只要有僧王（僧格林沁）在，天津海防便可高枕无忧，大沽炮台肯定还能再次阻击英法联军。中国棉花行会中的乐观派为此打赌，将五万两白银的赌注存在了东方银行。英国商人知道后不服气，他们也多方筹集赌注，但最终只筹到了一万两白银，可见就算是英国商人都不认为英法联军能够稳操胜券。

额尔金不是第一天打仗，他很清楚战争本身存在很多变数，不是手里握了一把好牌，就一定能把牌打好。与此同时，从英国国内传来的消息也加重了他的忧虑和担心，英国国内纷纷传闻，第二次鸦片战争之所以久拖不决，不是卜鲁斯无能，而纯粹是额尔金对中国人过于安抚所致。更有人在给额尔金的一封密信中直接向他发出警告，说如果他不能在下一次英国议会开始前结束战争，英国政府就会倒台，言外之意，政治倒台就是他额尔金的责任。

额尔金开始后悔从弟弟手中接下这个烫手山芋。舟山以北就是上海，当联军接近上海时，他不断地自怨自艾："如果我不是世界上最愚蠢的傻瓜，我就不会变成现在这样。我活该遭此折磨，毫无疑问我命该如此。"

薄弱点

第二次大沽口战役让西方人知道了僧格林沁的大名。后来帮助太平军作战的英国人呤俐在著述中写道，他在无锡与僧格林沁作战，还缴获了一面僧格林沁的军旗。其实僧格林沁从没有在南方和太平军打过仗。专家考证，呤俐所说的战利品应该是曾国藩部的军旗，他这么写，是因为知道曾国藩的英国人很少，但知道僧格林沁的人很多，将曾国藩改成僧格林沁，可以在英国民众面前提高作者及其作品的地位。

作为一名出色的战将，僧格林沁并不是没有弱点和失误，尤其随着声名播于海内外，他也滋生出了盲目乐观的骄傲轻敌情绪。第二次大沽口战役结束后，在给咸丰的奏折中，他写道："经此次获胜，大沽防务将越来越稳固，皇上自可宽心。"

实际情况却并非如此，僧格林沁筹备天津海防已达两年之久，但海防建设仍远远称不上部署严密。特别是北塘一线，虽已耗资白银数十万两，然而仅建成南北共三座炮台。中国的炮台都是固定在一个地方，不像西洋炮可以旋转，要做到向各个方向准确瞄准很困难，换句话说，假使英法联军选定北塘作为突破口，炮台将非常危险。

僧格林沁自然知道北塘是薄弱点，这时有人向他献计，说可以把英法联军放到岸上，继而再用蒙古骑兵进行冲击。在第二次大沽口战役中，蒙古骑兵确实曾将联军冲得七零八落，僧格林沁因此觉得献计之人说得很对。正好咸丰有冀望于英法知难而退，重新举行谈判的念头，他下旨给僧格林沁，要求将海塘留出来，作为与英法公使议和的地点。于是僧格林沁就干脆撤去海塘防务，将北塘炮台的兵勇和火炮全部撤往海塘以北的营城，以示海塘为纯粹的非军事区。

山西道御史陈鸿翊是海塘人，对海塘地形很熟悉，第二次鸦片战争爆发后，他也一直通过与家乡亲属的书信来往，密切关注着战事的发展变化。得知僧格林沁撤去海塘防务，转而设防营城，他立此表示反对，并向咸丰呈上了密疏，

在密疏中，陈鸿翊分析说，海塘原本的防务虽然较弱，但毕竟还能御敌，如此一撤了之，万一英法联军由北塘上岸，营城驻守之兵将非常被动，无法前去援救。在这种情况下，英法联军可以直接南下切断大沽北岸炮台的后路，届时大沽炮台将面临前后夹击，"甚为吃重"。

此时僧格林沁在朝中地位显赫，连咸丰都倚之为长城，即便有不以为然者也不敢轻易进言。有人对陈鸿翊说："你一个小小的御史，怎么能和重权在握的王爷抗

衡呢，难道你的脖子是铁的？”陈鸿翊遂有“铁脖子御史”的绰号。

“铁脖子御史”陈鸿翊建议把兵勇和火炮从营城调回北塘。对他的这一意见，朝野上下最初都给予了一定重视。咸丰尽管将海塘指定为谈判地点，但并不是让僧格林沁不设防，为此他传旨僧格林沁，指示对北塘地形仔细侦察，严密防范，切不可大意。

即便皇帝发话，僧格林沁依然固执己见。他奏称，北塘地基狭窄，可供守军施展的空间很小，将兵勇和火炮移至营城，则可与大沽呈虚实相间、互为支撑之势。除此之外，他还曲解陈鸿翊的意见，说陈鸿翊不懂军事，所提建议不过是只想着要保卫其家乡而已。

咸丰自用僧格林沁击败太平军北伐部队以来，就视这位表弟为“奇才异能”之士，而且僧格林沁作为办理海防事宜的前线总指挥，本身也有一定的独断权，因此在僧格林沁上折申辩后，便不再做硬性要求。

敢于对僧格林沁提出异议的人，除陈鸿翊外，还有正在僧幕中的郭嵩焘。郭嵩焘不仅是湘军中难得的谋略之士，而且是一个走在时代前面的人。第二次大沽口战役前，他奉咸丰之命到天津帮办军务，当时天津人人主战，唯有他劝僧格林沁慎重行事。

郭嵩焘做事的原则是“循理”，他认为对西洋各国也适用这一原则。所谓“循理”，就是讲道理，放到外交领域就是要遵循通行的规则。他对僧格林沁说，打不是不可以，但打之前一定不要破坏外交规则，这样万一仗打胜了，可以让对方心服口报，免除后患，就算打败了，自己也堂堂正正，不会输理。

僧格林沁是坚决的主战派，而且那时正想施计挫败对方，他认为郭嵩焘不过是书生之见，根本听不进他的意见。郭嵩焘明知僧格林沁不待见自己，但仍不厌其烦，竟然先后十七次给僧格林沁写去建议信，一再陈明利害。僧格林沁都已经被他弄毛了，内心对郭嵩焘十分厌恶。

等到第二次大沽口战役打响，郭嵩焘见事已至此，遂不顾前线枪炮如雨，赶到大沽效命，之前天津那些喊打喊杀，口号喊得震天响的人则一个都没出现。僧格林沁对此非常感慨，深觉愧对郭嵩焘，谓其：“见利不趋，见难不避，天下安有此人？”

18世纪的武器

第二次大沽口战役之后，外交形势果然不仅没有好转，反而更趋恶化，郭嵩焘十分忧心，但是一旦木已成舟，他又义无反顾地赶到前线，为作战出谋划策。

郭嵩焘也反对撤除北塘防务。在他看来，北塘本身是御敌的一道坚固藩篱和垣墙，如今不把敌人御于藩篱和垣墙之外，而将其放到厅堂和内室来打，实在失策。

僧格林沁虽然不喜欢郭嵩焘，但也深知对方的人品。他按照自己的理解，向郭嵩焘解释了将敌军放上岸打的好处："敌人乘船远道而来，不可能带来太多的骑兵，等到他们登岸，我就用精锐骑兵冲击，可以必胜。"他还颇有些自负地说："洋兵伎俩，我所深知，有什么可怕的呢？"

总之一句话，我知道你郭嵩焘是个不怕死、敢说话的正直君子，但我对付洋兵自有我的一套，你不用管。

僧格林沁的虚骄和误判，就此为失败埋下了隐患。发现北塘守备空虚，额尔金立即决定从此处登陆。

1860年7月26日，英法联军的船队在北塘附近靠岸。当天，僧格林沁在大沽炮口瞭望，看到在弥漫的烟气中，共有三十余艘悬挂着红旗的轮船驶至北塘河口，而且不久之后，船上的人马就开始登陆并占据村庄。

这一情形并没有出乎僧格林沁的意料，他随即命令蒙古骑兵做好准备，等待时机对敌人进行截击。

实际上最好的战机已经错过。北塘河口原设有木桩，但没有炮台配合便如同虚设一般。法军有一种当时最先进的七十五吨炮船，它既可以载运人马和大炮，其船体又非常小，吃水很浅，完全可以在中国的浅水区行驶。僧格林沁所看到的轮船就是这种炮船，英法联军把炮船派上去，很轻松地就把木桩都一拽而空。

英法联军有两百多艘船舰，整整花了五天时间，才将全部人马和火炮辎重运上岸。那几天下着倾盆大雨，地面一片泥泞，几乎成了泥塘，就算是士兵行走都很困难，长裤被吸在泥里拔都拔不出来。试想一下，若是北塘炮台枪炮齐发，会是什么结果？至少可以狠揍联军一下吧。

当联军到达北塘城门口时，他们才发现这座城池还不仅仅是防备空虚，而根本是毫无防备，里面空无一人，城墙四周架起的“大炮”竟然都是用木头做成的假炮。

僧格林沁在设“空城计”时，又在炮台周围布了地雷。这些地雷每颗都由四颗炸弹组成，为免受潮，用一个马口铁的箱子加以盛放，可谓煞费苦心。同时地雷阵的设计也非常巧妙，地雷被埋得很浅，上面盖着一块板子，板子上铺着泥土，只要在上面稍微施加一点重量，板子就会晃动，然后打着火石。

不幸的是，布雷区没有能够进行完全的保密。联军事先也有所防范，他们的侦察队抓了两个中国人，让两人顶在队伍前面走。正是这两个知晓内情的中国人向联军侦察队供出了实情，联军随即派工兵将地雷标出并予以销毁，僧王的地雷阵最终并未能起到预想的作用。

大沽的侧背为塘沽，二者一河之隔，仅相距八里，此处既是蒙古骑兵的集结地，同时也是大沽口北岸炮台侧后的一道重要屏障。北塘有一条石子路可直通塘沽，8月3日，两千名联军士兵沿着这条石子路向塘沽开进。走了十多里后，他们已经远远地看见塘沽营垒，但突然有几百名骑兵挡住了他们的去路。

原来这就是西方人在第二次大沽口战役中闻之色变的蒙古骑兵。当天僧格林沁大沽炮台观察到联军出动且“枪炮连环，络绎不绝”，便立刻从塘沽派出了一批骑兵前去迎击。

面对突然冒出来的蒙古骑兵，联军士兵开始吓了一大跳，不过仔细打量骑兵们的武器装备，他们又放下心来——这都是些什么啊？除了长矛就是弓箭，火器也有，不过是抬枪！

所谓抬枪是一种重型鸟枪，根据联军的观察，射击时它需要安装在三脚架上，或直接架在一名士兵的肩头，其子弹大如胡桃，有时还能发射圆形的铅弹片。

抬枪与联军士兵手里的来复枪根本无法相比，联军早就知道中国军队装备落后，没想到这么落后，居然用的还是18世纪的武器，他们将眼前的蒙古骑兵称为“名副其实的滑稽部队”。

装备落后归落后，蒙古骑兵之勇却是名不虚传，联军最后依靠野战炮轰击，才勉强迫使对方后退，但眼看着炮弹接二连三地在骑兵队列中爆炸，却并没有能够打乱骑兵的阵脚。此情此景，令联军官兵也不由得感到吃惊，认为“他们远比我们预想的要优秀许多”。

这是英法联军占领北塘后与中方的第一次交锋。由于联军侧翼均为沼泽地带，无法实施侧击，蒙古骑兵决定撤入营垒，联军占不到便宜，便也赶紧撤出了战场。

交锋过程中，蒙古骑兵只受伤三人，马受伤数匹，联军倒有十九人失去战斗力，不过一向诚实的僧格林沁在战报中并没有对此夸大其词，只是说“马步夷匪（联军步骑兵）均有伤毙”。

自杀式的勇猛

尽管击退了英法联军，但获悉对方浩浩荡荡登陆北塘，咸丰仍预感到了大事不好。

自第二次大沽口战役后，迟迟无法镇压下去的太平天国运动使南方形势完全溃烂，已严重威胁到了帝国财政赖以生存的税赋来源，甚至影响到了事关生死的漕粮调运。正是在这种情况下，即便明知英法联军威胁京津，咸丰之前也不得不以举国之力去对付南方战事。

因为把大部分人力财力物力都投入于南方，所以僧军的装备才会那么简陋落后，同时北方兵力也空虚到除僧格林沁、胜保部外，再没有什么可以用来抵御英法联军进攻的力量了。

对自己的这点家底，咸丰岂能不清楚，他接连谕令直隶总督桓福，要桓福乘机转圜，而且务必对英法使节心平气和，以礼相待。桓福奉令向英法公使递交照会，请两国停止进兵，从北塘入都换约。

额尔金何其精明刁钻，他马上回复称，必须钦差大臣前来方可议和，而且你的照会中只说入都换约，没说卜鲁斯在上海所提条件能否允准，那“本大臣”为何要中止进兵？继续打！

经过重新策划，联军决定先把塘沽放在一边，转而占领塘沽附近的新河和军粮城。1860 年 8 月 12 日拂晓，万余联军分成两路扑向新河、军粮城。这一带的蒙古骑兵主要驻于新河，一共不足两千人，但闻知敌人发动了进攻，亦马上分两路迎敌。

僧格林沁在备战时认为英法因第二次大沽口战役之败，非万不得已不敢轻动，同时他又依据上次作战的老经验，判断联军不可能带来太多骑兵，上岸也不能带大炮，这些都被证明是错误的。

事实上，联军中有相当数量的英军骑兵、阿拉伯骑兵和印度锡克教骑兵，其中的锡克骑兵蓄长须，扎头巾，骑着高大的阿拉伯马，虽然也不过是被殖民地士兵，却个个都狐假虎威，装出一副盛气凌人的样子。大炮方面，联军除火力猛烈的加农炮外，还拥有最新式的阿姆斯特朗炮。后者是一种大型的线膛炮，专门用来驱散大部队，它可以把金属打成碎片，摧毁“用18世纪的武器”装备起来的步骑兵更是不在话下。

新河是联军的攻击重点。英军统帅格兰特指挥了这次攻击，在他的命令下，八百联军骑兵绕过挡在路上的中国军队，从其背后发动袭击。与此同时，联军主力则动用三门阿姆斯特朗炮从正面发动攻击。

在到达离蒙古骑兵约三里路的范围时，联军开始发射阿姆斯特朗炮，蒙古骑兵的阵形立刻被炮弹撕裂开来，但是面对异常猛烈的炮火，他们毫不畏惧，幸存者依旧不断向敌人发起冲锋。这种自杀式的勇猛令联军大为震惊。英军的　名少将指挥官惊叹道：“他们在战火里坚持了相当长的时间，对世界上任何军队来说，那都是严峻的考验。”

蒙古骑兵已经冲到距离敌人四百多米处。在如此近的范围内，阿姆斯特朗炮可以把威力发挥到最佳，经过长达二十五分钟的狂轰滥炸，勇士们才被迫停止前进，但并没有立刻回头。

这时从背后发起袭击的锡克骑兵跳了出来，并远远地用卡宾枪和手枪施射，蒙古骑兵只能被动地用弓箭长矛进行反击，可是武器精良的锡克骑兵依然拿他们不下。一位英军中校目睹此情，深感敬佩，说他“从未见过如此有胆魄的人”。

这种力量过于悬殊的对垒当然无法坚持长久，蒙古骑兵被迫向后撤退，锡克骑兵紧追其后，但他们不知道这其实是对手的诱击战术。很快，蒙古骑兵一个迂回分割，将其驱赶到了新河东北的沼泽地带，锡克骑兵的阿拉伯战马被陷在泥里，顿时动弹不得。

就在蒙古骑兵准备一鼓作气，将锡克骑兵予以歼灭的时候，格兰特及时变换了队形，派七百名联军步兵赶到阵前，其中枪法较好的狙击手作一字排列，等蒙古骑兵渐近，便用来复枪进行射击。

来复枪也就是线膛枪。在世界兵器史上，来复枪的出现带有转折性的意义，这是因为与过去相比，它使步兵武器的杀伤力陡然提高。有的西方史家甚至认为，即便 20 世纪出现的高爆弹、飞机、坦克，也不及当时来复枪诞生后产生的影响力。

英法联军长年在欧亚间打来打去，作战经验丰富。在联军所占据的阵地周围，由于连日大雨，遍地积水，骑兵无法进行侧翼抄袭，只能从正面硬冲，这也等于让他们成了狙击手施射的活靶子。一时间，众枪竞发，枪响处，骑兵们纷纷从马上坠落。侥幸躲过弹雨的少数骑兵虽然冲到敌人面前，但因寡不敌众，也很快就全部牺牲了。当天实施冲锋的部队几乎全军覆灭，仅七个人活了下来。

想不打败仗都难

新河一战，蒙古骑兵一共伤亡了近四百人，见已无取胜希望，他们只得实施突围。一度面临灭顶之灾的锡克骑兵来了精神，他们立刻兜后追击，想给对手来个血腥屠杀。幸好一场暴雨忽然倾盆而下，蒙古骑兵余部以此为掩护，才得以退守塘沽。

新河和军粮城随后陷于敌手，这使形势顿时变得极其严峻：英法联军的军舰由北塘开向大沽，用舰炮对准大沽炮台，以扼炮台之前；其步骑据守新河、军粮城，以逼炮台之后。

大沽炮台的炮口所向大部分都朝向海面，一旦英法联军从侧背发起攻击，无法反身施射。“铁脖子御史”陈鸿翊曾担心过的情况赫然出现在眼前，此时僧格林沁才后悔不该纵敌登岸，然而一切都已无法挽回。

1860 年 8 月 14 凌晨，英法联军兵临塘沽。塘沽筑有周长近四里的泥墙，上面设有枪眼、炮洞工事，配备着火炮，具备一定的防守能力。观察形势之后，英军统帅格兰特以部队需要休息为由，提出第二天再打，可是法军统帅孟斗班却希望立即攻城。

英法虽然共同发动第二次鸦片战争，但无论兵力还是后勤支援，法军都不及英军。另一方面，当时正值法国的民族主义情绪高涨之际，其国内舆论甚至称侵华的英法联军为“法英联军”。作为法军统帅，孟斗班也不愿老让英军出风头，既然英军说要休息，他就决定在没有英军帮助的情况下独自攻城。

没承想这一打就吃了亏。塘沽原有驻兵加上退守的骑兵总计有三千人，他们已接到僧格林沁的命令“扼守壕墙，严加戒备，不准稍有松懈”，看到法军冲上来，立即用火炮进行拦阻。

孟斗班不甘心在英国佬面前丢了面子，仍勒令士兵继续冲锋。只是法军士兵的英勇精神远不如中国军人，很快，这些士兵就败退下来。

格兰特比孟斗班要老奸巨猾得多，他传令休息就是因为发现正面进攻难度较大，孟斗班执意一攻恰好给他蹚了雷，让他验证了自己的观点。与此同时，法军的进攻也吸引了守军正面的火力，格兰特抓住机会，指挥英军凫水由苇塘抄袭守军侧背。守军腹背受敌，不得不由塘沽退至大沽口北岸，转而协同防守北岸炮台。

第三次大沽口战役前，僧格林沁曾夸下海口：“即使该夷（英法联军）舍命报复，现在营垒倍厚加高，密布大炮，各营官兵无不奋勇，足资抵御。”如今随着塘沽沦陷，大沽岌岌可危，僧格林沁的保证不攻自破，他本人也备受外界质疑。

有人分析僧格林沁致败之因，说他和古代的屈瑕很像。屈瑕是诗人屈原的祖先，春秋战国时楚国的一员大将。他仗着以石击卵的优势打了一场胜仗，之后便趾高气扬，不可一世，最终导致全军落败。

论者以为，僧格林沁最初系以击败太平天国北伐军扬名，但那场仗出力最多的其实是胜保。言外之意，僧格林沁和屈瑕一样，不过因人成事，却把自己真当成了武圣关公，骄矜如此，想不打败仗都难。

僧格林沁此次刚愎自用，因骄落败，这一点自然没有错，可要以此否定僧格林沁亦走向了另外一个极端。若论军事才能，僧王实非胜保等其他北方将领所能及，且不说他是击败北伐军一役的首功之臣，胜保不过一配角罢了，仅就保卫京津而言，这一重责也非其莫属。

作为对手，英法联军的评价或许更能说明问题，他们称僧格林沁所部为“帝国（指清帝国）的最好军队”，说僧格林沁及其所部就算在落败和形势极其不利的情况下，“还想抵抗，并寸步不让地保卫领土”。

咸丰对此心知肚明。闻听大沽炮台处于危急状况，他的第一反应不是追究僧格林沁的责任，而是考虑无论如何要保住僧格林沁，避免其走屈瑕的路——屈瑕败北后，自感无面目见君王和父老，乃自尽身亡。

1860年8月15日，也即塘沽沦陷的当天，咸丰给僧格林沁发去上谕："天下根本，不在海口，实在京师。"相对于大沽，北京的安危更为重要，他要求僧格林沁在战事不利的情况下退保京师，继续设法截击敌军，而万不可在炮台与敌人拼命。

咸丰深知僧格林沁不畏死亡的刚毅性格，在谕旨中直接给他下达了离营的命令，并且说："今有朱笔特旨，并非你自己畏葸害怕，有什么可顾忌的？如果你执意不念天下大局，只为自己的名节考虑，那才是有负朕心！"

即便有了皇帝的严令，僧格林沁也未打算照做。咸丰让他选择可靠人员代为防守大沽南北岸炮台，自己离营，僧格林沁却并未离开炮台，他任命直隶提督乐善为北岸炮台总指挥，自己仍驻守于南岸炮台。

乐善是蒙古正白旗人，因在第二次大沽口战役中立有大功而被提升为直隶提督。僧格林沁告诉他，万一北岸炮台守不住，可以撤出，但乐善却毅然将自己的提督关防大印交与僧格林沁，以示誓死保卫大沽的决心。受其感召，所部有千余人自愿留在炮台与敌人拼死一战。

英勇的中国军人

英法联军在战役中所取得的有利形势，让本来颇为灰心丧气的英国公使额尔金又打起了精神。联军占领塘沽后，他兴冲冲地找到格兰特，说要在塘沽的一座寺庙顶上建立总部，理由是站在上面可以更好地观察攻打炮台的战斗情形。

额尔金不过是格兰特的名义上司，打仗这事还是得格兰特说了算。格兰特听额尔金说，他要邀请《泰晤士报》记者和他一起去寺庙观战，马上明白这位公使先生不过是想获得在英国报纸上露脸的机会而已。鉴于大沽炮台与塘沽只隔着一座白河，中方大炮的射程足以到达额尔金所说的那座寺庙，格兰特毫不客气地驳回了他的要求。

在联军内部，孟斗班之前虽然有意与格兰特争锋，但由于独自进攻塘沽受挫，如今也已不自觉地落于了下风。当商讨如何攻占大沽炮台时，他提出要同时攻打大沽的四个炮台，格兰特则坚持先攻北岸炮台，因为北岸炮台在火力配备上最为虚弱。争论的结果，孟斗班不得不屈从于格兰特，他在日记中酸溜溜地说："我这样做的目的，是卸下我的军事责任以及与此相关的政府责任。”

1860 年 8 月 21 日凌晨，英法联军突然自后路对大沽北岸炮台实施猛攻。战前，格兰特下令将所有的阿姆斯特朗炮都尽可能运至前线实施轰击。阿姆斯特朗炮笨身沉重，加之地面又泥泞不堪，所以每一门炮都须用六匹高头大马予以拖送，然而其威力之大是不容置疑的。中方架在炮台上的大炮根本无法与之抗衡，短时间内多数大炮都被击毁，但守军利用残存的火炮继续轰击，依旧远远地将敌人阻于炮台之外。

按照西方人的记录，意外发生在上午 6 点半，炮台弹药库不幸被联军的开花弹击中，继而发生爆炸，巨大的爆炸声如同地震一般，令守军手忙脚乱。由于弹药来不及补充，在半个小时之内，大炮无法再对敌人进行射击，联军趁此机会逼近了炮台。

半个小时之后，守军恢复射击，却发现己方大炮的威力已经大减。这是因为中国炮手普遍缺乏数学和弹道原理的知识，技术再熟练的炮手也只能根据经验，朝着固定的方向进行大致瞄准。这使得炮台的攻击距离有着很大局限，一般只有在一千两百米到一千五百米的范围内才能对敌方造成杀伤，随着距离拉近，一旦超出这一范围，炮手们就不知道该如何调整发射的高度了，打出去的炮弹往往都超出目标。

联军前敌指挥官柯利诺见状，立即命令炮兵把来复炮推到阵前。来复炮和阿姆斯特朗炮一样同属线膛炮，虽然火力不及阿姆斯特朗炮，但在轻便性和机动性上更胜一筹——一般情况下，只需四匹矮马就能轻松拉动一门来复炮，炮兵推起来也不觉得特别费劲。

联军将来复炮推到距离炮台六百米的地方，旋即对炮台进行射击。联军炮兵训练有素，在如此近的距离范围内，可以说没有一门大炮会失去准星，相反，中国军队射出的炮弹却只能从联军士兵的头上划过。

经过来复炮的“定点清除”，炮台尚存的大炮多数都哑了火，火力遭到完全压制。柯利诺认为时机已到，下令各部发起冲锋。

当联军士兵冲到距离炮台三十五米处时，炮台上仍有一门也是唯一的一门大炮在施射，可是操纵者却只有一个。该炮手先是把背贴在地上，钻到大炮下面装填炮弹，接着再爬起来开炮，之后又重新开始这一套在联军看来很“古怪”的操作。其间联军不停地向炮台开炮，然而竟没有一颗炮弹击中他。

这当然不是偶然的，实际是联军官兵对这名英勇的中国军人肃然起敬，不愿意加以伤害。有人后来说起当时的感受："不同国家的勇士之间总会惺惺相惜，看着别国的勇士倒下怎么可能不痛心？"

炮台前有连续两道壕沟，里面都注满了水，这构成了联军前进过程中难以逾越的一大障碍。与此同时，除了那门坚强的大炮外，其余守军也在用抬枪、鸟枪乃至弓箭进行顽强抵抗。联军在壕沟边折腾了一刻钟，不仅没能取得任何进展，而且伤亡惨重。

柯利诺急得两眼冒火，为了加快进攻速度和减少联军的损失，他不顾一切地下达命令，逼着从香港招募的中国苦力们跳下壕沟，充当人梯。

徒手掷出的炮弹

稍有良知的中国人都不愿意干背叛祖国的勾当，联军所招募到的所谓中国苦力全都是香港底层的小偷、流浪汉或其他社会渣滓。据说自从这些卖国求荣的家伙离开香港来到北方之后，香港的犯罪活动都因此大大减少。

一路北来，苦力对待自己的同胞竟然比锡克教徒还要残忍，连联军都认为他们"绝大部分都是残暴的恶棍"。联军也并不信任他们，平时视之为"负重动物"，给苦力配备的武器不是枪支，而是一些竹棒。

按照柯利诺的指令，苦力们肩顶梯子，站在齐颈的水里一动不动，以便法军可以顺着梯子手脚并用地爬过去。对联军而言，让"负重动物"来从事这样"令人恐怖的劳动"，乃是再合理不过的一件事。倒是格兰特认为苦力们仍有利用价值，事后假惺惺地表示内疚，并给他们额外发了一个月的薪水作为奖赏。

在两道壕沟之间还有一条十米宽的垒道，上面不仅撒满铁蒺藜，而且遍插栅栏。这些栅栏有很长一截插进土里，露在地面的部分很像铁矛，而且本身也确如铁矛一样坚硬。它们不能被连根拔除，只能一根根折断，但即便折断后，联军士兵有时仍会被依旧竖立的栅栏残部绊倒，因而"撕出触目惊心的伤口"。

当联军前锋到达第二道壕沟正面时，部队已经大量减员，一个步兵团的几乎所有军官全都丧失了战斗力，带队军官派人向柯利诺汇报战况，请求调派援兵。

援兵到达后，实力增强的联军继续冲锋，他们在接连翻越两道壕沟后，到达炮台的墙根底下，并在那里找到了一个可以躲避枪弹的藏身处。这一情况很快就被守军发现，既然枪炮射不着，大家就干脆举起炮弹向敌人砸去，炮台上下有着五至六米的落差，这一砸下去也够洋鬼子们受的。

在随后联军发起的爬城战中，这些徒手掷出的炮弹同样令联军大吃苦头。一名上尉刚刚登上射击口，人还没进入炮台，一枚炮弹就砸中了他的太阳穴，上尉立即被砸翻在地，血流如注。另一名少校刚想要翻越护墙，中国士兵的长矛就刺了过来，要不是一名联军士兵用刺刀竭力格挡，少校身上还不知道要被捅上几个窟窿！

由于架梯攀爬的打法毫无成效，联军只好把注意力转向炮台正中的栅栏门。中国军队在备战时曾把大堆的泥土吊进炮台内，堆在栅栏门的后面，本来进攻者要想从炮台外推开或是弄倒它都是不可能的事，但是在先前炮击时，联军的一枚空心弹曾击中栅栏门右侧的门框，在上面炸出了一个大洞。

利用这个被炸开的大洞，联军钻入了炮台内部，守军立即上前封堵，双方展开了更加激烈而又残酷的白刃战。中国士兵手持的长矛在防御敌人爬城时很有效，但当用于近战格斗时，由于炮台内部的空间相对狭窄，就不如刺刀那么好使了，官兵成片地被敌人刺倒在地。

即使处于如此绝境之下，乐善仍一步不退，亲自在炮台上与敌人厮杀。他头上的孔雀翎官帽非常显眼，联军一看就知道是"负责这个炮台的北京官员"，他们一开始曾打算活捉乐善，但是由于乐善拒绝投降，一名英军上尉便恶狠狠地拔出手枪打死了他。

上午 10 点半，北岸炮台完全失守，包括乐善在内，坚守炮台的千余官兵全部壮烈殉国，英法联军在打扫战场时，在炮台内外找到了成千具"鞑靼人（清军）"的尸体。联军在此役中也伤亡惨重，英法两军都各损失了两百人，连前敌指挥官柯利诺本人都中弹受了轻伤，他们不得不承认"敌人的防御很顽强"。

北岸炮台失守的消息给中方造成了极大震动。几个小时后，直隶总督桓福派两名使节到联军营中与其谈判，在联军中担任翻译主任的巴夏礼接待了他们。按照桓福的指示，使节答应巴夏礼，表示将挪去横在白河中的竹子，让联军安全通过，同时表示双方可以在天津继续进行和平谈判。

巴夏礼认为中方所说的挪竹子的话不过是在借机拖延，于是当场就勃然大怒，把桓福让使节带来的信件揉成一团，扔在了其中一名使节的脸上。接着，他咆哮着对使节下达最后通牒，称如果大沽的其余三座炮台不在两个小时内投降，就将落得和北岸炮台一样的下场。

使节回去向桓福复命，桓福急忙找僧格林沁商量。僧格林沁仍想在南炮台指挥防御，但桓福却认为南岸炮台“万难守御”，他还从袖子中抽出咸丰的上谕，说你已经违旨，还能一误再误吗？

僧格林沁万般无奈，不由得顿足长叹：“两年辛苦，费尽心血，一旦弃之，可惜也！”遵照咸丰的旨意，他命令炮台剩余守军及其蒙古骑兵全部撤往天津。随后，桓福在南岸的三座炮台上挂起免战白旗，此时巴夏礼所限定的两个小时最后期限还远远没到。

桓福要将天津作为与英法的谈判地点，所以他认为僧部在天津也“断不能抵御”，于是在 1860 年 8 月 22 日，僧格林沁又只好由天津撤防，率全军退至通州。

次日，英法联军以五艘蒸汽动力炮艇和八十余名海军陆战队员组成先遣队，由格兰特亲自率领，沿白河长驱直入。8 月 24 日，先遣队驶抵天津城郊，后续大部队也紧接着赶来。由于城里已没有守军，他们不费一枪一炮就控制了全城。当天，城墙上被遍插英法两国旗帜，格兰特贴出告示，宣布对天津实行军事管制。

天不助我

前线接连失利使僧格林沁受到了更多的质疑。咸丰不能不对此有所回应，他下达谕旨：“以科尔沁亲王僧格林沁办理海防未能周妥，革去正黄旗领侍卫内大臣、镶蓝旗满洲都统，并拔去三眼花翎，以示薄惩。”

尽管遭到处分，但僧格林沁并不以此为念，仍按原计划继续进行军事部署。他真正感到懊悔的，是不该撤出大沽南岸炮台。

原来在联军完全占领大沽炮台后不久，一场持续数日的狂风暴雨就席卷而来，泛滥的白河河水淹没了炮台周围的地方，使之形成了一道天然屏障。如果中国军队不提前撤出南岸炮台，到时联军的阿姆斯特朗等重型大炮都将无法动弹，他们要想发动对炮台的有效正面攻击也几乎不可能，南岸炮台是有望守住的。

当然谁也想不到有这场大暴雨，一名朝廷官员后来对联军谈判代表说：“你们攻下炮台乃是天不助我。”

僧格林沁一边埋怨自己没有在最后时刻坚持住，一边也怪咸丰不该给他下达弃守的谕旨，尤其是那句“天下根本，不在海口，实在京师”，更是显得很无头脑——京师固然是根本，可海口若失，要再保京师，岂是件易事？

正好大学士瑞麟率京旗兵九千人出防，也进驻通州。僧格林沁便问瑞麟：“前在大沽，我为守护津门，乃守南炮台。不知皇上听了何人的话，令我退守，我退一步，敌进一步，如何是好？”

瑞麟答道：“现在顺亲王瑞华、尚书肃顺都主张抚夷，所以皇上召王爷退守。”

僧格林沁这才知道，咸丰让他退守京师，除了要保住他以外，也同时受到了朝中主和派的影响，有退守以谋求和谈的意图。如今天津陷落，咸丰就更倾向于议和了，他一面不准僧格林沁等部“衅自我开”，一面按照英法提出的要求，改派曾参与过《大津条约》相关谈判的大学士桂良为钦差大臣，赴津会同桓福向英法议和。

桂良到达天津后，作为胜利的一方，额尔金和葛罗在谈判桌上向他提出了比以往更为苛刻的条件，除继续坚持要入京换约外，又将军费赔偿增加为八百万两，并要求在《天津条约》中增开天津为商港。

消息传到京城，大臣们议论纷纷，多数人以为英法既如此狮子大开口，就不应该再与他们讲和。咸丰受到朝中舆论的影响，又仗着僧格林沁部实力尚存，于是决定不予让步。1860 年 9 月 7 日，他给军机大臣和王大臣绵愉、瑞华、端华、肃顺等人下达朱谕，流露出欲与英法联军决战之意，并提出决战时机“宜早不宜迟，趁秋冬之令，用我所长，制彼所短”。僧格林沁、瑞麟同时接到谕令，被授命统一调度通州一带的军事，“厚集兵力，以资攻剿”。

自此以后，咸丰接连给僧格林沁发去两道谕旨，均以督促加紧布置通州防务为内容。饶是如此，他却并没有中止天津和谈，只是让桂良不得擅自答应对方条件。

桂良自然不敢不从命，但额尔金和葛罗也不是好打发的，他们在天津城外聚集了越来越多的军队，对中方谈判代表施加压力。法国统帅孟斗班甚至给法军士兵设计了一种头巾，说等他们在北京的街道上游行时，就可以戴上这种头巾以示庆祝。

桂良左右为难，尴尬万分，无奈之下他只好耍了一个花招，改口称自己没有全权，无法代表朝廷定案。额尔金这帮人不是第一天跟中国官僚打交道，早已见识过类似的“太极功夫”，对此极为光火。

9 月 8 日，额尔金在日记中写道：“我们的补给充足，我们的军队正处在最佳状态，而这些愚蠢的人仍旧故意冷落我，我不得不结束这一切。”他立即宣布中止谈判，并通过格兰特知照桂良，称英法联军“明天（9 月 9 日）将向通州进军”。

收到这一杀气腾腾的照会，桂良大惊失色，忙向北京进行紧急奏报。

第四章

一只紧紧抓住它的痉挛的手

中国明清两朝均定都于北京不是没有缘由，此地向南可居高临下，俯瞰中原，向北可依据燕山山脉，防御漠北的游牧民族。后者是古代中原王朝的大患，所以在城防设计上，北京历来都更偏重于向北的防御，相比之下，东南方向一马平川，易攻难守，是其防御链中最薄弱的软腹部。

这是冷兵器时代大陆战略思维的必然结果。历朝历代的皇帝，包括康熙、雍正、乾隆这样的雄主，谁都没有想到，有一天，中华帝国最强大、最凶恶的敌人，竟然不是来自北方大漠，而是来自东南海上！

其实早在第一次鸦片战争时，国防中的这一重大缺陷已经暴露无遗，道咸年间的君臣们也不是不知道，但知道是一回事，有能力纠正又是另外一回事。事实上，它和清帝国在兵力部署、军事体制、后勤保障等方面的根本性积弊一样，要在短期内予以改善，其困难程度都超出想象。就比如，你们觉得定都北京不适于防卫，难道迁都？可是北京仅仅作为清帝国的都城就已有两百多年历史，零零碎碎尽在于兹，哪里是说迁就可以迁的！

既然一时改变不了，大家便唯有面对现实。现实情况是谁若取得了大沽和天津，谁就可以随时兵临北京城下——从天津至北京，沿途几乎没有任何地理屏护。

只有明白了这一点，你才会懂得英法联军将向通州进军的消息，在心理上将可能对咸丰君臣造成多大的冲击。

巡幸木兰

在紧急奏报中，桂良认为事到如今，只有答应英法两国的条件，才能阻止英法联军开往京城，为此恳求给予他谈判中的便宜行事之权。

咸丰对于决战的信心本就不足，桂良的奏报让他更加心慌意乱。他忙指示桂良继续和英法谈判，尽力使和谈不致骤然决裂，但对于桂良的请求，他却没有给予允准。

不允准，是还寄望于奇迹发生，但其实就连咸丰自己都知道这种可能性微乎其微，所以他又另外任命怡亲王载垣、兵部尚书穆荫为钦差大臣，授权二人到通州重开谈判。载、穆临走前，咸丰面授机宜，他将英法提出的条件分成三类：第一类可以答应；第二类用于讨价还价，让载、穆可许则许，不必请旨；第三类属“万难允许之条”，载、穆如果正好碰上，须一面发报，一面通知僧格林沁督兵作战。

9 月 9 日是英法联军声称要向通州进军的日子。咸丰宣布自己将御驾亲征，直抵通州，他在上谕说：“朕看完奏报（即桂良的紧急奏报）真是愤怒极了！朕为了使京城附近的百姓免受荼毒，不得已才勉强同意抚局，不料该夷（英法联军）屡次肆意要挟，如今逼得我们不决战都不行了。”

看样子，似乎咸丰已经做好了背水一战的决心。可是紧接着他又下发了一件僧格林沁送来的密折，令王公大臣们阅看后迅速定议，而就是皇帝对这份密折的态度，暴露出了他真实的内心。

僧格林沁的密折是请咸丰“巡幸木兰”，也就是到远离京城的热河去打猎！

明眼人都能看出，打猎是假，让皇帝早点找个安全的地方猫着才是真。这时通州于京城的关系，犹如大沽炮台于天津，而僧王虽表示将在通州“奋力截击”英法联军，但显然也已不像战争刚开始那样信心十足，从这个角度来看，他应该是怕身后的皇帝成为自己的心理负担，与其这样，倒不如让皇帝暂避锋芒，以免所部与敌人交战时瞻前顾后、束手束脚。

臣是臣的想法，君却应该有君所持有的立场。试想一下，如果咸丰真的已打算破釜沉舟，又何必画蛇添足似的把密折拿出来？他完全可以像过去对待僧格林沁的“泣血折”那样，“留中不发”，锁到自己的抽屉里去啊！

大家由此都窥破了皇帝的心思，即他既不甘于“抚”，但又不敢战，他不是在战与抚之间犹豫，就是在战与逃之间摇摆不定。所谓御驾亲征，不过是“巡幸木兰”的矫饰之辞，就算是前几天发出的那些慷慨激昂的朱谕，如今也只有用优柔寡断、色厉内荏来加以解释了。

看完密折，除端华、肃顺等少数几个皇帝近臣兼主和派极力赞同，请求明示百官和准备前往热河的御轿御车外，其余王公大臣大多表示反对，他们希望咸丰能即日由圆明园回宫，以安人心，当然他们也同时反对咸丰亲征通州。

就在群臣议论纷纷，各抒己见之际，侍郎毕道远忽然说道：“从古国君守社稷，断无远出之理！”

众人心里都明白，却不敢当着皇帝的面直接揭开的一层薄纱就这样被捅破了。咸丰让王公大臣们讨论原本也不过是形式主义走过场，但毕道远此言一出，逼着他不得不敞开天窗说亮话：“尔等所言固然有理，然而假使夷匪（英法联军）入城，将置朕于何地？”

包括毕道远在内，全都哑巴了。他们多为文臣，引经据典是拿手好劝，可是又有几个人敢说出“有我在，绝不让一个夷匪入城”之类的豪言呢？

咸丰又问团防大臣对于即将到来的战争有什么准备，得到的答复是：“没有。”再问：“京城兵力及布局足以坚守否？”群臣中也没有一个人能够回答。

咸丰的提问无疑是给端华等人撑了腰，他们立即将了反对者一军：“（京城）既已毫无可守，如何请车驾还宫？”

见此情景，原来并不支持咸丰“巡幸木兰”的吏部尚书陈孚恩也附议道：“宜为皇上筹一条路才是。”言下之意，我们既守不住京师，又保不了皇上，难道真让皇上坐在京城里等死？

反对者确实想不出什么能够挽救大局的良策，众人除了一个劲地叹息，就是低着头默默地流眼泪。

咸丰以为已经镇住了大臣，但让他没想到的是，没过多久，大臣们居然又卷土重来——大学士贾桢领衔启奏，把反对咸丰亲征和“巡幸木兰”的理由全都明明白白地总结了一遍。

撒手锏

北宋时，辽军兵临澶州（也称澶渊）城下，宰相寇准力排众议，请宋真宗御驾亲征，士气大振的宋军终于守住澶州，挡住了辽军的进攻，时称澶渊之战。贾桢将咸丰的亲征与澶渊之战做对比，认为通州无澶州之险固，此时亦无寇准可恃，所以亲征就算了，“断不可轻于一试”。

至于“巡幸木兰”，贾桢说热河乃是一片旷野之地，打起仗来连个遮蔽物都不易找到，哪里及得上京师警卫森严，拱卫周密？如果京师都不足守，热河不是更守不住吗？

贾桢不但继续举着毕道远的矛枪朝咸丰冲过来，说他是以移驾为名，行逃避之实，甚至话里还含有了讽刺意味：你以为逃到热河就行吗？“夷人”就不能杀到热河去，把你给捉住？

咸丰又羞又愤，干脆也不装模作样地要群臣讨论了，直接下发朱谕：“巡幸之举，朕志已决，此时尚可从缓。”巡幸的事，我想好了，不是可不可以去，是一定要去，不过我也不急，还可以缓一缓再说。

皇帝放话北巡的消息很快就传出了宫廷。有人听到后把大腿一拍，说难怪，自夷人（英法联军）登陆北塘前后起，我就看到荧惑星犯南斗了！

荧惑星即林则徐在鸦片战争后看到的“赤星”（火星），由于其荧荧似火，行踪捉摸不定，故又称“荧惑星”。据说，如果荧惑星冲犯了南斗星宿，不但会发生死亡和战乱，而且连皇帝也要倒霉，典型的说法是“荧惑入南斗，天子下殿走”。

宫廷传出的消息无疑令占验家的预测得到了某种验证。京城之中顿时乱成一团，不管是官员还是普通老百姓，首先想到的是皇上都要跑，为什么我们还不跑，难道留在城中等死不成？

由于车马都被集中起来，准备用于咸丰跑路，大多数人只能步行逃命，其混乱状况比七年前听闻太平军即将打到北京时还要严重。眼见英法联军未到，城中已然乱成了一锅粥，群臣纷纷犯颜直谏，请咸丰收回成命，有的话说得颇为尖刻刺耳，完全可以视为唐突无礼、无视纲常的表现。

如果放在以前，如此不顾忌讳的大臣极有可能人头落地，流放边疆或送到宁古塔为奴都算是轻的。可现在不同了，自从“巡幸木兰”的面纱被无情揭开后，咸丰好像被扒光了衣服一样，里里外外都被别人看得透透的，他确实无话可以反驳，更不用说对直言的大臣追加处分了。

皇帝的威信一落千丈，他唯一能做的，就是装傻充愣，将奏疏全部“留中不报”，但这反而进一步激发了大臣们的勇气。1860 年 9 月 11 日，群臣再次会衔上疏，这次他们使上了撒手锏。

五代十国时期，后唐大将石敬瑭向契丹求援，并在契丹援助下灭掉后唐，自己做了皇帝。到了宋代有靖康之难，徽、钦二帝被掳掠北上，金人又将张邦昌推到前面做了皇帝。

群臣在上疏中将这些例子举出来，分析说咸丰北巡后，英法需要找到政权满足他们的要求，必然会另立一人做皇帝，就犹如历史上契丹立石敬瑭、金人立张邦昌一样，到时不仅咸丰自己的皇位不保，就是大清帝国两百多年的基业亦将毁于一旦，“皇上何以对列圣在天之灵乎？”

大臣们的这些奏疏不但是讲历史，更是在影射现实。那年咸丰与恭亲王奕䜣兄弟失和，奕䜣被逐出军机处后遭到闲置，从此郁郁不得志。前往天津谈判的桂良是奕䜣的岳父，这些大臣充分发挥想象力，把桂良、奕䜣和额尔金联系起来，认为额尔金以咸丰违约失信为由，有乘机将咸丰赶下皇位，令奕䜣继之的意图，而奕䜣也很可能成为石敬瑭、张邦昌的翻版。

除了会衔上疏外，工部尚书彭蕴章、大理寺少卿潘祖荫分别单衔上奏，语调一个比一个激烈，不是“国君死社稷，上欲何往？”，就是“上何以面对祖宗？何以面对臣民？”，他们还要求咸丰当机立断，将“误国诸臣”予以罢斥。所谓“误国诸臣”，暗指的是载垣、端华、肃顺，三人乃咸丰身边的当红炸子鸡，而且又都是主和派。

咸丰或许并不认为肃顺这些人是“误国诸臣”，但他无法回避自己和奕䜣的那种敏感关系，大臣们的奏疏犹如掷出的标枪一样，直击其内心深处最脆弱的那块靶心。

这时京城已成立了由惠亲王绵愉主持的五城团防局，胜保自河南被召回京，负责指挥支援僧格林沁和保卫京师的预备部队。胜保也上疏力谏，劝咸丰不要被身边的“奸臣”所误，从而辜负天下臣民的期望。

就连宫中嫔妃都有人表示了异议，这个提出异议的嫔妃就是咸丰长子的生母、懿贵妃叶赫那拉氏。那拉氏聪明伶俐，且深得咸丰宠爱，有时咸丰感到精力不济，就口授谕旨并让其代笔批阅奏章，其间也允许她发表一些意见，以备自己参考。在北巡这件事上，那拉氏表现得比自己的丈夫更勇敢，她力主咸丰留在京城：“皇上在京，可以镇摄一切，圣驾若行，则宗庙无主，恐为夷人践蹈。”那拉氏也懂得一点历史，她引用东周时期周平王东迁，“天子蒙尘，永为后世蒙羞”的典故，说咸丰如果要弃京城而去，也会因此承受同样的羞辱。

见身边周围全是一片反对之声，咸丰实在招架不住，只好改口说为鼓励人心，他决定亲率劲旅在京北坐镇，并且还故作轻松地来了一句：“不满万之夷兵，何患不能歼灭耶？”

绝望的破产者

说是要亲率劲旅，可所谓“京北坐镇”，不还是要出京北行吗？至多不过添一个虚晃一招的蒙人环节而已。大臣们长年跟皇帝一起玩文字游戏，一个个眼睛都毒得很，哪里会看不出这是在耍小聪明，同时皇帝这种胆小怕事的想法也令他们很不满意。

1860 年 9 月 12 日，吏部侍郎文祥等人上疏，说外间有很多议论，认为朱谕中有京北坐镇一语，表明皇上你仍有北巡之意，所以舆论依然汹汹。鉴于这一情况，请皇上赶快在谕旨中把不会出京北行这件事给定下来。

次日，文祥随醇郡王奕譞、惇亲王奕誴等人直接晋见咸丰。见到咸丰后，文祥恳切直谏，说到动情处痛哭流涕，不停地用头撞地，以至于脑袋都撞出了血。

奕譞、奕譓等几个咸丰的亲兄弟也都抱着咸丰的大腿哭了起来，奕譞一边哭一边请求身先士卒，亲率部队与英法联军决一死战。

在迫不得已的情况下，咸丰不得不重新颁布上谕，煞有介事地言道："最近因为军务需要，征调了很多车马。朕听到外间有一些没有根据的议论，竟然说朕将巡幸木兰，乘着秋天到北方去打猎，弄得人心惶惶。其实这都是谣言，朕为天下人主，当此时势艰难之际，哪里会有闲情逸致做这样的事情！"

即便是自己打自己的嘴巴，也得把样子摆端正。咸丰说如果他真的要巡幸木兰，必定会明降谕旨，预先宣示，绝不会偷偷摸摸地溜走。做出这一表示之后，他让各位王大臣替他传谕各处，将所有征调的备用车马分别发还，接着又从内府拨银二十万两，赏给各处担任防堵和巡防任务的兵丁，以示激励。

经过如此一番澄清和安抚，一度动荡不已的人心才得以稍稍安定下来。

被咸丰任命为钦差大臣的载垣、穆荫在启程之前，额尔金、葛罗已经率军队沿白河直上北京。载、穆急忙照会英法公使，请其折回天津谈判。

可是他们的态度越温和，请求的语气越强烈，越反衬出朝廷的恐惧和不安，英法公使也就越加得意和有恃无恐。额尔金称不到通州绝不停步，葛罗则说在天津谈判不可能，到通州谈判是最后的底线，否则英法联军将直抵京师，至于究竟是在通州谈判还是直抵京师，"贵王大臣"自己看着办。

二选一，载垣、穆荫当然只能同意在通州举行谈判。

1860年9月14日，奉额尔金之命，翻译主任巴夏礼和翻译威妥玛到达通州，与载、穆进行谈判。双方反复辩论了八个小时，至深夜方散。载、穆来通州谈判本就是一种妥协，他们就像绝望的破产者一样，手里没有任何能与对方讨价还价的资本，谈判的结果就是把英法在天津所提的条件全部都应承下来，只等额尔金来通州盖印画押了。

巴夏礼、威妥玛满意地回到联军军营，向额尔金复命。9月17日，巴夏礼再回通州，准备与中方正式签约。这次他随身带了二十六名锡克骑兵作为保镖，除此之外，额尔金还让《泰晤士报》的记者作为巴夏礼的陪同，以便记录下条约的签订过程。

当天巴夏礼提出了一个新的要求，说要由额尔金向咸丰皇帝面呈英国女王的书信，即面呈国书。载垣一听大吃一惊，立即提出四天前的谈判中并无这一条款，此为横生枝节，而且条约文本上会盖皇帝的玉玺，效果与面呈没有什么区别。

巴夏礼实在难以理解，为什么载垣在其余条款上都表现得很柔弱，唯独在这一环节上却打死都不肯松口。

以巴夏礼的见识和身份，当然无法正确揣摩出中国人的心理，也根本认识不到中西方在利益标准上的差异究竟有多大。他不知道，中国作为文明古国，在东方向来居于领导地位，其世界秩序观一直以不平等的封贡制度为基础，也就是所谓的"万国来朝"，可以这样说，别的国家在中国眼里都是朝贡国，西方各国亦不例外。

虽然到了道咸年间，清帝国的军事状况衰落至最低点，在西方国家面前完全处于被动挨打的弱势地位，朝廷也已完全失去了自信，但没了自信尚有自尊，甚至在一种由担心、猜忌、蔑视所交织的复杂情绪中，皇帝和臣民们的自尊意识反而还得到了加强。

我们打仗的能力再差，毕竟也还是"天朝上国"，被迫和你签城下之盟已经丢了脸，如何还能再让你当面羞辱？由此，在西方人看来极为正常的面呈国书，载垣却视同洪水猛兽，他以"事关国体，万难允许"为辞，坚决予以拒绝。

巴夏礼弄不清载垣为什么突然会变得这么倔强，眼看在这一问题上中方至少暂时不会退让，他也就改变主意，同意放到以后再进行讨论。

你们怎么如此贪得无厌

经过整整一天的争吵，巴夏礼关于面呈国书的要求虽然搁浅，但他的另一个要求却得到了满足，载垣同意让联军在通州以外的张家湾安营扎寨。

1860 年 9 月 18 日，巴夏礼骑马前去与额尔金进行商议，在经过张家湾时，他看到几排玉米堆后面聚集着许多僧格林沁部的骑兵。

这是一个相当明显的迹象，表明中国人在举行谈判的同时，也在为可能发生的战事做着准备。实际上，僧格林沁的确已在通州一带做了周密的军事部署，他将军营设在通州与张家湾之间的郭家坟，又在张家湾至八里桥的范围内层层布兵，其中仅张家湾就有一千驻兵。

巴夏礼大怒，他派额尔金的私人秘书洛奇快马加鞭，赶去向额尔金报告中国军队的动向，随后自己返回通州，态度蛮横地要求中方必须立即撤退张家湾的驻军。

面对巴夏使的兴师问罪，载垣回答说，驻兵可以撤退，但作为交换条件，英方要同意不面呈国书，也就是说，面呈国书这件事即使以后也不再存在讨论的余地。

巴夏礼一听，气呼呼地撂下一句："不面呈国书，就是中国不愿和好！"然后头也不回地骑着马走了。

咸丰之前曾交代载垣，说如果碰到英法提出"万难允许之条"，必须一面发报，一面通知僧格林沁督兵作战。在载垣看来，面呈国书就属于"万难允许之条"，巴夏礼本已同意暂且不提，可是这次去而复返，却显示出了一定要强加于中方的姿态，这不是说明谈判已经破裂，只能一战了吗？

自鸦片战争以来，中国官民对英法内部的情况向来都是一笔糊涂账，不少人还误以为巴夏礼就是联军总头目。有人对载垣说，巴夏礼"善能用兵，各夷均听其指使"，此次来谈判，已被他看清楚了中方布兵的虚实，回去后，他肯定将率领全副武装的联军前来袭击通州。

载垣一想，自古擒贼先擒王，如果先把巴夏礼抓起来，英法联军必然军心慌乱，己方再乘此机会发动进攻，还能没有胜算吗？他赶快通知僧格林沁，请僧格林沁于途中截住巴夏礼。

巴夏礼很容易就被僧格林沁派出的部下截捕，同时被捕的还有被巴夏礼派去报信的洛奇。

洛奇在报信途中遇到了格兰特，格兰特已经探听到蒙古骑兵秘密调动的情报，而且已向军队下达了停止前进的命令，这使洛奇报告的价值大为降低。洛奇显然对此很不满足，他和巴夏礼一样，因为在与中国人打交道的过程中始终碾压着对方，所以根本就没有多少安全意识，报完信后竟然又单枪匹马地回了头，结果正好自投罗网。

巴夏礼、洛奇很快被押到僧格林沁面前。巴夏礼是第一次见到这位传说中的蒙古王公，用他本人的形容，僧王"刚毅的面容显示出了非同寻常的才干和坚不可摧的意志"。

士兵要巴夏礼等人向僧格林沁磕头。自乾隆皇帝接见英国使节起，磕头与否一直是横亘在中国和西方人之间的一道难题，当时的中国人对磕头习以为常，但许多西方人都认为这是在牺牲他们的个人尊严，二者在观念上的冲突几乎不可调和。第三次大沽口战役期间，就曾发生过因被俘的英军士兵拒绝磕头，被愤怒的蒙古骑兵当场砍头的例子。

尽管早有先例，但在中国人面前骄横惯了的巴夏礼仍然拒绝磕头。士兵也不跟他客气，将他的脑袋按在大理石地面上嘭嘭地连磕了好几次。

在巴夏礼等人跪下后，僧格林沁逐一询问他们的姓名和军阶。当巴夏礼说出自己的名字时，僧格林沁立刻怒形于色，他气愤地对巴夏礼说："你们赢了两次，而我们只赢了一次（指第三次大沽口之战）。你们两次进犯大沽炮台，你们怎么如此贪得无厌？现在到了教洋人学会尊重（别人）的时候了！"

巴夏礼对中国的蔑视和粗暴态度在华人中尽人皆知。僧格林沁认为巴夏礼不但行为恶劣，而且像他这种唯恐天下不乱的货色，正是第二次鸦片战争的罪魁祸首之一，应该对所有已发生的争端和不幸承担责任。他朝巴夏礼吼道："我知道你的名字，是你们煽动手下胡作非为。既然你现在已经被抓到了，就要受尽折磨，以偿其罪！"

巴夏礼自恃有联军撑腰，到了这个时候仍不肯服软，他威胁说一旦联军方面知道自己被捕，必将向通州发动进攻，所以后果非常严重。僧格林沁听后哈哈大笑，随即朝一名随从点了点头，随从心领神会地把巴夏礼的头重新按到了地上。

"写信回国，让他们停止进攻。"僧格林沁说。

巴夏礼气急败坏地答道："我没有任何办法控制军事行动，我绝不会欺骗亲王阁下。"

正说着，一名信使疾驰而至，很明显是发生了紧急军情。于是僧格林沁策马而去，后面一大批军官紧紧相随，巴夏礼、洛奇和其他被捕洋人则被押往京城，关进了刑部大牢。

难以穿越的鬼门关

原来巴夏礼等人被捕时，联军久候不归，便断定他们已成人质。法方提出立即对僧格林沁设于郭家坟的大营发动进攻，格兰特担心进攻会要了巴夏礼、洛奇的命，表现得犹豫不决。经过商量，联军方面决定在进攻前再做一次外交努力，他们让一群骑兵护卫着威妥玛，举着休战的白旗靠近僧营，威胁说如果僧格林沁不在第一时间释放人质，联军就将向北京进军。

这种威胁没有产生任何效果。1860 年 9 月 18 日中午，在法方的催促下，格兰特终于下达了攻击令。

僧格林沁在张家湾和通州总共集结了两万人马，其策略是以骑兵构成屏障，阻挡联军对北京的进攻，同时相机对联军实施包围。如果是在冷兵器时代，这种“中世纪战术”无疑是有效的，但当面对拥有先进大炮和枪支的西方军队时，它却变得漏洞百出。特别是僧格林沁为屏障京城，将己方战线拉得过长，这使得联军很容易进行突破和渗透。

作战过程中，联军集中力量，用阿姆斯特朗炮对僧军防线中的薄弱部位进行轰击，僧军骑兵的战马受惊，回头狂奔，又冲击了绿营步兵。如此一来，步骑兵全都无法保持原有阵形，部队一片混乱。

此时一个团的锡克骑兵和阿拉伯骑兵，从左翼对僧军发起进攻。这些敌骑兵每个人都骑着高头大马，配有精良武器，而僧军步骑兵只能用抬枪和鸟枪反击，无论火力还是人员数量（在突破点范围内），都不是其对手。

短时间内，僧格林沁所组织的防线便一触即溃。这一战，中国军队损失高达一千五百人，而联军仅伤亡三十五人，张家湾和通州城也被英法联军占领。

张家湾落败后，僧格林沁率部退守八里桥，他和瑞麟紧急商定，全军分东、西、南三路截击敌军，其中近万名满蒙骑兵被配置在八里桥一带防守。

八里桥是一座横跨运河的石桥，为通州进入北京城的咽喉要地。僧格林沁利用八里桥周围的灌木丛林构筑了土垒和战壕，准备与敌人决一死战。在给咸丰的奏折中，他慨然表示：“倘该夷由通州上犯，奴才等唯有与之以死相拼。”

9 月21 日，凌晨4 点，英法联军由张家湾和通州向八里桥推进。上午7 点，分东、西、南三路对八里桥守军发起攻击。

僧格林沁闻讯，首先命令蒙古骑兵利用奔马的冲击力，对主攻西路的英军实施冲锋。因为这次英法两军是分开作战，英军又借了一批骑兵给法军，所以格兰特错把从远处飞驰而来的这群蒙古骑兵当成了借给法军的骑兵，竟然没有下令开火。直到对方靠近，英军才看清楚，急忙使用包括阿姆斯特朗炮在内的野战炮进行近距离轰击。

一部分蒙古骑兵不幸被猛烈的炮火“打得粉碎”，但另一部分骑兵经过勇猛和反复的冲击，“顶住了使他们惨遭伤亡的强压火力”，冲至格兰特的临时指挥部附近，有的距敌仅有四五十米。

对蒙古骑兵来说，就是这四五十米的距离，也是一道难以穿越的鬼门关。一字排开的英军狙击手开始进行轮番射击，骑兵们先冲向右方，发现右方火力炽热，又迅速转向左方进行迂回，然而始终无法冲破敌人密集的弹雨。

看到骑兵冲锋未能生效，僧格林沁亲自出马，指挥骑兵冒着炮火在南路与西路之间进行穿插，试图分割敌人的阵势，但关键时刻，南路部队却率先溃败下来。

南路部队由胜保指挥的五千京旗兵组成。战前胜保派人给主攻南路的法军送信，说如果联军继续进攻，他就要将两名人质给杀掉。

这两个人质一为法国牧师，一为英军上尉，如果是额尔金或者格兰特，肯定要为此犹豫半天。法军统帅孟斗班急于建功，哪里顾及人质死活，他二话不说就下令部队展开了进攻。

胜保素来有点二愣子脾气，一看，你们还真打，当我说话放屁是不是？立即把两名人质拖过来，一刀一个，杀了之后把尸体扔进了运河。接着他骑马跑到阵前，朝着法军大叫：“我是胜保，尔等可曾听过我的名号？”

法军倒是知道僧格林沁，却哪里听过什么胜保，不过见他戴着红顶花翎，骑着马到处跑来跑去，便知道是一员高级指挥官，遂集中火炮朝他进行轰击。胜保当即中弹落马，所部大旗亦被炸断。值得庆幸的是，虽然他的乘马几乎被炸烂了，其左颊、左腿也俱被弹片打穿，然而人居然还没死，仅受重伤。

在北方将领中，胜保的名气仅次于僧格林沁，但他的军事才能其实只是一般，临时归其指挥的京旗兵又久不训练，战斗力很弱，最后法军用仅仅阵亡三人的代价就打通了南路。这一仗令孟斗班得了势，自觉在英国人面前有了资本，法国国王拿破仑三世获得消息后，居然也不伦不类地给他授予了一个名为“八里桥伯爵”的爵位。

没有一个后退

南路溃败使僧格林沁分割敌军阵势的计划彻底落空，他只得指挥所部通过八里桥向后撤退。联军为了阻断僧军的退路，立即集中炮火对八里桥实施了轰击。

中国军队主要通过挥动旗帜来传递命令，一名英军翻译注意到，桥头站着一位身材极为高大的蒙古旗手，他手执一面绣有黑字的大黄旗，不时将大旗指向各个方向，其间丝毫不顾子弹、炮弹在自己周围呼呼作响，飞啸而过。

不久，八里桥上就堆满了尸体。这名勇敢的旗手也终于被一枚霰弹击倒在地，大旗向一旁倒去，英军翻译看到，紧随旗杆而去的，是“一只紧紧抓住它的痉挛的手”。

战后，很多联军士兵都叹服于对手在战斗中表现出的无畏精神：“中国人和以勇气镇定著称的鞑靼人（此处应特指蒙古步骑兵）在战斗的最后阶段表现得尤为出色……他们中没有一个后退，全都以身殉职。”

僧军主力撤至八里桥后方后，格兰特经过对战场的观察，决定分兵一部从胜保军退出的南路实施抄袭。幸亏左翼的蒙古骑兵及时发现了英军的企图，经过一番奋力冲击，这才阻滞了敌人的凶猛攻势。

在战况不利的情况下，出于“严防京师”的考虑，僧格林沁率部退往北京城郊的皇木厂。与此同时，迎击东路敌军的瑞麟部队也退至皇木厂，与僧军合兵一处。至此，作为第二次鸦片战争中最关键也最悲壮的一次战役，八里桥之战以中方落败告终。张家湾、通州城、八里桥全部失守，京城门户大开，整个北京真正能够用来防御的，只剩下了一道古老城墙。

锡克骑兵奉命对北京城进行了侦察。根据他们的描述，北京城城高十余米，看上去非常坚实高大，而且城头布满密密麻麻的塔楼，不过城里似乎并没有军队守卫。

格兰特不相信北京没有军队驻守，他担心仅靠随军的火炮无法轰开城墙，使他像第二次大沽口战役中的何伯那样蒙受丢脸的失败。这时联军的弹药储备已经消耗得差不多了，每门随军火炮仅剩下四十多发炮弹，再加上从张家湾之战起，出战的联军就只是其总兵力的一部分，大部队尚在天津，若现在攻城，兵力上也严重不足。

额尔金和葛罗生怕迟了巴夏礼等人质会性命不保，故而向格兰特施压，要求赶快攻城，但格兰特仍然拒绝动兵，非要等后续援兵从天津开来不可，最后两人也只得以格兰特的决定为准。

得知前方兵败，正在圆明园内的咸丰大为惊骇，他深知禁军不足恃，京城不可守，遂决意“巡幸木兰”。1860 年 9 月 22 日，在事先未通知臣僚，甚至连銮驾都没有准备的情况下，他便匆匆逃往热河。

七年前，咸丰对王公大臣们说：“国君死社稷，礼也。”当时的他面对大兵的进逼，虽然也曾有重蹈前朝覆辙的担忧，也曾恐惧害怕和战战兢兢，但终究还是硬着头皮站出来，以与社稷共存亡的决心接受了挑战。

在而后七年的时间里，内忧外患的不断折磨以及对犬马声色的沉沦，显然已经严重地磨蚀了咸丰的耐力、意志力以及勇气，让他逐渐变得极为胆小怯懦甚至猥琐。作为一国之君，他不仅在朝野最需要他担当的时候放弃责任，当了逃兵，而且还密谕留京的恭亲王奕䜣，让弟弟在议和不成、战又不胜的情况下也偷偷逃往热河。

咸丰的这种做法足以让他声誉扫地。知晓内情后，人们理所当然地认为：“上意直弃宗社臣民如敝屣。”皇帝为了保住自己的性命，已经可以像对待一双破鞋一样，把祖宗基业和他的臣民全都扔掉了！

由于逃得实在过于匆忙，咸丰出京时所带随从很少，嫔妃仅皇后、懿贵妃等十三人，随行大臣也只有几个王爷、军机大臣以及端华、肃顺等。逃亡的当天，咸丰能够得到的食物仅仅是两个鸡蛋，次日，他和嫔妃们才喝了几碗小米粥，后来有一天甚至连咸丰自己都没能填饱肚子。

正所谓“国家多难，天子蒙尘”，咸丰绝想不到自己有一天真会落到这样的地步，忍不住伤心地落下泪来。

欲脱虎口，又入狼群

当时外间谣传英国人欲拥戴奕䜣为皇帝，咸丰临行前便将载垣、穆荫的钦差大臣职务予以撤免，另授奕䜣为全权大臣，留京与英法议和，实际是想用他来缓和局势，挡一挡联军进攻的锋芒。

奕䜣原本是主战派，未曾想时势弄人，不但被皇兄弃于险地，还不情不愿地充当了和谈棋子。在给奕䜣的密谕中，咸丰于闪烁其词中也尽显对弟弟的猜忌之意：一方面让他议和，另一方面又说和局难成，以后还要他在军营后路督战；一方面要他给英法传递照会，另一方面又让他尽量不要与英法公使直接见面。

其实早在天津失守时，京城中有条件的高官、富户及其家属大多就已经逃走，其余官民也走了十分之三四。等到听闻英法联军兵临城下，城内更是一片风声鹤唳，剩下的人全都雇车争相出逃，倒是便宜车夫乘机涨价，从中狠狠赚了一笔。这尚是雇得起车的，若是穷人之家就只能扶老携幼，牵男抱女，靠着两条腿踏上亡命之途了。

一遇战乱，照例盗匪蜂起。城外土匪极多，出逃官民往往遭到打劫，不少人家被弄得人财俱失，可谓欲脱虎口，又入狼群。那些天，京城内外号哭声不绝，路上行人蓬头垢面，跌跌撞撞，境况甚是凄惨。

1860 年 9 月 25 日，咸丰出逃的第四天。形势更为紧张，传到城中的各种消息都有，就是缺乏真正确凿的信息。其间土匪故意散布谣言，混淆视听，弄得到处人心惶惶。北京城共有九座城门，白天它们都被关得紧紧的，但就这样也阻止不了出逃的人潮，有人为了能够逃出城外，甚至不惜用重金贿赂门卫。守城者最后只好将其中的两座城门半开，到了下午再把门关上。

至此，城内官民已逃去大半，走在街上都看不到什么人。商铺也关掉了一半，市面上一边是物价飞涨，一边是满目萧然。

北京分为内城、外城。嘉庆十八年发生林清之变时，以为要天下大乱，外城里有的官衙曾悄悄地将门前的招牌摘下来，内城官民见到后还引为笑谈。如今则不但是外城，连内城的衙门也慌不迭地在摘招牌，不但衙门摘招牌，有子弟做官的人家为了避祸，也赶紧取下了以往用以光宗耀祖的科第匾额。

在这种情况下，甚至都不用英法联军攻城，一个民变就可能令城池不保。咸丰临走前对此也有所预料，特命文祥署步军统领，负责内城守卫。在文祥的调度和部署下，内城才没有弄到不可收拾的地步。外城则因有五城团防负责维持秩序，也还没有出现太大的问题。

咸丰出逃时瞒过了几乎所有臣僚，仅圆明园的值日官和奕䜣、僧格林沁等少数接到他密谕的人知晓此事。大部分人都以为咸丰尚在京城内外的某处，只是不清楚他具体在哪里罢了。直至 9 月 26 日收到咸丰在奔逃途中发来的谕令，大家才知道他去了热河。

在新的谕令中，咸丰委任四人为留京办事王大臣，其中协办大学士、户部尚书周祖培负责外城城防，桂良负责协助奕䜣办理“抚局”，也就是进行议和谈判。

奕䜣、桂良奉命驻于圆明园内。未几，僧格林沁和瑞麟也将军营移往圆明园所在的海淀，僧格林沁除履行城防任务外，还奉命跟随奕䜣办理抚局，凡联军送来的“事机紧要”和照会等文件，均由其军营转递给奕䜣。

初次与洋人交涉，奕䜣并没有什么经验，一开始他只是一厢情愿地让英法联军先退至天津，然后再举行议和。额尔金和葛罗不但不予理睬，而且提出必须在三天内交还巴夏礼，否则将于 9 月 28 日攻城。奕䜣见状，又急忙提议联军退至通州，待双方换约后他即将巴夏礼送还。

留京官员中有一个叫恒祺的人，之前曾多次受命接管粤海关税务，后又负责办理海口通商事宜，参与对英法的交涉。恒祺在广州任粤海关监督时与巴夏礼打过交道，有些交情。在发现巴夏礼奇货可居之后，奕䜣便决定派他出城向洋人转达自己的提议。

由于京城外城七门紧闭，恒祺只能坐在一只篮筐里，从城头吊下来。翻译威妥玛依约在城墙下等候，两人见面后，恒祺向他讲述了恭王的新提议，但却遭到一口拒绝。

恒祺回城后，向众人讲述了谈判失败的情形，并建议释放包括巴夏礼在内的全部人质。可是其他人都不同意，有的说绝不能放，还有的主张干脆来个痛快的，全部杀掉了事。让人发愁的地方也正在此处，皇帝不在城里，没人敢做决定，就连奕䜣也不便在人质的问题上擅自做主。

软硬兼施

既然暂时还不能释放人质，奕䜣和恒祺决定先在巴夏礼身上做一做文章。

巴夏礼被捕后，日子一直很不好过，据他说，其间他“不时受到许多粗暴的对待和各种各样的侮辱”。1860 年 9 月 26 日这一天，恒祺突然来到刑部大牢，并以故人的身份出现在了巴夏礼所在的牢房里。之后巴夏礼便被解除了沉重的镣铐，同时受惠的还有洛奇，按照巴夏礼的要求，洛奇不仅得到了解除镣铐的同等待遇，还破例被和巴夏礼关到了一起。

在看望巴夏礼时，恒祺并没有说出谈判失败的事，甚至于他都没有和巴夏礼、洛奇谈论政事，他们之间所探讨的居然是这样的话题：地球和太阳，究竟哪一个是宇宙的中心？

眼看着联军就要攻城，恒祺怎么会有闲心突然对“宇宙的中心”产生兴趣？不过是醉翁之意不在酒，借以消除巴、洛两人的紧张情绪以及拉近彼此之间的距离而已。

巴、洛在牢里已经受了不少罪，视恒祺如同救星，而且谈着谈着也确实没原先那么拘束和害怕了。见火候已到，恒祺便开始在谈话中夹杂“私货”，他首先故弄玄虚地说，中国皇帝在蒙古还有一支几十万人的秘密军队。言外之意，如果把我们逼急了，这几十万蒙古军队也够你们洋人喝一壶。

接着，他又对战火不断所带来的灾难表示了一番感慨，用以提醒巴夏礼：“如果（中国军队）全面溃败，皇帝必然要退位，所有（中英）贸易都将中断。”

到这个时候，恒祺才言归正题，说到恭亲王非常希望讲和，所以希望巴夏礼能够给额尔金写封信，让额尔金知道他受到了中方的良好对待，情况很好，很愉快。恒祺还说，如果巴夏礼能在信中写上“亲王是位易于打交道的大好人”“亲王是一位文明的政治家”之类的话，那就更好了，恭亲王本人知道后肯定会觉得满意，他的处境也有望得到进一步改善。

恒祺一露底，却把巴夏礼给点醒了，好哇，说一千道一万，是想骗我拆额尔金的台，当“卖国贼”，当“英奸”啊，没门！他当即拒绝了恒祺要他写信的要求：“鉴于我既不愉快也没有获得良好对待，所以我不能对此说谎。至于亲王，我无缘结识其本人，因此很不幸，我也不能说亲王是阁下所描述的那种人，尽管我毫不怀疑阁下所说的一切都千真万确。”

恒祺连忙告诉他，恭亲王刚刚才知道他受到了不好的对待，马上下令解除镣铐且不得有丝毫延误，也就是说，牢中破例如此，其实是奉了亲王之命。

巴夏礼听了之后虽有所触动，但仍不肯松口。这个洋鬼子早在广州做领事时就以脾气暴躁、性格好斗著称，他说亲王仅仅这样做是不够的，解决问题的最佳途径同时也是最聪明的办法，是立即释放他和洛奇，因为他们本来就是被错误监禁的。否则的话，恒祺将不会从他身上得到任何写给额尔金的信件。

是否要立即释放巴夏礼的事已经讨论过了，可不是行不通嘛。恒祺感到很难办，他想了想，便对巴夏礼说：如果你不能写信以确保双方停火，皇上就会在皇太后的催促下处死你！

虽然恒祺是为了软硬兼施，迫使巴夏礼就范才临时编了这句话，但巴夏礼听了也着实心惊。他是个“中国通”，知道“对中国人来说，残酷对待囚犯，甚至要他们的命，并不是什么出格的事”，别说皇帝，没准眼前这个恒祺就有能力处死他。

巴夏礼赶紧哀求恒祺保证自己的人身安全，同时也不忘威胁对方：“你临时杀死几个囚犯并不会给联军带来任何损失……但是你这样做却会给自己带来杀身之祸。”

见巴夏礼已经感到害怕，恒祺一语双关地向他做出保证：“两三天之内，你们不会有任何危险。”

两三天之内不会有危险，两三天之后呢？起先还装得颇为大义凛然的巴夏礼终于不敢再玩倔强了，他转而对恒祺说，即便亲王不准释放他们，也应该让他们离开监狱并享受适当的膳宿条件。

恒祺答应把他的要求转告给恭亲王，但亲王能不能应允就不知道了：“看看有没有别的什么办法可想吧。”

要把巴夏礼移出监狱还真不容易。咸丰将巴夏礼等一干人质当作讨价还价的唯一筹码，奕䜣自己也害怕惹上包庇洋人乃至与洋人勾结之类的嫌疑，因此迟迟无法做出决断。

不改善巴夏礼的待遇，他就死活不肯写信，他不写信，联军就逼得更紧更急。奕䜣进退不得，只能继续以人质为筹码要求英法从北京退兵，重复声明，只要联军退兵，就可以将包括巴夏礼在内的人质全部予以释放，其间还暗示一旦联军开始进攻北京，人质就将被当众砍头。

犒师求和

9 月 28 日是英法公使声称不交还巴夏礼就攻城的日子，但英法联军并没有在当天发动进攻。真正的原因当然是后续援军尚未抵达，但城中的王公大臣并不知道这一秘密，大家还都以为是恭亲王的恫吓策略生效了。

如此一来，奕䜣周围的舆论环境变得宽松了许多，这使巴夏礼退而求其次的那个愿望得到了满足。1860 年 9 月 29 日，巴夏礼和洛奇被从刑部大牢转移至北京北面的高庙。与以前相比，两人所受到的待遇有了一百八十度的大翻转。在附近的一家饭馆里，他们被予以好酒好菜招待，而且居然一顿饭就上了四十八道大菜。

巴、洛二人都生着病，身体虚弱，饭菜即使再丰盛也吃不下去，倒是能够洗澡更衣令他们感到很是高兴。这些特意施加的小恩小惠也让巴夏礼转变了态度，他同意给额尔金写信，建议联军停止前进，与中方进行谈判，不过他仍拒绝按照恒祺所授意的内容去说。在信中，巴夏礼写道："现在中国官员对我和洛奇很好。他们告诉我们，亲王是一个果断智慧的人，可以暂时停止敌对，创造一个谈判的机会。"

收到巴夏礼的信件，确证巴、洛平安无事，额尔金感到十分高兴。巴夏礼的信是用中文写的，在将信件拿给中方前，洛奇特意在信末用印度语加了一句话，强调他们是在中国人的胁迫下才写的信。不过他们显然是多虑了，按照联军的计划，北京城必攻无疑，巴夏礼写不写这封信都与之不搭界，两人自然也不会成为"英奸"。

倒是洛奇的小心机启发了额尔金。中方允许英国人给巴、洛送衣服，他就在衣服里面多放了一块手绢，上面用印度语绣了一段密语，用十分肯定的语气说联军在三天内就要发动进攻。

额尔金的本意应该是安慰巴、洛，让他们不要着急，联军很快就要来拯救他们了，可实际上这段密语却让两人如坠冰窖，陷入了极度的惶恐不安之中。原因是之前在刑部大牢时，负责审讯他们的中方官员曾经向他们发出警告，说联军向京城射击的第一发炮弹就是他们的死讯。

巴、洛欲哭无泪，但又不敢声张。另一方面，因为他们肯写信，中方给予的待遇却越来越好，恭亲王奕䜣还特命给巴、洛送来了一种名贵的茶叶。这种茶叶连一般官员平时都喝不上，于是在他们喝茶的时候，有些官员也会走过来要上一点儿。

待遇再好，对于濒死之人来说都没太大意义，反而还可能加剧他们的痛苦。巴、洛就是如此，两人在一块木板上画了一幅双陆棋图，然后一边吃着牢头给的糖果，一边通过下棋来排解心中的恐惧和不安。

三天的期限很快就过了，但由于援兵依旧未露面，所以城外的联军也只能继续通过喊口号来吓人。这次被吓住的是北京城里的商人，包括同仁堂、恒利木厂等几个商家凑到一块，备了千头牛羊还有酒什么的，到联军军营“犒师求和”。

春秋时有个“弦高犒师”的故事，说的是秦国想灭郑国，郑国商人弦高知道后便拿出自己的牛前去犒劳军队。秦军以为郑国已有准备，就放弃偷袭计划回去了。与之不同，商人们的这次“犒师求和”只落得了一个肉包子打狗，有去无回的下场。英军对送去的东西照单全收，却拒绝议和，他们对商人们说：“国家大事不是你们这些商人能管的，你们一定要议和，就让恭王亲自来吧！”

咸丰早有谕令，让恭亲王不要与英法公使直接见面，而且奕䜣自己去，会不会也是有去无回？可如果不去，又怎么应付英法联军攻城的叫嚣呢？

恒祺再次建议先释放巴夏礼，但奕䜣对此踌躇不决：巴夏礼在手里至少是个筹码，若是放走，谁知道英法联军会不会退兵？要知道洋人可没有做过这样的保证。

就在奕䜣不知究竟该何去何从的时候，1860 年 10 月 4 日，联军终于接收到了从天津开来的援兵，援兵包括步骑炮兵共八千多人，其中还有一支攻城炮队，他们带来的加农炮可直瞄射击，乃攻城的一大利器。

联军刚刚进抵北京城时，额尔金一直催着军队赶快攻城，如今随着攻城的时机成熟，他却又犹豫起来。原因是他本来不知道巴夏礼是死是活，现在知道对方还活着，就不免担心联军的全面进攻会引发中方报复。在日记中，他坦言：“中国人发觉自己手里掌握了一根可以左右我们的杠杆，他们就会毫不留情地利用这个优势。”

在联军内部，打仗的事最终还是得军事统帅说了算。格兰特和孟斗班一致决定非打不可，他们决定从两个方向包围北京，最后在圆明园外面的城墙边会合。

10 月 6 日中午，联军袭击了僧格林沁、瑞麟军营。僧军在八里桥时尚能拼死血战，但自撤退至北京郊区后，战斗意志和士气都已跌至谷底。僧格林沁在战前承认：“现在人心涣散，难以收拾，设有疏失，势将全行溃散。”瑞麟本非军事统帅之才，对部下过宽，更是无法统辖部队。两军皆不战自溃，骑兵“望影而逃”，步兵“闻风而窜”，联军所过之处，如入无人之境。

在僧军溃逃后，英军检查了他们的防御工事，结果在防御工事的内部发现了一道十几米高的副堤。联军方面相信，如果这道副堤掌握在一支精锐部队的手中，将是一条非常坚固的防线，英军的大队人马就没这么容易往前推进了。由此也可见僧格林沁备战时并没有敷衍了事，怎奈所部人心涣散，已经无法再组织起任何像样的战斗了。

万园之园

法军比英军先到圆明园。圆明园原有守军两千余人，但他们的表现同样是一塌糊涂，一会儿工夫便逃散一空。奕䜣和桂良等人不敢再留在圆明园，分别寻他处躲避。晚上，奕䜣逃到了长辛店，当地条件简陋，连供住宿的房屋都找不到，奕䜣一行整整一晚上都只能露宿在外。

大难临头之际，反倒是平时那些不起眼甚至受人歧视的太监更应该值得人们尊敬。住在圆明园的五百名太监一边高喊着“不要亵渎圣物！不要踏进圣殿”，一边竭力拦阻士兵进入圆明园。

在这些太监中，有二十多名是“技勇太监”。所谓“技勇太监”，都是会武功、拥有自卫能力而且容许携带武器的太监，他们在“八品首领”任亮的带领下，“遇难不恐，奋力直前”，用佩刀和鸟枪进行了微弱但又坚决的抵抗。

在搏斗过程中，联军两死两伤，虽然因寡不敌众，二十多名技勇太监最终全部殉难，但他们的行为已足以令那些未战先逃的懦夫为之汗颜。

其余太监多被法军驱散，他们一边走一边仍高声叫骂，诅咒法军将遭天谴，也有许多太监和宫女因不忍目睹朝夕相伴的名园被蹂躏而选择了自杀。

圆明园始建于康熙年间，它的名字就是康熙本人命名的，后来雍正将它作为行宫，一年四季都常住在园里。至乾隆继位，圆明园发展到了鼎盛期，成为名副其实的“万园之园”。

圆明园由圆明、畅春、绮春三园组成，共包括两百多座中西风格的建筑以及园林，其中的许多园林可以与法国凡尔赛宫等欧洲最上乘的园林相媲美，甚至更胜一筹。除此之外，园内还收藏着大量珍贵的书画、古董以及各式各样的宝物。西方历史学家认为它的价值难以估量：“世界上前所未有，后世恐怕也难以再现。”

此前从未有欧洲人能够踏进圆明园的门槛。对于这样一个东西方知名的皇家大宝库，英法联军早就垂涎三尺。其实，他们自登陆北塘起就开始了大肆抢掠，额尔金曾在日记中用嘲弄的口吻指责抢劫的法军士兵：“他们在全副武装的敌人，甚至是中国人面前，倒是很谨慎，但是在手无寸铁的村民和食不果腹的妇女面前，则有着不容置疑的勇气。”

法军也反唇相讥，说：“至于英国人，他们是我们的榜样（就抢劫而言）。他们经过之后，你甚至连一片指甲也找不到。”

实际上，在贪婪、残暴和虚伪方面，这两个殖民地国家的德行都差不多，区别只在于英国人倾向于破坏，而法国人更喜欢玩赏。

英法军在出兵后很快就失去了联系，格兰特因此指责法军故意切断与英军的联系，为的就是好独吞圆明园的“战利品”。不过格兰特似乎是有些冤枉孟斗班了，至少孟斗班本人称他还是想等一等英军的，只是他那些急不可耐的部下实在等不及了。

一名法军军官描述他眼中的圆明园：“这简直就是《一千零一夜》中的场景，就是仙境，即便是拥有再丰富的想象，我们也无法想象这样的情景，它触手可及。”在无人进行强制性规定和约束的情况下，官兵们内心的贪欲之火瞬间被点燃，他们甚至放弃了平常因为要“玩赏”而舍不得破坏的做法，也搞起了英国人习惯的“打砸抢”。园中一片狼藉，珠宝撒得到处都是。有一名法军军官抢到一条珍珠项链，其中每个珠子都有玻璃弹珠那么大，事后这条项链在香港卖了三千英镑。

孟斗班为了维持一下秩序，限定每名士兵只带一件抢来的东西回家“留作纪念”，但命令也并未能够得到执行。法军的这种无秩序哄抢一直持续到晚上10点，当官兵们离开圆明园，回到城墙外的营地时，几乎每个人的口袋都鼓鼓囊囊，塞满了抢劫所得的财物。

宫殿对所有人敞开大门

1860年10月7日，当英军步兵到达预定的会合地点时，他们看到法军帐篷里堆满了各种奇珍异宝，法军士兵不但佩戴着一看便知道价值数百万法郎的珠宝，而且身上和头上还披着显然只有贵妇人才能使用的装饰带和薄头巾。整个法军营地已被丝绸堆满了，乃至连营帐、床铺、被单都换成了丝绸，一位英国随军牧师形容法军帐篷是“完美的丝绸和刺绣发出的光芒”。

见此情景，英军士兵的眼中都要冒出火来，他们不由分说，立刻向圆明园冲去。在此之前，下午 2 点，格兰特已随骑兵先头部队到达了圆明园，他亲眼见证了法国人的贪婪已到了何种程度：“看到各种东西遭受抢劫的情形，让人心寒。宫殿中没有一间房间没被动过。”

格兰特的“心寒”当然不是说圆明园不该被抢，而是气愤于法军的吃独食和无秩序的哄抢。英国人比法国人保守，一般而言，英军的守纪程度和团队精神也胜过法军，为了在孟斗班面前表现一下，格兰特随后向英军下达了不要擅动圆明园的命令。

令格兰特感到脸红的是，英军在冲进圆明园后，所作所为与法军并无分别，甚至更为疯狂。骑兵以及接着赶来的步兵全都只顾着抢东西，没人愿意执行他的命令。

英军军纪由此涣散到了极点，以致当第二天军营的起床号响起时，只有十分之一的士兵到场集合，其余人大多还在圆明园里抢东西。置身于这一氛围之中，格兰特也和孟斗班一样，不再一个劲地装模作样了，他的部下说：“将军现在完全不反对抢劫……无须通行证，宫殿对所有人敞开大门。”

等到纪律稍稍得以恢复，格兰特下令英军士兵交出赃物，用于公开拍卖。拍卖持续了三天，总共卖了将近十万英镑，在赃物变成赃款后，英军官兵进行了集体瓜分。

法军没有搞拍卖这一套，谁抢到的赃物就算谁的。英军士兵到中国来有额外津贴，法军士兵则没有，英国人比法国人有钱，于是很多法国士兵就向英国士兵出售赃物。一名英军军官回忆那个时候，“只要碰上任何一名法国士兵，问他有没有什么要卖，他很快就会拿出一些金表、几串珠宝、宝石饰品或者毛皮”。

两个殖民地国家的元首也实质性参与了分赃。格兰特对法国人捷足先登耿耿于怀，要求孟斗班和英国平分在圆明园发现的金条。孟斗班被逼不过，只好将法军抢到的一半金子及其宝石权杖送给英国女王维多利亚作为礼物。

剩下的另一半金子，孟斗班送给了法国国王拿破仑三世，法国皇后和一位皇亲国戚也各拿到了一条珍贵的项链。

圆明园被抢掠和毁坏得如此严重，以至于连额尔金都感到万分震惊。额尔金的父亲老额尔金当年因毁坏雅典的帕提侬神庙，在欧洲臭名昭著，被指责为是“万神殿的破坏分子”。似乎是害怕自己也被冠以相同的恶名，额尔金在日记中此地无银三百两似的写道：“我想要得到宫殿中的许多东西，但我不是个小偷。”

英法联军侵入圆明园后，奕䜣等人急忙驰奏朝廷，因地理阻隔，等奏报到达热河时，已经是几天后的事了。看完奏报，咸丰“愤懑已极”，当天连发七道谕旨，调各路勤王之师前来保卫京城和热河。

僧格林沁、瑞麟在张家湾至八里桥之战中的表现，已令咸丰深感失望，此次英法联军闯入圆明园大肆抢掠，僧、瑞两军如同泥塑木偶，没有起到一点防护作用，更是被咸丰认为难辞其咎。他随后传旨，对僧格林沁、瑞麟分别予以革去爵职和革职的处分，但由于前方急需用人，所以仍让两人继续留在军营效力。

1860年10月8日，恭亲王奕䜣下令立即释放巴夏礼、洛奇。有一种传闻，认为奕䜣这么做，是因为恒祺在热河朝廷里安插着探报，他从探报那里得到消息，说咸丰为报复英法联军掠夺圆明园，已下令处死巴、洛，而且相关处决令已在送来京城的途中。

且不说咸丰其实几天后才能够看到奏报，仅就探报传递消息的速度而言，难道会比朝廷的驿递更快？

真实的原因恐怕还是奕䜣等人发现随着英法联军的进攻，继续扣留巴、洛的价值已经不大，同时他们也相信，如果让联军攻入京城，而巴夏礼、洛奇又有个三长两短的话，对方必然要进行疯狂报复：轻者会如同巴夏礼曾威胁恒祺的那样，要了包括恒祺在内的所有相关人员的命；重者会进行屠城，要了无数京城军民的命。

奕䜣的决定让恒祺松了口气，在巴夏礼被释后，他托人带信，希望巴夏礼能陪他去一趟圆明园。由于被囚时得到恒祺的照顾，巴夏礼也很愿意卖他这个人情，就答应了恒祺的要求。

总管圆明园事务大臣文丰是恒祺的好友，恒祺去圆明园不但是要察看一下情况，也是因为担心文丰在无力保护圆明园的情况下会自寻短见。他们在园内找了很久，最后才在圆明园最大的一个湖“福海”中看到了文丰，后者脸朝下沉在湖里，已经死亡多时。

虽然有所预料，但眼前的情景显然还是令恒祺深受打击。他一个人坐在湖边泥泞的岸上，把头埋在双手里，已经再也顾不得身为官员的体面和矜持。巴夏礼看出，恒祺哭了——他虽然试图加以掩饰，可是他那像孩子般抽泣耸动的肩膀却说明了一切。

巴夏礼是个地道的殖民主义者，向来看不起中国人，此次却难得地被打动了。他后来说，这是他第一次，也是唯一一次为一个死去的中国人感到惋惜。

可怜圆明园的苦难还才刚刚开始，更为惨烈的境遇仍在后面等待着它。

开门揖盗

1860年10月9日，英法联军挖好战壕，用十三门加农炮对准安定门，然后照会中方，限令三日内打开安定门，并将其交给联军把守，否则即行攻城。

此时京城除城内守军外，尚有僧格林沁、瑞麟、胜保统率的军队，以及由内地各省陆续催调的勤王之师（尚未到达），估计总兵力近二十万，而且城墙周围还设置了大小炮位千余座，理论上完全可以一战。只是理论不能代替现实，现实是在圆明园被劫前，僧、瑞军和圆明园守军的不战而溃，已令守城大臣们完全丧失了抵抗的信心。

在商讨过程中，负责城防事宜的协办大学士、户部尚书周祖培说："既然已经准备和议，彼攻我守，就是失信于人了，不如开门纳之。"其他人也都主张"定期开城，休兵息民"。

10月13日上午，巴夏礼与恒祺进行谈判，要求中方立即开门投降。恒祺自然仍要尽可能找各种借口进行拖延，但巴夏礼根本不给予商量余地：今天中午12点以前开门，不得延迟一分钟！

中午，离指定时间还差一刻钟的时候，安定门先出现了一条缝隙，接着便轰然大开，恒祺从城内走出，表示已同意联军方面的要求，联军入城将不会遇到任何抵抗。

于是，额尔金率领着五百名联军官兵，未发一弹，不损一兵，便以征服者的姿态大摇大摆地进入了北京外城。联军入城时，沿途"观者如市"，市民竟然也像平时看热闹一样围了里三层外三层。

从来没有人能够想象得到，“外夷”会以这样一种方式闯入大清帝国的首都，在实在无法解释的情况下，星象说就又被搬了出来。

两年前，西北天空出现了一个拖着长尾巴的星，开始人们还以为是扫帚星，经过确认才知道是长星。长星亦名“蚩尤旗”，尾巴拖得很长，与扫帚星极其相似。那次长星出没竟达五十天之久，发生这样的异动是件比较罕见的事，如今就被认为是英法联军打进北京城的预兆。更为吊诡的是，有人算了一下，北京城门从被迫关闭到联军入城，正好就是五十天！

“外夷”可不管这些神秘莫测的所谓“天命”，联军入城后就堂而皇之地在安定门城墙上安设大炮，将炮口对准紫禁城。与此同时，他们还将英国国旗悬挂在城门旁边的一根旗杆上，将法国国旗从城墙上的一个观察孔伸出，已显示对北京的占领。

1860 年 10 月 15 日，各城门的中国守军完全撤退，巴夏礼甚至以出入方便为由，向中方要去了城门钥匙。

一时间，城中遍布洋兵，外间谣传连紫禁城也被攻破了，有人说京城留守官员们实际上是在“开门揖盗”。官员们心神不安，只得联名请尚在城外的恭亲王奕䜣入城，以便速定抚局。

奕䜣接到的皇帝密谕，却是说洋人诡计多端，让他择地居住，不要被对方抓住作为人质。皇帝的密谕弄得奕䜣进退两难，不仅不敢轻易入城，还得不断地在城外换地方居住。

在英法联军入城前，包括巴夏礼和洛奇在内，共有三十多个英国人和锡克骑兵成为战俘。联军入城后，他们陆续得到释放，但其中的十九人已经死亡，其中包括额尔金的侍卫副官安德森少尉、一名炮兵少校以及一名《泰晤士报》的记者。

联军方面认为除在八里桥被杀死的传教士和上尉外，其余人都是被虐致死。

额尔金暴跳如雷，他首先迁怒于格兰特和孟斗班，认为如果联军能够在第一时间迅速发动进攻，很可能战俘们的性命就保住了，而正是这两个军事首领拖延攻城，才导致了战俘的死亡。

接着，他又决定采取“不流血措施”对中方进行报复和警告。得知额尔金要报复中国，应中方请求，扮演调停角色的俄国公使伊格那提耶夫提出建议，说不如捣毁中国的刑部，并且在原址上建一座纪念碑，让中国政府在纪念碑上用中文、英文、法文、蒙古文和满文记录自述失败，从而对中国进行公开的、象征性的羞辱。

这种报复方式在额尔金看来实在是太轻了，难以平息心中的怒火。经过反复思考，他决定把曾经关押英军战俘的圆明园作为报复目标：火烧圆明园！

该服还得服

老额尔金因洗劫艺术品而坏了名声，小额尔金对此一直非常介怀，但他自侵入中国后，用以改变形象的方式却不是洗心革面，而竟然是变本加厉地毁灭艺术品！一位西方学者对此给出了绝妙的评价：额尔金家族的恶行属于隔代遗传，只不过儿子已成为父亲的一个奇特变种。

当然额尔金自有逃避谴责的一套方法和逻辑，他在给本国政府发去的请示报告中写道："圆明园乃我军战俘被关押过的地方，焚掠该园，是要报复清政府，与其人民无关。"

按照额尔金大言不惭的说法，圆明园是清朝皇帝玩乐的地方，他烧掉圆明园，既是为了以示惩罚，也是为了治一治清朝皇帝的傲慢心。显然，在他看来，圆明园只是咸丰这个"邪恶皇帝"的私人财产，他烧掉圆明园就是要向中国人表示，他不是把虐俘的责任算在中国人身上，而是算在了皇帝及其亲信身上。

在致英政府的请示报告中，额尔金还具体阐述了焚园的两条理由：其一，战俘在圆明园内被绳捆索绑，且三天不给饮食，此园为战俘们的受困之所；其二，若不焚毁圆明园，就不足以留下永久痕迹，也无法让英国人消除愤恨。

因为媒体的炒作和渲染，英国国内早就充斥着一片报复中国的声音，额尔金关于火烧圆明园的计划立即得到了众口一词的赞同和支持，英国首相巴麦尊回复说："我从心里感到高兴，这是绝对必要的。"

在联军内部，提出异议的是法国公使葛罗，但葛罗的目的不是要保护圆明园，而是为了提出一个更加丧心病狂和骇人听闻的方案，那就是烧毁"城里的皇宫"也就是紫禁城，其如意算盘是想借机对紫禁城实施大规模的抢掠。

额尔金没有马上否决葛罗的意见。1860 年 10 月 17 日，英法公使向中方发出照会，提出于 23 日签字换约，他们同时以战俘被虐杀为由发出通牒，威胁说如果中方在三日内不答应其要求，就要火烧紫禁城。

这时咸丰已收到了联军入城的奏报。在第二次鸦片战争中，他一直被动地移走于战、和之间，态度忽上忽下，忽高忽低，但归结到一块则是色厉内荏，基本上是对方不出拳，他便犟一下，打上一两拳，他就软了，最后该服还得服。

得知英法联军占领了北京，咸丰完全没了脾气，给奕䜣发来上谕，让他赶快进城与洋人画押盖印，互换和约。正好俄国公使伊格那提耶夫也从中担保，说恭亲王入城后，英法两国决不会给他吃眼前亏，奕䜣这才入城。

奕䜣既已入城，英法的照会自然要送到其手中。奕䜣本身拥有皇兄授权，哪里还敢因为耽搁和约而导致皇城可能被毁，于是马上同意了英法关于签字换约的要求。对于照会中所提及的虐俘一事，他表示愿意把参与虐俘的肇事者交给联军处理。

紫禁城毕竟是皇城，英国政府担心劫掠和火烧皇城，会令清政府立马垮台，从而让他们觉得更难打交道的太平天国统治中国，这是他们所不愿面对的，同时奕䜣的迅速答复和应承也确实让葛罗的疯狂计划没了借口。

奕䜣所说移交肇事者的建议，则被额尔金一口拒绝。额尔金身边有巴夏礼这样的“中国通”作为参谋，知道中国官员极善套路。恭亲王嘴上说要交出所有肇事者，可是到头来很可能交出的只是一些低级卫兵或狱吏，真正在背后授意的上层官员一个都不会拿出来（按照英国人的想法，连恭亲王本人也可能涉嫌虐俘事件），那还有什么意思呢？

绕了一圈之后，额尔金依旧向联军下达了火烧圆明园的命令，由于法军拒绝合作，便只能由英军单独实施这一行动。

按照一本清人所写笔记所载，英法公使曾以虐杀战俘为借口，要求中方赔偿抚恤银五十万两，如不许才放火烧园。照会被送到奕䜣手中，奕䜣也在第一时间照会联军，表示愿意如数赔偿抚恤银。可是派去送照会的一名守备不仅未能送达，而且还私自将照会予以毁弃，过后又另外捏造了一张洋文收条回营交差。联军方面等了三天不见答复，方才纵火烧园。后来真相大白，肇事守备被立即予以正法，然而已丁事无补。

奇怪的是，正史和清宫档案中都无相应记述。倒是西方的相关资料显示，额尔金曾在北京城内四处张贴告示：“任何人，无论贵贱，都要因他愚蠢的欺诈行为受到惩戒，18 日将火烧圆明园，以此作为皇帝食言的惩戒，作为违反休战协定的报复。与此无关人员皆不受此行动（指焚园行动）影响，唯清政府为其负责。”

可以看出，额尔金在烧园前为自己的行为做了辩解，并指明了烧园的时间，其中没有交抚恤银就可进行交换的说法。清人笔记所言，可能更多地只是寄托了一种国人的痛切和惋惜之情而已。

火烧圆明园

1860 年 10 月 18 日，英军第一师奉命闯入圆明园，“我们进去的时候，这些花园还像神话故事中描述的那样神奇美丽”。

可是很快，所有神奇美丽的事物都遭到了粗暴的毁灭和践踏。英军开始在园中点火，圆明园的建筑多为木质结构，被点着后，大火立呈蔓延之势，连附近万寿山、玉泉山、香山三处的皇室建筑也被殃及，一时间，“烟焰迷天，红光半壁”。

英军士兵们一边在火焰中穿梭纵火，一边肆意盗取在前面的劫掠中被他们遗漏的宝物。一名军官看到，“太阳在浓烟中射下来，每一株花草、每一棵树木都带上了病容，火红的烈焰照在手忙脚乱的士兵脸上，使他们仿佛魔鬼一般”。

随着大火的蔓延，英军突然意识到他们要抢夺的很多东西也被笼罩在了火海之中，于是又拿起原本盗得的丝绸和其他织品去扑灭大火，但是晚了，至大火熄灭时，纵火区域大多已成一片平地。

10 月 19 日，英军离开圆明园。在他们背后，浓浓黑烟遮天蔽日，西北风夹杂着呛人的烟雾飘出去，一直刮过京城的屋顶，像一层黑幕大帐一样覆盖了整个北京城。

一座辉煌的艺术宝库就此化为焦土残垣。圆明园曾经是咸丰逃避现实和朝廷规制的世外桃源，他派人从江南挑选的美女都被安排居住在园内，这些美女不仅拥有姿色，而且擅长歌舞，其中有四个美女最为咸丰所宠幸，她们所居寝院分别被称为杏花春、武陵春、牡丹春、海棠春，加上懿贵妃叶赫那拉氏所住的天地一家春，合称圆明园“五春”。

清代定例只有旗人的女儿才能入宫为宫女，但包括除那拉氏外的“四春”在内，圆明园美女多数并非出于旗人家庭，有的来历还很复杂。圆明园被毁后，便有人认为正是因为咸丰破了老祖宗的规矩，方有此浩劫。

咸丰本人直到去世，都再未有勇气看一眼圆明园。他死后，两宫皇太后回京，传旨命户部右侍郎宝鋆前去察看圆明园，重点是希望能把园内供奉的“列祖列宗圣容”（历代皇帝肖像）找回来。

宝鋆到圆明园一看，满地灰烬，寥无一人。内务府有一个专门管理园囿的机构，名为奉宸苑，奉宸苑原本就像部一样，设立卿、郎中、员外郎、苑丞等好多职位，战乱时级别高些的官员都跑光了，仅留苑丞崇礼一人独守，也只有他知道圆明园被毁的前后详细经过。宝鋆就先找到崇礼，向他询问联军如何闯入园中以及烧园的情形。

这种回忆犹如是在将痛苦的感受再重复一遍，崇礼说着说着就哭了起来，宝鋆也落下泪来，两人相对而泣，都十分难过。

宝鋆随即将来意告诉了崇礼。两人找来车马和差役，一同到各处寻觅“圣容”。走了十余里路，他们终于找到了散落在地上的“圣容”，只是早已经残破不堪，令人不忍目睹。

崇礼的文化水平较低，不认识几个字，而且身上有很重的旗人习气，平时喜欢讲排场和好逸恶劳，但这个人就像过去的“爵爷”琦善一样，非常聪颖机警。见宝鋆急得不知所措，他赶紧流着眼泪劝宝鋆：“圣容毁坏至此，就算是捡拾起来也不能复原了，拿回去复命只是增加国耻罢了，而且还会令圣上伤心。以苑丞愚见，不如火化掉，较为得体。”

宝鋆觉得这个办法不错，于是就让崇礼找来稻草，两人跪在地上，一边哭一边将残破的“圣容”予以火化。

作为火烧圆明园的始作俑者，额尔金一再为其罪行抵赖。事隔一年后，他在英国皇家学院发表演讲，仍坚持他所要惩罚的只是无能的中国皇帝及其腐朽的朝廷，“我非常不愿相信，在这种污秽之所（指圆明园）会隐藏着什么圣洁的火花”。

从咸丰的反应及宝鋆寻找“圣容”的过程来看，皇帝和他的大臣们因而蒙受了奇耻大辱是可以肯定的，但额尔金忘了或者说他根本意识不到的是，火烧圆明园其实给所有中国人的内心都造成了巨大的创痛，而且在接下来的一个半世纪里，这种民族之痛也从未能够完全愈合。

有清代文人把火烧圆明园比喻为“咸阳一炬”中的火烧阿房宫，但二者显然不能相提并论，清史学家萧一山的概括或许更为准确：“此吾国所受空前之屈辱与最大之损失也！”

十六抬金顶大轿

火烧圆明园后，额尔金并没有忘记索要“抚恤银”。留京王大臣们在户部库房里搜寻半天，发现尚有白银五十万两，计二百五十箱，便只好把它们作为“抚恤银”赔给了英法。

奕䜣已经答应了英法签字换约的要求，剩下来需要他做而且必须去做的，就是代表咸丰和清政府参加签约仪式。在那些天里，咸丰曾给奕䜣发来多条上谕，说“夷情叵测，万不可亲身往见”，并有“勿蹈虎口”之类的话。

或许咸丰确实顾虑到了奕䜣的人身安全，但也不排除他仍有恭亲王可能会被夷人“黄袍加身”的担心。不管皇兄是抱着哪一种想法，事到临头，奕䜣都不能不亲自见一见这些让他们既恨又怕的夷人。他在复奏中说：“奴才于皇上，虽是君臣身份，却仍是骨肉情深。捧读朱谕，已足见皇上爱臣之心。可是现在臣若不亲见该夷，该夷必不肯罢休，为一城生灵所系，臣虽死无憾。”

这边奕䜣冒死赴约，那边“夷人”却也担心着了中国人的道。签约仪式地点被定为礼部，因为听说见面地点可能布有地雷，一名联军少尉特意将礼部彻底检查了一遍，直到确证没有任何问题。

1860 年 10 月 24 日，奕䜣与留京王大臣们先行来到礼部大堂，在足足等了两个多小时后，额尔金一行才姗姗来迟，让奕䜣等人感到震惊的是，额尔金居然乘坐的是十六抬金顶大轿！

清代在坐轿上有着严格的等级区分，十六抬大轿必须是皇亲国戚才能乘坐，而像奕䜣这样的亲王，大轿也仅为银顶。额尔金只是大不列颠派出的一个使节，按照中国的宫廷礼仪，他绝对不能乘坐这样的大轿。可是众目睽睽之下，额尔金却偏偏坐了，这绝不是他不懂中国礼仪，而纯粹是有意为之，目的就是要对中国皇帝和政府进行羞辱。

六十多年前的1793年，作为英国派往中国的第一位全权大臣，马戛尔尼前往热河谒见乾隆皇帝。乾隆坚持马戛尔尼必须磕头，马戛尔尼则予以坚决拒绝。接待马戛尔尼的大臣拿他没办法，可是又不好扫乾隆接受来使"朝贡"的雅兴，于是只好搪塞乾隆说，夷人膝盖不会弯曲，所以不能磕头（道咸年间，英国人直至所有洋人只能直着走路的说法正是来源于此处）。

磕头与否看似不过细枝末节，但它和后来的广州入城、入京换约、面呈国书一样，放到中国的政治层面都是了不得的大事。

大清帝国自顺治、康熙朝起，就基本继承了中原王朝的文化和观点，其中就包括以封贡制度为基础的世界秩序观。按照这一观念，中原王朝才是唯一核心，周边或远或近的所有国家都不过是低已一等的外夷，他们只有向中原王朝纳贡和俯首称臣的分，若是想要平起平坐，就是超越界限，属于大逆不道。

清帝国的另一个特点是，它曾经历了很长的强盛期，在立国近三百年的历史中，前两百多年几乎没遇到过任何一个真正的对手，到乾隆朝时仍是如此，如此"文治武功"无疑又进一步增强了其在文化上的优越感。

在马戛尔尼离开中国后，乾隆给英王乔治三世写了一封信，信中没有表现出丝毫外交上的委婉和客套，一个"天朝上国"的自满与自足跃然纸上："我们的方式毫无共同之处，你们的公使也无此能力掌握这些礼节（指磕头等），并将其带到你们的蛮夷之地。"

显然，在乾隆眼里，以英国为代表的西洋各国与中国周边的四夷没有什么不同，都是蛮夷之邦，只配向中国朝拜进贡，而磕头就是朝拜进贡的一种具体表示。

问题在于，按照马戛尔尼的认识，他们大英帝国才是"地球上最骄傲最强大的国家"，凭什么要被你视为蛮夷乃至"朝贡国"，还要下跪？

用现代社会流行的文化冲突论来解释，这是两大文明的冲突，它们中一个是古老文明，一个是新兴文明，但二者都认为自己才是天下文明的精华。

就好像是恒祺去刑部大牢看望巴夏礼时，和巴夏礼探讨的那个似乎纯粹务虚的话题：地球和太阳，究竟哪一个是宇宙的中心？

一个帝国的沉迷和另一个帝国的堕落

事实上，在马戛尔尼谒见乾隆之际，中国正面临“康乾盛世”的结束，行将衰落。与此同时，英国却已俨然是西方工业革命的火车头，加之民族主义的勃兴，向东方扩张殖民地，寻找倾售商品的市场成为必然。

当然如果双方在乾隆朝就刀兵相见，中国的境遇可能会好很多。如同马戛尔尼所认为的，“（乾隆朝）由一个老迈、疯狂、至高无上的好战分子带领着，幸好有一群精明强干、机智灵敏的官员，想方设法地维持下去”。更重要的是，那时英国尚没有完全摸透中国的实际状况，于是便只得将就着在广州做买卖。

到嘉庆直至道咸年间就不一样了，水旱天灾，官吏贪黩，人口增多，生产减少，政治和社会结构上的种种弱点都完全暴露出来，大清帝国真正进入了衰落期，根本经受不起西方的任何一次冲击。马戛尔尼对此也有极其准确的预测，他认为如果不是乾隆朝的官员来管理中国政府，重新换一拨庸才，这艘政府之舟就将漂泊无依，“直到在岸边撞成碎片”。

如果说马戛尔尼和乾隆的见面是中西之间的第一场冲突或第一颗子弹，前后时间跨度达二十年之久的两次鸦片战争就是其延续。英法等西方国家通过战争，不仅是要打开中国的门户，借以倾销商品，还试图让中国认识到它们是一个平等的贸易国家，而不是什么蛮夷或“朝贡国”。

英法联军攻进北京以及火烧圆明园，在让这场举世瞩目的中西冲突达到顶点的同时，也为它创造了一个新的开始。额尔金如此趾高气扬，不可一世，甚至不顾主权国家交往中所必须注意的礼节，也就是要把当年马戛尔尼和英王所遭遇到的一切加倍奉还给中国。

很显然，武力强弱是额尔金可以和敢于这么做的前提。额尔金平时在北京城里出行，都有五百名士兵随从，一路浩浩荡荡，耀武扬威，这次前往礼部带去的士兵更是多达两千人，而奕䜣等人的随身护卫及善扑营士兵才二十人，二者形成了极大的反差。

当年马戛尔尼代表英王给乾隆带去不少礼物，但却被乾隆仅仅看成是“贡品”，而且说它们毫无价值和用处。这都是一些什么礼物呢？联军闯入圆明园后，在园内发现了它们，其中包括两辆英国造的马车、天文仪器、一把英国造的手枪、两门榴弹炮。联军发现这些东西时，它们全都完好无损，从物品的状态也可以看出，乾隆收下后就束之高阁，根本没有用过。他那时也无论如何不会想到，这些“毫无价值和用处的贡品”将最终打败他的子孙和帝国。

“一个帝国的沉迷和另一个帝国的堕落”，一位国外学者如此描述中英这段长达半个多世纪的恩怨。

额尔金到达礼部大堂后，奕䜣等人上前迎接。额尔金非常傲慢轻蔑地看了奕䜣一眼，那态度让随同前往的格兰特都感到，“这肯定让可怜的恭亲王浑身发冷”。

额尔金这么做同样也是故意的，因为他知道咸丰皇帝打死也不可能亲自来谈判现场，亲王就是咸丰的代表，他要通过自己的一举一动，让中国皇帝的代表在他们英国的进逼面前“惊恐战栗”。

仪式开始了，中国官员相互议论了几句，不料额尔金立即朝他们大吼道：“保持绝对安静！”众人噤若寒蝉，无人敢与之交涉。

在场的意大利摄影师贝亚图打算拍下这一场景，但是由于灯光太差，没有能够拍摄成功。当时列强都想看中国人的笑话，英国报纸也已留下版面，准备刊登签约现场的照片，以记录所谓欧洲征服者彻底打败中国的历史，贝亚图的拍摄失败无疑让他们失望了。

奕䜣需要签字的文件是中英《北京条约》，这是一份必须签署而不是有待商议的文件。其内容除承认《天津条约》外，还包括：向“伤害英国女王的行为”表示道歉；八百万两赔款；增开天津为通商口岸；割让九龙半岛；英公使是否驻京由英国自行决定；等等。

在马戛尔尼半个世纪前的那次谒见中，英国使团关于开放通商口岸、在北京建立公使馆等请求曾一概遭到乾隆的否决，现在全部都得到了满足。甚至于，像当年乾隆一样，英国的维多利亚女王也得到了来自中国的“贡品”。

英军军官从圆明园的废墟中捡到了一只宠物犬，军官给它起名为“北京犬”并献给了女王。女王非常自然地给“北京犬”起了一个新名字“洛蒂”，意为战利品。除此之外，女王还收到了格兰特呈献的金玉手杖、三只镶嵌宝石的大碗，后者均为从圆明园掠夺的赃物。

1860 年 11 月 5 日，英法联军撤出北京。在此之前，奕䜣被迫与法国、俄国也分别签订了《北京条约》，近代以来中国的所谓条约体制至此初步成形。

第五章

撑起两根穷骨头

第二次鸦片战争开始之初，朝野把抵御英法联军的希望几乎都寄托在了僧格林沁一人之上，但正所谓站得越高，跌得越重，战争的失败令僧格林沁备受指责，有人说他不是僧王，是“松王”。

与此同时，胜保却突然受到了莫名的追捧。一些人从各种不同的需要和目的出发，一边竭力贬低僧王，一边力捧胜保。某君在叙述八里桥之战时更是绘声绘色：胜公（指胜保）大喝一声“我是胜保”，兵勇们听后奋不顾身，齐声大呼杀贼，然后如同一座山一样向敌人压去。

胜保受伤后就被抢运回营，直接导致了南路的溃败。可是在某君笔下，受伤的胜保居然还在带伤血战，全然不顾鲜血已经把胸口都染红了。直到他所乘的战马被炸死，马倒人翻，左臂也被压伤，整个人陷入昏迷，这段勇不可当的画面才算结束。

按照这个套路，胜保自然而然地上升为八里桥之战的英雄，说他和他的部队杀得敌人一片狼藉，联军用整整九艘船才得以把尸首运回天津海口，要不是僧格林沁、瑞麟不肯接应，“定能破敌成功”，云云。甚至还有人搬出阴谋论，说胜保受伤是因为僧格林沁妒忌他的才能和战功，假手于人，进行暗害的结果……

每战必败

说一千道一万，大多数臣民潜意识中仍不愿承认军事失败，为此他们必须找出一个人来作为不败的借口：第一次鸦片战争为什么会输？因为林则徐没上场！第二次鸦片战争又为什么会输？因为胜保已提前下场！

在舆论的推波助澜下，胜保取代僧格林沁原有的地位，对京城守备负起了责任，尽管实际上并没有起到追捧者所希望他起到的作用。

咸丰逃出京城后的第四天，胜保上奏折称已经找到了对“逆夷”战而胜之的办法。据他说，他在打仗的时候，亲眼看到英军联军以火器见长，但除此之外，尚不及太平军和捻军勇猛，最主要的还是洋人腿脚不灵便，就是骑马也骑不利索，自然不擅长肉搏。“用兵之道，贵在以长击短”，如果能够抓住英法联军的这些缺点，找机会贴近了进行白刃格斗，则对联军“非斩即擒，必成大捷”。

为何在英法联军兵临城下时没想到这招呢？胜保说他早就想到了，但是蒙古骑兵和京旗兵勇都不敢接近敌人，所以一直难以取胜。

蒙古骑兵和京旗做不到的事，身手矫健的川、楚勇可以做到，僧格林沁、瑞麟完成不了的任务，他胜保能够完成。在奏疏中，胜保请求咸丰召调川、楚勇数千人北援，由他统一指挥，还夸口说只要他手下有了这批援兵，就能将与敌近战格斗的设想完全付诸实施，到时“刀砍矛刺，直进横冲，既不能杀尽逆夷，亦必大加惩创”。

胜保本属见识短浅之辈，哗啦啦地说了一大段话，就没几句是靠谱的。所谓洋人腿脚不灵便，起自于乾隆年间，到第一次鸦片战争时，林则徐也曾有此错误认识，然而在时间过去二十年后，一些亲身与洋人打过交道或与其作战的文臣武将都已没这么愚昧了，未料胜保居然仍是如此糊里糊涂，不明事理。

事实是，洋兵的腿能直能弯，能骑马能步行，体格比当时的中国兵还要强壮得多，他们不单是火器好，近战格斗也不输对手。从北塘到八里桥，近战格斗的场面不是没有，但往往少数洋兵端着刺刀就能顶住乃至击垮一大群中国兵。再者，蒙古骑兵的马那么快都接近不了洋兵，川、楚勇都是纯靠两条腿行动的步兵，有多少机会和可能创造出奇迹呢？

咸丰平素对胜保并不是很欣赏，但僧格林沁这棵大树既倒，他抱着病急乱投医的心态，便觉得不妨试一试胜保提出的这个法子，或许真的能治住洋人也说不定呢。

看到胜保奏折的当天，朝廷便颁下勤王诏，命曾国藩、袁甲三各挑选精锐兵勇两三千人，由胜保点名的鲍超、张得胜（袁甲三的部下）带队即日启程赴京，交胜保调遣。

十四天后，曾国藩收到了皇帝专门发给他的廷寄。此时正值太平军发起西征，且连战连捷，直抵祁门之际，鲍超乃皖南湘军的首席大将，若他被抽调北上勤王，则皖南军事将立陷困境。不仅如此，根据方方面面的情况判断，鲍超北上非但难以建功，而且还面临着凶多吉少、徒然送死的后果。

鲍超北上，是胜保点的名。湘军首脑与胜保不是第一天打交道。胜保早年在朝中为官的时候，经常递些让皇帝感到难堪的折子，见皇帝发怒，曾国藩曾上书请求朝廷广开言路，对他从宽处理。那时曾胡还视之为一个敢于直谏的言官，没觉得他有什么特别不好的地方，糟糕的印象其实是从胜保离开京城，带兵打仗开始的。

身为统兵将领，胜保起初还有一股子初生牛犊不怕虎的冲劲，尤其在阻击北伐军一役中，确有可圈可点之处，但这只是昙花一现，很快他就露出了原形，战场之上，要么不打仗，打起仗来每战必败。山东是捻军活动的重点区域，山东人也最知胜保的底细，因此干脆把他名字中的“胜”替换成了“败”，称他是“败保”。

“胜保”之所以变成“败保”，不是光军事才能的问题，更在于他的智商和情商实在太低：治军不严，所部纪律松弛，非常散漫；弄虚作假，捏造事实，明明打了败仗，却一律报称凯旋；平时作战“胜不相让，败不相救”，八里桥一役，他把功劳苦劳全揽到自己身上，责任全推给作为友军的僧格林沁、瑞麟；极度贪财好利，在圆明园被焚和敌军兵临城下的严峻时刻，别人都急得哭了，他居然还做“家贼”偷盗圆明园财物。

对自己的同事和部下，胜保也都表现得非常骄横跋扈，为此胡林翼还和他发生过激烈冲突。

救急不如救缓

两年前，胜保在河南负责与捻军作战，曾向湖北发去公文，抽调骑兵副都统舒保前往助战。在公文中，他以命令的口气要舒保火速赶赴河南，而且说如果晚到一点，就要以故意贻误军机的罪名治罪。

胡林翼不看公文犹可，一看非常生气。舒保和多隆阿经历相似，曾跟着僧格林沁在北方打过恶仗，其人老实忠厚，作战勇猛，威名仅次于多隆阿，是当时的旗籍名将，同时论官职也是二品大员——且不说这样的人才，我未必舍得借给你，就是借给你，哪容得如此糟践！

胡林翼、曾国藩对待部将，素来如同兄弟手足，自然看不惯胜保的这一套。胡林翼当即给咸丰上书，指出胜保对舒保如此不尊重，就算是他把舒保派过去，也是个将帅不和的结局，到时只会贻误兵机。与其这样，还不如责成胜保老老实实地把心思放在研究打仗上，而不是硬从邻省调兵。

胜保在河南作战也是老打败仗，咸丰对他很不爽，于是便同意了胡林翼的意见。胜保调兵失败，由此与胡林翼、曾国藩乃至整个湘军集团都产生了矛盾，后者对他很是鄙视，胡林翼提到胜保直接称他是“败保”。

对胜保借朝廷之手调鲍超北援的真实用意，曾胡看得清清楚楚。胜保没有自己的基本部队，纯粹靠一部分投降清廷的捻军来唬人，他为了进一步扩充实力，就想打湘军的主意，即所谓“挟君命以谋夺楚兵”。

胜保不仅刚愎贪诈，而且“专门折磨好人，收拾良将”，再好的将领到他手里也得饱受摧残折磨。曾胡经过商议，决定不让鲍超北上，当然拒绝的理由不能说得过于直白，只能这么强调：“鲍超虽然号称骁雄之将，但还不是一匹真正的千里马，派他北上的话，兵勇未必乐于跟随，凭他的能力也很难从京城周围筹到军饷。”

不派鲍超是一回事，要不要北援又是另外一回事。国难当头，为臣者必须承担起扶危定倾的责任，更何况咸丰又刚刚授以钦差大臣兼两江总督的重任，这种时候岂能装聋作哑，不闻不问？可是皖南的实际状况又让曾国藩很难弃之不顾，他向正在祁门大营的原皖南军务督办张芾征求意见，张芾的态度都很明确：你如果只是统兵大员，自应立刻遵旨北上勤王，但你现在还兼任两江总督，有守土之责，眼下皖南军情如此紧急，你决不能贸然把部队调出去。

正在左右为难之际，恭亲王奕䜣的咨文也到达了祁门。曾国藩这才知道咸丰已经不在京城，去了热河。

皇帝在热河虽暂无大碍，但热河为偏僻之地，缺乏粮饷，京城有个风吹草动，热河的皇家卫队很可能因此哗变或溃散。不过这终究也为北上勤王争取到了一点时间，曾国藩由此想到了一个新的解决方案：救急不如救缓！

从皖南到北京，少说点也有五千余里行程，湘军以步兵为主，没有三个月走不到京城，而据廷寄和咨文来看，英法联军距北京仅数十里。显然，湘军就算现在赶过去也是缓不救急，但如果假设京城守军能与敌相持数月之久，则湘军北援就具有了现实意义和价值。

计议已定，曾国藩即上疏朝廷，在婉拒调派鲍超的同时，请求咸丰在他和胡林翼中间任择一人督师北上，这样他们还可以多带兵卒赴援。

曾国藩在疏中不便说出的另一层意思是，他和胡林翼都是大帅，无论身份地位还是实权均在胜保之上，督师北上后胜保找不到机会染指湘军——包括霆军在内，任何一支湘军都是曾胡用心血培养出来的结晶，岂能眼睁睁地看着他们被人侵吞？

曾国藩收到咸丰的廷寄用了十四天，他的上疏寄到热河，热河方面再回复，差不多又得一个月。有人便认为曾国藩名为急君父之难，其实是敷衍朝廷，根本就不想北上勤王。这种猜测未免有些以己之心度他人之腹的味道，曾国藩当然知道来回需要一个月，但他本来就只能救缓而不能救急，多出来的这一个月，一方面可以进行善后布置，与江北鄂皖诸军联络互动，以防被太平军乘虚攻击，另一方面也可以腾出手来，尽可能带万人而不是仅两三千人北上赴援。

在湘军内部，对于曾胡亲自挂帅北援则有着不同声音，曾国荃就反对曾国藩北上，认为此行于事无补，只是徒然送死而已，他劝兄长不要因听信“书生议论”而走出险棋。曾国藩在书信中告诉曾国荃，自己这么做，决不是因为听了别人的什么“书生议论”，而是出于自己的“书生迂腐之见”。因为他认为一旦国家陷入土崩瓦解的无序状态，湘军在南方数省亦无法坚持，再加上臣子应尽的本分和责任，所以他和胡林翼都只能抱着即便不成功也要姑且一试的心态分兵北援。

南方之事

曾国藩自请北上勤王的奏疏寄出后，没想到鲍超却不高兴了。鲍超原为胡林翼一手提拔的部属，自曾国藩移师皖南，才归曾国藩节制。他是个性格粗犷、不拘小节的武人，在不明真相的情况下，误以为是曾国藩搅黄了他建功立业的好机会，失望之余免不了口出怨言。

得知鲍超闹起了情绪，胡林翼特地给他写信，明白地揭示了曾国藩为什么要代其北行的原因，并且说，涤帅（曾国藩）待你就和父母对待子女一样，宁肯自己冒险也不愿让你被人折磨，他是你的救命恩人啊，你应该思图报效才是，怎么还乱发牢骚呢？

鲍超恍然大悟，这才明白曾国藩的一片苦心，也才知道曾国藩不是要阻挠他立功，而真的是救了他一命。

咸丰收到曾国藩的奏疏时，中国与英法俄的和约已签订多日，英法联军也即将撤出北京，自然用不着勤王了。又过了半个月，一封无须北上的廷寄送至祁门大营。此前曾国藩还在为既要带兵北上，又要在苏皖与太平军相持，有限的兵力该如何分配而伤脑筋，廷寄让他如释重负："今接奉此旨，可专心办南方之事了。"

"南方之事"确实已令曾国藩陷入了自顾尚且不暇的境地，他发愁要不要分兵北援也绝不是无病呻吟。早在太平军击溃江南大营，占领苏常后，陈玉成、李秀成就决定发起西征（天京事变前已经有过一次西征，故此次西征被称为第二次西征）。按照初步计划，西征军的主力部队由陈玉成、李秀成统带，分别在长江南北平行西进。其间由于李秀成在上海、浙江耽搁了些时日，在他从江南动身出发之前，便由李世贤、杨辅清、黄文金等部组成南路西征军，先行向皖南发动进攻。

1860 年 9 月 15 日，李世贤、杨辅清对宁国展开围攻。宁国是湘军今后进军江浙的孔道，战略地位很重要，曾国藩急派刚刚归队的张运兰赴援，但张运兰中途被阻，尚未能够抵达宁国境内，宁国府城已被攻陷。

李世贤拿下宁国后，即剑指徽州。曾国藩让人去徽州了解一下情况，那人回来报告说若不派去两万精兵，徽州城断不能守。曾国藩一时间哪里凑得出这么多精锐部队，恰好其帐下的另一员统领李元度也已经归队，李元度自告奋勇且很有自信地说只需他率本部人马前去，就足以守住徽州。

按照湘军的军事制度，指挥五百人的叫营官，指挥千人的也叫营官，往上就要指挥四五千至两三万人，称作统领。这时曾国藩已建立了比较规范的营制，营官人选或从队哨提拔，或直接物色，二者均可在营制里面慢慢历练打造，可是从营官到统领，却一直没有能够找到合适的上升渠道和制度。

一个平常最多只习惯带千人的营官，一旦要他指挥数千人乃至数万人，他怎么可能一下子适应得过来。因为这个缘故，湘军中特别出色的统领，例如塔齐布、罗泽南、杨岳斌、彭玉麟、李续宾、李续宜，本身都可称得上是军事天才，他们也都不是从营官一步步历练上来的。时间一长，曾国藩甚至产生了一个似是而非的认识，他认为做统领的都必须是天才才行，光历练是历练不出来的。

问题是世上的天才总是极少数，哪有这么多现成的天才正好供应给你？曾国藩遂有统领乏才之叹，他能想到的办法就是从幕僚中进行考察，看到谁有成为将才的潜质，就先把他放到营务处学习军务，以后有了机会再让他带兵。李鸿章、李元度都是走的这一模式，只不过李鸿章尚处于学习军务的初级阶段，而李元度已经带了六年兵了。

曾国藩的这套办法其实并没有跳出“选天才”的范畴，它的最大缺陷是带有赌博性质，或者说有点像鉴宝。可是就算是眼光再犀利的古玩专家，时不时也有看走眼的时候，仍以二李举例，李鸿章日后掌兵，被证明确实是个将才，但李元度离真正的将才却还差着好大一截。

李元度从军前因长于文采而被冠以才子之名，在曾幕中打理文案时也表现不错，然而打仗毕竟不同于写文章。文人气质较重的李元度短于治军，尤其好宽纵属下，这使得他的部队纪律较为松懈，不仅战斗力不突出，而且扰民。

对李元度的军事指挥能力，曾国藩一直抱有怀疑。之所以没有加以撤换，一方面是李元度多年跟随左右，两人情谊深厚，一时间下不了这个狠心；另一方面，也是因为统领的位置缺人，找不到最好的，往往就只能以次一些的人选勉强填充。与此同时，曾国藩对李元度多少还抱有一些侥幸心理，认为只要给予的机会多了，经过一再磨炼，李元度或许仍有大器晚成的可能。

无济于事

李元度是湖南平江人，他的部队多为从平江招募的子弟兵，呼为“平江勇”。自曾国藩出任两江总督，李元度就奉命回家乡重新招募了一批平江勇。要说起来，曾国藩对使用平江勇还是比较慎重的，先前浙江方面告急，请求湘军派去援兵，本来曾国藩是可以派平江勇的，就是考虑到这批兵勇是新军，新军一般来讲不能马上用于激烈对攻的野战，所以没有答应浙江方面的请求。

新兵胆子小，经验少，在旷野上打野战确实有些难为他们，然而若是派去守城，在有城池掩护的情况下，则不妨一试。再者，李元度的军事才能尽管不被看好，但过去在江西的时候，也有过固守两座城池不失的良好表现。曾国藩这么一琢磨，就同意将李元度派去守徽。

李元度带了八营计四千余人到徽州。徽州本来也有驻军，原皖南军务督办张芾属下就有绿营兵勇九千余人，是平江勇的两倍还多，但绿营向来就不怎么能打仗，张芾本人也因遭到御史弹劾而被撤职调回京城。

张芾在回城前，要先到祁门大营向曾国藩报到，可是他的绿营兵勇却不肯放他走，原因是部队还欠着二十余万军饷未发。李元度有着湘军儒将特有的那种豪气，见张芾被困且颜面扫地，便主动上前解围，表示所有拖欠的军饷由他负责补发，张芾这才得以脱身。

因为要向张芾索讨军饷，本来分驻于徽州外围要隘的绿营兵营纷纷放弃职责，来到了徽州城中。距徽州城北八九十里开外有一座丛山关，为宁国至徽州的必经要道，此处也已弃守。

还要不要派兵守丛山关？曾国藩给李元度的指示是，如果确有把握守住丛山关，可分去两营固守，若没有十足的把握，则应按照新军通常“宜合不宜分”的经验，舍弃丛山关，以集中力量确保徽州城。

曾国藩的意思很明显倾向于后者，但李元度取的是前者。派去的两营尚立足未稳，太平军便乘隙攻来，两营被迅速击溃，丛山关亦告失守。

战报传至祁门大营，曾国藩急得一整个晚上都睡不着觉。平江勇总共四千人，除两营在丛山关被击溃外，还剩下两千人在城里驻守，他担心这两千兵勇根本不足以守城，于是又向徽州加派了四营共两千余援兵。

此时鲍超尚未归队，张运兰在进攻旌德，曾国藩从大营派出的援兵无合适将领统带，属于散兵。在作战能力上，散兵和新兵实际相差无几，为此曾国藩特意对李元度强调，可将援兵派到城外，但其主要作用是保卫徽州的粮道，因而不要轻易出击，以免重蹈兵败丛山关的覆辙，同时他还关照李元度，援兵的扎营区域不要与徽州城距离太远，这样城内外可以互相照应。

孰料左叮嘱右叮嘱，李元度还是没放在心上，援兵赶到徽州后，不待休整，即被派到离城四十里外扎营，而且李元度也不抓紧掘壕筑垒，只将部队散乱地部署于沙洲之上。

曾国藩得知后很是恼火。受限于军饷难筹、带兵官难觅等客观因素，湘军从初兴到全盛，其兵力一直都远远少于太平军，后者在数量上常常数倍乃至十倍于湘军。当初湘军刚出道的时候，就因为与太平军盲目对攻而屡屡被击败，这迫使他们不得不采取攻势防御的用兵原则，即尽可能让自己先处于不败之地，然后才寻找敌方漏洞加以攻击，所谓“致人而不致于人”。

外界称以曾胡为首的湘军将帅为“湘军派”，湘军派所有重要的战术打法，从扎营、拔营到看地势、明主客，其出发点都是“致人而不致于人”。这其中，扎营更被视为第一根本，“凡军行所至，筑垒如城，掘壕如川，坚深无匹”。

曾国藩感到特别郁闷的是，李元度带兵打仗已有六年光阴，就算没有他反复叮嘱，也该明白未战先扎营的道理，加上又有丛山关的教训，怎么实际用兵时还会如此急躁失当？

他赶紧给李元度去信，在斥责的同时要求李元度马上改弦更张，在城外十里范围之内部署援兵扎营。可是李元度却将曾国藩的话当成了耳边风，没有及时修正自己的错误，与此同时，他过于宽纵部下的毛病依旧没变，城内新募的平江勇不卖力，张芾留下的绿营兵更别指望，导致湘军入驻徽州城已经多日，但始终没能构筑起坚固的城防工事，城外可能被敌军利用的民房等制高点也未加以清理。

在太平军优势力量的猛攻下，城外四营援兵再次溃不成军。城内守军也随即失去斗志，不少平江勇、绿营兵都在争相逃窜。为挽回局面，李元度亲自出城督战，结果反而中了埋伏，太平军伏兵四起，对其两翼实施抄袭，逼得他赶紧收兵入城。

太平军对徽州城发起攻击，李元度趴在城头上，指挥剩余兵勇堵击了一昼夜，但到这个时候，他个人的英勇和身先士卒已无济于事。次日，太平军登上城外的民房，向城内射击，守军无法在城头立足，城池遂被攻破。

严重危机

随着徽州城破，李元度部几乎一散而尽，仅千余兵勇回到祁门，李元度本人也下落不明。四天后，李世贤率部再克休宁，进逼祁门。

湘军内部大为震恐，曾国藩六次飞信皖北，向李续宜求救，前三次尤为急切，信中一再强调“皖南局势万分危急，欲求阁下带二三营，即日渡江南下相助”，“速带三营来此”，“速来救援”。

在李续宜应命兼程南下的同时，曾国荃顾虑乃兄的安全，也想加入南援行列。曾国荃身负包围安庆的重任，如果他南下就要撤安庆之围，这意味着曾胡夺取安庆的根本战略方针将无法进行下去，而且由于陈玉成开始在长江北岸活动，那里的局势同样变得紧张起来。胡林翼嘴上不便反对曾国荃南下，但言辞中已颇有些负气：“如涤帅（曾国藩）嫌南岸兵少，可以沅浦（曾国荃字沅浦）万人调去，北岸不须沅浦也。”

曾国藩的另一个弟弟曾国葆这时正协助曾国荃包围安庆，通过书信往来，曾家三兄弟围绕相关话题展开了紧急讨论。曾国葆坚决反对撤安庆之围，曾国藩认为他的意见很对，乃“至当之论”。

太平军自二破江南大营后，占据了苏南及浙江大部分地区，在苏北可自由活动，在皖南皖北也都拥有雄厚势力。唯有在安庆周围地区，湘军倾注全力，太平军却主力东调，这样湘军方面才占有优势，但这种优势只是局部优势，若想把局部优势变为全局优势，除了紧紧抓住安庆这一关键战略地带不放，也确实没有其他更好的办法了。

在给曾国荃的信中，曾国藩特别强调：“安庆不宜撤围，这是人人心里都清楚的一件事。现在普天之下贼（太平军）处处占据上风，独安庆一城系贼处于下风，岂能轻易撤退？”

见大哥和曾国葆均持此议，曾国荃这才回心转意，放弃了南下的想法。

曾国荃无法脱身，李续宜在短时间内也是远水难解近渴，所幸皖南湘军中最厉害的战将鲍超已经归队，曾国藩急忙飞檄调他及张运兰至鱼亭，用以阻遏李世贤的兵锋。

鱼亭位于休宁与祁门之间，但鲍超、张运兰能否及时赶到鱼亭却是个问题。因为休宁距祁门不过百里之遥，鲍、张一个在太平，一个在旌德，距祁门的路程均远于休宁，假如三方同时向祁门运动，李世贤将占有极大优势。

祁门大营兵力空虚，仅有亲兵营等三千人马，而且其中还有一半是从未打过仗的新兵，千钧一发之际，李世贤却突然掉头而去，脱离了主战场。

说奇怪也不奇怪，李世贤并非李秀成那样具备谋略和大局观的将帅。在他看来，富庶的杭嘉湖平原是肉，瘠薄多山的皖南只是骨头，吃肉当然比啃骨头更招人喜欢。

李世贤进攻皖南，是按照西征计划对李秀成部进行策应，但李秀成又迟迟未进入皖南。既然前面已连下徽州、休宁，打的都是胜仗，也就是说，对上对下都已交代得过去了，为什么还要在皖南独自啃骨头，而不乘胜吃上两块肉补充补充？李世贤遂选择自徽州开拔，率主力到浙江攻城略地去了。

李世贤折回浙江的第二天，李续宜率四营援兵赶到祁门，紧接着，左宗棠部亦由南昌东进皖南，曾国藩就这样奇迹般地躲过了一次严重危机。

1860 年 10 月 19 日，刚刚摆脱危机的曾国藩给朝廷上疏，请求在必要时从他和胡林翼中选出一人带兵北上勤王。也就在这一天，他突然接到了李元度的信件，这封信不仅证实李元度还活着，而且显示他在城陷前就已逃出。

曾国藩立刻皱起了眉头，他向来把“忠义血性”视为带兵之人的根本，李元度弃城先逃，身上哪有“忠义血性”的影子？按照大清律法，城未破而将先逃，结果导致城池失守者，守城将领得到的最高处分将是斩首或者斩监候！

让曾国藩更感诧异和恼怒的是，李元度逃出后，居然没有在第一时间赶回祁门禀告，且至今未返回大营。在信中，他也没有多少悔过的表示，说到兵败的原因，多是归咎于城防设施来不及完备、李世贤部数量多且凶悍等客观因素，对于他个人应该承担的责任只字不提。

朝廷方面的态度，本是认为李元度一向“谋勇兼优”，徽州兵败很可惜，让曾国藩赶紧查明其下落。如果曾国藩睁一只眼闭一只眼，事情也就过去了，但他为了训诫李元度，以儆效尤，仍然决定予以严参。

嵌字联

李元度幕僚出身，继而才领兵打仗，况且他与曾国藩还是患难知交，当初曾国藩困顿于江西时，能够始终不渝地追随在曾国藩左右的，除了彭玉麟，就只有李元度。曾国藩说弹劾就弹劾，往小了说是处理有些过分，往大了说是伤了其他幕友的感情——有哪个幕友敢说自己能做到比李元度更好呢，曾国藩如此对待李元度，让其他人情何以堪？

一群幕僚都自动站出来，反对曾国藩参劾李元度，其中尤以李鸿章的情绪最为激烈。曾国藩的奏疏多由李鸿章拟稿，他便拿这个示威：“老师若一定要奏劾，门生不敢拟稿！”

在曾国藩看来，私归私，公归公，即便李元度过去有恩于他，但个人的情谊不能代替其犯下的过错，诸葛亮尚且挥泪斩马谡，他能这么轻描淡写地将李元度放过去吗？李鸿章指责他不近人情，他反过来也觉得李鸿章不可理喻，所以毫不相让：“那我自己拟稿好了。”

李鸿章毕竟年轻，给老师一激，竟脱口而出：“要是这样的话，门生也将告辞，不能留在大营了。”双方都在气头上，谁都没打算给对方留面子，曾国藩马上答道：“听君之便。”

见曾国藩不为所动，李鸿章真的收拾行装，离开了祁门。几天后，李鸿章入幕的介绍人陈鼐再次进言，劝曾国藩就是要弹劾李元度，也不宜太重。曾国藩此时怒气略消，于是删掉了奏劾中最严厉的几句话，未再强调弃城先逃等情节，只说李元度刚愎自用，不听调度，提出的处分意见是“请旨将李元度革职拿问，以示惩儆”。

在外逗留了大半个月的李元度终于回到了祁门，但是面对曾国藩的斥责，他依旧很不服气，首先做的不是积极检讨自己，而是向粮台索要欠饷。

虽然幕僚文人们多为李元度打抱不平，然而军队中是很实际的，打了败仗就是打了败仗，更何况徽州溃败不仅令湘军损失惨重，而且还危及了整个战局，在这种情况下，没人觉得主将值得同情和原谅。

有好事者写下一副对联："士不忘丧其元，公胡为改其度。"它的表面意思是说勇士不怕掉脑袋，你为什么在关键时候不能坚持你的气节呢？对联之上还有一个横批"道旁苦李"。它出自南朝王戎的一个典故，说王戎从小就非常聪明，七岁的时候和小伙伴一道外出游玩，看到路边有几株结满李子的李树。其他小伙伴都兴高采烈地爬到树上去摘李子，唯王戎站着不动，别人问他为什么不摘，他回答说李树长在道旁，结的李子又这么多，可是却没有人摘，只能说明一个事实，那就是李子一定是苦的。众人一尝，果然如此。

湘军的好多军官原先都是书生，文化程度不低于幕僚。他们写的其实是一副嵌字联，横批的最后一个字为"李"，两句对联联尾两个字分别是"元"和"度"，合起来就是"李元度"，讥讽意味非常明显。

李元度一看就懂，他忍受不了，就向曾国藩提出要请一天假。曾国藩回复说：你已是奉旨拿问之人，我不得做主，你要留还是走，悉听尊便。

"悉听尊便"和曾国藩对李鸿章所说的"听君之便"一样，都不是肺腑之言，实际上他是告诉李元度，你要在大营听候处理，不能擅自离开。

谁知李元度却以为曾国藩已允许他离开大营，于是在留下一封信后就回湖南去了。及至曾国藩接到上谕"李元度不能坚守待援，着即革职拿问"时，李元度已回到了老家平江。

对照上谕，革职是肯定的，实际李元度在湘军中也早已失去了指挥权，但拿问就未必了。曾国藩再怎么表现得大公无私，碍于和李元度的旧日情谊以及幕僚们的劝说，也不会真把李元度怎样，无非是借此给其一个警告和教训而已，可是李元度却反过来将了他一军，让他很是被动和难堪。

尽管如此，曾国藩对李元度的擅自回乡仍采取了不闻不问的态度，从内心来说，他是希望李元度能在换个环境之后闭门思过，好好反省一下自己，这样再出来做事才不至于重复酿成大错。只是他没想到对方"思"是"思"了，但是思考的角度和内容与他想象的完全不同，后来还因此把两人的友谊推向了决裂的边缘。

不用兵就能统一天下

1860 年 10 月初，迟迟未在皖南现身的李秀成终于完成为嘉兴太平军解围的任务，回到了苏福省（太平天国将苏南划为一省，以苏州为省会）。不久天王传旨，命他领军“扫北”，也就是趁英法联军进攻津京之机举行北伐。

洪秀全长在深宫，平时不谋远虑，不问政事，更不了解军队实情。在当时的太平军中，最初以信仰从军的“老兄弟”事实上已经所剩无几，部队无论军纪还是战斗力都无法与全盛期相提并论，试想全盛期的北伐尚且归于失败，这个时候的北伐又能有多少成功的把握?

相比于北伐，李秀成认为西征解安庆之围更为迫切。因为安庆一旦失陷，被他视为心腹之患的湘军就将大举东下，到时苏福省亦难自保，所以无论是为履行和陈玉成的约定，还是从他自身的利害关系出发，眼下第一要务都是西征，而不是北伐。

正好江西、湖北有一批当地起义军头领联系李秀成，表示愿意加入太平军，李秀成便奏复天王，称他将先去接收这批起义军，然后再遵诏北伐。可是即便是用了这个理由，洪秀全仍不同意。

到这时为止，安庆已被湘军包围达一年之久，时不我待，李秀成也顾不得天王如何想法，决定亲自西征。在安排部将陈坤书主持苏福省军民事务后，他即率部由苏州动身，前往天京晋见天王。

依靠解天京之围以及击破江南大营，李秀成已成太平天国的擎天一柱。得知他来京，文武百官都纷纷前来府中拜会，大家也非常希望忠王能讲一讲如今的时局走向。

就整体的军事形势而言，太平军的优势和上升趋势都很明显，即便在上游战场，也基本是压着湘军打，甚至弄得曾国藩在皖南几无立足之地，但李秀成的头脑却异常清醒，他认为未来形势不容乐观。

截至二破江南大营前，天京已先后被官军围困了六次，李秀成预计天京如果第七次被围，围困者必湘军无疑。李秀成多次和湘军交手，深知湘军非和春、张国梁系的绿营可比，首脑善谋能断，兵将也和太平军初起时一样勇敢不怕死，要是他们包围天京，解天京之围就相当困难了。

这正是李秀成无论如何要从速西征的根本原因所在。在他看来，自击破江南大营和建立苏福省之后，下游再无可虑，可虑者就是上游，也就是以安庆为核心的安徽。此次假使能够通过西征保住安徽，局势尚不致太过危险，若西征不成功，太平军在安徽的势力难以稳固，则天京将再次被围乃至失陷。

李秀成为此恳切地向众人提出忠告："众位王兄王弟，凡有金银，切勿存留，全都要拿来买米粮，买得越多越好，切记，切记。"

而后晋见天王，李秀成又将他的这番分析原原本本地做了陈述，谁知天王仍然横竖听不进去。

洪秀全等人当年为了凝聚人心的需要，依托所谓拜上帝教，编出了天父、天兄等各种名目。这本来无可厚非，从古至今，如此做过的人数不胜数，洪某不是第一个，也不是唯一一个，汉高祖刘邦不是还编过斩白蛇起义的段子，自封为"赤帝子"吗？

都属于迷信，但关键是你不能不把它当一回事，又不能太把它当回事。刘邦自斩白蛇起义后，并没有真把自己当成战无不胜的龙种，用来与项羽逐鹿争天下的依然是手中的三尺剑。洪秀全却迷信过深，弄假成真，竟然误认为有天父天兄保佑，就不必将政事办好了。

受到洪秀全特别信任重用的身边亲信，洪仁发、洪仁达贪鄙无能，洪仁玕在见识、学识上虽有过人之处，但执行力较差，而且说到底也不是一个敢于忠言直谏的人。他们不仅不能纠正洪秀全的一些荒谬想法和言论，反而加以附和，这样一来，洪秀全更加自以为是。李秀成不愿北伐，他便斥责李秀成贪生怕死，而且说："尔怕死，朕乃天生真命主，不用兵就能统一天下！"

既然不用兵就能统一天下，你还要我"扫北"干什么？李秀成简直无法与之交流，只得默不作声，听任其在那里胡言乱语。直到退出朝堂，他才长叹一声，然后让部下通知留京的文武重臣，务必加强天京城的防务，同时积极购买粮食。

在晋见天王之前，李秀成就已下定决心，无论如何要亲自率部西征。他估计此一去不会轻而易举就达成所愿，可能将耗时四百余日也就是一年多，但只要留京大臣们依言做好粮食储备，这段时间即便上游粮道被断，天京也不会为缺粮所困，完全可以支持到他回来。

鲍　膏

1860 年 10 月下旬，李秀成出天京经安徽太平府、芜湖、繁昌一路南下，主持南路军的西征。按照他的部署，南路军被分成四路，每路号称七八万人，对皖南湘军实施隔断包抄。

四路人马中，最重要的一路是李世贤一路，李秀成安排其自徽州进逼赣东，以求断绝江西接济湘军的粮道。自古兵马未动，粮草先行，若粮道被切断，湘军在敌众我寡的条件下是支撑不住的，但因为李世贤已去浙江，他这一路并未能起到应有作用，反而太平军所控制的休宁还遭到了鲍超、张运兰的会攻。九天后，李世贤才派部将自浙江回援休宁，可是又被鲍、张用围点打援的战术给杀得大败。

李秀成自带的一路负责由西面抄击祁门大营。就在鲍、张与太平军鏖战于休宁之际，他自芜湖疾驰南下，对黟县北部的重要关隘羊栈岭实施了突袭。防守羊栈岭的湘军抵敌不住，溃败而去，李秀成拿下羊栈岭，继而乘胜攻克了黟县。

黟县距祁门仅六十里，可朝发夕至。这一消息给祁门大营带来的震撼超过当初徽州、休宁的失陷，曾国藩已经写下遗书，同时帐悬佩刀，做了最坏的打算。

给力的还是鲍超，发现李秀成欲抄击祁门大营，他和张运兰即刻回援，在疾驰百余里后，一举收复黟县——回头来看，当初李世贤若不去浙江，或早一点折回皖南，从而牢牢地将鲍、张二军控制在休宁，使之难以及时回援祁门，战局发展就会出现完全不同于现在的模样。

次日，在休宁柏庄岭，鲍、张又与李秀成主力展开了激烈拼杀。这时鲍超的霆军已成为一支步骑合成的兵团，一众将官中，骑兵将领唐仁廉、步兵将领谭必达最为鲍超所喜爱。唐仁廉原本是杨岳斌的部下，后来才改换门庭投入霆军。此人身手敏捷，尤善骑马，在骏马飞驰时，他能从其背后一跃而上，还能稳稳地站立于马鞍之上，乃至“海底捞月”，伸手将地上细小的东西捡起来。谭必达不仅同样身手了得，而且能秉承鲍超的作战意图，对前线部队进行指挥调度，外界将这两员虎将放到一起，合称“唐谭”。

与李秀成主力作战，当然非派上唐、谭不可，同时还要尽可能地把二人的潜力都发挥出来。鲍超用的招数是小池驿之战时使过的那套激将法，他把包括唐、谭在内的众将都召到帐前，故意叹息着说："贼（太平军）这么强大，该拿他们怎么办呢？我鲍营里面看来找不到能对付他们的战将了，友军里的某某某或许可以，但也不知道他是否真有这个能耐。"

唐、谭一听马上不干了，还没打，你怎么就知道我们不行！二人当即请战，他们请战不是空口说说，而是立下了军令状，这也就意味着双方还没正式开打，霆军的前锋将士就已经激情四射，热血沸腾了。

与湘军中的其他部队不同，霆军的旗帜不绣字，只涂三个黑圆圈，太平军称之为"鲍膏"。霆军即将与敌作战时，旗手会举着大旗立于阵前，敌人未到近前，旗不动，前锋也不动。等敌人冲到近前，大旗挥动，唐、谭就会率领前锋像疯子一样冲上前厮杀，别的不说，就光凭那气势就能把对方吓一哆嗦。

除了驱动两员虎将外，鲍超还善于布阵。冷兵器时代的布阵并没有演义中所谓的七星阵、八卦阵、乾坤阵，实际是一种攻防的组织形式。鲍超布的是"二"字阵，他把部队分成两个层次，波浪式往前推进。推进过程中，他自己站在阵中，手持西洋进口的望远镜左右瞭望，看到某队退下来，就毫不含糊地示意左右持刀上前，砍下该队将官的首级。有时打着打着，看到哪边战局稍显不利，他马上让人到那里传话，说"鲍老子来了"。一听鲍超亲临，官兵们立刻振作起来，敌阵亦应声而破。

这不是李秀成第一次与鲍超对阵，在两年前的二郎河一役中就已经领教了霆军的威力，但他真正被对方打痛打怕，则还是始自于柏庄岭之战。十轮血拼下来，他竟然没有一次不吃败仗，十打十输，所部被杀得面无人色，乃至于士兵一看到黑膏旗就会惊骇涣散，越岭奔逃。

李秀成将霆军的作战特点归纳为"冲锋猛战"，令他十分忌惮。兵败羊栈岭后，他就取道前往江西，实际是放弃了直接抄击祁门大营的方案。湘军方面的解读是，李秀成从此怕了鲍超，不敢再与之较量。

曾铁桶

李秀成主持的南路军攻皖南、江西，最主要的目的还是想迫使皖北湘军南援，从而解安庆之围，但自从被曾国藩、曾国葆点醒后，曾国荃就完全明白了包围安庆的极端重要性，因此李秀成在长江南岸攻得越急，他围攻安庆的力度反而就越大。

曾国藩一共兄弟五人，曾国藩是老大，其后依次为曾国潢、曾国华、曾国荃、曾国葆。曾国荃虽是老四，但他在曾家兄弟姊妹中排行第九，所以曾国藩称他九弟，后来从军，便呼为“九帅”。

曾国藩早在京师做翰林时，就曾用一句诗概括四个弟弟的性情才干，其中对他这位九弟的评价甚高：“辰君平，午君奇，屈指老沅真白眉。”曾国潢生于庚辰岁，曾国华生于壬午岁，曾国荃字沅甫，曾国藩在诗中分别以“辰君”“午君”“老沅”指代，并且说要论天资，曾国潢仅中等，所谓“平”，曾国华上等，所谓“奇”，曾国荃的天资比曾国华还高，是“真白眉”。

“真白眉”的典故出自于三国马良。马良家也是五个兄弟，五人俱有才华名气，但以马良最为出色。由于五兄弟的字中都有一个“常”（马良字季常），马良又长了白色眉毛，因而乡里编有谚语“马氏五常，白眉最良”。

曾国藩创立湘军后，除资质平平的曾国潢负责照管家务外，其余几个弟弟都先后追随他参加了湘军。不过曾国荃从军较晚，这是因为之前湘军的战事都还比较顺利，曾国藩并不是非要弟弟们都出来襄助不可，曾国荃在从军前也从未去过湘军军营。

后来曾国藩在江西陷入了一段他军事生涯中最为迷茫困顿的时期，曾国荃觉得理应助兄长一臂之力，他打算募勇去江西征战，但又苦于缺乏饷银而无法成行。正好朝廷特诏黄冕为江西吉安府知府，由于吉安府县均控制于太平军之手，所以黄冕得到的其实是个空头衔，他如果想做实任知府，就必须先打下吉安。

黄冕是文官出身，打仗并非其专长，听闻曾国荃有奇才大略，就派人把他请去商讨攻防之策。曾国荃趁机提出，如果黄冕能帮他解决军饷，他愿意自建一军，“以赴国家之急”。

黄冕满口答应，随即向湖南巡抚骆秉章做了汇报，骆秉章同意按此办法实行。这样曾国荃便回乡招募了三千兵勇，所募兵勇多为罗泽南、李续宜旧部，并非新兵，稍作适应就能用于作战。因专为进攻吉安所建，故曾国荃的部队被称为“吉字营”。

众所周知，曾国藩是一个难得的帅才，但单独领兵作战却少有胜绩，曾国荃在这方面远胜乃兄，他和罗泽南、李续宾、李续宜等人一样，都可称得上是天生的将才。在率吉字营开赴江西后，他连克数县，很快打出了自己的声威。那时在江西各地作战的湘军将近两万，分别集结于吉安等几座城下。吉安也是这种情况，有包括吉字营在内的好几支部队用于进攻吉安，虽然他们之间实际处于平级地位，没有互相隶属的关系，但诸将都对曾国荃心悦诚服，自愿服从其指挥调度。

第二年，因为曾父病故，曾国藩偕曾国华先行还乡丁忧，曾国荃在交代完军事后也奔丧回家，他一走，吉安诸军群龙无首，谁也不服谁。眼看吉安军情紧急，时任江西巡抚耆龄忙召曾国荃赴吉安，并正式赋予他统一指挥吉安各军的权力。

吉安各军虽有多支人马，但每支兵力都不多，仅数千人而已，即便加一块也不足以靠兵员数量围困城池，强行登城仰攻又会蒙受惨重伤亡，为此曾国荃决定采取“长围久困”的战术攻克吉安。后者最早源自于胡林翼的武昌攻坚战，曾国藩获悉后大加赞叹，连夜致信麾下，要将领们加以学习和效法，此后它便成了湘军攻坚的常规战法。

战术都是一个战术，实际效果好不好，则取决于每个主将不同的实战能力。曾国荃因地制宜，他引流经吉安的赣江之水，在吉安城四周开挖出数条长壕深堑，壕外筑有墙垣，以部队列营固守，吉安城内的太平军屡次冲击都归于失败。

太平军又企图从赣江之上寻求突破，但曾国荃在赣江上下江面锁以铁链，而且砍了再放，使得太平军的船根本无法通过。实际上，就算船勉强通过，也难以登岸，因为曾国荃还在江岸边屯扎了名为“遮营”（或叫“长营”）的防守部队。

“长围久困”的缺点是耗时太久，曾国荃围吉安用了将近一年，但它的优点是可以有效切断敌军的接济，接济一断，守军意志就会动摇，伴之而生的是出现各种各样的问题。吉安守将李凤雅、翟明海素不相与，压力之下更是相互猜忌，曾国荃掌握到这一情报后便设了一个反间计，李凤雅果然中计，反戈相向，杀掉了翟明海。

当天晚上，李凤雅部乘舟强行突围，被湘军水师逐退，翟明海的余部立马迎上前复仇，其内部混战成一团，湘军乘机攻克了吉安。

吉安是太平军在江西控制的最后一座府城，曾国荃拿下吉安，标志着江西太平军的势力被完全肃清，他本人也在这一攻坚战役中初定奠定了名将的地位，人送大号“曾铁桶”。

唯懵懂足以成事

按照胡林翼的用兵原则和太湖战役中的成功实践，围点打援应以打援为主，围城为次，具体来说，如果你想用一万人围住一座城池，那么就必须留两万余至三万人打援，如此才能确保“满盘棋子皆是活着”。

湘军东征皖北，原计划是以曾国荃部围安庆，多隆阿部围桐城，李续宜、鲍超及金国琛、成大吉等部打援，但是在占领太湖后，胡林翼发现他实际没有这么多兵力用来同时围攻安庆、桐城。事实也是这样，随着曾国藩挥师皖南，鲍超部先从江北前往江南，后来随着皖南形势趋于危急，不仅李续宜部一度加入南援行列，连曾国荃也曾流露出要离开皖北的意图，这使皖北原本相对雄厚的兵力遭到一定削弱。若是当初处处合围，再受到城池牵制，还能留出多少打援兵力？

经过商讨，曾胡决定只围安庆，不围桐城，曾国荃部仍围安庆，多隆阿部则抽出来专用于打援。

曾国荃虽有“曾铁桶”之称，但“铁桶”跟“铁桶”不一样，攻克安庆的难度远非吉安可比，而且组成这批吉字营的万余兵勇都是新募之兵，在皖北湘军各部中属于弱旅，有不少人因此担心曾国荃将难以续写他攻城战得手的历史。

胡林翼本来就是把吉字营当弱兵使的，在他的概念里，打援比围点更重要，强兵要拿去打援，围点当然就只能靠弱兵了。不过他对曾国荃强调的却是另外一套，比如，“围师视剿兵较难”，围点比打援的难度高，围攻安庆非君不能胜任。比如，“自古以来，唯强兵可以力及三面，公（曾国荃）乃力顾四面”，又比如，“非强将如亚夫（指西汉名将周亚夫），断不能如此坚定”。

在胡林翼写给曾国荃的信中，充斥着此类话语，其用意无非是为了给曾国荃加油打气，以增强对方的自信心，但其中有些话不免有过度吹捧之嫌，曾国荃被弄得有点不好意思，连忙说自己不过是弱兵弱将，当不得如此高的评价。胡林翼则说曾国荃太谦虚——人不能太谦虚，过分的谦虚就显得虚伪了！

曾国荃诚然不是弱将，但吉字营是弱兵这一事实却无法遮掩。以弱兵围城，怕就怕外围敌援兵过于强大，连阻援部队都挡不住，结果来个反包围，把他们给困在城下，江南大营两次被太平军击破于南京城下，便足可为前车之鉴。曾国荃在攻城时不可能完全没有这种心理阴影，胡林翼教给他的方法是要学会“懵懂”。

过去有兄弟两人，弟弟迷信，哥哥不迷信。连续几年过去，兄弟俩都没碰上什么倒霉事，弟弟就犯嘀咕，心想既然哥哥不迷信也活得好好的，为什么我不能像他一样，活得洒脱些呢，自此他就不再给神灵上供了。

某日，弟弟忽然在路上碰到了神仙。神仙很生气地责问他为什么对自己不敬，弟弟说：“我是跟我哥哥学的，你们神仙为什么只管我不管我哥哥？”神仙解释道：“你哥哥懵懂，我们仙界怕懵懂，不得不躲着他走。你跟他不一样，你向来头脑清楚，是怕我们的，怎么可以不循常规失了礼数？”

“懵懂”者，迷糊也。胡林翼绘声绘色地给曾国荃讲了这段故事，他的意思是说要做大事不能瞻前顾后，适当迷糊一下是必要的，否则就什么事都干不成，“天下人，唯懵懂足以成事”。

胡林翼借此启发曾国荃，要拿下安庆，必须把所有顾虑抛在脑后，包括可能被敌援兵反包围的后顾之忧，一门心思用于围攻，这样最终他才能大功告成。

胡林翼这么说，曾国荃也就这么做，他在安庆城下开挖内外两条战壕，内壕用于封锁城内守军，外壕用于阻击可能接近安庆的敌援兵，所取战术正是费时较长但又确有成效的“长围久困”。

与此同时，多隆阿率部开赴桐城地区。和鲍超一样，多隆阿是个一天不打仗就手痒痒的人，曾胡让他作为机动兵力，只需负责阻援，他却屡次发起进攻桐城之役，部队多有伤亡。

曾胡闻讯坚决反对。由于多隆阿不是曾国藩的嫡系战将，所以曾国藩只能将他的反对意见写在给曾国荃的信中，也警醒弟弟在围城时要保持足够耐心，不要像多隆阿一样盲目攻城。

直接敲打多隆阿的主要是胡林翼。他频频致信多隆阿，明确指示“扒城之议，决不可行”，并且说这是他多年来对战场上失败教训的总结，如果湘军作战时再不改进战术，重复以往犯下的错误，“则贼匪（指太平军、捻军等）终无平定之理”。

经过屡次训诫，多隆阿终于认识到自己的错误，他下令撤退攻城之兵，并与桐城太平军脱离接触，转而进驻于桐城西南的挂车河一线。

最好消息

挂车河的南面为青草塥，这是当地土特山货的集散和贸易市场，有“小安庆”之誉，曾胡将曾南下救援祁门大营的李续宜部调到青草塥，为的是配合多隆阿监视来援敌军，同时切断安庆与桐城、庐州太平军的联络。

多隆阿原先与鲍超不合，为了调解二人的矛盾，曾胡费尽了心机，如今多、李配合，李续宜在湘军中的地位并不亚于鲍超，他们之间会不会也闹得不可开交？结果证明是多虑了，多、李相处极其融洽，李续宜晚上甚至还住在多隆阿帐中，并不回自己的营房，虽然两部驻地其实离得很近。

究其原因，多、鲍不合，除了争功外，也可能因为他们都是性格耿直的武人，说话做事直来直去，不会绕弯子。李续宜身为儒将，知书达理，明晓是非，该坚持的坚持，该谦让的谦让，反而更容易与多隆阿搞好关系。

不管怎样，多李团结是曾李最希望看到的。胡林翼告诉曾国藩：“希与多之和睦，如一鼻孔出气……亦奇境也。”曾国藩获悉后也十分高兴：“希帅与多公和衷，此最好消息。”

作为第二次西征的主要发起人，陈玉成其实很早就已率领北路军进军皖北，部队的出发时间尚在南路军之前，但由于沿途发生了其他战事，他们在行动上一再迟误，以致未能在南路军进攻皖南时与之形成联动。

1860 年 11 月下旬，北路军到达桐城，和上次太湖战役一样，这支大军仍由粤捻联军组成，浩浩荡荡达十余万人。陈玉成的核心目标当然是解安庆之围，但要免于腹背受敌，就必须首先解决多隆阿，为此他一到桐城，就立即在挂车河等处筑成营垒四十余座。

第二天，多隆阿属下亲兵侦伺到了这一动向。多隆阿闻报，料定太平军大队援兵已到，便抢先在挂车河西岸扎营，陈玉成亦列阵于河东，双方形成了对峙局面。

犹如鲍超与李秀成，多隆阿和陈玉成也不是初次交手，在两年前的宿松之战中，陈玉成就败于了多隆阿。不过胜败乃兵家常事，而且此次陈玉成一者占有绝对的数量优势，二者来势汹汹，对解安庆之围志在必得，完全存在将多隆阿一把掀翻的可能。

只是多隆阿并不是这么容易被掀翻的。和李元度宽纵部下不同，多隆阿治军严厉，但对部属非常体恤爱护，平时亲自慰问伤员，乃至用自己的马从战场上抢救伤员。他治军多年，所得养廉银分文不取，全部都用于犒赏有功将士和抚恤死伤者。虽然多隆阿部的主体为北方部队，在南方作战面临着生活难以适应等各种问题，但看到多隆阿待他们这么好，军人们也就没有什么怨言了。

挂车河首战，多军极其顽强，陈玉成率部打了整整四个小时，都没法占得上风。这时，多隆阿又突然派出了骑兵。

多隆阿部的老底子是黑龙江骑兵，原先属于僧格林沁所辖蒙古骑兵的一部分。在第二次鸦片战争中，蒙古骑兵没能扭转战局，那是缘于英法联军火力过强以及战术运用不当，而当这两个因素得到改观后，其机动性和冲击力便重新拥有了施展的空间。

太平军被中途闯入的骑兵断为几截，顿时阵脚大乱，陈玉成赶紧下令退兵入垒。这一战太平军阵亡兵员就达千余，陈玉成挨了当头一棒。

次战，陈玉成避开多隆阿，对李续宜部发动了突袭。谁知李续宜部为湘军中攻守兼备的一流劲旅，且同样处于以逸待劳、以静制动的主动地位，太平军在他们身上也难找到便宜。多隆阿与李续宜联系紧密，闻报亲率骑兵驰援，两军协力夹击，再次击败了陈玉成。

两战全胜，令多隆阿信心大增，经与李续宜会商，两人决定同时出兵，对太平军进行两面夹击。1860 年 12 月 10 日，多、李两军倾巢而出，一时间，刀枪飞舞，血流成渠。当天，太平军的四十余座营垒被全部攻破，所部伤亡惨重，出现了大溃败的景象。陈玉成不得已率部退入桐城，捻军亦退入了庐江。

按照陈玉成和李秀成商定的西征计划，直接救援安庆本来也并不是首选，原方案是围魏救赵，进攻湘军后方基地湖北，从而减轻安庆压力乃至迫使湘军撤围。挂车河战役不仅重创了江北太平军的有生力量，也使陈玉成明白了要想直接解安庆之围有多么不易，于是决计执行原方案，进军湖北。

楚　军

陈玉成如今和李秀成已有了点同病相怜的意思，两人一度都想走捷径，但都没走成。湘军中有一个说法，陈玉成最怕多隆阿，李秀成最怕鲍超，虽然并不一定是当事者的真实感受，但陈李对多鲍，战场上总是胜少败多，却是一个不争的事实。

兵败羊栈岭后，李秀成不再试图抄击祁门大营，而是改道进入江西，实际脱离了皖南的主战场，其原因据分析，可能是为了接应脱离石达开北上的太平军汪海洋部。

与此同时，南路军的其他几路部队并没有放松对祁门的围攻。1860 年 12 月 15 日，杨辅清、黄文金攻占建德，切断了祁门大营与皖北曾国荃、多隆阿等部的联系。至月末，黄文金率部攻占江西彭泽，从西面夹击祁门，李世贤则从东面的休宁逼近祁门。通过这一系列组合拳，太平军对祁门形成东、西、北三面围困之势，祁门大营的外围门户仅剩下了南面的景德镇。

曾国藩就任两江总督后，在南昌设置总粮台，使江西成为湘军的又一后勤基地，皖南湘军的粮饷也全部来自于江西。这些粮饷都必须通过景德镇转运祁门，因此景德镇既是祁门大营的门户，同时也是皖南湘军的生命线。

驻守景德镇的是左宗棠。当初左宗棠从宿松动身回湘，主要是为了看望生病的儿子，回湘募勇仅是一个名义，因为当时咸丰虽已为他“昭雪”，但对于如何使用，尚未给出一个较为明确的说法。没想到左宗棠抵达长沙后不过三天，新的谕令就到了，朝廷授其以四品京堂候补，命他随同曾国藩襄办军务。这让左宗棠喜出望外，随即便正式在湖南组建军队。

左宗棠建军的思路独树一帜，与曾国藩的湘军区别开来。过去有两支湘籍武装，外人都统称为湘军，但它们与曾系湘军并不是一码事，这就是江忠源和王鑫的楚军。江忠源的楚军早就不存在了，王鑫的楚军在王鑫生前一直留在湖南，不受曾国藩节制，称为老湘营，左右老湘营的是湖南巡抚骆秉章，幕后实际是左宗棠。王鑫死后，老湘营始归曾国藩节制，比如张运兰就是老湘营出来的一员大将。

左宗棠回湘募勇时，长沙尚留有老湘营旧部一千四百人，左宗棠将他们全部予以收纳，并沿袭老湘营从前的称呼，将自己的部队命名为楚军。

除了老湘营旧部，左宗棠还在湖南全省进行招募，这也与曾系湘军完全不同。曾国藩及其湘乡籍的亲近将领主要只在湘乡募勇，但左宗棠认为湘乡不过一个县，大家都扎堆在一处招兵买马，难免会出现供小于求的现象，也不可能有这么多的合格勇丁供人挑选。集中于湘乡募勇的另一个弊端，是前方一旦吃了败仗，消息会迅速传开，对士气的影响太大，过去湘军惨败于三河之役，就发生过这样的问题。

左宗棠将募勇范围从湘乡扩展至长沙、郴州、沅州、湘阴等各个府县，依靠他两入湘幕的威望，仅用一个多月时间，就选募了三千五百余名勇丁，使楚军总数达到近五千人。

此时石达开正在贵州活动，并有进入四川的动向，朝廷曾打算调左宗棠督办四川军务。胡林翼劝左宗棠，若没有川督之类的实衔在身，楚军入川光军饷就无法解决，难以建功。左宗棠自己也不愿入川作战，他向曾胡表示："我志在平吴，不在入蜀。"

朝廷随后改派骆秉章入川，左宗棠则率楚军向江西开进。左宗棠虽然早就指挥军事，但亲自带兵打仗还是第一次，又是出省作战，激动之余也不无忐忑，他在家书中说："我此去要尽平生之心，轰轰烈烈地干一场，但就是不知道最后能否如愿。"

楚军出省时，正值皖南如火如荼之际。左宗棠先入江西，再入皖南，先是驰援祁门大营，接着又奉曾国藩之命驻军景德镇，不仅要全力确保祁门大营后路及粮道的安全，还要兼顾江西，肩上担子不可谓不重。

楚军的训练时间不长，照理一开始的实战表现不会太好，但老湘营的那一部分兵勇本来就是有作战经验的老兵，与此同时，左宗棠又改变了湘军多用儒生、文员带兵的传统，楚军营官多用武人，选择标准是不需要有多高的文化或者功名，只要在战场上敢拼命能打硬仗就行，这使得楚军虽是新军，但具备着一定的战斗力，且完全听命于左宗棠的指挥。

左宗棠驻军景德镇后，曾主动出击，攻占德兴和婺源两地。他本来还想配合祁门湘军夹击徽州，因黄文金连陷江西数县，进逼景德镇，才不得不退回景德镇御敌，这说明楚军在当时已至少能起到张运兰部那样的作用了。

挺　经

对于景德镇的战略地位，湘军和太平军都心知肚明。自 1861 年 1 月 5 日起，黄文金率两万余人猛扑景德镇及其北面的浮梁县城，左宗棠压力很大，某次在浮梁苦战时，甚至逼得他把假的“鲍膏”都使了出来。

在皖南湘军被太平军压着打的那段时间里，不少将领都怕与太平军作战，听到太平军逼近，能紧张到两腿发抖。鲍超的霆军不同，三天关在家里不打仗，人人心急火燎，难过到要满屋子打转。明着得不到作战机会，他们有时竟然收起自家的黑膏旗，假借友军旗帜出去打仗。与之对打的太平军只要接战时间稍长，就感到不对劲：怎么不管我们如何施压，对方不仅不撤退，反而越打越强呢?

有人大叫一声：“这还是那个鲍妖军！”于是连忙撤兵逃走了。

发现霆军竟具有如此大的威慑力，其他友军遇到危急情况时，往往都借钟馗打鬼，用假的黑膏旗来吓唬太平军。左宗棠在浮梁用的就是这个办法，而且果真吓退了敌军。

几天后，鲍超奉曾国藩之命增援景德镇。如假包换的真霆军一到景德镇就想大打出手，但由于天气恶劣，雨雪连绵，拖了一个多月，霆军才在楚军的协助下，与太平军会战于洋塘。在洋塘会战中，黄文金部被杀得大败，黄文金本人也受了伤，湘军连夺建德、彭泽，黄文金自此被迫退守芜湖，无法再参与皖南、赣北战事。

鲍超作为皖南湘军大杀四方的主力选手，其一举一动都会引起敌方关注。得知鲍超赴援景德镇，祁门大营兵力单薄，太平军刘官芳等部乘虚而入，从北面分两路南下，一度进逼历口。

历口与祁门相距不足一日行程，祁门大营面临着和上次李秀成攻克黟县时几乎一模一样的险境。鲍超显然已经来不及回援，但太平军也低估了祁门湘军的实力，在曾国藩的部署下，他们采取伏击战等方式击退了太平军，祁门再次得以转危为安。

这一时期的形势，如曾国藩所言是“奇险万状，风波迭起，文报不通者五日，饷道不通者二十余日”，但曾国藩一如既往地保持着镇定。有一天他甚至忽然想到，皖中有很多经学大师，在这样颠沛动荡的岁月里，恐怕生命安全都难以得到保障。于是他派人四处打听，如果大师还活着，便亲自写信，邀请对方暂入自己的幕府，以资保护，如果已经不幸去世，则对遗属进行抚恤，同时寻找和收藏大师的遗著。

曾国藩能够具备这样良好的心理素质，不是天生如此，其实也是不断自我修炼、自我要求的结果。李鸿章曾经说过，曾国藩有一部秘传心法，名为《挺经》，他的老师之所以能挨过其军事生涯中的那些惊涛骇浪，胜利抵达彼岸，靠的就是《挺经》。

有一家人，老翁要请贵客来自己家里吃午饭，一大早就吩咐儿子，让儿子到集市上去买菜蔬果品，可是都快接近中午了，他儿子还没回家。老翁着急了，就亲自跑到村口去看，只见在离家不远的地方，儿子挑着菜，正在田埂上和一个担夫对峙着，彼此都不肯相让。不知道出了什么事

见此情景，老翁忙上前替儿子给担夫说好话："老哥，我家中有客，等着烧菜做饭。能不能请你往水田里暂避一步，待他过来，你老哥也可过去，岂不是两便么？"

担夫："你叫我下水，怎么他下不得呢？"

老翁解释道："他个子矮，站到水田里就怕担子被浸湿了，食物会坏掉。你老哥个子高些，可以不至于沾水。因为这个理由，所以请你避让。"

担夫还是不愿意，说："你这担内，不过是菜蔬果品而已，就是浸湿，也还可以将就用。我担中都是来自京广的贵重货物，万一浸水，便一文不值。这担子身份不同，安能叫我避让？"

老翁没法说服担夫，只好挺身上前："来，来，既然这样，便如此办理：待我老头儿下了水田，你老哥将货担交付于我，我顶在头上，请你空身从我儿旁边岔过，再将担子奉还，何如？"说着话，当即俯身解袜脱履。

担夫见老翁这样，反倒过意不去了，一边下田避让，一边说："老丈既然如此费事，我就下了水田，让你们的担子过去。"

这便是李鸿章日后对曾国藩的孙女婿吴永说的一段有关《挺经》的故事：老翁挺身上前，使得一场纠缠不清的纠纷得以化解。

据李鸿章说，《挺经》共十八条，此为开宗明义的第一条。后世坊间虽有《挺经》的多种版本，但一般都认为是伪书，只有李鸿章闲聊时提及的这一条具备明确出处。

又向祁门走一回

还在东征安徽之前，曾国藩曾在日记中自作一联云："养活一团春意思，撑起

两根穷骨头。”这说明，对于前方可能遇到的艰难险阻，当事人已经做好了思想准备，然而在真正进入局中之后，“穷”的程度仍然远远超出了他的想象。

实际上，以祁门两次遇险为标志，曾国藩所遭遇到的，是他自江西困顿之后最为艰难的一个时期。他在给胡林翼的一封信中这样形容自己的处境：“盖无日无虎尾春冰之惧也”。

每一天，我都像是跟在老虎屁股后面，随时面临着被老虎反噬的危险，又像走在春天即将融化的冰河之上，不知道脚下的薄冰什么时候会裂开，使我溺水而亡。

处于这种巨大的忧患之中，曾国藩能够依仗的精神武器，或许就是《挺经》。挺者，坚忍也，如同故事中那个老翁，不管外界给予的压力有多大，也不管自己内心如何煎熬，他能做和必须做的，都是“竖起骨头，竭力撑持”，咬着牙坚忍地硬挺下去。

曾国藩的坚忍很快又为他换来了报偿。1861 年 3 月 19 日，祁门湘军与太平军刘官芳等部会战于休宁上溪口，太平军落败，两天后湘军收复了休宁，祁门更得保障。

祁门战场如同走马灯式的局势，也让当地绅民眼花缭乱，当然他们只能是外行看热闹，通过表面现象来解说胜败。比如曾国藩刚刚在祁门扎营的时候，军容雄壮，乡民们就说祥瑞来了，还有的甚至说是“岁星临祁门”。等到徽州失陷，祥瑞马上变成了灾殃，大家都说祁门是凶险之地，根本不能住人。

接着湘军在洋塘、历口、上溪口连续打了三个胜仗（洋塘之战为霆军在景德镇大败黄文金，历口、上溪口之战为祁门湘军击败刘官芳），立刻，在众人口中，祥瑞又回来了，而且仍是“岁星临祁门”。曾国藩忍俊不禁，遂赋打油诗一首：“天上岁星也起霉，掉头一去不归来。忽闻打破上溪口，又向祁门走一回。”

在援救景德镇的洋塘之战中，霆军起到了无可替代的作用，但不久因皖北形势紧急，鲍超率霆军北援安庆，这使曾国藩失去了手中唯一可震慑敌方的机动兵力。在霆军走后，李世贤乘势杀入皖南，他首先攻占婺源，继而击退了前来援救婺源的楚军。曾国藩闻报，急调陈大富部接防景德镇，但陈部也在李世贤的猛攻下全军覆灭，景德镇随之丢失。

景德镇落入太平军手中，使得江西通往祁门的粮道完全断绝。曾国藩忧心如焚，夜不能寐，与众将商议后，决定攻取徽州，另行开辟一条通往浙江的粮道。

如果湘军能攻占徽州，则祁门、黟县、休宁三县都可得到从浙江运来的饷米补给，如若不然，三县均不能守。曾国藩对徽州之战极其重视，不仅亲赴休宁督战，而且动员了九千湘军参战，可是他没想到的是，湘军出师不利，被徽州守军迎面扇了个大巴掌。

徽州守军这次能够打败湘军，不是如以往一样依靠数量优势或狠劲，而是在军械上做到了更胜一筹。

直到 19 世纪中叶，“战争依靠的是人而不是武器”的观点仍流行于中国军队，真正认可西方武器的中国军人很少。北京的火器营照例应该最注重火器等特种武器的使用，但连他们对弓箭训练的重视程度也远超枪炮，出自于火器营的湘军名将塔齐布在战场上就基本不用枪，用的都是长矛和强弓。太平军方面同样如此，西方观察家注意到，太平军的士兵常常有“一种对刀剑……的渴望，似乎对枪炮不感兴趣”。

与此同时，西方国家的中立政策也实际限制了清军和太平军对西方武器的接受和使用。英法等国不仅禁止武器运往交战双方，而且也阻碍双方获得外籍军事人员与技术援助，这样一来，清军和太平军即便得到武器，也存在不会使用保养或者毁坏后难以修复等难题。

不知天意如何

变化是从太平军一方首先开始的。让太平军改变的不是某个将帅的主观意志，而是战场上的严峻形势，换句话说，一旦他们意识到与敌人势均力敌，无法进行碾压，就会思考战争手段的改进。

装备洋枪洋炮最具立竿见影的效果，同时对于长期在东南沿海活动的太平军而言，武器也并不难获得。虽然西方国家限制武器出口，但商人重利，上海、香港等地都有许多与太平军做军火交易的军火商和走私者，有时甚至部分驻华英军因经费不足，也会偷偷将部队的军火与装备卖给太平军。

1859 年底，胡林翼向朝廷奏报，太平军杨辅清等部“施放洋枪，子落如雨”。这是太平军在战场上使用洋枪的最早记载，说明太平军已经放弃原有的落后观念，开始逐步装备洋枪，而当曾国藩指挥所部进攻徽州时，驻守徽州的太平军大部分使用的都是新式洋枪。

对付拿着刀箭长矛和鸟枪、抬枪的湘军，新式洋枪优势尽显，湘军两攻徽州均以惨败告终，湘军士气受到沉重打击，太平军则气势大长。

看到短时间内攻克徽州、景德镇无望，粮路不知何时才能打通，大家全都慌了。曾国藩的幕友们多为文人，更是议论纷纷，对曾国藩进言说祁门处于万山丛中，一旦被太平军攻入，实为绝地，不如退至东流。

东流濒临长江，可兼顾南北两岸，换句话说皖南这里顶不住，还可以逃到皖北去。曾国藩却拒绝撤往东流或移营别处："我初次进兵，倘若遇险即退，以后的事还能寄予希望吗？我可以断定，只要我离开祁门一步，就可能死无葬身之地！"

他发誓要与祁门共存亡。众人说"涤帅（曾国藩）"你任重道远，决不应该殉身于祁门。曾国藩听了笑道："何根云（何桂清字根云）去常州时，大约左右亦如此说。"

太平军进军苏常时，与前两江总督何桂清交好的浙江巡抚王有龄曾去信给他，让他不要离开所驻节的常州，因为何桂清身为守土有责的封疆大吏，"一举足则人心瓦解"。可是何桂清贪生怕死，仍然选择弃城而逃，事后不仅弄到身败名裂，也终究未能保住自家性命。

曾国藩话里的弦外之音是：你们非要劝我撤出祁门，莫非是要我走何桂清的老路？

此言一出，众皆默然，无言以对。

这时有人倒羡慕起了李鸿章，瞧瞧人家，走的都是时候！幕友程尚斋有气无力地对曾国藩的老友欧阳兆熊说："死在一堆如何？"幕友们一听都心领神会，大家暗暗地将行李置于舟中，准备一旦情况危急，就赶紧坐船逃命。

曾国藩对这一切都看在眼里，但他依旧神色不变，每天除了处理公务外，还下下棋，写写字，坚定从容的样子简直让部下幕僚们不敢相信。

其实那个时候的曾国藩比谁都更灰心，比谁都更绝望。在听闻徽州兵败的当天晚上，他"浩然长叹，不知天意如何"，第二天白天一件事都干不了，晚上还噩梦连连。

在曾国藩的军事生涯中，有三次经历最让他丧魂落魄，除了湘军刚刚出山时的靖港之战、水师溃败的鄱阳湖之战外，就数这次的祁门之战了，而祁门之战给曾国藩造成的打击，又超过了前面两次。在给曾国潢、曾国荃的信中，他忍不住失声惊呼“万难支持”“旦夕不测”。

在一种绝望心情的支配下，曾国藩给家里寄去了两千余字的遗嘱，遗嘱中自怨自艾：“行军本非余所长，兵贵奇而余太平，兵贵诈而余太直，岂能办此滔天之贼？”他觉得从军之路太过艰辛凄惨，因此还嘱咐儿子们一心读书，以后不可从军，也不要做官。

另一方面，曾国藩非常清楚自己的职责和使命，他是一方统帅，在敌军进逼之际，哪怕内心再灰心再绝望，在部下和士卒面前，也必须表现出坚忍和镇定，也必须“打脱牙齿和血吞”。这就是《挺经》的真谛！

一天，曾国藩忽然传下令来：“贼（太平军）势如此，有打算暂时离开的，支给三个月薪水，事平后仍可以来营，我不会介意。”众人心思被点破，不禁既感动又惭愧，谁还好意思再议论逃离的事？祁门大营的人心反而安定下来。

就在曾国藩几乎要坐以待毙的时候，左宗棠卷土重来。左宗棠在指挥军事上有一个突出的优点，即对军事地理学造诣很深。清初顾祖禹写过一部《读史方舆纪要》，被称为军事地理学上的“千古绝作”，左宗棠十八岁时就读过这部大作，其他地理名著也读了不少，因此他打仗很注重借助地形。景德镇一战后，楚军败退至乐平，乐平城久已坍废，但左宗棠利用此地背山面河的有利地形，不仅使本部在休整中恢复了战力，而且连续多次击败李世贤所属的部队。

正向祁门进军的李世贤战略眼光欠缺，闻听所部败于乐平，他居然放弃了可直捣祁门的大好机会，掉转头向乐平发动全力猛攻。左宗棠依旧在地形上做文章，他在乐平城东南掘外壕十余里，引水塞堰，并设下伏兵。李世贤一来就中了埋伏，李部号称十万，却被六七千人的楚军杀得大败，这是左宗棠自宝庆保卫战后创造的又一经典战例，楚军也由此知名，成为湘军中的一支劲旅。

乐平之战把一度威风凛凛的李世贤给打回了原形，他被迫向东撤退。左宗棠乘势收复景德镇等地，在重新恢复祁门粮道的基础上，进一步巩固了祁门后路。曾国藩大喜过望，在家书中说：“凡祁门之后路，一律肃清，余方欣欣有喜色，以为可安枕而卧。”

第六章

胜天半子

自移师皖南以来，祁门大营不仅处于太平军大范围的四面包围之中，而且数次受到直接的严重威胁，这让曾国藩开始认真考虑此地是否适宜作为大本营驻扎地。曾国荃给他写信，认为祁门乃偏隅之地，格局太小，应“出大江规全局”。曾国藩觉得很有道理，遂决定移营东流。

同是移营，危急时移营与局势略定时移营，在意义和价值上是完全不同的。曾国藩称之前不肯移出祁门为“固执之挺经”，如今移营东流，则是“通融之挺经”。一句话，不看周围的人怎么说，就看当时当地，值不值得、需不需要那样去做。事实也是如此，东流位于江岸之上，曾国藩移营东流后，与水师联络，协调南北两岸的作战都变得更为方便了。

曾国藩在皖南如此艰苦撑持，毫无疑问是为了让胡林翼能够集中湘军主力，更好更快地取得安庆战役的胜利，但就在这段时期里，他的老搭档其实也正如坐针毡。

笨人下棋

曾胡在发起东征时，对整个战役计划做了精心部署，并分出了一二线，其中第一线是安庆、桐城及祁门一带，第二线是湘鄂交界的大别山各要隘。不过这一部署存在着一个致命弱点：湘军的主力部队几乎全都被集中到了第一线，湘军本身兵力不多，这样一来，第二线便只剩下了成大吉、余际昌等寥寥几支部队。

据估计，集结于皖北的水陆步骑各军在极盛时超过了六万。很多人事后批评胡林翼得安庆之心过于急切，把重兵都调到了皖北，致使后方空虚，犯了兵家大忌。实际上，胡林翼对这种情况是有心理准备的，可以说是有意为之。按照他的观点，“进兵求战，约不过五六分可靠便应放手放胆”“兵事怕不得许多，算到五六分便须放胆放手，本无万全之策”“若处处设备，即十万兵，无尺寸之效”“处处设备，必致处处无备”。也就说，胡林翼在做出进兵皖北的部署时，就预料到要冒一定风险，可是为了集中兵力，他又认为这个险完全值得一冒。

如果说胡林翼排兵布阵是不得已而为之，而且已经提前预估了风险和收益，大营前移却实实在在是犯了一个冒进的错误。胡林翼的大营本来设在英山，此处距鄂东重镇黄州不足两百里，又为大别山要隘，犹如一面屏障，可以对第二线起到加强和巩固作用。可是在陈玉成西征后，为了支援和指挥第一线的作战，胡林翼临时将大营迁到了太湖，第二线由此变得更加薄弱。

1861 年 3 月 6 日，陈玉成率部大举西进，守卫安徽霍山的余际昌部进行抵御，但太平军自黑石渡绕迂回至敌后，余部大败，七营人马被歼了四营。

霍山之后是英山，由于胡林翼大营已经前移，英山没有兵勇，太平军不费吹灰之力便予以占领。从英山到武汉，沿途各府县均无兵守卫，不过是在唱空城计而已，太平军如果要攻取它们同样是轻而易举，如同摧枯拉朽般容易。

消息传至胡林翼的太湖大营，胡林翼大惊失色，他万万没有想到陈玉成能够如此迅速果断地奔袭其后方。眼看着风险和收益将严重不成比例，他一边叫苦不迭，痛骂自己“笨人下棋，死不顾家”，一边向曾国藩表示，是自己谋划不周，愿负其罪。

奉胡林翼之命，原驻扎于青草塥的李续宜部急忙回援湖北。李续宜出发不到两天，陈玉成却又假冒湘军旗号袭取了黄州府。黄州是湖北重要的财赋之区，地丁漕粮征额几乎达到全省的二分之一，有“黄州钱漕半一省”之称，同时它东距大别山，西至武汉都不过百里，为武汉外围的军事要地。

黄州被攻破，使得整个湖北为之震动。恐慌情绪迅速蔓延于省城，老百姓争相逃避，胡林翼的夫人当时住在省城，也赶紧带上他们夫妇过继的儿子逃难。短时间内，各粮台、军火总局全都人去屋空，总管粮台的阎敬铭号令不灵，愤极之下欲上吊自杀，虽然最后没有死成，但也几乎断气。

城中秩序变得极其混乱，监狱里的囚犯纷纷闹着要出来。一些社会上的人也极力渲染太平军即将入城的消息，试图从中作乱，有的甚至已经开始公开抢劫。幸而湖南布政使唐义渠颇能沉得住气，他带队巡察全城，并亲杀数人，城内秩序这才稍稍稳定下来。

得知武汉已呈瓦解之势，正卧病在床的胡林翼既惊又悔，大口吐血不止，连连哀叹：“临死而得罪一省之官民，何颜复立于人世哉！”其间，他三次向水师救援，一天之内连发四次急信给李续宜，说：“贼（太平军）入黄州，恐日内又假冒官兵，分兵掳船渡江，扰入武汉矣！”

无论湘军水师还是李续宜部，抑或本来就留守湖北的舒保部，都还没能够赶到武昌。汉口没有城墙等防御工事，武汉守军仅有两千余步兵和数百骑兵，防卫力量极其薄弱。太平军只要继续西进，不仅汉口唾手可得，即如武昌、汉阳也不难迅速攻下。

事实上，太平军先头部队已进至距汉口不过四十里的滠口，但陈玉成并未抓住这一大好战机，指挥主力直捣武昌，而是在前锋部队小挫于滠口之后，即游移不前。

按照《天津条约》和《北京条约》规定，汉口、九江均为中方所增设的对外开放商埠。英国驻华海军司令何伯沿江察看商埠，行至汉口，得知太平军已攻占黄州，并有进一步攻取武汉的迹象，他忙派参赞巴夏礼前去黄州会见陈玉成。

见到陈玉成后，巴夏礼强调英方在汉口有商业利益，要求太平军不要攻打武汉。陈玉成听后，居然一口答应放弃进攻武汉，接着便分兵攻向湖北腹地的其他府县。

要不要撤围

李秀成在上海战役中吃过英法联军的大亏，导致太平军对洋人普遍有所忌惮，这应该是巴夏礼哄骗和恐吓之术能够得逞的一个原因。除此之外，由于李秀成没有及时赶到，使得太平军无法对武汉实施钳形攻势，而陈玉成又缺乏单独进军武汉的足够信心，则是不容忽视的另一个原因。

李秀成是第二次西征计划的主要制订和发起人之一，本应与陈玉成达成高度默契，但他此次入赣，主要着眼于扩充自己的武装，即先接收原石达开旧部和江西当地的起义军，之后再借道江西入鄂，接收湖北的起义军，与陈玉成协同配合反而被放到了次要位置。

孤军深入和部队滚雪球一般地不断扩大，迫切需要李秀成通过一路攻城略地来获得补给。与此同时，为保障皖南湘军的粮道，左宗棠被牢牢牵制于景德镇一带，江西内地各府县力量薄弱，李秀成想打哪儿就打哪儿，肆行无忌，哪里还能够如约进军湖北？否则的话，李陈联手，武昌可能早就拿下了。

李秀成是太平军少有的具备大局观的将领，他违背天王意愿，打着接收赣鄂起义军的由头，执意主持南路军的西征，其实更多的出发点还是要解安庆之围。孰料打着打着，竟真的舍远略就小利，丢了西瓜捡芝麻，与初衷背道而驰，从中亦可见太平军在统一指挥、团结作战方面存在着多么严重的弊端。

既然本身对攻取武汉就没有把握，陈玉成也就乐得答应洋人，送对方一个顺水人情了。可是接下来的事实证明，他的这一决定是个不折不扣的下策，太平军虽然分兵攻取了德安、孝感、随州等地，但只要武昌不丢，对湘军就无法造成足够的震撼，也根本无法再牵制和调动其在安庆的部队。对于这一点，李秀成看得很是真切，他叹息道："英王错了，这样做只会使安庆之围更加坚固，他（指湘军）有水师可济饷，安肯救此不急之城？"

陈玉成的分兵为湘军回援武汉赢得了足够的时间。先是李续宜的步兵与舒保的骑兵绕道抵达武昌，使省城防务得到大大增强，随后湘军水师彭玉麟部、从援川军中截留来的湘军刘岳昭部四千余人也双双回援到位，从而进一步增强了湘军在湖北的实力。在这种情况下，陈玉成再不可能像刚入湖北时那样如鱼得水了。

其实退一万步说，就算是陈玉成当时不惜一切代价，舍“不急之城”而攻武昌，甚至顺利地把武昌拿下来，湘军也不会撤去安庆之围。

围绕要不要撤围，曾胡此前已进行了紧急磋商。胡林翼确实有所动摇，但曾国藩的态度异常坚决，在他看来，武汉即算是丢掉，很快就能夺回，可是安庆一旦撤围，以后要想再进行围困就太难了。他还判断，陈玉成奔袭湖北，其意无非是援救安庆，只要湘军死死围住安庆，不管最后武汉守不守得住，陈玉成必定还是要回援安庆。

不出曾国藩所料，1861 年 4 月 22 日，陈玉成在攻占湖北广济、黄梅后，便就势折回安徽。

归根结底，太平军第二次西征的主要目的是援救安庆，陈玉成突袭湖北，也是为了围魏救赵，牵制湘军和迫使其回援，以解安庆之围。胡林翼被搅得心神不宁，不得不派李续宜紧急回援湖北，说明这次长途奔袭至少已部分实现了既定目标。更重要的是，干王洪仁玕、章王林绍璋正从天京出发，率大批人马西援安庆，陈玉成势必要前往会合，以集中兵力救援安庆。

陈玉成进入安徽境内后，首先受到威胁的就是太湖。太湖乃胡林翼大营所在地，城中只有五百人固守，但胡林翼仍坐镇城中一动不动。左右劝他赶紧转移，他答道：“帅府所在，即官员职责所系。潜山、太湖，百战得之，岂可轻弃？我就是在这里守上一两年都不怕敌军进攻，而且我相信敌军也不敢攻。”

事实上，胡林翼此时正在病中，连日吐血，真要出城行动也很困难，而且他和曾国藩不肯迁出祁门时的心境一样，都担心大营一动，会极大地动摇安庆、桐城两地的军心，所以只能咬着牙硬撑。

所幸陈玉成的心思完全不在攻克太湖之上，在他的率领下，所部一路风驰电掣，兼程并进，经过太湖、宿松时都没有停留，最后取道石牌，直接屯扎于距安庆仅十五里之遥的集贤关。

陈玉成此次回援，一者急于解安庆之围，二者如李秀成在江西一样，也怕粮草不济，所以急切地希望能够速战速决。这些都没有超出曾国藩的预计范围，他认为陈玉成的急躁求战正是己方取胜的一个有利条件，因为部队行军太快，气势太足，必然容易暴露出破绽。

在胡林翼病重的情况下，曾国藩更多地担负起了安庆战场的指挥责任。他致信曾国荃，让曾国荃务必沉住气，先稳住数日，在这数日之内，不主动出战，不随意呐喊，如果隔得较远，枪炮无法准确命中，也不准对太平军乱放一枪一炮。

以静制动，通过"一鼓作气，再而衰，三而竭"的规律来制服对手，最早是罗泽南琢磨出来的独门功夫，经他和曾国藩等人共同总结推广，早已成为湘军的老战法。曾国藩断定，太平军在数日猛攻而无法得手的情况下，锐气必然会渐渐消退，到时再以多隆阿、鲍超两军实施夹击，此役将至少有六七成胜算。

功亏一篑

安庆地势依山傍水，南濒大江，北倚龙山，东经菱湖。菱湖是一个方圆仅十几里的小湖，有水道与枞阳相通，并可由枞阳进入长江，但枞阳在半年前就已被湘军攻克，所以安庆守军无法经由枞阳入江。

在曾国荃部和湘江水师的围困下，安庆城只有通过菱湖与外界交通，城内守军也经常用小船偷运米粮入城。1861 年 4 月 29 日，陈玉成在菱湖北岸的中空地带筑垒十三座，安庆守将叶芸来隔湖呼应，在南岸筑垒五座，两边用小船进行联络。

从 5 月 1 日起，由陈玉成亲自督军，城外太平军分成十余路猛扑曾部外壕，叶芸来同时对内壕进行突击。曾国荃除依壕坚守外，另请水师将长江中的二十余艘炮船抬入内湖，用以阻遏太平军内外部的联系。

在水勇抬船入湖的过程中，曾国荃派战将萧孚泗出壕护卫。太平军发现后立即对萧部予以包围，幸亏曾国葆拼死援救，才把萧孚泗救出来。此后抬入内湖的炮船开始进行巡弋，太平军的小船不断遭到攻击。

陈玉成在水上没有反击能力，只能在陆上加强攻击，希望能够逐步控制菱湖四围，打破湘军水陆结合的封锁线。之后太平军所筑营垒日益增多，直逼湘军营垒，经与众将商议，曾国荃决定派曾国葆在东路湖边筑垒，以进一步遮护水师。

陈玉成非常清楚湖边筑垒对己方造成的威胁，他对部下说："清妖（此处指湘军）若于东路筑垒，可制我死命，不可不争。"随即组织敢死队出击，竭力阻挠湘军筑垒。湘军则一边筑垒一边抵抗，最后曾国葆率部用一昼夜的工夫就筑成了湖边营垒。太平军功亏一篑，城内城外无法再顺利通过小船进行联系。

这时陈玉成所企盼的援军已纷纷赶到。就在安庆之战打响的第一天，干王洪仁玕、章王林绍璋抵达桐城，二人会同庐江守将吴如孝，率两万人马自桐城南下。多隆阿闻报，急忙予以阻击。

在太平天国后期的主要统兵将领，洪仁玕、林绍璋最不受湘军重视。洪仁玕虽贵为天国军师，但缺乏实战经验。林绍璋本非大将之才，早期湘军曾靠着被称为"初兴第一奇捷"的湘潭战役翻身，林绍璋在那场战役中出尽了洋相。

吴如孝倒是一员勇将，然而官阶太低，没有发言权，结果是三个臭皮匠也顶不了一个诸葛亮，多隆阿拿捏起来简直是轻轻巧巧——先以疲劳困乏的兵勇示弱，将太平军诱至桐城南四十多里处的新安渡，然后予以一顿猛击。太平军大败，被迫退回桐城。

两天后，堵王黄文金率七千人自芜湖北渡，会合林绍璋等人及两万捻军，与多隆阿再战于新安渡。黄文金的军事才能跟李世贤、杨辅清是一拨的，在太平军将领中处于中上水平，但连他也不是多隆阿的对手，援兵再次落败。

安庆战役打得如火如荼，多隆阿也已经两度出手，曾国藩却始终没有令鲍超北渡。除了皖南尚未脱离危急状况，需鲍超一军稳定人心外，曾国藩更多的考虑是鲍超要么不北上，一旦北上就要起到一锤定音的作用和效果。

鲍超虽然归曾国藩节制的时间不长，但曾国藩对他的特点已然了如指掌。根据他的观察，鲍超及其霆军固然优点很多，可称得上是皖南湘军的镇山法宝，然而也有沉不住气这一缺点，即所谓"少一静字"。

陈玉成此次急于速战速决，如果提前将鲍超派到安庆，反而更容易激发起陈玉成的斗志，一上来必然是拼命死战，由于太平军锐气尚在，胜负委实难料。可要是晚一点派出鲍超，安庆外围仅有多隆阿，曾国荃又是陈玉成以前没打过交道的，他就可能生出轻敌懈怠之心，便于而后鲍超、多隆阿进行夹击。

原先曾国藩预计曾国荃只需“稳守数日”，因为太平军援兵赶到等突发情况，变成了“坚守半月待援”，但不管安庆战场的局势如何惊心动魄，曾国藩始终没有轻易遣出鲍超。

1861 年 5 月 10 日，曾国藩将大营自祁门移至东流。当天他认为时机已到，向鲍超发出了北渡赴援安庆的命令。与此同时，胡林翼也将湘军方面的另一援军成大吉部调往安庆。

陈玉成连续猛攻湘军壕堑未果，所部士气已受到很大影响。林绍璋、黄文金等被多隆阿所阻，无法前来会合，加上鲍超、成大吉即将到达安庆，陈玉成的处境变得更加尴尬，为免陷入被动，他只得率主力部队暂时退至集贤关外。

5 月 16 日，陈玉成做了以一己之力，独立硬攻安庆外壕的最后一次尝试。这次尝试仍然归于失败，之后他便自率步骑兵五六千人，在突破多隆阿部的阻挠后，前往桐城接应会集于那里的援军。

第一悍党

集贤关外有一座赤冈岭（据考证实际应为雉冈岭，但因湘军奏报中都写为赤冈岭，故得以沿用）。陈玉成在赤冈岭筑成了四座坚垒，他前往桐城后，赤冈岭由所部主力刘玱琳等率四千人据守，与关内十三垒互为犄角。

陈玉成前脚刚走，鲍超、成大吉及水师杨岳斌部即对赤冈岭发起攻击。这三支人马加起来超过万人，为太平军的三倍，鲍超的霆军更是湘军第一劲旅，可是结果不但没能攻下赤冈岭，还承受了极大损失，伤亡者竟至三千余人之多，为湘军建军以来所未见。

被打得这么惨其实也不冤，除了攻守态势不同外，还因为他们遭遇到的是当时太平军中首屈一指的精锐武装，按曾国藩的说法是“最悍之党”“第一悍党”。

陈玉成把他的基干力量都留在了赤冈岭，四千士兵个个都是参军多年的老兵，贾仁富、李四福、朱孔堂等诸将也都是自金田从军的老将，可以说兵是强兵，将是强将。统领留守部队的刘玱琳既是参加金田起义的元老，也是陈玉成麾下最为骁勇善战的将领，此人顽强敢拼，能打硬仗，每每在大战中充任先锋。作为对手，曾国藩对刘玱琳极为赞赏，私下甚至避开将太平军官兵称为“贼”的习惯，称其为“玱林先生”或“玱翁”。

刘玱琳部坚守四垒，血战到底，杀得湘军尸横遍野，赤冈岭之战也由此成为安庆战役中太平军打得最顽强的一次小战役。这一战役令湘军内部大受震动，其中最为失望的人莫过于曾国藩，他原以为派鲍超北渡即可解决问题，可没想到鲍超上去了，攻击兵力在数量上也前所未有地占有极大优势，最后竟然打成这个样子。

失望沮丧之余，曾国藩连一直坚守的心理防线都守不住了。他敦劝曾国荃考虑“退兵弛围”（即撤安庆之围），说：“若不弛围，而全军又没有后顾之忧，此为上策……若不弛围，但全军又不能免除后顾之忧，则不如弛围，尚可偷安旦夕。”

曾国藩突然退缩，当然有为胞弟安全着想的因素，然而曾国荃对此却并不领情。他不但不撤围，还把“长围久困”扩大开来，再掘长壕，用以围困关内十三垒。

以胡林翼为首的其他将帅也反对撤围，胡林翼在给李续宜的信中透露：“涤帅（曾国藩）欲撤安庆之围……沅浦（曾国荃）不应，厚庵（杨岳斌）恐亦不应。……今湖北江西已吃大亏，忽又撤围，实在是太不值得了。”

曾胡在指挥作战时虽不时产生意见分歧，然而这并不影响他们之间的团结无间，尤其是两人各有所长，常能发现对方所没有注意到的地方。这回胡林翼就显得比曾国藩要高明，他认为，赤冈岭挫败后应及时改变战术，“断不可太急，急则狗贼（此处泛指陈玉成所部）必遁矣”，应该如同曾国荃压制关内十三垒那样，也用以静制动的战法来对付关外四垒。

胡林翼向鲍超等前敌将领下达明确指示：“官军应四面包裹，不放此狗外窜，只凭垒固守，持重不战，贼必自来求战。待其精疲力竭后可方起而破之，狗可屠也。”

遵照胡林翼的指示，鲍超等人不再对赤冈岭实施强攻，而是予以四面围困，同时还围绕关外四垒修筑了数十座炮台，连日对炮台进行轰击。

杀人如麻

刘玱琳是和鲍超差不多类型的勇将，勇猛有余，智谋不足。其实他最恰当的做法，是在给予湘军以重大杀伤后就弃垒而遁，避敌凶锋，保全实力，以图再战，但他没能想到这一点，犯了和安庆守将叶芸来一样致命的错误。

一旦赤冈岭遭到合围，弥补错误的主动权就不在刘玱琳自己手上了，他只得坚守待援，寄望于援兵能够打开局面。问题在于陈玉成连安庆都接近不了，更遑论解救赤冈岭，至于关内十三垒，在被曾国荃包围后，也根本无法对赤冈岭施以援手。

刘玱琳部本身在人数上就处于劣势，经过长达半个多月的围攻，各垒所储粮食也已断绝，无法再继续支撑。1861年6月8日，在关外四垒的围墙已被湘军轰塌数丈之后，三垒率先投降，仅剩下由刘玱琳驻守的第一垒。次日，鲍超继续猛攻第一垒，鉴于势单力孤，刘玱琳率部半夜突围，但因溪流涨水被阻，最终突围失败，刘玱琳被擒。

随着赤岗四垒的陷落，投降及被擒的太平军除少数短发者被释外，刘玱琳及其属下官兵全部被杀，曾国藩在写给朝廷的奏折中称："歼除长发老贼至四千名之多，实为从来所未有。"

在湘军将帅中，胡林翼自称是"三如行者"，即爱才如命、杀人如麻、挥金如土，但他常常笑言："此三如，本行者何曾做到？聊以自娱而已。"另一个爱往"三如"上凑的是曾国荃，左宗棠与之闲谈，问他一生得力何处，曾国荃很坦白地说："挥金如土，杀人如麻。"不过曾国荃其实也没他自己说的这么心狠手辣，当他看到赤岗或俘或降的太平军被杀了这么多，事后也觉得太过分了。

真正杀人不眨眼的是曾国藩，他怕曾国荃在杀俘这件事上动摇，特地在信中劝曾国荃："既已带兵，自以杀贼为志，何必以多杀为悔。"

事实上，湘军如此做法正是出自于曾国藩的授意，每次战争结束，湘军对太平军俘虏的政策一贯都是，遣散和释放短发及被迫胁从者，但对"老长毛"决不放过（如果是在太平军的阵地尚未动摇或被攻破前投降，则另当别论，此前陈玉成手下的另一悍将程学启出安庆城投降，就被予以接受）。

曾国藩当然并不是天生杀人狂或者患有嗜杀症。事实上，他统兵十余年，部下将领不管犯下什么过错，他也从未引用军法杀过其中任何一个。他的弟弟曾国潢在乡办团，常借势杀人，曾国藩知道后就用锥扎其大腿，曾国潢呼痛，曾国藩对他说："你杀人就不痛吗？"

曾国藩之所以对太平军杀得这样狠，乃至不顾"杀降不祥"的古训，乃是出于他一贯的“乱世用重典”思维。当时的一些文人也认为，在太平天国运动兴起后，社会动荡，人心思变，就连乞丐小偷都敢高揭太平天国的旗帜倡言作乱，若不厉行杀戮，就无法使“暴徒”生畏而重拾积年思乱的人心，所以“国藩以猛振玩，良非得已耳”。

湘军集团内部自然更不会对此有何非议，胡林翼就曾手书一联勉励曾国藩：“用霹雳手段，显菩萨心肠。”

就在赤岗四垒陷落之际，李秀成自江西进入湖北，早与李秀成建立联系的鄂南当地起义军纷纷加入太平军，使李军迅速扩充至数十万人，之后他们又占领了武昌县。这时北路西征军虽有一部分随陈玉成回援安庆，但赖文光等仍坚守于黄州等地，也就是说，太平军对武汉已形成南北夹击的有利态势。

武汉局势再度紧张。湖广总督官文向李续宜告急，说：“（武昌）内外空虚，战守皆不可足恃，惟日夜望眼欲穿，企盼贵军迅速渡江应援。”

李续宜正在黄州、德安与太平军相持，无力大举南援，只得抽出蒋凝学一支人马前往应急。胡林翼闻讯亲率成大吉军十营自太湖出发，沿江西上，往武昌进发，由于仍感兵力不足，他檄令鲍超也同时加入回援阵营。

各怀心思

李秀成自从在羊栈岭败于鲍超之后，就对鲍超心有余悸，见到总是绕着走。听闻鲍超回援，他的第一反应就是避战，先前李世贤在乐平、刘官芳在祁门落败的消息，又让他产生了江浙归路可能被切断的担忧，于是不等与隔江相望但音信不通的赖文光取得联系，便下令全军原路东返。

日后李秀成被俘，审问者问道：“你的部队已打到鄂省南境，再进一步就可使武昌动摇，甚至解安庆之围，为什么一听到鲍帅（鲍超）来援，就不战而退呢？”

李秀成是这样回答的：“开始我的确想通过攻打武昌来解安庆之围，但后来知道安庆之围难解，又听说鄂兵（即指鲍超的霆军）太强，所以才不战而退，此乃天意。”

除了李秀成自己承认的闻鲍则退外，另外还有一种说法。李军占领武昌县后，李秀成的部下曾在武昌县附近截留了一批英国人的丝麻，希望以此与英方交换枪支弹药。英国驻汉口领事金执尔为此登门交涉，将这批货物要了回去。有人推测，金执尔交涉时，可能又重演了数月前巴夏礼哄骗威吓陈玉成的故技，导致李秀成最终放弃了进攻武昌的计划。

安庆战役期间，天王洪秀全曾发布诏旨称“替朕调拨交玉胞，业颁诏旗印四方”，似乎赋予了陈玉成以调拨军队的最高权力，但是这种授权被打了很大折扣，干王洪仁玕和洪秀全的那两个脓包哥哥全都位居陈玉成之上。

退一步说，就算是洪仁玕等人不干涉陈玉成指挥，凭陈玉成一己之力，要想再形成天国早期军事上统一指挥的局面也难如登天。当时天国已封了十多个王，与陈玉成、李秀成封王时起到积极作用不同，自此开始的大封诸王可谓弊端众生，胡林翼一针见血地指出：“太平军封王太滥，诸王各不相下，不受节制，故行军难有统帅；上游仅恃陈玉成，下游仅恃李秀成，非有节钺之尊也。”

缺乏“节钺之尊”，就得像李秀成一样，全凭同事之间的个人关系调度军队，但根据湘军掌握的情报，英王陈玉成除与干王洪仁玕的关系不错外，和其他王包括忠王李秀成在内，全都是貌合神离，各王对陈玉成也是“表面敬畏，内心嫉恨”。

天王的猜忌狭隘，诸王的各怀心思，令陈玉成的指挥权十分有限，每战他都必须与各军首脑协商，一些部队拒绝合作、不听指挥的情况也屡见不鲜。

陈玉成到桐城后，召章王林绍璋前去开会研究作战方略，林绍璋竟以“粮草罄尽，官兵惶恐”为由拒绝与会，还擅自移营鱼塘冈（据考证应为雨坛冈）。陈玉成致信林绍璋，批评他身居王位，却反复不定，导致将官不能用命，而且“殿下之兵，一战未开，即行自退……轻举妄动，自惑军心”。

这封批评口气极其严厉的书信后为湘军所得，曾国藩看了很是高兴，说通过它就知道太平军诸王不合，各自为战，不相上下，湘军胜利有望。

林绍璋是个草包王侯，他的作用与李秀成无法相比。从安庆战役期间湘军缴获的太平军“伪文”（作战命令、通报等文件）来看，陈玉成曾通过天京方面给李秀成下达命令，让他北渡援救安庆，但命令并没有能够得到执行。当然，问题不在于是否一定要李秀成直接过江救援安庆，如果他能在湖北坚持进攻武昌，或在皖南坚持进攻祁门，甚至在江西不东一榔头西一棒槌，牢牢盯住南昌打，也间接具备了为安庆解围的性质。祁门、武昌、南昌，这三个地方，只要痛击一地，或同时痛击其中的二地、三地，必将导致湘军更大规模的分兵，到时解安庆之围还会困难吗？

可惜的是，李秀成和李世贤相似，关键时候私心太重，苏浙是他们的根据地，无论参加西征还是沿途招兵，首要出发点都是为了维护苏浙根据地：战局顺利或实力增强，就要回去经略浙江，实现他们把苏浙根据地连成一片的计划；战局不顺或北路西征军需要直接支援，往往就畏畏缩缩，保存实力，乃至拒绝施以援手。

李秀成等人的自私和心不在焉，使得湘军在赣鄂两省重新占据了主动，鲍超跟着李秀成一直追到江西，李续宜、刘岳昭等部合力进攻仍坚守于黄州、德安的北路西征军，武汉已经安如磐石，湘军可以一心一意继续围攻安庆了。

自李秀成进攻上海受挫，英法联军即禁止洋商逆江而上向太平军提供武器补给，但粮食并不在此例。在《天津条约》《北京条约》中，中国向列强开放了内河通商，载运粮食的洋船更可以在长江上畅行无阻。在不少洋商看来，安庆缺粮乃是一个极好的商机，正好可以将他们船上的粮食卖个好价钱，因此不顾官军劝阻，一直与安庆城内互通贸易，向太平军出售粮食。湘军水师虽控制了近城江面，可是也不敢得罪洋人，只得听其交易。这就是为什么安庆被围一年多，城内却依然没有弹尽粮绝的原因。

倘若这种情况继续延续下去，城内接济不断，哪怕再围个一年也不会有什么成效，“安庆永无克复之期”。为了解决这一难题，曾国藩思考了整整两个月，之后突然开了窍。

四两拨千斤

从前上海爆发小刀会起义，起义军占据上海县城，官军久攻不下，细究下来，也是洋船向城内接济了粮食。之后，地方官府偷偷送了四万两白银给洋商，洋商即为官军所用，起义军的粮草也随之断绝，官军这才得以攻克上海。

曾国藩虽没有直接和洋人打过交道，但他从这个例子里得出结论，认为洋人有两个特点，“最爱财利，最讲交情”，也就是洋人重商，而且很守信用，若能掌握好这两点，交涉不难。

在曾国藩的授意下，凡有洋船经过安庆附近，湘军水师各营就予以殷勤接待，陪着吃好喝好，完了还有礼相送。曾国藩预先拨付给水师五百两白银，专门用以接待洋船，而且交代不必过于节省，少了再补。

接待洋船时，水师方面的人并不主动谈到安庆战事，为的只是建立感情联系。只有在探明洋船载运粮食的情况下，为提防其将粮食出售给城内守军，才需要与之交涉，交涉的方式是先以好言相劝，如果对方不听，再投其所好，以利诱之：你不是要卖米给城内的太平军吗？那你卖给我们，绝不让你吃亏。

一石米，太平军出价五两银子，湘军也出五两，太平军出价十两，湘军也出十两。洋人为的不过是要做生意赚钱，同样的利润，他们不用冒着风险再钻到安庆城里去，而且又在水师这里吃着喝着，双方还有了一点交情，何乐而不为？

同为南北大帅，有人曾把曾国藩和僧格林沁放在一起比较。平心而论，曾国藩的军事才能未必及得上僧格林沁，但他的政治头脑和文化素养却是僧王所万万无法比拟的。即以对外交涉来说，僧王就是硬碰硬，打不过也要打，而曾国藩却知道中国人还有一种独特的智慧和技巧，叫作四两拨千斤。事实上，如果把时间往回倒，当年参与《南京条约》谈判的家丁张喜就已经具备了这种思维，只是当时的大吏都视张喜为小人物，利用完了就扔，更不会想到他这种思维也有着超前的现实意义和价值。

曾国藩的办法大收其效，安庆城内的粮食军火接济逐渐断绝，贮存物资也行将告罄。在外围援军的调集越来越困难，且都无法接近安庆城的情况下，安庆太平军只能独立对湘军壕堑发动进攻，试图打通水路粮道。

这些尝试都一一失败了。一位偏向于太平军的洋人记述道，湘军“驻扎在城上大炮射程之外的地点，建筑起无数敌人爬不进，他们自己也爬不出的坚固土垒和栅栏”，“他们运用哲学的思维，精密地计算到，当城内粮尽的时候，他们的兵士就可以吃得饱饱的爬上城墙，而不会遇到任何严重的抵抗”。

湘军水师也给予了曾国荃部有力配合，杨岳斌在枞阳修筑大坝，用以加深加宽内湖水面。不久之后，安庆东门外便形成了“一片汪洋”，这样水师便可以从近城江面直接驶入内湖，与太平军作战。

1861 年 7 月初，菱湖北岸太平军乘夜渡船回城，被湘军水师阻截。太平军军心大乱，曾国荃趁机在一天之内，将太平军在菱湖南北岸所建的十八座营垒全部攻陷。

除南北岸营垒外，安庆北门外还尚存有三座石垒，驻守石垒的是太平军的敢死队，极难攻取。曾国荃就让降将程学启上，程学启本为安庆守将，熟悉城内城外防务，又急于取得投名状，自然拼其全力，三座石垒很快就被攻破。至此，安庆屏障尽失，沦为了岌岌可危的孤城一座。

在这种情况下，解安庆之围的希望已经十分渺茫，但陈玉成仍在调集援军，做挽救安庆的最后努力。之前他曾赴天京请援，欲调李秀成、杨辅清增援安庆，但结果令人失望，为此他不得不亲自南下宁国，用一个“求”字才令杨辅清答应北渡。

8 月初，辅王杨辅清率所部十万人自皖南渡江北上，与陈玉成会合后赴援安庆，林绍璋、黄文金、吴如孝（干王洪仁玕已回天京）亦在挂车河等地进行呼应。

首先迎战他们的又是多隆阿，而且多隆阿施的还是伏兵之计。

多谋而善战者皆天授

还在东征开始时，胡林翼即执意要让多隆阿担当前敌总指挥的重任，就是因为知道他具备着鲍超身上所没有的长处，即不但勇猛，而且机智，能够做到“运筹决胜，料敌如神”。

其实多隆阿和鲍超一样不识字（多隆阿是不识汉字），所有公文书信，都得由幕客读给他听，但他听后所提出的意见却往往能够切中肯綮。有时多隆阿喜欢坐于帐中，听人给他读《三国演义》，听到某将领设计一节，还没等读书人再接着读下去，他就已经提前领悟，知道这名将领准备设的是什么计了。这是一个真正意义上的军事天才，好像一生下来就比别人更懂打仗，所谓“多谋而善战者皆天授”。

为了使对手进入他的伏击圈，多隆阿这回上演的是诈病不出。陈玉成、杨辅清不明真情，还真以为他病了，进攻非常积极，结果一头扎进多军的伏击圈，被杀得大败。林绍璋等人都是配角，主角一败，他们也只得落荒而走。

此后，在桐城附近的一次对决中，陈玉成、杨辅清又再次为多隆阿所败。自陈玉成首率粤捻联军赴援安庆，在挂车河与多隆阿大战起，他已先后组织了四次大规模的救援行动，从这四次救援行动来看，势不可谓不猛，兵不可谓不多，但居然仍无法突破多隆阿所组织的防线，这使陈玉成几乎感到了绝望。在多隆阿所缴获的太平军物品中，发现有一封他写给天王洪秀全的蜡书，其中写道："奉命征讨妖孽，所过破巢压卵，无敢撄锋。惟多某老谋善战，用兵如神，臣与对阵，屡为所败，今百万精锐悉遭顿挫，自料力不能敌。"

如果实在无法击败多隆阿，那就只有摆脱他了。计议已定，陈玉成等人重新兵分三路南下，其中陈玉成、杨辅清为一路，自太湖一线绕远路避开多隆阿，取道小池驿、黄泥港赴援安庆；林绍璋、吴如孝为一路，自桐城南下挂车河一线，牵制多隆阿；黄文金为一路，自东路绕援安庆。

多隆阿兵力有限，无法阻止这种多路渗透。1861年8月24日，陈玉成、杨辅清、林绍璋、黄文金会师于集贤关，并筑垒四十余座。这让城内太平军看到了新的希望，叶芸来、吴定彩等列队四门，准备予以接应。

次日，陈玉成、杨辅清等人亲自督军四万人，分十余路猛攻湘军外壕，城内守军亦同时配合出击。曾国荃则采取以静制动、反客为主的老战法，坚守工事不出，待太平军逼近，才用枪炮进行射击。

太平军被拖入了残酷的攻坚战。为突破湘军防线，太平军每人拿一束稻草，冒着弹雨蜂拥而上，接近壕沟后掷草填壕，顷刻之间目标壕沟便被填满了。其间湘军开炮轰击，一炮过去就是一摊血，打着打着，壕墙上装备的火炮已经来不及装填炮弹了，只能轮流施射，为此曾国荃又增调八百杆鸟枪和抬枪，用以加强火力。一时之间，枪炮轰鸣之声"如连珠不绝"。

尽管伤亡惨重，但太平军将士仍然舍生忘死，前仆后继，前面的人被炸翻打死，后面的人马上踏着尸体继续冲锋。依靠不计代价的人海战术，太平军终于越过壕沟，逼近了曾军营垒。

曾国荃见状，立即率部上前搏杀。曾军以逸待劳，太平军在越壕后却不是伤痕累累，就是精疲力竭，一场近战肉搏下来，数名太平军前锋将领被杀，剩余官兵也被击退。当天，倒在壕沟内外的太平军不可胜数，一眼望去，"积尸如山"。

8月27日，战事进入到一个新的阶段，陈玉成、杨辅清精选敢死队员，攻破了外壕壕垒，并将湘军往后逼退了一步。曾国荃见壕垒被破，也急忙组织敢死队进行反击。

双方派出的都是各自阵营中最能打和最不怕死的战士，敢死队员们互不相让，手持短兵刃奋力砍杀，直杀得血肉枕藉、日月无光。异常凶猛的白刃战把太平军也往后逼退了一步，趁此机会，曾国荃又亲自督军增修新的壕垒。

大家都明白，阻止湘军筑成新垒，乃是解安庆之围的最后机会，因此安庆城内守军倾巢而出，直扑新垒。陈玉成也在城外全力响应，他亲自击鼓助阵，见有后退者即立杀阵前，气势十分慑人。

曾国荃的性格与曾国藩相比，有相同的地方也有不同的地方。相同之处是曾国荃也有超人的意志和毅力，遇到艰难险阻，能够坚持到底。不同之处是曾国荃在指挥作战时比乃兄更坚决更大胆，颇有一股子悍不畏死的蛮劲。

晚年的曾国荃调任山西巡抚，晋中时值大旱，赤地千里。"曾老九"内着道装，外披袍褂，亲自在太原主持露天祈雨。令人格外震惊的是他还准备了一只香炉，香炉里填着火药，放着导火索，插着香。曾国荃脑袋上顶着这只香炉，长跪于地，嘴里还念念有词:"老天你如果再不施以雨露，干脆就让火药爆炸，炸死我吧！"

所幸雨来得很及时，曾国荃头上的香炉才没有真的爆炸。山西老百姓自然对他感恩戴德，知晓此事的文人官员也都留下了深刻印象，说以曾国荃这样的蛮劲，怕是连老天都要退避三舍呢，何况当年的"发贼"（太平军）？

曾国荃参加安庆战役时，四十岁还不到，身上充满着"胜天半子"式的蛮劲，哪里甘心功败垂成。太平军发狠，他也发狠，率部拼命挡住其攻势，以掩护新垒的增修，太平军猛攻十余次未果，折损达三千人之多。

经过通宵达旦的抢修，新垒终于修成，此时双方尸骸已堆到了田垄之上。陈玉成见连这样的蛮攻都无效，只得收队回营，城内守军怕湘军乘虚入城，也赶快重新入城固守。

安庆城下一战，不但基本锁定了战局，而且也打出了曾国荃和吉字营的名声。从此以后，吉字营凭借"稳练不摇"的特点，得以与"应变善战"的多军、"冲锋猛战"的霆军并列，成为太平军最为忌惮的三支湘军劲旅。

五星连珠

城外太平军即使付出惨重损失，也仍然攻不破湘军防线。安庆城内得不到接济，粮食完全断绝，陈玉成又在菱湖北岸筑垒，试图用小船运粮食进城。曾国荃毫不相让，他派曾国葆在湖岸边筑垒，联手水师进行堵截，于是太平军用小船运粮的办法刚露了个脑袋，就被完全扼杀了。

这时湘军打攻坚战的基本套路是，以自创的"长围久困"为主，辅之以太平军的穴地攻城法。曾国荃在围城的同时，早已命令士卒开挖地道，穴地埋雷。1861年9月5日，安庆城垣北门被轰塌，湘军一拥而入。

因为断粮，安庆城内已出现了人吃人的骇人景象，据说人肉每斤可卖到八十文，守军形近饿殍，虽拼死抵抗，但已无济于事。叶芸来、吴定彩以下一万六千人被斩杀殆尽，其余凫水逃亡者亦多死于湖中。

城外集贤关的太平军各路援兵列队于山岗，眼睁睁地看着这一幕发生，可是却无能为力，陈玉成更是望城恸哭："安庆已经失陷，我也不知道哪天要死于敌人之手了！"

陈玉成非常清楚，皖北是他的根据地，安庆是他资以保卫皖北乃至天京的屏障，安庆一失，则太平军在皖省的势力已经动摇，今后将很难有立足之地，覆亡只是早晚的事了。

这当然不仅仅是陈玉成个人的悲剧，安庆失陷意味着太平军的第二次西征完全失败，而以全国之力救援安庆，仍不能免于其失守，也说明双方力量对比已发生重大转折，太平天国大势已去。亲自参与后期救援的干王洪仁玕事后承认："我军最重大的损失，乃是安庆落在清军之手……安庆一日无恙，则天京一日无险。"

就在湘军攻陷安庆的前一天，曾国藩看到了两个月前钦天监的一份奏折。在奏折上，钦天监报告说八月初一（阳历9月5日）将有异常天象，届时日、月及金、木、水、火、土诸星会"日月合璧，五星连珠"。这是与"荧惑星犯南斗""蚩尤旗"之类完全不同的祥瑞天象，次日，安庆果然克复，曾国藩大喜过望，认为祥瑞按时应验，是国家前途命运趋向好转的前兆，"国家中兴，可能有希望了"！

只是这个希望，作为皇帝的咸丰再也看不到了。

野史中对于咸丰“近醇酒妇人”，纵欲过度的描述并非空穴来风。英法联军在抢劫圆明园时，一位法军的随军传教士在皇帝龙榻之侧的漆盒里发现了一些春宫图，这令他大吃一惊。更为离奇和荒唐的是，内务府有一名叫锡元庭的满人官员，专门负责给皇家制备衣物。据他说，送进宫里的衣服，清一色都是开裆裤，为的是让宫人穿在身上，好方便皇帝随时随地地临幸。

虽然把咸丰的私生活描述得不堪入目，但野史中也同时指出，咸丰末年天下大乱，咸丰心力交瘁却又无术挽救，这是他“以醇酒妇人自戕”，乃至“早年优美英发之资，一变风流滑稽之态”的重要原因。

确实，自登基以来，晦气似乎从来没有离开过这位年轻的皇帝。执政不到一年，如何对付太平天国这个宿敌就占据了他每天的日常，比如某股太平军该责成哪位大臣“剿办”，某事该如何处分，又比如某疆吏有意推诿，必须痛责追究，某将领“剿匪”出力，必须破格奖励，所有大大小小，方方面面，零零碎碎，无一不需要咸丰当机立断，亲自处理酌办。

一边是劳心费神的事太多，另一边却是可资以辅佐的能臣太少。有一次咸丰召朝臣议事，议事的时间稍长，某大学士年老体衰，居然就趴在地上睡着了，而且鼾声大起。咸丰目瞪口呆，可又不好责备，只得让内侍将其搀扶出朝堂。

清代自康熙起有万寿恩科，即皇帝、太上皇、皇太后在庆祝大寿的时候，由皇帝于科举正科之外，颁发谕旨诏书，另行举行乡试、会试。惯例是皇帝五十岁、皇太后六十岁才开科，道光就是这样，但咸丰在二十九岁的时候，就颁诏宣布要在三十岁生辰那年开万寿恩科（左宗棠因樊燮案被迫退出湘幕，准备进京参加的那一期会试，也就是此次恩科）。批评者认为此时天下大乱，兵连祸结，皇帝仍记挂着要过三十岁生日，还将恩科惯例整整提前二十年，他知道愁吗？

其实这恰恰反映了咸丰有多么忧急愁闷。战乱频仍，国势衰败，他需要用好日子来冲一冲晦气，更需要通过广纳人才来帮助他改变国运！

就在这个时候，现实又给了他狠狠一击，咸丰非常看好的能臣叶名琛引来了“英法联军之祸”，造成了第二次鸦片战争（犹如道光之与林则徐，咸丰也认为是自己误用了叶名琛，但他们都在有意无意中忘记了，其实林则徐、叶名琛执行的正是他们的对外理念及其旨意，也等于是帮他们背了锅）。

对内“剿办”太平天国，咸丰还能从历朝平定内乱的史籍中找到一些策略办法，对外应对西方列强，他就全无主意了，为此，他甚至只好自欺欺人地在宫中意淫。

在圆明园的人造湖上，曾经摆放着分别代表中英双方的微型船只，咸丰让它们进行模拟海战，当然最后总是中方获胜——尽管在虚拟世界之外，英国其实是第一海上强国，拥有着绝对的海上霸权。

一场大火，烧掉了所有用于假海战的假船，也彻底烧掉了皇帝和这个帝国的迷梦。大火过后，负责摆船的人、圆明园总管文丰自沉于湖中，咸丰尽管还苟活着，但他的精神和灵魂已经完全彻底地死掉了。

清歌于漏舟之中

咸丰出逃热河，“巡幸木兰”只是个欲盖弥彰的借口，当然木兰围场本身也是优质狩猎场，咸丰刚去的时候也时常外出打打猎。不久，北京和议结束，英法联军自北京撤退，咸丰又将京城宫廷里的戏曲演员召至热河侍奉。

热河行宫（今承德避暑山庄）原有宫舍二百余所，当时完好的也尚有七十余处，里面收藏着乾嘉时期的服饰器用以及梨园行头，正好可供演员们取用。据宫廷档案记载，行宫内每隔两三天就要演一场戏，有时上午演完，下午还要接着演，每次演什么戏目，都由咸丰用朱笔亲定。

住在热河的咸丰自号“且乐道人”。这位“且乐道人”不仅喜欢看戏，自己对戏曲也有研究，甚至艺人给太监授艺，他也会在旁边观看。一天，艺人陈金崔教唱《闻铃》一戏，戏文里有一句“萧条恁生”，“恁”应作去声，陈金崔读作上声，咸丰听后立即予以纠正。

皇帝与艺人常在一起，大家已经混得很熟了，咸丰的性格又很随和，所以陈金崔没有你说什么就什么，他坚持自己是按旧曲谱唱的，没错。咸丰也急了，竟然不顾皇帝身份，跟陈金崔辩论起来：“旧谱上面本来就是错的啊！”

倘若国泰民安，会画画懂戏曲或许还能锦上添花，给皇帝增加些魅力和风采，可这个时候就只会引来非议了。臣民私下的评论是“清歌于漏舟之中，痛饮于焚屋之下，而不知覆溺之将及也”，大船已经漏水了，你还在高声欢歌，房子已经着火了，你还在痛饮美酒，你不知道大船马上要沉，房子马上要完吗？

对于咸丰来说，知道不知道恐怕都已经是一回事了。和议一成，恭亲王奕䜣及留京王大臣就上疏请他回京，以安人心，但咸丰却以外使亲递国书一节未明言取消，恐英法联军再杀回北京，对他进行要挟为由，拒绝返京。

和议之前，大臣们多数像咸丰一样，表面蔑视洋人，其实内心都很害怕洋人，更不敢与洋人打交道，及至英法联军进京，亲眼看到洋人的样子，这种疑惧才得以消除。他们发现，英法联军虽然兵强马壮，完全有像当年满洲人入关时那样长期占据北京的实力，但其真实用意只是要胁迫中方签约。众人因此得出了和曾国藩相似的结论，即洋人重商图利，"并无利我疆土之志"，只要"示以诚信""尚易羁縻"。

观念的改变，令奕䜣等人觉得咸丰拒绝返京的理由根本不成立：英法既然已经达成了与中国定约的目的，又何至于因为中国皇帝回銮而再来挟制？使臣亲递国书，不过为一种外交上的礼节，你作为皇帝也不过是接见一下，最多再说几句好听的话而已，有什么可担心的？

大臣们纷纷上疏请咸丰依旧返京，连胜保也奏称"仍请年内还京"，但咸丰的态度很坚决，他仅在胜保的奏疏上批了个"阅"字，其他人的奏疏看过之后就往旁边一放，置之不理了。

热河距离京城倒也说不上多远，可咸丰长居热河不归，就犹如是明朝嘉靖皇帝久不上朝一样，会对人心产生极为消极负面的影响。同时由于他不在京城坐镇，很多急如星火的事情也都无法主持处理，比如：太平天国和捻军久未平定，该如何"议剿"；英法联军几乎是畅通无阻地打进北京，证明京兵不可用，该如何训练；国库空虚，该如何弥补；南运漕粮不继，该如何采买……

所有军政要务和国家大事，咸丰都往京城一扔，听他的戏去。京城士大夫对此既焦急又无奈，他们不敢直接攻击皇帝，只好把气撒在咸丰所信任的载垣、肃顺等人身上："主上虽然英明，但内臣只顾谋私，粉饰太平，以致大局决裂如此，深堪痛恨！"

在那些日子里，维持朝政的主要是恭亲王奕䜣和文祥。奕䜣三十岁不到，外国人见过他的印象是"一个身材高挑的年轻人""一位优雅、绅士般的英俊男人"。这个年轻人最初当然也没有多少新知识，天津交涉时，他曾是长江通商的竭力反对者，甚至扣留巴夏礼和洛奇等人作为人质，他也是提议人之一。

直到第二次鸦片战争之前，中国人仍不知外交为何物，只知“剿夷与抚夷”，政治家的派别划分不过有的是主剿，有的是主抚，从奕䜣原先的政治立场和观点来看，他应该属于剿夷派。对奕䜣这样一个剿夷派政治家而言，留在京城议和是一个可怕和屈辱的过程。参加签约仪式的一名法军军官观察到，奕䜣“非常疲惫，甚至是迟钝，总之，总体的外观表明亲王的身体非常糟糕、虚弱”。

当然洋人们也没有忽略亲王的另一个性格特点，他们从各种渠道了解到，“恭亲王通常被认为非常机智，或者更准确地说，非常精明和狡猾”。这一点在签约仪式上得到了验证，“我们（指参加仪式的英法军官）惊讶于他（奕䜣）眼中不时透出的智慧光芒”。

正是这种骨子里的精明能干，让奕䜣在和谈期间就有了不同于他人的表现。

师夷长技以制夷

在中英签约时，尽管英国公使额尔金很是傲慢无礼，但奕䜣仍尽量克制，整个过程中“十分谦恭有礼，看上去温和又不失智慧”。其后中法签约，当仪式结束时，他主动起身走向法国公使葛罗、陆海军统帅孟斗班，并且和二人热情握手。法国人没有想到堂堂亲王、皇帝的弟弟，竟然会主动按照西洋习惯与之握手，都感到既惊讶又高兴。

签完条约，奕䜣与两国公使进行互访，其间他不仅“越发和善，竭力向联军表明他的诚意”，还再一次主动邀请法国公使在他带领下参观紫禁城。后者实际上是奕䜣所采取的一种分而制之的策略，因为法国代表没有英国代表那样咄咄逼人，而且他知道英法之间存在一定矛盾，所以便在不得罪英国的前提下，故意亲近法国。

英法虽然答应签完条约就将军队撤离北京，但他们可以借故拖延撤退或再横生枝节，奕䜣的应对得当，起码在一定程度上制止了出现这种意外的可能。

通过这次对外交涉，奕䜣得出了一个独特的见解：“驭夷之法，若能与决战，则制其强悍；不能战，则遂其贪婪。”

道咸年间，皇族子弟和士大夫能够洞察天下大势者甚少，同样是面对战败和被迫签约的结局，有的依然虚骄，继续做剿夷派；有的被吓得一蹶不振，成为抚夷派；其他还有非剿非抚或亦剿亦抚的骑墙派、先剿后抚的转化派；等等。奕䜣作为和议的主持者，个人蒙受的屈辱比谁都大，但在看清时势后，他却能够迅速从“剿夷与抚夷”的狭隘圈子中跳出，开始用新的眼光来观察世界。

第二次鸦片战争横跨达四年之久，作为这四年战争和交涉的产物，《天津条约》和《北京条约》的条款虽多，但最主要的还是北京驻使和长江通商。奕䜣等人已经认识到，驻使和通商虽是列强单方面强加的要求，然而对中方而言，它们既可以为祸，也可以为福，全看中方自己是否能够振作。换句话说，如果国家能够实现中兴，则这些条款其实对中西双方都存在有利之处。

奕䜣聪颖通达，明辨是非，被称为“清朝后百年宗室中之贤者”，不过他也有着自道光以后爱新觉罗家族子弟几乎共通的毛病，即缺乏作为政治领袖应有的气魄和胆识，在这方面，文祥起到了很大的辅助作用。

文祥进士出身，曾因京察考核优等，被“记名道府”，也就是有机会到地方任行政长官乃至成为督抚，但因为有老母在堂，不愿远行，所以请求留京任职。他虽然在六部的任职只是侍郎，但实际已为军机大臣兼内阁学士，不然咸丰也不会在出逃热河时特命他署步军统领，负责内城守卫。

自和议期间奉命留京起，文祥就成为奕䜣的得力助手。举行签约仪式时，他也是除奕䜣之外洋人所关注的重点，洋人对他的描述是“一个一品老官，留着长胡须，眼神中闪烁出矍铄与睿智”。

文祥办事认真负责，不怕别人的批评，被认为是文庆之后最能干和最有魄力的满臣，有人甚至把他与“先天下之忧而忧，后天下之乐而乐”的北宋大政治家范仲淹相提并论。在文祥的支持和鼓动下，奕䜣、文祥、桂良等人联名奏请设立了“总理各国事务衙门”（简称总理衙门），并由奕䜣亲自兼任领班总理大臣。

鸦片战争前，中国没有专门的外交机构，只有理藩院和礼部对周边的藩属国、少数民族进行管理。鸦片战争后尽管设立了五口通商大臣，然而既非正式官衔，也无专署，而且所办外交事务仅限广州一口，其他各口均由当地官员直接处理。这种本身就蕴含着重大缺陷的体制非但没有起到积极作用，反而引起了更多的中西摩擦，在一定程度上恶化了《南京条约》之后中国所面临的国际形势，第二次鸦片战争即由此而起。

总理衙门只能算是外交部的雏形，本身有着许多遭诟病之处，但它确实提高了外交部门的地位，在避免中外决裂方面更是起到了很大的缓冲作用。此后，中国有三十多年都处于相对和平的国际环境之中，总理衙门功莫大焉。

与此同时，奕䜣、文祥等人也在积极谋求中兴之道。如何实现中兴？师夷长技以制夷！这是鸦片战争失败后，林则徐的好友魏源提出的杰出思想，令人遗憾的是，真正能够认同这一思想的人极少，更不用说实践了。直到二十年后，它才重新找到了知音，奕䜣、文祥等人也因此成为所谓洋务派最早在中央的代表。

史家定评，在咸丰逃奔热河不归期间，若不是奕䜣、文祥等人内外维持，“则大局糜烂，早已不可收拾矣”。

鹿血断饮

热河终究不像京城那样热闹繁华，春节时候，咸丰也感到了一丝犹如漂泊于异乡的凄凉。这时英法联军早已从天津乘船回国，最担心的那些事已经不可能发生，这使他终于生起了返京的念头，并且已写下“回銮”的上谕。办事人员知道后急忙置办行装，但咸丰突然又病了。

咸丰的体弱多病既与操劳有关，也与从前的纵情声色脱不开干系，到了后来，他不但整个人面黄肌瘦，而且下体异常怕冷，到了冬天更是如此。咸丰为此经常要吃药，俗话说久病成医，一次，某号称懂医的官员开了个药方，他居然也能指出药方中的药用得对不对。

咸丰年纪尚轻，自己也懂得一些医道，若善加保养，身体是可以好起来的，然而一个人既然一心想“纵欲自戕”，哪里还顾及养生？房事不济，他就乱吃壮阳药，还用貂皮黄绒特制了一个套子，“以温下体”，结果活生生地把自己整成了老病灶。

因为突然生病，咸丰只得推迟回京，以后他的身体一直时好时坏，京中甚至数次谣传他已经病危，回京的事自然也就难以摆上日程。

即便在被传病危的那些日子里，咸丰其实也没有好好静养，该看的戏照看，一点不耽误。他很怕冷，夏天看戏，轻歌曼舞，凉风习习，别人都觉得很惬意，他却受不了，因此还生了病。

这次咸丰病得相当沉重，但身体稍好一些，他又传谕看戏，然后再病再看，病情也更加恶化。等到实在看不动了，咸丰头一天传谕停止演出，次日即晕倒过去，苏醒之后已经奄奄一息。

对于咸丰之死，野史中另外记载了一则“鹿血断饮”的故事。咸丰在京时，太医给他诊断病情时，说可以用饮鹿血来弥补“阳亏”。《本草纲目》中也说鹿血具有“大补虚损，益精血”的药效，咸丰便同意按这个方子治疗，当时圆明园养鹿数十至百头，为的就是可以每天取鹿血供咸丰饮用。

出逃热河前，咸丰本想下令把鹿带走，左右劝他说，英法联军已经逼近京师，逃命还来不及，何必再带着这些累赘？等形势好转，再来把它们带走也不迟。

这样鹿就一头都没带走，结果英法联军火烧圆明园，园里所养的鹿死的死，逃的逃。热河没有鹿苑，咸丰能够打猎时，尚通过狩鹿取血饮用，其后沉迷于看戏，就忘记了这个方子。及至临终晕厥，再想取鹿血救命，仓促之间已不可得。

不管是不是鹿血断饮的原因，总之咸丰已经到了油尽灯枯的时候，唯一能做的就是嘱托后事。他下令召见御前侍臣，传口谕立长子载淳为皇太子，要求载垣、肃顺等八大臣“尽心辅弼，赞襄一切政务”。随侍诸臣为求慎重起见，希望咸丰能够用笔写下来，但咸丰已不能握笔，故他的遗诏有“承写”字样，表示系由侍臣代为书写。

当天半夜，御膳房接到了随时送冰糖燕窝供皇上食用的谕令，然而太阳才刚刚升起，咸丰就驾崩了，年仅三十一岁。在皇宫御医档案上，他的致命病因被注明为“虚痨”。

咸丰去世时距离《北京条约》签订一年还不到。西方历史学家敏锐地意识到这一点，指出“条约（指《北京条约》）让他万分耻辱……他一直在热河幽居……这位皇帝再也没有回到京城”。

可以肯定的是，假如没有第二次鸦片战争，没有英法联军的入侵，没有《北京条约》，咸丰虽不可能长寿，但也不会死得这么早。咸丰的撒手人寰，在给其家人带来创痛的同时，也加深了他们对“夷”的愤恨和敌视。

当年给太子载淳授课的老师发现，载淳特别讨厌任何与洋人沾边的物品。一天他看到有人身上佩戴着计时器，就问老师那是什么，得知是洋人发明的计时器，他立即拿来砸碎，并且恨恨地说："没有这东西，就不能看时间了吗？"

事实上，清朝皇帝从康熙乾隆起就喜欢收藏欧洲的各种工艺品，从计时器到大钟无一不有，载淳从小生活在宫中，不可能没有见过，他是故意问也是故意砸的。

儿童总喜欢玩游戏，太子也玩游戏，但他玩的游戏与众不同，可以说相当暴力和少儿不宜。他经常弄来一些欧洲人的小像，然后把这些小像排成队，用刀依次砍去小像的脑袋，一边砍还一边泄愤般地大喊："杀尽洋鬼子！"

载淳继位时尚年幼，然而已经从别人的叙述中知道了自己为什么从小就失去了父亲。作为载淳的母亲、咸丰的妻子，一个二十多岁就被迫守寡的寡妇，叶赫那拉氏当然更清楚丈夫的死因，她同样从骨子里仇恨"洋鬼子"，只是因为时势所限，不能发作而已。直到三十年后，手握大权的她才终于爆发出来，并且爆发得惊天动地（《对万国宣战诏书》）。

出师未捷身先死

在咸丰去世半个月后，曾国藩才收到这一消息，这让他悲痛万分。

咸丰是个短命皇帝，也是个苦命皇帝，自登基起就深陷于内忧外患，用曾国藩的话来说，"即位至今，十有二年，无一日不在忧危之中"，甚至就连他的那点"艳史"也笼罩着浓重的悲剧色彩。如今湘军终于收复了安庆，平息内乱总算出现了一线曙光，可是这位可怜的皇帝却再也看不到了。

清代从开创到末世，都没有出现过真正意义上的昏君。咸丰同样不能算一个昏君，他虽然才仅中等，但为政勤勉，待人宽厚，虽然一度怕这怕那，对曾国藩也疑惧、防范、压制过，但就当时帝国所处的困难复杂环境来说，并不是完全不可以理解，更重要的，是他授权曾国藩在湖南创办湘军，最终又予以重用，倚之为干城。曾国藩深受儒家教育，他不能不对咸丰抱有传统士大夫都会有的那种感激、知遇之情。

似乎是嫌曾国藩痛得还不够深不够狠，半个月后，又一个惊人的噩耗传来，胡林翼病逝于武昌。

在湘军集团内部，胡林翼属于超人般的存在，他既有左宗棠的豪迈干练，又有曾国藩的谦恭谨慎。曾国藩自己也承认在很多方面都不及胡林翼：“鄙人虽有联络之志，苦于才短性懒，书问太疏，遂不能合众志以勤王事，合群力以贯金石。至于察吏理财，拙才更逊百倍矣。”

胡林翼因积劳成疾，一年多前就得了痨症（肺结核），但仍通宵达旦地埋首于军务公务，其间时常咯血。有幕僚劝他注意休息，并以“食少事烦”的典故提醒他。

“食少事烦”出自于三国故事，说的是诸葛亮北伐时驻军五丈原，与司马懿对峙。司马懿始终高悬免战牌，不肯出战，诸葛亮便遣使送了一套女人的衣服给司马懿，想借此激怒司马懿。

司马懿老奸巨猾，不但不发怒，还反过来问使者，诸葛亮每天吃多少米粮，事务烦不烦忙。得知诸葛亮吃得很少，可是需要处理的事务却非常繁重，即“食少事烦”，他不由得大喜，使者一走就对部下们说：“照这种样子下去，诸葛孔明还能活得久吗？”

显然，胡林翼如果不停止他的工作方式，就会像诸葛亮一样命丧五丈原。他对此也很清楚，只是安庆战役当时正进入关键阶段，稍一懈怠，就可能前功尽弃。

对于当年诸葛亮所处的困境，胡林翼有着感同身受般的体会，他对幕僚凄然说道：“武侯当日鞠躬尽瘁，也是不得已而为之啊！”这名幕僚听了非常感动，以后每次说起这件事都不禁潸然泪下。

胡林翼在率援军回去武昌前，为协调军事，特地和曾国藩相约见了一次面，这也是两人一生之中最后一次相聚。此时两人的身体状况都很糟糕，曾国藩原来就患有的癣症复发，浑身奇痒难耐，弄得他生不如死，胡林翼的病情更是已至晚期，由于吐血不止，整个人已形神委顿，憔悴不堪。

一到武昌，胡林翼的病情就加重了，不但不能指挥赣鄂战事，也无法再顾及安庆战场。曾国藩只得一人独撑大局，可谓举步维艰，此时也更显示出胡林翼对于湘军而言有多么重要，曾国藩深有感触地说：“此公（胡林翼）一身关系全局安危。近日皖北事事呼应不灵，脉络不通，恐误大事。若润帅（胡林翼）不病，纵在湖北境内而皖江两岸犹能处处血脉贯通。”

胡林翼终于也到了鞠躬尽瘁的这一天，他最感遗憾的，恐怕还是“出师未捷身先死”，因而叹息着对身边的人说：“闻道苦晚，我现在虽然也有了一些真知灼见，可是其中多数都已来不及付诸实践了。”

罗少村是胡林翼的好友、浙江前巡抚罗遵殿之子，罗遵殿殉职于杭州，罗少村因在异地求学，侥幸躲过一劫，此后便追随于胡林翼左右。胡林翼去世的时候，罗少村一直陪侍在身边，看到胡林翼病亡，不由得悲恸欲绝，痛哭失声。

眼看要入殓了，罗少村用手摸了一摸胡林翼的胸口，发现虽然冷却下来，但与已僵硬的四肢不同，过了一会儿，似乎还有心跳。他于是力主暂缓入殓，寄望于胡林翼还能复苏。到了第三天，送奏折到京城的邮差回来了，胡林翼的这份奏折乃生前拟就，系奏请皇帝开缺自己的职务，由李续宜接替。

新皇帝尚年幼，实际主持朝政的为两位太后，她们非常信任倚重胡林翼，接到奏折马上应其所请，朱批上写道：“湖北巡抚著李续宜暂行署理，接统各军。”罗少村知道这是胡林翼生前惦念的一件事，所以便附在胡林翼的耳边，将朱批大声读了一遍。

奇迹发生了，胡林翼忽然张开了眼睛，而且就和平时一样目光如电，仿佛在微微点头赞许，但是不久却又闭上了眼睛。罗少村再摸他的胸口，那里已经比冰铁还要寒冷！

英姿飒爽来酣战

尽管对胡林翼的死，曾国藩在思想上已有所准备，但事到临头，仍感觉难以承受，乃至“惘惘如有所失”。

能够聊以慰藉的是安庆终于拿了下来，而且鲍超又从江西传来了捷报。

与胡林翼不拘一格的选才观不同，曾国藩亲自挑选的将领多数都是书生，当然这并不妨碍他对鲍超的器重和呵护，不然在朝廷拟调鲍超北援时，不会冒着危险请求替其出征。得知真情后，鲍超也知恩图报，在曾国藩面临危急形势和状况时屡屡挺身护主，化解战场险情，曾国藩特地写下一句“英姿飒爽来酣战”用以褒奖。

曾鲍还形成了一种在外人看来未免不可思议，他们之间却心有灵犀一点通的默契。鲍超基本算是个文盲，除了自己的姓名，认不得几个字。有一次霆军被敌围困，需要向大营求援，他让幕僚赶紧写求援公函，可是过了好一会儿公函也没能送上来。鲍超是个急脾气，便亲自前去催促，去了一看，好家伙，幕僚还在握着笔斟词酌句呢。他急得一跺脚："这都什么时候啦？还搞文绉绉的一套？"当下就让亲兵送来一幅白麻布，自己拿起笔在上面写了一个大大的"鲍"字，再在"鲍"字的四周围画上数十个小圈，然后就把布封好让人送去大营。

众人都弄不清他是什么意思，鲍超却很有把握地说："你们放心，大帅是看得懂的。"鲍超的这封"公函"送到大营后，首先由曾国藩的幕僚们拆看，幕僚们也不明其意，只得送去给曾国藩过目。曾国藩果然一看就懂，他大笑着说："老鲍又被围矣。"随即调兵往援，同时向鲍超复书一封："援军由外杀进，弟可杀出，杀他个片甲不留，看弟显真本领，莫让关云长专美。"

此番鲍超先援武昌，李秀成闻鲍则退，重返江西。之后的李秀成继续施展出他初次入赣时的无敌模式，很快就进逼南昌，使得江西全省为之震动。曾国藩闻讯，忙檄令他的"关云长"自九江南渡，赴援南昌。鲍超挥兵疾进，太平军是真的对"鲍膏"有心理阴影，见到霆军都躲着走，霆军不费吹灰之力便迅速推进至南昌以南的丰城。

李秀成以为自己的堂弟李世贤尚在乐平，不知道李世贤因败给了左宗棠，早已由赣北进入浙西，同时他也没有料到霆军这么快就抵达丰城，所以仍想攻下南昌。具体方案是分三路北进，李秀成的宗弟李恺运、李恺顺为其中两路，李秀成命二人率部用木排渡过赣江，继而沿江前进，他自己率主力部队围攻丰城，最后三路人马在南昌会合。

太平军在到达丰城对岸时，才吃惊地发现黑膏旗已飘扬于城中，他们连交手都不敢，就连忙后撤。归途上有一条小河，本来太平军在河上已经搭了桥，但不知道什么时候桥被老百姓撤掉了，部队无桥可过，只得徒涉，因此延误了时间。

霆军追上来，太平军勉强应战，然而力不能支。之后霆军继续穷追猛打，跟着撵了五十余里，太平军损失多达七千人。如果不是连刮大风，逆风之下船只不得前进，导致霆军无法渡河，太平军余部甚至连脱身都很困难。

李秀成经过江西、湖北的招兵，兵力已是霆军的十多倍，却败得如此狼狈，一方面暴露了临时裹胁成军的部队在战斗力及意志方面有多么薄弱，另一方面也说明，即使是太平军中的老兵也完全没有了早年的锐气，他们已不再是湘军的对手。

丰城之战后，李秀成退居铅山，与脱离石达开北上的太平军汪海洋诸部、原属广东天地会的花旗军会合，重新集结了二十余万人，在军威复振的情况下开始围攻广信府城。鲍超循着动静追踪而来，两军遂再战于铅山。

在铅山，太平军列阵二十余里，看似声势很大，但表壮不如里壮，鲍超一眼看穿其右路的花旗军较弱，于是首先进攻花旗军。花旗军猝不及防，反身急退，霆军趁势掩杀，连破营垒七十余座。

由于在江西无法立足，李秀成只得集合众将败退浙江，随着鲍超解围广信，江西全境得以"肃清"。

趁着在安庆和江西取得大胜之机，湘军继续扩大战果，短时间内，不仅太平军的皖北根据地基本瓦解，而且他们通过西征在湖北、皖南等地所占据的城池也被湘军相继夺回。在此基础上，曾国荃又率部东下，攻克了无为州以及无为东面的运漕镇，无为距南京不过二百余里，兵锋可直接威胁南京，而运漕则是南京的粮秣供给重镇。

与此同时，陈玉成、杨辅清、黄文金、林绍璋等军均遭到沉重打击，其力量的急剧削弱，在湘军发起的城池收复战役中可以看得非常清楚：所有被收复的城池，太平军或是自行撤走，或只能守一两天，仅少数坚守的时间略长，需要湘军动用内应才能予以攻克。

参与西征的太平军各部，以陈玉成军所受到的打击最为沉重，几乎是毁灭性的，该军除大部被歼外，余部已失去斗志。陈玉成本想到湖北招兵，无奈军心已经涣散，部属都拒绝赴鄂，且连夜自行退往了庐州，陈玉成在不得已的情况下也只好暂在庐州栖身。

陈玉成童子兵出身，十九岁便担当大任，二十四岁封王，以勇敢善战、知兵有方闻名，所部战斗力素为太平军之冠。各路清军均视其为心腹大患，即便湘军也把他列为最需重视、最可敬畏的对手。湘军内部平时谈论最多的话题之一，就是如何"屠狗"（陈玉成绰号四眼狗）。

有一年曾国藩觉得围歼陈玉成有望，还开玩笑似的给胡林翼寄去一首诗，诗云："江南江北阵云连，笑指洪崖一拍肩。我备芳椒君备酱，与君屠狗过新年。"意思是说说今年年景不错，我来准备永丰辣酱，你调好益阳酱油（曾是湘乡人，永丰属湘乡，胡是益阳人），好屠狗过年哩！

只是“屠狗”的目标并没这么容易达成，湘军的年也都一直过不好，但他们并没有放弃，仍步步紧逼，直到逼得陈玉成退守庐州。

困守庐州后的陈玉成继续广招人马，徐图恢复，湘军自然不会留给他休养生息的足够时间和机会。第二年，多隆阿围攻庐州，陈玉成被迫弃城北走，在寿州遭苗沛霖诱捕，随即被害，时年仅二十六岁。

陈玉成之死为曾国藩和湘军除去了一块心病，直接或间接参与“屠狗”行动的湘军将领都视之为自己在军旅生涯中立下的大功。有一年鲍超回乡，在家里挂上曾国藩、胡林翼等湘军将领写的屏条，以示炫耀。屏条还缺副横联，他找来一个姓赵的读书人书写横联，赵某有意讥讽他，遂书一联：“英雄老去惟屠狗，大将生来不读书。”有人看到后赶紧提醒鲍超，鲍超听后却哈哈大笑说：“你不知‘屠狗’二字，刚道着我！当年我随老帅（指曾国藩）围打四眼狗陈玉成……后来还真把四眼狗屠掉了，这副联能说到屠狗，硬是要得！”

以陈玉成之死为标志，西线太平军覆灭殆尽，徐图恢复的希望从此成为镜花水月。也只有到了这个时候，李秀成才能更深刻地体会到什么叫作唇亡齿寒，他长叹一声：“吾无助矣！”

第七章

非重用汉人不可

湘军攻克安庆之后，曾国藩将大营迁至安庆，故友弟子纷纷来信祝贺，在这些贺信中，曾国藩看到了一个熟悉的名字：李鸿章。

当初为了李元度的事，这对师生闹到了脸红脖子粗，李鸿章一气之下离开了祁门大营。此时他的哥哥李瀚章出任江西吉南赣宁道道员，正负责襄办江西团练，李鸿章暂时无处可去，就决定先到兄长那里住上一段时间。

途经胡林翼的英山大营时，李鸿章特地去找胡林翼，并把事情的前因经过说了一遍。胡林翼和曾国藩一样，都有一颗求贤若渴的心，在如李鸿章般可造之才面前，他们能以诚相交，而并没有什么我是封疆大吏、湘军首脑，你不过一部下幕僚之类的计较。胡林翼对李鸿章印象不错，曾在写给李瀚章的信中夸赞李鸿章说话"直抒胸臆，声如洪钟"，李鸿章认为胡林翼可能会支持他，但胡林翼听后的第一反应却是劝他慎重："你以后的前途必然不可限量，然而前提是不能离开涤生（曾国藩），要是离开涤生，何来进身之阶？"

胡林翼是实话实说，全为李鸿章着想，无奈李鸿章正兴奋着呢，哪里听得进去，反过来他还认为胡林翼俗气，不是做大事的人。《孟子》中有言："待文王而后兴者，凡民也；若夫豪杰之士，虽无文王犹兴。"意思是说，凡人都只能眼巴巴地等着周文王一类明君出现，而后才能实现盛世，但真正的豪杰，却要靠自己去争取盛世。李鸿章以此相讥，对胡林翼说："我开始还以为胡公（胡林翼）您是豪杰之士，不依靠别人而能自己开创一番事业，现在知道弄错了。"说完当即拂袖而去。

用好此人

李鸿章回到寓所后，正要收拾行李出发，胡林翼已派人赶到寓所，邀请他到英山大营再住几天。李鸿章起初还拿腔拿调地不肯，经胡林翼竭力挽留方才答应下来。

胡林翼本想劝李鸿章继续回祁门，但看对方正在兴奋当中，也就不再说什么了。在接下来的几天里，他和李鸿章把酒言欢，两人都不再提及前事，直至尽欢而别。不过等李鸿章一走，胡林翼就给曾国藩写了一封信，在信中说："李某（李鸿章）终究会自己明白过来的，到时还是要引导他前进，用好此人，可以增强我军的力量。"

李鸿章前往江西，在兄长任职的地方住了一年，也闲了一年。这闲置下来的一年可把他给愁坏了，说到底，李鸿章的人生理想还是"拼命做官"，哪里是个闲得住的人。

一天，李鸿章兄弟在友人处遇到了一个九华山的和尚。此僧擅长相术，他先见到李瀚章，称李瀚章是贵人，且"不出十年，将为封疆大吏"，继而又见李鸿章，更是预言其未来前程超过乃兄："贵不可言。令兄能够显贵，也都是由于你啊！"李鸿章回去跟母亲一说，老太太大喜，次日就让李鸿章给和尚送钱，希望能问得更详细一些，但和尚已经走了。

李鸿章晚年任两广总督，被调入京居住于贤良寺。一名九华山寺僧入京迎请藏经，依靠一些九华山老香客的关系寻到李鸿章门下，想请李鸿章为他的庙宇题字。李鸿章尚记得当年那位擅相术的和尚，问此僧认不认识。九华山的庙宇及和尚不知有多少，这僧人哪里认得，但他很会看人脸色和奉承巴结，马上顺着李鸿章的意思说："您见到的高僧是地藏王菩萨的化身！"

九华山确为地藏菩萨的道场，所以僧人的胡诌也并非毫无依据。李鸿章听了十分高兴，不仅题了字，还命贤良寺住持代为陈说，让九华山寺僧得以早早就领到了藏经。

李鸿章对“地藏王菩萨”的念念不忘，验证了当年他那颗按捺不住的名利之心有多么急切。他终于如同胡林翼所说的那样明白过来，领悟到一旦离开湘军和曾国藩，确实没办法“进身”，所谓“豪杰之士，虽无文王犹兴”，放到现实之中，不过都是自欺欺人的大话空话而已。

正在犹豫彷徨之中，李鸿章接到郭嵩焘的一封来信。郭嵩焘劝他说，你“崛起草茅”，现在的根基还很浅，必然须由贵人相助。试问今日之天下，舍曾公（曾国藩）之外，你还能依靠谁呢？就算原来与曾公之间有过不愉快，你仍要赖之以立功名，所以还是去投曾公为好。

郭嵩焘的信可谓来得恰逢其时，李鸿章读后怦然心动，于是便趁着湘军收复安庆的这样一个机会，写信向老师致贺。虽然他在贺信中并没有明言想回归湘军大营，但其心情和愿望已是跃然纸上。

说实在的，李鸿章当初离开祁门大营，确实让曾国藩很伤心很失望。那是他最艰难的时候，身边多一个得意门生和幕僚的支持，就意味着多一分力量。以后当听到有人说李鸿章才气无双时，他总是叹息着说：“此君难与共患难耳！”

是胡林翼的及时来信提醒了曾国藩，曾国藩自己也认为李鸿章“才大心细，劲气内敛”，乃未来不可多得的将才。另一方面，随着时间的延续，他的气也慢慢消了下去。毕竟李鸿章主要还是为了替李元度仗义执言，而不是因贪生怕死借故逃离，再者说，李鸿章当时只是一个既无官职在身又无兵权的幕僚，即便没有师生争吵的这件事，老母寄居于邻省，提出辞职回家奉养母亲，难道不行？

曾国藩一向非常珍视与朋友弟子的友情，他不是一个耿耿于怀的人，同时自胡林翼去世之后，他也深知肩上的担子又重了许多，所以更有一种视才如命的紧迫感。看到李鸿章的信后，他即亲自复书一封：“若在江西无事，可即前来。”李鸿章等的就是曾国藩的这句话，当下便从江西来到安庆，曾国藩不仅重新邀其入幕，而且待他比从前还要好，凡军政要务，都要与他进行筹商。

有人爆料说，其实曾国藩当时是这么回复李鸿章的：“足下的行踪也太让人捉摸不定了，以前祁门危急的时候你走了，现在安庆这么安全，你为什么不来？”这种说法可能符合一般人的心理，即就算让你回来，但抓住机会该挖苦也要挖苦，只是它低估了曾国藩的胸怀，而且从李鸿章见信即行以及曾国藩嗣后对他的态度来看，也显得颇不可信。

没有曾国藩的胸怀雅量、胡林翼的远见卓识，以及李鸿章自己的磅礴才气，李某重新回归湘军这段故事就不可能发生，它从一个侧面说明了湘军为什么能够在那么艰苦复杂的环境中屹立不倒，并呈现出越来越不可遏制的强盛势头。

段　子

扎营安庆后，曾国藩将家属也接到了位于安庆的两江总督官署。湘乡风气俭朴，曾国藩本人又家风严谨，所以女眷们都有自己纺纱织布的习惯，欧阳氏和大儿媳刘氏每晚都要纺棉纱，两人还有工作标准，必须纺到四两棉纱才罢手。

一般情况下，二更就可以完工，但是这天到了二更还没有能够纺完，拖到了三更。曾国藩的儿子曾纪泽早已就寝，欧阳氏就对儿子说，干脆你也别睡了，我给你讲一个笑话，保管能够叫醒睡魔。

笑话中说有家人也是婆婆媳妇纺纱纺到深夜，儿子被纺车吱吱嘎嘎的声音弄得忍无可忍，不由得朝媳妇大声怒骂，扬言要将她的纺车给砸碎。父亲在房间里听到了，立刻呼应道："儿子，如果你能将你母亲的纺车也一起砸掉，那是最妙的了。"原来老头子也正被纺车声搅得难以入眠呢！

第二天和幕僚们一起用早餐时，曾国藩将欧阳氏的笑话转述给众人听，众人无不喷饭。

曾国藩服膺理学，难免给人死板和不苟言笑的印象，其实他并无一般道学家的假正经，反而生性极爱开玩笑。和过去在宿松大营时一样，安庆时期的曾国藩仍和幕僚们一起就餐，吃完饭大家也照例围坐在一起聊天，这时曾国藩总会带头先奉上一个笑话段子。听完他的段子，幕僚们肚子都笑疼了，个个东倒西歪。偏偏他自己还不笑，段子结束便以手捋须，正襟危坐，其他人看了更觉可乐，但这时候想笑又不能笑，不笑又止不住，亲历其境的李鸿章说"这真被他（曾国藩）摆弄苦了"。

李鸿章曾经畏惧的早起习惯也仍然维持着，曾国藩打趣地将其称为"进饭场"，意思是让幕僚们早起吃饭，如同让他们科举入考场一样。曾国藩的老友欧阳兆熊想回趟老家，曾国藩为之饯行，席间欧阳兆熊忽然对他说："大家不是不能早起，但起得那么早，也吃不下饭啊。我今天要回去了，替大家跟您恳求一下，能不能免去'进饭场'？"曾国藩听后当场笑着点了点头。

欧阳兆熊回家后给李鸿章写了一封信，开玩笑说："（免去'进饭场'后），从此你们睡也睡得香，吃也吃得饱，怎么报答我？古人在吃饭的时候必然要先供奉恩人，你们每顿饭前是不是也都要感谢我几句啊？"李鸿章在复信中也同样报以戏谑之言："'进饭场'确实已经豁免，非常感谢，非常感谢！只是没了聚餐，尚斋、申甫（程尚斋、李申甫，均为曾府幕僚）都必须自起炉灶了，恐怕他们还得向先生你要饭钱呢！"

谈笑间，湘军大营那种相对轻松愉悦的氛围能够想见，这也可以看作是当时局势转变的一个具体写照。此时湘军已基本肃清上游，且"军威所至，骎骎直指金陵"，同时他们还得到了朝廷越来越多的倚重和支持。

咸丰病死于热河时，继位的载淳才六岁，没有亲政能力，为此他生前留下遗命，让八位辅政大臣赞襄政务，直至儿子成年亲政。八大臣都是咸丰亲近的大臣，其核心是载垣、端华、肃顺。载垣、端华均为亲王，虽位居肃顺之上，但二人才智平庸，性格也优柔寡断，遇事常由肃顺做主，所以实际肃顺才是八大臣的主心骨。

端华与肃顺是兄弟关系，端华是肃顺的哥哥，然而端华贵为郑亲王，肃顺却无王爵在身，这是怎么回事呢？

原来肃顺和端华乃同父异母的兄弟，他们的父亲郑慎亲王乌尔恭阿娶了一位回人女子为妾，这位回女就是肃顺的母亲。按照清制，妾所生之子只是闲散宗室，所以肃顺才未得封爵，而且成年后即出府另居，家境很一般。

肃顺身材魁梧，还长着一双倒竖眉。在古代卦相中，眉相呈倒八字属于上相，预示此人今后将有机会获得成功。不过最初肃顺在周围人们心目中的形象却是个经常骗吃骗喝的无赖，连亲戚朋友都看不起他，见到他都绕着走。只有一个叫墨裕的人觉得肃顺可怜，时常予以接济。

有一年冬天，肃顺头上盘着辫子，身上反披着一件羊皮袿，牵着狗从街头走过，正好遇到了墨裕。墨裕一看他那破罐子破摔的样子就皱起了眉头，问道："你自己觉得你是什么样的人？”肃顺倒也知道别人对自己的评价，答道：“无赖。”

“你觉得做无赖很光荣吗？”

肃顺显得垂头丧气：“因无所赖，故无赖耳。”墨裕对他说：“既然这样，那么我给你找一个事做，让你有所赖，如何？”

肃顺问要给他找什么事，得知是做官，他以为是墨裕在跟他开玩笑，于是扭头就走。不料过后墨裕动用各种关系，居然真的给他在刑部弄到了一个官职。

上任之日，肃顺特地备酒筵感谢墨裕。酒过三巡，他突然长跪在地，举杯向墨裕敬酒，并且说：“没有先生就没有我的今日，如果我再不痛改前非，猪狗不如！”

汉人是得罪不得的

肃顺得友帮助，一步迈入官场的这段故事，见之于野史。野史中总有不少虚构的成分，它的价值在于勾勒出了肃顺的成长轨迹，也部分解释了，为什么肃顺的价值观和做事方式与其他八旗子弟有所不同——因为他们的生活环境迥异，肃顺没有天然地享受锦衣玉食的权利，他必须靠自己的奋斗去闯出一条新路。

在正史中，肃顺的仕途似乎没有野史中那么离奇，他先在侍卫处任职，以后逐级迁升，直至到达上层，成为一名朝士（即中央官员）。肃顺的记忆力非常强，只要看到别人一眼，就能记住对方的样貌，凡是亲自处理的公事公文，即便若干年后，也仍能列举出其中的字句，为一般同僚所不及，加上又敢作敢为，他能在已普遍庸碌的满臣群体中脱颖而出，并不是一件值得奇怪的事。

自金田起义之后，在京朝士即分为两派，一派喜谈科名，讲求学问，称为科名派；另一派有志于功名，以左右时政为能，称为功业派。科名派由于无补于实际，所以不为皇帝所看重，不过视之为文学侍从之臣而已。在皇帝的亲自示范和影响下，当时京师风气普遍推崇功业派中的贤达人物，比如文庆以及继之而起的肃顺。

肃顺在文庆掌权时便已渐渐崭露头角，不过文庆本身就是个能断大事、气势如虹的能臣，有他在，肃顺的发言权有限，及至文庆病逝，肃顺才有机会成为功业派的领袖、朝中炙手可热的第一权臣。咸丰在热河喝奶茶时，连碗盖都是由陪侍在旁的肃顺所揭，其与皇帝关系之亲密，手中权势之熏灼，不难想见。

祁寯藻、彭蕴章之辈明明自己是汉人，却偏偏排斥提防汉臣同僚。身为满人的肃顺与之相反，他与文庆一样，认定在天下大难的非常时期，非依靠和重用汉人不可，经常说："满人糊涂不通，不能为国家出力，唯知要钱耳。国家遇有大疑难事，非重用汉人不可！"在这方面他甚至有些矫枉过正，相传肃顺在执掌部院时，对所属旗籍司官多呼来喝去，待之有如奴隶一般，而对汉员则极为谦恭，他的解释是："咱们旗人浑蛋多，懂得什么？汉人是得罪不得的，他那支笔厉害得很。"

咸丰年间，湘军是唯一能够替代绿营的最具战斗力的汉人军队。对于这一点，肃顺自然不会漠然视之。实际上，他的幕僚有不少都与湘军集团有着密切关系，有的甚至原来就是湘军集团中的一员，比如在著名的"肃门五君子"中，高心夔就曾效力于曾国藩幕府，其他如王闿运等人也或多或少与湘军有着联系。

通过"肃门五君子"的汇报和对其他渠道信息的掌握，在祁寯藻、彭蕴章等人尚糊里糊涂的时候，肃顺就知道官军能战者皆出自于湖南，要战胜太平军，必须扶持湘军。他也打心眼里钦佩曾胡等有能力有战功的汉臣，平时与人谈论，对曾国藩的识见度量、胡林翼的才能谋略皆赞不绝口。

文庆曾极力维护胡林翼，相比之下，肃顺给湘军的帮助更大，其间，他或亲自出马，或通过"肃门五君子"穿针引线，给湘军帮了许多大忙，远者如左宗棠的"昭雪"，近者如曾国藩被授两江总督。甚至曾国藩克复安庆之役也有没离开过肃顺的支持。当时曾国藩在皖南屡战屡败，被困祁门，朝中不少人进行弹劾，眼看就要对曾国藩不利，肃顺大声说："胜败乃兵家常事，临敌易帅为兵法大忌（就算觉得曾国藩打得不好），也应该（让他）戴罪立功。"因为肃顺的这句话，曾国藩才得以免除外界干扰，一心一意地专注于指挥军事。

有些不明内情的人以为曾国藩在朝中靠的是他老师倭仁，其实倭仁学问固然很深，但他这类科名派并不受咸丰垂青，真正在朝中能够为湘军出力也愿意出力的还是肃顺。

咸丰生前，肃顺能够说服他授曾国藩以江督，是一件具有标志性意义的大事，因为曾国藩曾是咸丰最不信任的汉臣，如果连曾国藩都能够出任督抚，兼掌军政两权，其他湘军将领继续出任督抚也就不难了。咸丰驾崩后，朝政由肃顺等八大臣执掌，肃顺大权在握，用全面依靠，代替了过去对于汉臣使用、限制的旧有方针。湘将的擢升也由此被推向了一个高潮，在短短两个月内，江忠义（江忠源的族弟）、彭玉麟、李续宜等人相继被破格提拔为巡抚，其中彭玉麟、李续宜原先只是按察使，江忠义更仅为道员，从区区道员到巡抚，中间已超越了数级。

据统计，咸丰朝的实缺除漕督、河督外，共设八个总督、十五个巡抚。在那段时间里，湘军集团竟占去总督缺两个、巡抚缺七个，分别占四分之一、近二分之一，比例之高相当惊人，另外湘军集团还有两名钦差大臣的实缺，尚未计算在内。

如果肃顺一直掌权，对曾国藩和湘军而言显然是有利的，但宫中云谲波诡的权力斗争很快又为其增加了新的变数。

都不是善茬

咸丰驾崩当天，宫中传下旨意，宣布从即日起，所有文件上的皇太子都写“皇上”，皇后写“皇太后”。这位皇太后钮祜禄氏出身于世宦之家，从小就受到过良好的教育，和民间传说中的庸懦形象不同，钮祜禄氏实际是个狠角色，连咸丰都惧她三分。

有一天晚上，咸丰和侍寝妃子在一起喝酒喝多了些，以致早朝误点。钮祜禄氏当即查问是谁侍寝，查到后便对侍寝妃子进行严厉训斥。咸丰上朝前没看到钮祜禄氏，情知不妙，朝议尚未结束就连忙赶到后宫。去了一看，但见气氛森然，宫女太监都规规矩矩在门口侍立着，问过后得知钮祜禄氏果然在责罚妃子，于是便嘱咐不要通报，自己悄悄地走了进去。

被责罚的妃子正跪在地上挨训，见咸丰进来，仍不敢站起，而钮祜禄氏也不予点破。咸丰找位子坐下，然后明知故问地指着妃子问钮祜禄氏：“这是谁啊？”钮祜禄氏这才跪下奏道：“祖宗在侍寝方面有定法。现在皇上喝醉了，以致过了辰时还不能上朝，外面不知道的人，还以为是奴教导无方，因此我把她叫来，问她为什么要给皇上灌酒。”

咸丰听后叹了口气说：“这是我自己犯下的过失，她又有什么能力阻止我呢？你就饶了她吧。”皇帝的话就是圣旨，钮祜禄氏不能不遵旨，但她马上又将了咸丰一军，恶狠狠地对妃子说：“这是主子饶你的（不是我要饶你），以后无论主子在哪里喝醉，我都会唯你是问。”

此话一出，让咸丰尴尬莫名。钮祜禄氏拥有领导后宫之权，并且话也说得如此振振有词，即便他明知钮祜禄氏是出于妒忌，才故意借祖宗家法打压情敌，但也没有办法予以反驳。

为了给自己和妃子解围，咸丰只好从腰间解下所佩的一枚玉印，赐给钮祜禄氏作为信物，后者方才作罢，而她所得的这枚印章，就是后来的“同道堂”印。

咸丰逃奔热河后郁郁寡欢，曾写下“且乐道人”四个字，让宫人制成匾额悬挂于各殿。钮祜禄氏随行在侧，坚决不同意，说：“天子日理万机，哪有自己把安逸享乐放在嘴边的道理？如今逃亡在外，更加不应该放这样的匾额了。”她也不管咸丰高兴不高兴，亲自监督宫人把匾额全都拿了下来。

钮祜禄氏如此强势，后宫能与之争锋只有叶赫那拉氏。那拉氏系被选秀入宫，赐号兰贵人，也有野史中说她初入宫时，其实未参与妃嫔选拔，身份不过一宫女，住的地方叫作“桐阴深处”，乃后宫打杂婢女的居所。如果那拉氏做过宫女这段只是误传，另一段记载则有一定的可信度，按照它的说法，那拉氏由于随游宦的父亲长期居住于南方，因而善唱南曲。一天咸丰在园林里散步，突然听到有曼妙之音传来，觉得奇怪，便循声而往，结果发现唱曲者正是那拉氏，那拉氏遂得宠幸。

那拉氏入宫那年，是金田起义爆发的第二年。在此后的几年里，战乱波及十六省，疆吏奏报和统兵将帅的加急奏牍如同雪片一般，每天纷至沓来，令人目不暇给，咸丰心烦意乱，疲于奔命，有时甚至被弄得茫茫然全无主意。也就从这时候开始，咸丰逐渐沉迷于昆曲。昆曲分为北曲和南曲，北曲多武打剧目，南曲则侧重文戏，当然那拉氏不会有“同光十三绝”唱得那么好，善唱的也可能只是昆曲小段，但在以北方旗女为主的深宫里，已足够令咸丰惊艳了。

那拉氏先以姿色和才艺吸引咸丰，跻身于圆明园“五春”之一，后又凭借母以子贵的优势，在宫中稳固住了自己的地位，之后就有了恃宠而骄的趋势。据说咸丰对此很不开心，那拉氏也看出来了。于是一天当咸丰想在园中泛舟游玩时，久居南方已学会撑船的那拉氏便自告奋勇，拿起竹篙为其撑船。孰料咸丰还没站稳，她的竹篙就用上了力，船只因此失去平衡，咸丰失足落水，把脚都弄伤了。

事后那拉氏自然会赔罪，但嬉戏游玩本来也是咸丰自己提出的，不好责罚，咸丰白白吃了哑巴亏，自此便知道身边的这个女人乃是个惹不起的狠角色。

总之，钮祜禄氏和叶赫那拉氏都不是善茬儿，丈夫一死，两人就展开了明争暗斗。给咸丰置办丧事的当日，钮祜禄氏抛开那拉氏，带着琳贵太妃等人至灵前奠酒。能不能参加灵前奠酒乃是妃子们地位的体现，那拉氏岂肯罢休，她立即展开了反击。

钮祜禄氏一度领导后宫，那拉氏是新皇帝的生母，心计方面两人也基本可平分秋色，结果双方很快达成妥协。次日，敬事房首领传旨："储秀宫懿贵妃晋封皇太后。"这是援引了万历年间的例子，那时隆庆皇帝刚死，年仅十岁的万历皇帝即位，便把隆庆皇帝遗下的皇后陈氏和嫡母李氏双双尊为了皇太后。

两宫皇太后能够结盟，一方面是因为她们势均力敌，合则两利，斗则两伤；另一方面也是缘于有共同的敌人需要对付，这就是以肃顺为灵魂的八大臣。

钩弋故事

两宫皇太后与八大臣尤其肃顺早有矛盾，这种矛盾最早发生于那拉氏与肃顺之间。那拉氏热衷参与政事，而且观点常与肃顺相左，两人曾不止一次当着咸丰的面争吵。典型事例就是英法联军入侵时，肃顺主张抚议及"巡幸木兰"，那拉氏却主战且力阻北逃。事后肃顺不满于后宫干政，而那拉氏也对肃顺辈很是厌恶。

这种政治上的龃龉还延伸到了日常。圆明园有新旧两个园门，新园门离北京城较近，为皇帝专用，臣工进园被要求走旧园门，一般情况下不得因贪捷径而走新园门。一天，咸丰和那拉氏登高望远，忽见一行车骑直趋新园门，一问原来是肃顺所为，咸丰当场发怒，命令侍卫持鞭上前，将肃顺赶出了圆明园。肃顺认为皇帝一向待他优厚，何至于如此不给面子？打听下来，原来当时那拉氏就在咸丰身边，便料定是那拉氏从中挑唆，对其愈加不满。

咸丰逃奔热河时非常仓促，饮食、用具、车马等途中必备之物都未能带全。妃嫔们所乘的车马是肃顺临时从集市上雇来的，骡马瘦弱，车子破旧，在平路上行驶已很困难，进入山路后更是颠簸得令人难以忍受。妃嫔们平时全是娇生惯养，哪里吃过这个苦头。那拉氏正好看到肃顺的骡车从旁边经过，便请求肃顺给她换辆好点的车马。肃顺随口答应，说到前站再说，然而当车队到达前站时，不知他是蓄意报复，还是无意为之，反正当那拉氏派人前去询问时，却被以“无暇顾及”为由推托掉了。

之后那拉氏遇到肃顺时再次提出了换车的要求，肃顺当即拉下脸来，厉声呵斥道：“连中宫（皇后）都乘坐敞车，你又有何不可，难道还要位列中宫之上不成？”那拉氏再不敢多言，但从此却对肃顺更加怀恨在心。

肃顺当然也能感觉得到那拉氏的敌意。咸丰逃到热河后，身体极度虚弱，经常咯血，他想到，一旦咸丰驾崩，必然会由皇长子载淳继位（咸丰有两个儿子，但次子出生当日就死了），那拉氏的地位将直线上升，于己大不利，为此时常在咸丰面前说那拉氏的坏话。咸丰一开始宠信那拉氏，甚至允许她参与议论朝政，但在吃了那拉氏的苦头之后，也渐渐地对她厌恶起来。

一天，那拉氏又不按圣旨办事，独断专行，咸丰很生气，便向肃顺诉苦。肃顺趁机建议咸丰，“请用钩弋故事”。钩弋是汉武帝的妃子，被封为“钩弋夫人”。汉武帝晚年想立他与钩弋夫人所生的儿子刘弗陵为太子，弗陵正当年幼，与载淳差不多，而钩弋夫人却又与那拉氏相仿，正当青春年少。为了防止太后与外戚专权的局面发生，汉武帝果断选择了赐死钩弋夫人，这就是“钩弋故事”。

问题在于汉武帝就好像是康雍乾一般的雄主，他们所做的事往往只能让后来者抬头仰望，要仿效可就太难了。咸丰属于性格比较仁厚，甚至可以说有些懦弱的皇帝，对那拉氏不满意归不满意，但要他把自己的亲人杀掉，却无论如何干不出来。况且，咸丰早年丧母，对于失去母爱有着切肤之痛，他怎么忍心再让儿子面临同样的悲剧呢？

醇郡王奕譞是咸丰的七弟，其嫡福晋（即嫡妻）是那拉氏的胞妹。奕譞发现咸丰居然有杀那拉氏的念头，不由得大惊失色，连忙与嫡福晋一起以身家力保那拉氏。咸丰本就下不了决心对那拉氏怎样，自然也就不了了之了。

这件事通过奕譞夫妇之口为那拉氏所知，那拉氏心惊肉跳之余，言行举止收敛了不少，但她同时也多了个心眼，开始暗暗打听谁是咸丰背后的谋主。咸丰见那拉氏害怕，反而失去防范之心，有一次喝醉了酒，借着酒劲朝那拉氏发飙，竟不慎将肃顺建议杀她的事吐露了出来。那拉氏听得咬牙切齿，也迅即滋生了与肃顺势不两立，不是他死就是我亡的想法。

清代笔记中另有一种记载，说其实是咸丰自己产生了用“钩弋故事”处置那拉氏的主意，接着再告诉肃顺，称他将效法汉武帝，除掉那拉氏。当然即便是这种情况，那拉氏在知晓后，也不会减少对肃顺的半点恨意——肃顺起码是参与了密谋，而且没有表示反对！

常言道，伴君如伴虎，其实跟君主的老婆们打交道也是一件极为凶险的事。在后宫，不光那拉氏对肃顺虎视眈眈，必欲除之而后快，其他妃嫔乃至皇后也对肃顺没有任何好感。

我等你很久了

逃亡热河途中，肃顺主掌一切饮食供给。巧妇难为无米之炊，在极其有限的条件下，他当然要首先安排好咸丰的生活，其他人的供应也就管不了那么多了，因此一路上仅咸丰能得到少许酒肉，嫔妃们只能以豆乳充饥。

刚到热河的那段时间，内务府严重拮据，连皇家卫队的口粮都经常短缺，肃顺不能不有所权衡，所以后妃们的“宫分”（平时穿吃用度的开销）都不能按照定例供给。地方官虽然进呈了猪羊鸡鸭各二十只，可肃顺只顾着咸丰，把这些猪羊鸡鸭全都送到了御膳房，而未分给后宫。据皇宫档案记载，妃嫔们在抵达热河的半个月内都未沾到一点荤腥，众人莫不迁怒于肃顺。

在热河行宫，素来喜欢以贤良皇后形象示人的钮祜禄氏劝咸丰，说既然咱们是逃难出来的，就不应该再保留看席。所谓看席，是边吃喝边看戏，在筵席中穿插戏曲表演。咸丰就乐意这个看席，但钮祜禄氏说话做事，如同她借故责罚妃子一样，都把“正义”的幌子拿在手里，让你无法反驳，咸丰只好说：“你的话很对，我这就吩咐肃六（肃顺在家排第六）办理。”

第二天，咸丰将钮祜禄氏的话告诉了肃顺。肃顺最了解皇帝的心思，知道他舍不得将看席撤掉，于是马上回复咸丰：“内务府确实拮据，可是若突然降低进膳的规格，反倒会令外人惊疑。”

肃顺为皇帝定制的理由正中咸丰之下怀，他回头就照搬给钮祜禄氏：“肃六说了，这样不行。”钮祜禄氏的习惯是要么不出击，出击必中，结果却被肃顺三言两语给打发了，她对肃顺岂能不嫉不恨？

两宫皇太后与肃顺之间原来就芥蒂极深，而咸丰死后的权力之争又加剧了这种矛盾。在给咸丰办完丧事后，两宫皇太后召肃顺等八大臣入议，商量今后该如何处理朝政。肃顺等人最初提出的建议是，由八大臣拟定谕旨，太后只负责盖章，但不准更改谕旨内容，同时各方奏疏也不呈送给太后。

两宫皇太后认为她们应该有阅看和处理奏疏的权力，经过一番争执，八大臣做出让步，同意奏疏仍送其阅览。钮祜禄氏掌握着两枚皇帝生前使用的印章，一枚是咸丰赐予的"御赏"印，乃咸丰鉴赏书画作品所用；另一枚即"同道堂"印，也就是她通过争风吃醋从咸丰手里索取的那枚信物。按照流程，两宫皇太后看过奏疏之后，就上盖"御赏"，下盖"同道堂"，用以代替原先皇帝的朱笔批阅。比如曾国藩上一个奏折，汇报近日军情，两宫太后会先在奏折上盖"御赏""同道堂"，再由八大臣接着写上："赞襄政务王大臣奉旨：知道了！"

这种权力运作体制在当时被称为"垂帘、辅政兼而有之"，显然它绝不是两宫太后真心想要的。那拉氏虽没有经过严格的皇家教育，文化基础和书法水平都不好，然而在咸丰的指导下也曾代笔批阅奏章，甚至公开评论政事，如何甘心充当别人的橡皮图章？她极力撺掇钮祜禄氏"垂帘听政"，钮祜禄氏起初因为担心与肃顺等人争斗未必能稳操胜券，所以对此不是很赞同。那拉氏见状，便又将肃顺平日如何"抑制"后宫的那些事翻出来，并且坚持认为，唯有实施"垂帘听政"，她们孤儿寡母才可免为他人之鱼肉。

钮祜禄氏和那拉氏一样，都不是一般的女人，这两个当年仅仅二十多岁年纪的年轻皇太后，均有着把持朝政的强烈欲望。她们能够达成妥协，其实就是要效仿明万历年间的陈氏和李氏，以各自所拥有的资源为砝码，共同瓜分丈夫所留下的政治权力。在与那拉氏反复计议后，钮祜禄氏终于下决心放手一搏。

钮祜禄氏自与那拉氏结盟后，很注意拉拢对方，醇郡王奕譞的嫡福晋既是那拉氏的胞妹，她也就把这位福晋当成自己的妹妹看待，私下关系很好。这天在福晋来宫中看望钮祜禄氏时，钮祜禄氏便当着她的面哭了起来，一边哭一边说："我们（被八大臣）欺负到这种地步，难道爱新觉罗家族里就没人了吗？"

听出皇太后的弦外之音，福晋连忙答道："七爷（奕譞）在此！"钮祜禄氏转忧为喜："那你让他明天早上来见我。"

次日上午，奕譞来到军机处值班室，称应太后召命，要求入宫晋见。肃顺在军机处值班，他丝毫未打算给醇郡王留面子，斥令其退下，还讥笑道："太后召你？哪里会有这种事！"奕譞虽是郡王，但职权有限，无奈之下只得退立外阶。

钮祜禄氏急于见到奕譞，命太监到军机处来探看动静，但军机处的人就是不告诉他，奕譞已在等待召见。太监见奕譞不在军机处内，以为还没来，就回宫中去了。第二天，钮祜禄氏打破先召军机处领班的惯例，首先召见醇郡王。可是太监连跑三趟军机处，仍然见不到奕譞的人影，他觉得纳闷，嘴里自言自语："七爷为什么不来呢？"被阻于外阶的奕譞听到了，立即回应道："我等你很久了！"太监如释重负，连忙也上前招呼："我等你很久了！"

奕譞由太监引领入宫，这时肃顺就坐在军机处值班室内，但已不能阻止。奕譞入宫后，钮祜禄氏依旧哭诉一遍，奕譞则早就为两宫太后想好了对策："此事非恭王来办不可。"

以退为进

奕訢是个能力较为突出的王爷，曾经主政军机处，算得上是肃顺这些人的前辈，他平时待人处事很宽厚，极孚众心，因此外界称为贤王。尤其是在英法联军撤退后，奕訢和文祥在京城主持一切，有安定和调护社稷之功，其声誉之高，更是不同以往，可以说，京城内外，除八大臣及其依附于他们的党羽外，满汉官员大多对恭王表示支持和认可。

可是因为受到皇帝的猜忌，奕訢的作为越大，声誉越高，反而自身的处境越差。咸丰在热河期间，奕訢曾多次奏请前往问安，肃顺等人出于争权等目的，在咸丰的耳边说什么奕訢联合洋人，挟持朝廷，况且权势过大，恐另有图谋，必须提防。其他嫉妒奕訢的王爷也乘机落井下石，咸丰的五弟惇亲王奕誴就无中生有地指责奕訢有反意。咸丰本就将奕訢视为怀疑和防备的对象，周围这些人的谗言无疑更增加了他的疑窦，于是下谕给奕訢，言称："相见徒增伤感，不必来觐。"

咸丰抱病时，京师人士都以为皇帝一旦驾崩，以恭王之贤，必能以摄政王的身份辅佐幼帝，不料咸丰在遗诏中竟没有一个字提到恭王。肃顺等人辅政，自然也秉承咸丰的意图，视奕䜣为政敌，不让他染指权力和前来热河。

醇郡王奕譞深知奕䜣的能量以及所处困境，因此建议两宫太后找他作为援手。钮祜禄氏认为奕譞说得很对，随即写下密旨交给侍卫，由侍卫秘密潜入京中，将密旨授予恭亲王奕䜣并向其问计。

奕䜣看完侍卫送来的密旨，马上意识到热河形势已一触即发，他很清楚，假如八大臣完全掌控朝政，他和两宫太后叔嫂都将在朝廷上失去立足之地，现在太后既在密旨中表明了铲除八大臣的决心，他就必须与之同舟共济，背水一战。

当下奕䜣以拜祭咸丰灵柩（称为梓宫）为由，再次请旨前往热河。此时八大臣禁遏在京王公赴热河奔丧，为的其实就是阻止奕䜣前来热河，但在两宫太后的力争下，奕䜣最终还是得以成行。

奕䜣到热河后先赴灵堂，一见灵柩，便伏地痛哭。自咸丰去世后，大家还从来没有见过哪个拜祭者哭得有奕䜣这么伤心，那哭得真是撕心裂肺、肝肠寸断，以致旁人也无不落泪。

奕䜣的心情不难理解，他和咸丰原本手足情深，是兄弟中关系最亲密的，可就因为自己的亲生母亲晚年太过糊涂，而他自己当年又太不成熟，没有自避嫌疑，导致这段兄弟情从此画上了句号。以后他竭力想通过自己的努力来弥补这段缝隙，不说回到从前，起码希望重获皇兄的信任，所以咸丰自己躲在热河，把他一个人扔在极其危险的京城谈判，他认了，咸丰对京城不管不问，他也一力承当，可就这样，他居然连最后再见咸丰一面的资格都没有得到。

如果说咸丰对当年的那段往事仍未完全释怀，这个倒还说得通，但总不至于连见一面都不愿意吧？肃顺等人在咸丰耳边捣鬼的事，不可能全都瞒过奕䜣，他有足够的理由认为，正是这几个“奸臣”只顾结党揽权，不顾是非，肆意挑拨他们兄弟间的感情，弄得他与咸丰天人相隔，永无机会和好如初。先前他看了太后密旨，发现肃顺等人弄权堂上，欺负嫂子与侄儿，这种悲愤之情更是难以遏止。

心情有多么悲愤，身上就有多少力量。奕䜣素来聪明有余，胆魄不足，但这次他是豁出去了，就等着和两宫太后密谋，如何将八大臣一举拿下。

然而八大臣也不是省油的灯，等到拜祭结束，太后要召见奕䜣时，他们似乎提前闻到了危险的气息，杜翰（即咸丰恩师杜受田的长子，八大臣之一）当众发表意见，说咸丰新丧，叔嫂应避嫌疑，而且太后尚在服丧期间，尤其不宜召见亲王。肃顺、载垣等人便把杜翰的一套说辞作为论据，极力反对奕䜣受召。

两宫太后对此早有准备，她们数次派太监出宫传旨，两边形成了僵持的局面。奕䜣知道八大臣起了疑心，便以退为进，对肃顺说你们要是不放心我的话，那就让端华陪着我一道进宫吧。

端华是个没多少主见的人，听后只是看着肃顺不说话。如果奕䜣始终坚持一个人入宫，肃顺是无论如何不肯放手的，现在奕䜣肯让人陪着进去，他反倒放松了警惕，认为两宫太后可能真的只是要和亲王小叔聊两句家常，最多也不过是诉几句苦而已，应该翻不出什么花样。于是他解嘲似的笑道："老六（奕䜣）你是与两宫叔嫂谈话，何必要我们陪呢？"

他们究竟安的是什么心

依靠自己随机应变的能力，奕䜣终于得以独自入宫。见面之后，两宫太后照旧还是一把鼻涕一把泪，先把八大臣如何欺负压制她们的事复述一遍，接着便问奕䜣有何高招。奕䜣认为辅政势力遍布热河行宫，非到京难有胜利把握，遂答道："非还京不可。"

两太后受到咸丰和当时社会舆论的影响，怕还都后被洋人给盯住，而奕䜣从迎请咸丰还都起，就已从英法等国使节处得到相应保证，他向两太后承诺："外国无异议，如有危险，唯奴才是问。"

在得到两太后的同意后，奕䜣便先回京做准备。奕䜣刚到热河时，在载垣等人面前都刻意做出谦卑的样子，肃顺见了还颇轻视他，嘴里"老六""老六"地喊个不停，以为奕䜣言过其实，能力也就那样，毫不足畏。及至奕䜣和太后会面结束，肃顺因为心里没有底，倒又害怕起来，对奕䜣的态度也恭敬起来。肃顺越这样，奕䜣越担心，他一路上兼程而行，途中都不敢歇宿于州县提供的公馆，就怕肃顺派人行刺。

奕䜣抵达京师的前一天，御史董元醇上疏朝廷，以皇帝年幼为由，请求由皇太后暂时权理朝政，同时又建议“于亲王中简派一二人”，代替辅政大臣来襄理一切朝中事务。这是辅政势力之外的大臣窥测到太后有垂帘听政的意图，专为投机而发的奏疏，其中对太后和恭王奕䜣的利益基本全都兼顾到了。

两宫太后虽有意拿董疏做文章，但此时奕䜣尚未有所布置，与八大臣摊牌还为时尚早，所以她们起先选择了留中不发。即便这样，八大臣知晓后也奓了毛，他们坚决请求把董疏发下，说要痛加驳斥。

见已惊动了八大臣，两宫太后干脆来了个投石问路，在发下董疏的同时，拟旨表示将就“垂帘听政”一事召集群臣会议，落实董疏的相关建议。

“垂帘听政”意味着“垂帘、辅政兼而有之”的体制结束，八大臣权力尽失，他们岂甘就范，八大臣之一的焦祐瀛立即拟出圣旨，对董疏进行批驳。

焦祐瀛所拟圣旨（焦旨）必须太后盖章才能生效，那拉氏看了焦佑瀛所拟圣旨后，坚决不同意照发。不过为了缓和气氛以及做进一步试探，两宫太后还是决定召见八大臣。

载垣等人上殿后都显得特别气愤，一见到太后就大声嚷嚷起来：“赞襄幼主，不能听命太后，请太后看折，其实也只是多余的事！”意思是他们本来就可以自己做主，赋予太后阅看奏疏的权利，已经是给足了太后面子。

杜翰说得更是露骨：“若听信人言，臣不能奉命！”其他人也个个语气激烈，声震殿宇。两宫太后气得双手打战，她们抱在怀里的小皇帝不仅被吓得大哭，而且还尿了裤子，把太后的衣服都给弄脏了。

彼此辩论了约半个小时之后，钮祜禄氏不愿再讨论下去，提议：“留着明天再说。”众人遂不欢而散。

次日，载垣等人便选择了“搁车”（意即消极怠工），将所要处理的文件全都搁置在了一边。八大臣均为军机处要臣，他们这么做，等于让朝政陷于瘫痪。两宫太后明知八大臣在向自己示威，气愤至极，说：“他们究竟安的是什么心？”已经站在两宫太后一边的醇郡王奕譞也怒不可遏，放出了“等以后进城说话”之类的狠话。惠亲王绵愉是咸丰的叔叔，被宫中称为“老五太爷”，此老久历政治风云，老谋深算，立即喝止奕譞，以免他走漏风声。

面对八大臣的“搁车”，那拉氏坚决不肯让步，钮祜禄氏到底长期领导后宫，在她那个年龄，却已拥有着足以与“老五太爷”媲美的老练沉稳，她虽然也气得不行，但很快就及时转圜，劝那拉氏“姑且将就”。两宫皇太后最终做出妥协，按照八大臣所愿，将焦旨盖章发了下来。八大臣这才照常办事，言笑如初。

宫中的这场争斗可算是未来政变的一场预演，表面上八大臣获胜，其实大谬不然。当时就有人在密札中预言：“此事发生后，不久一定会发生大变，八人断然难以免祸，哪里还用等到返回京城呢？”

此人观察政治形势真可谓是洞若观火。奕譞、绵愉的暗中表态，就已说明辅政势力的过于嚣张和不知收敛，已引起其他派别的侧目，甚至不用两宫皇太后拉拢，他们都会自动地与垂帘势力结合在一起。在这种情况下，即便没有奕䜣入京布置，八大臣也已经很危险了。

另一方面，两宫皇太后要发动政变也是迫不得已，将政变发动到一个什么地步，对八大臣如何处置，都会有事先考虑和权衡。如果八大臣不逼着她们将焦旨发下去，考虑到各种因素，她们对八大臣的事后处置可能会轻得多，但这件事发生之后就完全不同了。

可笑的是，政治形势已经如此紧张，载垣等人却仍然懵懵懂懂，不过是发下一个没什么实际用处的谕旨而已，竟又谈笑自若，好像什么事都没有发生过一样了，也真是够昏聩的，预言者因此在密札中点评道：“如二四者（指八大臣），可谓浑蛋矣！”

把刀磨到雪亮

“搁车”事件发生不久，两宫皇太后即以小皇帝的名义颁下谕旨，择日护送咸丰的灵柩回京。

当时的北京与热河已实际成为政治上的两大中心，以政治势力的强弱而论，北京占据优势，但就名分而言，由于咸丰的灵柩和小皇帝都在热河，热河尚居于正统之席。在这两大中心里面，两宫皇太后、辅政八大臣、恭亲王奕䜣又成鼎足三分之势，假使继续维持现有局面，垂帘势力就算是输，也未必会输得很惨，可如果北京、热河合二为一，辅政势力的所有优势都将清零。

八大臣的三个核心人物，载垣、端华皆庸懦无能之辈，全靠肃顺一人拿主意。肃顺虽有魄力胆识，却又不学无术、心浮气躁，他自以为是咸丰临终前交托的顾命大臣，他人能奈我何，而垂帘听政乃祖制所无，缺乏必要的法理支持，两宫皇太后也不过是自说自话，痴人说梦而已。

其实用顾命大臣辅佐幼君并不是咸丰首创，康熙初年鳌拜不就是受命辅政的吗？鳌拜又是个什么下场？若就对皇权的威胁来说，肃顺和鳌拜一般无二，而且他还未必有鳌拜那么厉害。至于垂帘听政在祖制上有没有规定，这都不重要，须知祖制也是由人定的，最重要的是权柄掌握在谁手上，谁夺取了执政大权，谁就相应拥有了无限的解释权。

与优哉游哉的八大臣相比，已然胜券在握的两宫太后反倒显得有些战战兢兢。在车辆齐备后，她们令妃嫔们先行启程。当妃嫔们前去向她们辞行时，两宫太后甚至流着泪说："你们这下可以幸运地脱险了，我们母子还不知道能否留得住性命，能不能回到京师，再与你们相见？"

两宫太后如此恐惧，主要还是怕万一政变的消息走漏出去，八大臣图穷匕首现，在路上对她们下手。要知道，八大臣完全可以借故除掉她俩，然后挟天子以令诸侯。这点恭亲王奕䜣考虑得非常周到，在他的笼络和邀约下，时任兵部侍郎、在京津一带掌握着兵权的胜保来到热河，明为叩谒皇帝灵柩，实质是为两宫太后壮胆。

按道理，八大臣这时总应该有所警惕了，谁知依然故我。原因是自两宫太后被迫发下焦旨，对董疏加以痛驳后，他们便以为其余大臣再不敢生有异议，从此可以一切太平无事，而根本没有料到他们的政敌早已把刀磨到雪亮。

要说八大臣也算是老官僚了，但在关键时候比拼政治权术，却还不及初出茅庐的两宫太后。原先端华除任步兵统领外，还主管火器营、健锐营、銮仪卫（帝、后的车驾仪仗队），那拉氏先授端华以工部尚书，然后说你手里的职务太多，势必忙不过来，为了减轻劳动量，工部尚书以外的职责就都不要再兼了。八大臣丝毫没有意识到这是在剥夺他们的兵权，居然乐呵呵地就答应了。

接着，钮祜禄氏通过醇郡王奕譞的嫡福晋传话，令奕譞起草载垣、端华、肃顺三人的罪状诏，以用于到京发布。奕譞起草好后，仍由其福晋偷偷带进宫来，钮祜禄氏将罪状诏藏在了自己衣服里面，此事除两宫太后外没有一个人知晓。

1861年10月26日，热河车驾分两路出发，其中肃顺一路奉旨护送咸丰的灵柩前去皇陵，两宫太后与载垣、端华为一路，沿小道兼程返京。

两宫太后一到京城，便密召恭亲王奕䜣面询相关事宜。确定京城这边已布置妥帖，钮祜禄氏随即发布了奕譞在热河草就的那份罪状诏，指责载垣、端华、肃顺“朋比为奸”（即所谓的“咸丰三奸”），并宣布解除八大臣赞襄政务之任，即日令其退出军机处。

载垣、端华先到了军机处，二人虽然还不完全清楚罪状诏的事，但已有所耳闻。当见到前来宣诏的奕䜣时，他们还像以往一样，摆着架子大咧咧地喝令道：“外廷臣子（当时军机处、南书房等重要机构均属内廷，除此以外的机构属外廷），怎敢擅入？”

奕䜣立即答以有诏书在手，二人竟然质问奕䜣从哪里得来的诏书：“太后不应召见外臣。”

在最初的罪状诏中，垂帘势力对载垣等人尚留有余地，诏书中仅强调解除赞襄政务之任，并未正式治罪。载垣等人的傲慢态度彻底激怒了他们，两宫太后传旨，令将载垣、端华、肃顺革职拿问，交宗人府严行议罪。

奕䜣再赴军机处宣诏，载垣、端华仍不肯面对现实，厉声道：“我辈未入，诏从何来？”奕䜣也不跟他们废话，命随行侍卫上前擒拿，两人在被捕前还在高喊：“谁敢（抓我）！”

多虑了

肃顺护送咸丰灵柩刚到密云，就被连夜抓捕，也一同押送至宗人府。三人面面相觑，肃顺瞪圆眼睛怒骂载垣、端华：“如果你们早点听我的，何至有今日！”肃顺此言事出有因，原来他早已定下除去那拉氏之计，可惜没有被载垣、端华采纳。

载垣、端华垂头丧气，他们先是异口同声：“事已至此，还有什么可说的呢。”接着载垣也责怪起了端华：“要不是因为听信了你的话，我怎么会蒙受现在这样的罪名？”

其实在这场宫斗大戏中，哥儿仨谁也不见得比谁高明到哪里去。肃顺要除那拉氏，不过是二人积怨最深罢了，并没有高屋建瓴地谋划全局的意识。要知道他们八大臣得罪的可不光是那拉氏，还有钮祜禄氏呢！问题的关键不在这里，问题的关键是他们太过于轻视对手，倘若他们能够看到恭亲王的作用和能量，提前与之结纳或交好，结局或许完全不同。

1861 年 11 月 8 日，载垣、端华被赐令自尽，肃顺处斩，杜翰、焦祐瀛等五人发往军台效力。之后政变者又顺藤摸瓜，处理了一批与肃顺关系密切的所谓“肃党”。

因为这一年是辛酉年，所以史书将此次宫廷政变称为“辛酉政变”，政变成功扫清了垂帘听政道路上的一切障碍。11 月 11 日，载淳在北京即位登基。之前他实际上已经称皇帝了，载垣等人还拟了年号，叫作“祺祥”，如今载垣等成了罪人，自然他们拟的年号也就不能用了，遂被改为“同治”。

不久，在同治皇帝的名义下，两宫太后正式实行垂帘听政。原先钮祜禄氏称母后皇太后，那拉氏称圣母皇太后，那拉氏不喜欢这种称号，就与钮祜禄氏商议，分别改为慈安皇太后、慈禧皇太后，自此诏书上便以慈安、慈禧并称。因为慈安的居所在东，慈禧的居所在西，俗称东太后、西太后。

两宫太后各有长处。西太后“优于才”，无论是批阅奏章、裁决政务，还是召见臣下谈话，都能抓住要点，切中肯綮。东太后见到大臣就好像不太会说话了，声音低沉而又含混，每次收到奏疏，也都需要西太后给她讲授诵读，看起来她直接理政的能力确实不是很强。不过这只是一方面，另一方面是东太后“优于德”，善于抓大放小，她有时可能一个月都不会决断一件事，但一旦涉及大诛赏、大举措之类的军国大事以及重要的用人方案，一定会及时果断地予以拍板，而且处理结果往往令人心服口服。当时外界对其评价很高，乃至“东宫偶行一事，天下莫不额手称颂”。

恭亲王奕䜣在辛酉政变中厥功至伟，两宫太后论功行赏，封其为议政王，掌管军机处及总理衙门。奕䜣、文祥与肃顺一样都是能干实事的人，不过他们作为洋务派，更侧重于师夷长技，相比之下，肃顺虽然主张重用曾国藩和湘军，但在洋务方面仍偏于保守，这是他不及奕䜣、文祥的地方。

同治初年，两宫太后的相互牵制、优势互补，奕䜣、文祥的与时俱进、励精图治，使得中央政府内部不仅迅速趋于稳定，而且还形成了一股积极有效的向上势头，这也是所谓“同治中兴”现象能够出现的一个重要原因。

肃顺掌权时，对湘军格外看顾，他一倒台，会不会牵连到曾国藩及其湘军呢？得知京城发生政变，一批与肃顺交好的大吏已被划入“肃党”，得到了革职永不叙用的处分，曾国藩在日记中用了“悚畏”两个字来概括自己的心情，说明他本人对此不无担忧和恐惧。

不过事实证明曾国藩是多虑了。肃顺被处决后，为了清查“肃党”，那拉氏下令查抄肃府，从中搜出一箱书信，不过里面并没有找到关于曾国藩的一个字。这表示曾国藩不但不是肃顺的党羽，并且还有意与之疏远。

不得不说，曾国藩与肃顺这类人的最大区别，就在于学而且有术。他熟读史书，深知朝廷对臣下结党有多么忌讳，所以在朝为官多年，遇到这种事都是绕着走。以前穆彰阿曾是跟肃顺地位相仿的权臣，以穆彰阿为中心有一个“穆党”，曾国藩是穆彰阿的门生，如果他愿意，完全可以顺理成章地加入“穆党”，结果他没有，也因而避免了一场是非。后来曾国藩做了疆臣，而疆臣若与在朝权臣相互呼应，则更是皇家大忌，所以无论肃顺对曾国藩表示出多少好感，他都是敬而远之，尽量不与其发生私底下的直接联系。

联想到肃顺得势走红时，许多官员主动向其示好或靠拢，那拉氏感叹之余，将曾国藩褒奖为“第一正人”。

不是自己找骂吗

曾国藩虽不敢直接交结肃顺，但他和湘军集团通过肃顺门客的牵线，仍与肃顺有着不少间接或直接的交往，比如说左宗棠“昭雪案”、曾国藩推荐高心夔为肃顺幕僚等，这些在后来的一些私人记载中都可以获得蛛丝马迹。

不过在辛酉政变后，朝廷为稳定政局、争取人心起见，对与肃顺有关系的一般党羽都未予追究，高心夔、王闿运等肃府门客均得以全身而退，未受牵连或审问。与此同时，有关他们在肃顺和湘军之间牵线搭桥的详细资料也都遭到了销毁，以至于当年肃顺与湘军具体的交往细节，后人已无法完全弄清楚了。

换句话说，那拉氏、奕䜣等人不是不能深究湘军集团与肃顺的关系，他们是不愿意深究。

以往朝中专与湘军作对的人也有不少，祁寯藻、彭蕴章就是其中比较突出的两位。这两位京师大佬一向都是自己不做事，专跟在别人后面挑毛病，并以此来获取皇帝的欢心，他们在咸丰朝时曾不断攻击曾国藩和湘军。

政变后，祁寯藻做了同治的老师，彭蕴章则还担任着左都御史。彭蕴章故技重施，又想靠过去的老一套在新主子面前讨巧。他写了一个时事条陈，准备让军机处代奏，条陈的大意是说湘军遍天下，曾国藩权太重，恐有尾大不掉之患，建议撤除湘军和削去曾国藩的权力。不料军机大臣们不但不肯为他代奏，还讥笑老头子已经糊涂到看不清基本的政治形势，连投机都不知道该怎么投了。

御史就是靠上条陈吃饭的，至此彭蕴章不再能够获得重用，他自己也很无趣，未几即以生病为由辞官回家了。彭蕴章为三朝元老，有名的政治不倒翁，他这一失手，让百官都意识到，曾国藩和湘军在朝廷心目中的地位已今非昔比，不是谁都能扳得倒的了。

辛酉政变毕竟只是权力之争，对立两派在许多政见上其实并无根本不同，他们都必须根据实际需要来做出自己的政治判断。就在辛酉政变告一段落的时候，南方的太平军和北方的捻军仍方兴未艾，朝廷曾经亲信的武装力量却已所剩无几：八旗绿营基本被太平军摧毁，僧格林沁军虽尚有一定战斗力，但他们也在上一年的对外战争中遭到沉重打击，尚在恢复过程中。

在各军纷纷溃灭的情况下，湘军可谓一枝独秀，仅仅通过上传的捷报就可以看到，这支军队越战越强，兵力越来越多，控制地区越来越广，声望也越来越高。处在这样一个内外交困，嫡系军事力量严重削弱的环境下，无论从哪一方面考虑，那拉氏都不能不继续重用曾国藩和湘军。军机大臣们对此岂能不了解，如果他们真的代彭蕴章上那种不合时宜的条陈，不是自己找骂吗？

那拉氏执政后一个月，即命曾国藩在两江总督辖区外，再节制浙江。同治元年元旦，朝廷颁布了几道赏赐殊荣的诏旨，被赏赐的汉员仅曾国藩一人，且旨中有“你是朕的心腹，请辅佐朕来完成大治”等语。十二天后，再发诏旨，称：“每次该大臣（指曾国藩）的奏报送到，朕都会认真披阅，朕对他的一切规划都感到满意，总是言听计从。”

诏旨中的皇帝不过是个名义，背后当然是那拉氏在主事。她在诏旨中说的话也绝非虚饰之辞，事实上，在这段时期内，她不仅在用兵方略上唯曾言是听，就连任命大员，也会听从曾的意见。

朝廷的破格重用与信赖，令一度忧心忡忡的湘军集团欢欣鼓舞，但一贯冷静而又明智的曾国藩并没有因此而志得意满、骄横跋扈，相反表现得更为谦让和谨慎。那拉氏让他节制浙江，他再三辞谢不受，朝廷要他推荐巡抚人选，他更是力陈不可，说："封疆将帅，乃朝廷举措之大权，岂敢干预。"

曾国藩的低调姿态，让经历政变之后的那拉氏对他极抱好感，专门传旨要他"不要存有避嫌的想法，如果知道有谁能当重任，不妨用密折呈进，以备朝廷选择和录用"。

有了朝廷的这种认可和鼓励，曾国藩才一面恳辞节制四省之任，一面推荐左宗棠督办浙江军务。

你这封信怎么写呢

早在湘军组织安庆战役时，朝廷就曾令湘军出兵江浙，胡林翼也有派李元度率部出杭州入浙的设想，只是当时上游尚未廓清，湘军的兵力有限，总的出兵条件尚不成熟。

此后曾国藩扎营祁门，与浙江巡抚王有龄、广西提督张玉良建立了联系。王有龄和其前任罗遵殿一样，官声不错，是个清官，但他和何桂清关系密切，且已俨然结成派系。

罗遵殿任浙江巡抚时，何桂清任两江总督，王有龄任江苏藩司，何桂清、王有龄计划撵罗遵殿下台，由王有龄接任其职。李秀成围攻杭州正好给他们造成了这一契机，张玉良军从苏州出发，赶到杭州最多不过三日行程，正常情况下，在李秀成攻克杭州城的前一天，张军就可以抵达杭州，但由于何、王的有意阻滞，张军救援迟缓，直接导致了罗遵殿城破自杀。

罗遵殿自杀后，王有龄如愿以偿地得到了浙江巡抚一职。两人犹不罢休，又在罗遵殿的恤典问题上大做文章，唆使御史奏劾罗遵殿在守杭州时"一筹莫展，贻误生民”，朝廷不知真相，竟然依言撤销了罗遵殿的恤典。曾国藩、胡林翼耳目众多，对此了然于心，悲愤莫名的同时，也对何、王的为人极为不屑。

作为新任浙江巡抚，王有龄同样面临着遭到太平军进攻的威胁，李世贤一边在皖南与湘军作战，一边也没忘记经营浙江。王有龄是个文官，文不知兵，同时驻守浙江各州县的八旗与绿营在战斗力上又都较弱，于是他便派使节赴祁门请援，希望曾国藩能够出兵增援。

从大局着想，曾国藩不会完全无视王有龄的求援，前提是王有龄必须提供足够的军饷，这样曾国藩才能派员回湘招募更多的兵勇。浙江乃富庶之省，原为江南大营的饷源基地，拿出军饷本来是应该做也能够做到的，但王有龄可能是仍被派系斗争的思想所左右，既要湘军为他出力拼命，又不想因而壮大湘军实力，他派出的使节竟然自始至终都不肯提及饷银。

那个时候湘军在皖南处境极其艰难，连曾国藩都数次遇险，王有龄再持这种态度，就等于自己把求援的大门给关死了。曾国藩拒绝派援的理由虽然简单，却也令浙江方面无话可驳：湘军目前尚未能够全部集中，援浙心有余而力不足。

正面求援失败，王有龄没有在认真检讨自己的基础上，与曾国藩重新进行磋商，反而祭起派系斗争的一套，挖起了对方的墙脚。他之前就曾上奏朝廷，要求将李元度交由他差遣委用，并实保李元度为浙江温处道道员，虽然未能完全达到目的，但还是产生了一些效果。徽州城破后，李元度之所以没有第一时间到祁门大营报到，就是因为他选择了向浙江败窜，倾向王有龄的迹象已很明显。

接着，李元度和曾国藩闹翻，愤然离营回乡。王有龄认为这是一个机会，又进一步拉拢李元度，他与杭州将军瑞昌联名上奏，请求朝廷撤销对李元度的处分，并升任其为浙江布政使。李元度急于摆脱自身的不利处境，遂就势改换门庭，他回湘募集了八千湘勇，取名“安越军”，之后即应邀入浙。

然而事实证明，李元度确实不是合格将才，“带勇非其所长”。李秀成大军自湖北退入江西，李元度率安越军一路追踪其后，但只是虚报胜仗而已，安越军相继收复的全都是太平军弃守的城池。直到李秀成进逼杭州，该部还被阻遏于浙江龙游一带，而不能前进半步，曾国藩因此参劾李元度，在奏疏中指责他“前既负臣（指曾国藩自己），后又负王有龄，法有难宽，情亦难恕”。

王有龄懊悔莫及，他转而奏请由左宗棠督办浙省军务，后又保荐左宗棠接任其巡抚一职。在保荐折子中，他甚至还赌咒发誓自己这么做完全是出于真心实意：“倘有虚言，有如此日。”可惜他醒悟得太晚了，杭州已被太平军紧紧包围。

得知杭州被围，张玉良自浙江上游来援，但上一轮的江南大败已令他的部队战斗力尽失，打仗的时候官兵都不肯用命，张玉良没办法，只好亲自冲到一线督战，结果中炮阵亡。

在援兵败退后，杭州城外的交通线被全部切断，所有粮道也尽为攻城部队所阻。杭州被困整整两个月，粮秣无继，陷入了绝境。

王有龄与师爷商量，能否写信给李秀成，放杭州军民一条生路。师爷说，你这封信怎么写呢，说人家不好，更令大家受害；说人家好，皇上会饶了你吗？

王有龄无言以对，捶胸而叹：“不必写信了，杭州城终究是保不住了。”他准备坐在大堂上，看看李秀成究竟是个什么样的人，之后再一死了之。师爷则提醒他，说如果李秀成来了，能不能死，怎么死，就不是你自己能决定的了。

等太平军攻入杭州外城，李秀成亲自骑马冲入巡抚官署，发现王有龄已在后花园自缢而亡。外城既克，瑞昌率旗兵退入内城作殊死战，满人聚居区的男女老少也都投入战斗，只是上一次守城成功的运气未能再次降临，最后瑞昌自杀，内城亦告陷落。

杭城既下，李秀成将浙江留给李世贤主持和打理，自率大军返回苏州。至此，太平军在江浙复放异彩，他们所横扫过的区域，清军或不加抵抗便望风而逃，或毫无组织地作困兽之斗，根本抵挡不住对方的攻势。

正是这种严峻形势下，朝廷根据曾国藩的奏请和保荐，决定由左宗棠督办浙江军务，三个月后，又委任他为浙江巡抚，命其率部杀入浙江。

下象棋

朝廷最初给左宗棠下达的进兵方案是，先援救被困的衢州，再设法攻取杭州，但左宗棠经过分析，对这一方案予以了否定。

从整个形势上来看，浙江大部分地区已为太平军所占据，清军在浙西仅控制着衢州一城，且已成孤城之势。凭借多年与太平军作战的经验，左宗棠总结出，太平军每次攻打诸如衢州这样较为坚固的城池时，都会采取远势包围的战术，待守军陷入困境再一鼓而下。如果楚军率先进入衢州，不但救不了衢州，自身也将陷入太平军的长围陷阱，成“粮尽援绝之局”。

经过反复斟酌，左宗棠决定暂时弃衢州不救，首先确保婺源一带的安全。因为这些地方位于皖浙边境，既为饷源之地，又是入浙的后路，只有它们得到保障，楚军在入浙时才能做到无后顾之忧。

李世贤也早就在婺源集结了部队，两军展开大战，楚军三战皆捷，在击退太平军后乘胜攻占了开化。开化在婺源和衢州之间，占领开化，不仅保障了婺源一带的安全，巩固了后防，而且对围攻衢州的太平军造成严重威胁，间接为衢州守军解了围。

下一步该怎么走变得很关键。为了阻止楚军由西向东继续进击，李世贤以金华为中心，以严州、处州为犄角，在浙西、浙中集结了二十余万兵力。左宗棠审时度势，认为在楚军兵力不足的情况下，若贸然与李世贤决战于金华，恐怕取胜的希望不大。怎么办？他的考虑是“置子四旁，渐进中央”，即像下象棋一样，把对方的车马炮兵先放到一边，直接“将军”！

这就是“直捣严州，以规省会”，说白了就是走捷径，抛开金华及其他州县，直接从严州进取杭州。李世贤当然也不是好惹的，就在左宗棠准备进兵严州的时候，他突率大军出金华再攻衢州。楚军后路面临被切断的危险，左宗棠不得不把“将军”先搁到一边，集中力量回兵救援。

双方在衢州相持交战达两个多月，打得难分难解。李世贤久攻衢州不下，只得依旧撤回金华，并以龙游、寿昌、兰溪三县为掎角之势。

到衢州战役为止，经过半年多的作战，左宗棠已牢牢地控制住了衢州府绝大部分地区，从而在浙江站稳了脚跟。楚军自身的实力也大为增强，从湖南、江西调来的几支新募部队陆续到达，其中一支部队还在衢州造船添炮，积极筹建水师。原在浙江的李元度等部则归入楚军建制，虽然左宗棠进行了改编，裁汰了其中的大部分人，但留下的兵勇全为精壮，部队战斗力反而提高了。

左宗棠入浙后，只能在浙西同太平军交战，对于浙东沿海鞭长莫及。在此期间，英国海军以保护租界地为名，向占据宁波的太平军发动进攻，攻克了宁波城。接着，英国海军军官乐德克、法国海军军官勒伯勒东仿照华尔的洋枪队，在宁波招募华人兵勇，分别以本国人作为教练，组建了常安军、定胜军以及常捷军。

各洋枪队很快就在“助剿”太平军的过程中担当起了角色，勒伯勒东及其常捷军更是首当其冲。经法国公使同意，勒伯勒东被免去法国海军军职，由中国政府任命他为署理浙江总兵，“听浙江巡抚及宁波道节制”。勒伯勒东等人指挥洋枪队与楚军遥相呼应，先后协助当地清军攻克台州府等地，对太平军形成了东西夹击的有利态势。

面对中外之敌的猛烈进攻，李世贤在战略上陷入越来越被动的局面。与此同时，其内部也发生了问题，本与太平军协同作战的花旗军不但公开抗拒他的调遣，还与太平军发生了武装冲突。更为严重的是，由于曾国荃已屯兵南京城下，天王洪秀全不断严令李秀成、李世贤回援，李世贤不得不着手进行准备。种种情况表明，在未来很长的一段时间内，浙江地区的太平军都只能被动地组织防御，而无法再组织反攻。

哪里还敢自高

在湘军重臣中，左宗棠的自高自傲是出了名的。当初受“樊燮案”所困，他曾表示愿到曾胡手下做一名营官，杀敌以自效，其实那不过是一时的激愤无奈之语而已。在左宗棠的内心里，他连曾胡都瞧不上，尤其认为曾国藩打仗不行，太过“钝拙”。有人把左宗棠和曾国藩、胡林翼相提并论，认为是抬高他，不知道在左宗棠看来，恰恰是让他掉了价。

然而当被派到战场上指挥军事时，左宗棠却绝不敢存有一丝一毫的骄傲麻痹，他自己精心拟订的作战计划，只要发现已不符合实际需要，可以随时推翻。他这样向别人解释：“我过去以一举人的资格欲办天下事，心气不高能行吗？现在朝廷如此倚靠信任和重用我，自然应当放低姿态，认真地为国家谋划，哪里还敢自高呢！”

在成功地解衢州之围后，楚军实力大增，已经有了与太平军主力一拼高下的底气，而情报又显示李世贤在杭州部署的守军其实并不多，兵力仍然集中在金华，这样左宗棠便决心在金华与李世贤决战，“直捣严州，以规省会”的战略也随之被调整为“先金华而后严、处”。

1862 年 8 月 11 日，左宗棠率部自衢州东向进攻龙游，金华战役的帷幕被徐徐拉开。一个月后，蒋益澧部八千兵勇到达前线，攻城范围又扩展至兰溪、汤溪。左宗棠对军事地理学研究极深，他在奏疏中指出：龙游、汤溪两城为金华要道，必须先攻下两城，廓清后路，而后才可取金华；兰溪通过水路直达严州，必须先攻下兰溪，而后才可取严州。

一开始的战事并不顺利。太平军依靠各城及其城外的防御工事拼命固守，一看到攻城部队扑上来就开炮，导致楚军攻得越猛伤亡越多。在这种情况下，左宗棠时常发出“攻坚之难如此”的感叹，不得不一而再，再而三地下令停止进攻，收队回营，但他同时又非常清楚攻下龙、兰、汤三城的重要性，所以依然坚持强攻。

恰在此时，曾国荃开始加紧围攻南京，奉洪秀全之命，侍王李世贤率七万余人离浙赴苏北援。金华一带的太平军的兵力大减，在与楚军的对垒中失去了数量优势，但他们仍按照侍王留下的“密嘱”，凭借“龙、兰、汤为犄角，严、处为爪牙”的防御体系，继续进行顽强抵抗。

楚军进展缓慢，伤亡却不断增加，其中龙游一战伤亡近千人，汤溪一战也伤亡了包括一名副将在内的三百余人。就在左宗棠焦灼不安，深恐攻城战旷日持久，会影响和拖累整个战役进行之际，外围突然传来的一份捷报终于改变了这一尴尬处境。

在外围，左宗棠的大将魏喻义负责驻守淳安。魏喻义原本隶属于曾国藩，新近才由湖南调到浙江前线，归左宗棠统辖。他曾率部参加过阻击石达开的宝庆战役，具备一定的作战经验。

按照左宗棠“直捣严州，以规省会”的原计划，楚军主力本来要自淳安出发，进攻严州。计划变动后，主力前去参加大会战，魏喻义部成了孤军，但幸好太平军也把重点放在金华战场，并没有主动前来进攻。

运气这么好，似乎应该躲在淳安城里偷乐才是，但魏喻义的打算竟是趁太平军不防，独自攻取严州。部下们听了都吓一大跳，魏部一共才两千人，守一座淳安城都觉得兵力单薄，去攻打主力也未必拿得下来的严州，会有多大把握？

魏喻义颇有左宗棠式的气魄，他大手一挥："定全浙必拔要域。"随后拔营起寨，沿着小路一步步向严州移动，最后到达了距严州仅六十里的铜关。

浙东钱塘江上有一个独特的营生，叫作"江山船"，实际就是妓船。魏喻义在侦察严州动静的过程中，认识了"江山船"一名姓王的妓女，又通过王女与当地民团首领林三结识。太平军严州守将与林三有仇怨，准备夜袭林三所据的地盘。林三得到这一情报后，忙派王女向魏喻义报告。

魏喻义正苦于严州守敌势众，硬攻难以得手，获悉严州太平军要倾巢出犯，不由得眼前一亮。他当即挑选出千名兵勇，亲自带领奔袭严州。

与龙、兰、汤不同，严州城的太平军守备相当松懈，城头除了更夫断断续续地敲一下梆子外，篝火等照明设备都一无所有。敢死队员以夜幕为掩护，用梯子登上西门城楼，继而砍断了西门铁锁。魏喻义率部一拥而入，与城内的留守官兵展开巷战，猝不及防之下，太平军毫无斗志，不久就被击溃。

前去夜袭林三的太平军主力因对方已有准备，只得返回严州城，半路上他们望见火光，便知道大事不好，在确证楚军已经入城后，只得不战而逃。

多米诺骨牌效应

当克复严州的捷报传到左宗棠大营时，左宗棠和手下诸将均又惊又喜。惊的是魏喻义以两千兵勇，夺取了由万余太平军驻守的严州，而且伤亡数都没超过两百，堪称奇功。喜的是无意之中夺得严州，不仅提前实现了"直捣严州"的目标，而且扫除了金华北面的屏障，将有助于扭转金华正面战场的僵持局面。

在此之前，楚军的处境极其困难，一方面三城久攻不下，另一方面，各部长期缺饷，且军营内流行传染病，染病至死者高达四千余人。严州的克复宛如给官兵们打了一针强心剂，士气一下子高涨起来。

相比之下，太平军阵营起先的顽强势头却渐渐开始衰竭。三城的危急状况引起了浙江全省太平军的关注，驻扎在湖州、绍兴的太平军诸王率十余万人增援金华。可惜为时已晚，在楚军持久而强大的攻势下，驻守汤溪的太平军战将彭禹兰失去了坚守的信心，主动向楚军密约乞降，并里应外合，帮助楚军攻下了汤溪。

汤溪失陷之后，如同洪水决堤，龙游、兰溪乃至金华守军纷纷弃城东撤，太平军在金华战场上的防御体系顷刻之间土崩瓦解，其速度之快，连左宗棠也始料不及。

眼前的情况和多米诺骨牌效应十分相似。左宗棠从投入兵力到完全占据金华府城，总共耗去了半年多时间，可是自太平军撤兵金华起，他在不到一个月内就占据了金华以东六县，而这六个县的守军无一例外都是不战即逃。

与此同时，浙东的太平军也在退却，1863 年 3 月 15 日，常捷军、常安军协同清军攻占绍兴。时隔三天，楚军攻占杭州上游的桐庐，对杭州形成了半月形大包围圈。左宗棠在给朝廷的上奏中分析指出："克复绍郡（绍兴），浙东郡县已一律肃清；克复桐庐，杭郡（杭州）上游全为我有。"

形势虽然极为有利，看上去攻克杭州的目标已是近在咫尺，但左宗棠并没有因此而得意忘形，他不主张全军进攻杭州，同时也力戒各部不得贪功冒进。这是因为当时一部分浙江太平军正向皖南转移，江苏太平军在李鸿章、曾国荃军的压迫下，也可能乘虚往皖南、江西渗透。如果楚军投入全力进攻杭州，皖南、江西至浙江的后路必然兵力空虚，到时就将面临前有坚城强敌，后被严重干扰甚至阻断的危险局面。

4 月 11 日，左宗棠下令楚军开始进攻与杭州相邻，又为其西面要地的富阳。太平军从各城陆续撤退的部队均屯集于富阳，杭州守将汪海洋亲临富阳组织防守，同时李秀成为力保杭州，也从江苏调派陈炳文部驰援富阳。

由于太平军在富阳加强了防守，楚军进攻富阳的行动计划接连受挫，在长达五个月的时间内毫无进展，战局又进入了类似于金华战役中前期那样的僵局。

左宗棠原先对李鸿章"借师助剿"的主张颇不以为然。朝廷命常捷军头目、"署理浙江总兵"勒伯勒东归其节制，同时让左宗棠以浙江巡抚的名义给勒伯勒东发放统一事权的"札凭片"（即文件凭证）。左宗棠不乐意，以宁波距上海更近为由，把皮球踢给了李鸿章。

战场最能教人认清现实。这边久围富阳不下，那边李鸿章却联合洋枪队搞得风生水起，这让左宗棠迅速改变了不愿洋人"助剿"的态度。此时勒伯勒东已在攻克绍兴一战中受伤毙命，左宗棠便调继任者德克碑率常捷军前来富阳助攻。

常捷军装备有新式洋炮和法国人所训练出的熟练炮手，富阳城外的堡垒很快就被其用大炮轰开。第二天，楚军水陆各部乘胜扩大战果，大举出击，终于攻下了富阳。

攻下富阳后，左宗棠即积极筹划进攻杭州。他认为太平军以杭州为中心，以余杭为犄角，二者均依赖于嘉兴、湖州的支援和接济，而嘉兴、湖州的来杭之路又在余杭，所以他决定兵分两路，分别攻打杭州、余杭，并以余杭为进攻重点。

如同富阳战役一样，五个月内，楚军在杭州、余杭两处都未取得决定性进展，只是攻破了城外的几个要垒而已。不过在五个月之后，情况就发生了变化，在恐慌与失败情绪的影响下，杭州北面各城的太平军守将纷纷归降。杭州外围仅剩西面的余杭一条通道，处境更加危殆，在这种情况下，左宗棠决计把进攻重点转向杭州。

1864 年 3 月，楚军主力会同德克碑的常捷军对杭州发起连续猛攻。长期围困和猛烈进攻所造成的巨大压力，终于迫使杭州守军发生动摇，其内部先后出现了两起暗中向楚军洽降的事件，杭州守将陈炳文感到无法坚守，遂趁半夜弃城而走，余杭守军也于同一天西撤。

太平军在浙江的最后两个战略要地分别是嘉兴和湖州，至 1864 年 8 月，嘉兴由进入浙北的淮军所克，湖州则由楚淮两军联手攻取。经过历时两年多的苦战，左宗棠如愿以偿地夺得了全浙要地。

第八章

至为关键的几个月

以《天津条约》《北京条约》的签订，也就是近代中国所谓的条约体制初步成形为标志，西方社会的对华舆论开始转向，他们逐渐觉得，阻止和威胁他们在华利益的，其实不是清朝政府，而是太平天国。

对于中国内战，以英国为首的西方国家曾一度秉持中立政策，但在本国舆论的影响下，这种中立政策自然也就缓慢而又不可避免地变得有利于清廷，成了事实上的"不完全中立"。1861年初，一名被关在英国军舰上的囚犯敏锐地意识到了这种政策变化，于是决定拼尽全力逃出牢笼，他就是美国冒险家、上海洋枪队的头目华尔。

当初的青浦一战，华尔所率的洋枪队被太平军打得大败，他自己也身负重伤，此后便由他的朋友、英国商人希尔负责照料。那时华尔的运气可算是背到了家，在各种压力下，上海地方政府宣布解散洋枪队，自然也不敢再雇佣他，而上海的外国人更是对他表示出了公开的蔑视。这还不算，因为他曾经怂恿英国水兵开小差加入洋枪队，又引起了英国驻华海军司令何伯的盛怒。

身体尚未痊愈，华尔就被何伯以违反不介入中国内战的各国宣言为由，下令予以逮捕。在审判他的法庭上，华尔为自己辩护，称中国政府认为他是中立的，所以英军无权逮捕和审判他。何伯毫不理会，依旧将他作为囚犯关押在军舰"切萨斯比克"号上。

眼看在中国干一番事业的抱负就将寿终正寝，华尔如何甘心。发现西方的政策风向发生变化，他马上便设法逃跑。具体过程充满了神秘感，据说他是在半夜里从舷窗里爬出，跳进了一艘接应他的小船，然后大叫"有人落水了"，从而用这种方式逃出了军舰。

新型洋枪队

洋枪队的所谓解散其实不过是不再招收新队员罢了。逃脱后的华尔躲进了松江，洋枪队的残兵败卒都集中在那里，而且很快，他就不用再东躲西藏了，因为何伯主动向他伸出了橄榄枝。

俗话说得好，县官不如现管，英国政府的对华政策向来动摇不定且含混不清，这使得英国驻华官员在处理对华事务时拥有着很大的权力，彼时的何伯就扮演着此类角色。在英法联军击退李秀成部对上海的进攻后，他曾与太平军达成了一项互不干涉协定，上面规定太平军不得进入上海、吴淞的一百里范围之内，但这一协定的有效期只有一年。

1861 年夏末，何伯亲自访问太平军营垒，企图在协定期满后继续获得对方不攻击上海的承诺，但遭到了太平军将领的严词拒绝，所给出的理由是："倘上海吴淞不驻满妖军队，忠王、侍王（李秀成、李世贤）决不进兵攻取。"

上海的战略地位太重要了，太平军就算是一时无能力打下来，也绝不会承诺永远不打。在认清这一现实后，何伯对待太平军的态度和策略发生了变化，他开始确信保证守住上海的最好办法，是"叛军（指太平军）一旦进入我们势力所及的范围，就出击并战胜（他们）……"。

限于本国的中立政策，何伯无法派英法联军实施这种先发制人的主动攻势，于是便想到了利用华尔及其洋枪队。何伯是个打过仗的军人，这是他与看热闹的普通洋人所不同的地方。大家都说华尔和洋枪队不济事，他却能够看出华尔本人确实是有两下子的，为此他不仅赦免了华尔，而且还邀请华尔及其同伴去"切萨斯比克"号军舰开会，鼓励他们放手大干。

组建洋枪队之初，华尔并没有把中国军队当回事，以为依靠所募集的洋兵，三下五除二，就能把太平军给干掉。正是战场上的惨败以及自己死里逃生的经历，让他见识了太平军的骁勇善战，也从中看到了中国军人的能力。

只要给予精良的装备，再加上训练有素和指挥有方，中国人就是最可怕的战士！基于这一认识，华尔在会上向何伯提出了一个新的建议："不应该再从逃兵中招募战士，而应把注意力放在招募中国人上，同时用欧洲人当教官。"

若用当时驻沪外国人的眼光来看，华尔的想法简直荒唐可笑，但何伯同意和支持华尔付诸实践，并承诺给予幕后支持。因为他觉得这是一笔一本万利的生意：既不必担心别人看出英军采取了主动行动，也用不着投入大量英军（或法军），就可以给予太平军以打击。

华尔回到松江，重新招募和训练了八十二名来自各个国家的欧洲军人，组成所谓的"上海洋人团"，专门负责培训中国士兵。这些中国士兵主要从江苏境内就近招募，据华尔手下的一名官员讲，在第一个月内，洋枪队一共招募了一百五十多个中国兵，经过培训，"每个人都能完成正规军生活中的全部日常任务，严格服从命令，军服、装备和训练都以欧洲士兵为模式，达到完美的和谐"。

1861 年 10 月，洋枪队扩充至四百多人。虽然训练时间较短，但新兵们依旧进步神速：学开枪，很快就掌握了全部技术，不仅都成了神枪手，而且懂得怎样维护保养滑膛枪和来复枪；学开炮，开始还有些害怕，通过教官指点，很多人达到了神炮手的级别；军官下命令全部用英语，但士兵学起来亦无太大困难，且完全熟悉号音。

所有这些来自当事人的记述或许不无夸张之处，然而中国士兵对军事技术的领悟能力以及训练的效果，显然没有令华尔失望。

从外观上看，洋枪队装备精良、军容整齐，由于士兵所穿军装颇似英国锡克军人或法国轻步兵的制服，所以不知内情的人往往会以为这些士兵大部分还是菲律宾人，吴煦等中国的上海官员也仍称之为"夷勇"。实际上，洋枪队虽然确实还有一些菲律宾人，但华尔已经将这部分菲律宾人编入了自己的私人卫队，吴煦等人不可能真的不知道这一点，只是因当时朝廷对此的态度尚不明朗，故意装糊涂罢了。

到了当年的秋天，这支新型洋枪队在与太平军的作战中首次旗开得胜。何伯闻讯欣喜若狂，立即向华尔表示，他将源源不断地向洋枪队提供枪支、弹药和大炮。

华尔的个人境遇发生了转变，从前围绕在他身边的指责和谩骂渐渐烟消云散，他不仅做了包括何伯在内的许多在沪外国人的座上宾，成了一个“被人承认和备受尊敬的明星”，而且又“捧起了清廷的饭碗”，重新得到吴煦、杨坊等人的青睐和财政支持。

今非昔比

1861年年底，李秀成、李世贤在浙江掀起攻城略地的狂潮，作为条约港之一的宁波也被太平军攻克。数日之后，何伯紧急赶往南京，希望直接说服太平天国当局，将互不干涉协定延长一年，结果却未能够如愿。

1862年1月1日，太平天国发出照会，对英方所提的各项要求予以坚决拒绝，其中包括太平军不进入上海、吴淞一百里内，以及进入九江、汉口两处一百里内。照会同时声明，一年前与何伯所订的互不干涉协定行将期满，期满后即行进攻上海。

与此相呼应，李秀成在攻克杭州后的第七天，便宣布太平军将由水陆分五路进攻上海，他还警告上海的洋人最好与太平军两不相扰，倘若“助逆为恶，相与我师抗敌，则是飞蛾扑火，自取灭亡”。

在李秀成传檄进兵的当天，有难民在杭州看到太平军已出发向上海、松江进军，其情形确如李秀成所言，“上中下三塘，水陆并进”，声势浩浩荡荡。

李秀成部借扫荡全浙和攻克杭州之威，兵力雄厚，号称五十万大军（实际约为十二万人）。他们自浙江向北推进时，沿途清军纷纷崩溃，乃至入夜后火光不绝，人人都盘算着如何在太平军到来之前逃命。

奉贤、南汇、川沙等上海周边县城很快就被一一攻陷，最后太平军一直打到浦东，与上海城仅隔十余里。那些天，站在上海城头往四周瞭望，可以看到各处郊区乡村无不燃烧着黑烟，连地平线都被遮蔽了，而数不清的江浙难民则争相涌进城来，躲进外国租界。据统计，当年华人迁居租界者，竟多至四十万人，“很多人突然从优裕的生活一落千丈，坠入严冬的完全贫困与苦难的深渊”。

“大英帝国”号是一艘停泊于上海港内的英舰，水手高华斯顿被命令用四十八小时的时间去查探一下上海城。可是这家伙临时喝醉了酒，错过了出发时间。在还没有完全清醒的情况下，他心血来潮地带上一个会讲英语的中国人作为翻译，决定去察看一下“被吹得天花乱坠”的太平军。

高华斯顿只是想远远地窥探，但当他们走到距城防工事仅五六公里处的地方时，突然被一小群太平军战士所包围。这可把他给吓得不轻，连尚存的一点酒意都荡然无存。好在太平军并没拿他怎样，关了几天之后就把他给放了。

据高华斯顿事后估计，光在他被监禁的地方附近，就约有太平军一万五千人，“附近村庄都是他们的人（太平军），每个房间都挤满了”。高华斯顿注意到，太平军的装备似乎已很精良，因为他亲眼看到，很多太平军都配有滑膛枪，有些枪上带有精确瞄准用的“测距仪”，其中有的甚至是当时已经出名的德国军工产品。

太平军里有几个外国人，其中一个会讲英文的阿拉伯人告诉高华斯顿，太平军不光有滑膛枪，也有欧洲最先进的来复枪。除此之外，高华斯顿还发现太平军“伙食充足”“气色很好”。

几天后，英国人兰伯特向英国官员提供了有关太平军军力的更详细情报。兰伯特在一支船队里当督办，这支船队由中国商人出资，拥有四十多条船，挂着法国国旗在内地采买丝绸。随船队航行期间，兰伯特和船队的另一位欧洲同事被太平军俘获，关了三天。三天后，雇主出资两千美元，将两人赎了回去。

兰伯特推测在他被俘的一带约有四千名太平军。按照他的观察，那批太平军装备不足，虽然也有滑膛枪，但可能十个人里面才有一把。不过兰伯特所说的另外一个情况，却令听者有悚然心惊之感：该处太平军已经建立了“一座正规的钢铁铸造厂”，正在浇铸大炮炮筒！

高华斯顿、兰伯特所带回的情报进一步表明，在第一次进攻上海遇挫后，李秀成之所以敢于卷土重来，很大一部分原因是其力量和装备都已今非昔比。

惊弓之鸟

西方的个体军火走私者以及从事大规模地下交易的军火商，仍然是太平军获得洋枪洋炮的主渠道。一家美国公司便“以卖军火给叛军（指太平军）而闻名”，这家公司由四个美国人、一个翻译和十一个苦力组成，他们经常开着两条船前往太平天国辖区销售军火，李秀成手下军官还专门为他们签署了水陆均有效的通行证。据统计，该公司在1862年共卖给太平军两千余杆枪支，八百多门大炮，以及大量火药、炮药、子弹、雷管。

上海的西方巡捕及驻军虽然在不断加强对军火走私的查缉，但根本防不胜防。英国巡捕曾在一艘船上发现一百多万枚雷管和近五十杆滑膛枪，它们都是准备装运给太平天国的，无独有偶，法国人截获的另一艘船上，同样装着专供太平军的五千件军火。

兰伯特所说的“钢铁铸造厂”也不是空穴来风，法国在缉私过程中就没收了“一些用于生产军火的工具”。当然这类军火小企业不一定是太平天国在搞，而更可能是一些欧洲人为了节约成本或提高效率，就近在上海附近开办的。上海的一家报纸因此指出，太平军得到的许多武器竟是“在我们眼皮底下，在黄浦江对岸”生产的。

士兵有了武器装备，还必须进行适当训练。如同华尔被地方官府所用一样，在太平天国后期，也有许多外国人效力于天国，并帮助训练太平军乃至直接参与作战，高华斯顿被监禁期间看到的那几个外国人就是其中的一分子。1862年初，英国驻上海副领事福礼赐去了一趟南京，他从南京给已复任为英国驻华公使的卜鲁斯发去一份报告，称太平军已雇佣外国人达一百〇四人。

这些被太平军雇佣的外国人效力天国的原因各有不同，有一些也是英法驻华军队中的逃兵，有的则是被优厚的薪酬待遇所诱，但亦不乏为太平天国的宗旨所打动，甘愿为其无私奉献的理想主义者，呤俐便是其中最为典型的一个。

呤俐原为英国海军的一名下级军官，来华后他辞去海军职务，到一艘小轮船上当了大副。这艘小轮船的性质跟兰伯特的船队相似，名为英国人的产业，实为中国商人所有，目的就是规避风险。兰伯特船队是到内地采买丝绸，他们则是到太平天国统治区去收买蚕丝。

呤俐素来厌恶清政府，同情和支持太平天国。在轮船停泊采购生丝期间，他特地到苏州晋谒了李秀成。李秀成那时候刚在进攻上海的战役中受挫，本人面部也被英国战舰的大炮击伤，但却立即接见了呤俐，并且招待他住在了自己的王府里。呤俐大受感动，从此便决定带着未婚妻和几位友人一起报效太平天国。

呤俐曾冒着生命危险，潜入上海及其他清政府统治区，为太平天国采购军火和粮食，还曾委托代理人与上海一部分同情太平天国的报馆建立通信联系。不过他投入时间和精力最多的，是帮助太平军进行军事训练，为此他组织了一支直属李秀成指挥的教练军，用于培训士兵和参加作战。

有人称呤俐是“叛军（指太平军）中颇富特色的军事家”，在这一点上，他确实不比处于敌对阵营的华尔逊色。有一段时间，他和其他洋教官在天京执教，每天教授士兵学习炮术和一种中西参半的阵法。在执教过程中，他也产生了和华尔等人相似的体会，即中国人有着十分惊人的学习本领，可以迅速学会英文和其他各种军事技能，“这种本领实在令人感到惊讶”。

呤俐刚刚参加太平军的时候，太平军连野战炮是什么都不知道，在他的请求下，李秀成为其精锐部队配备了法式野战炮，并由呤俐指挥炮队进行射击。在进攻杭州的战役中，防守内城的旗兵作战极为勇敢顽强，太平军屡被击退。李秀成下令集中八九门大炮轰击内城城垣，但由于这些大炮都架在同一地点，射击的方向和角度也一致，使得当士兵前进时，大炮都不能发挥作用。呤俐发现问题后，立即劝说李秀成调两三门炮到两翼，这样既可以纵射守军的木栅，又能对步兵进行掩护。李秀成采纳了他的办法，实战中果然奏效。

没有金刚钻，不揽瓷器活。武器装备的改善，呤俐等人的训练和指导，使得李秀成所属的太平军主力部队继江西落败之后，再次跃入其力量的巅峰期。他们对西式打法不再感到陌生和惧怕，驻沪的英法联军要想像第一次上海战役时那样轻易击败和击退他们，也已经变得不太可能了。

高华斯顿在被关押时，太平军曾就上海有无英法军队，驻于何处，人数多少，是否装备重炮等情况，向其进行详细询问。释放的条件之一是他必须给洋人带信：太平军决心占领上海，英法军队必须尽速撤离，太平军可保证不破坏、不抢劫欧洲人的财产。

兰伯特同样被要求将四封信分送英法美荷四国领事，这四封信的措辞和口气更为强硬：“英法若是企图抵抗，（太平军）一旦占领上海，就会把洋人的脑袋全砍掉，且停止茶丝贸易。英法若是不干涉，白人皆可经商，且遍行无阻。”

上海的中国官绅本来就已如同惊弓之鸟，相关信息如同火上浇油，令他们更加惶惶不可终日。为防战火蔓延到上海，损害列强与外商的商贸利益，已任英国参赞的巴夏礼出面代表英方，与上海官绅会商共同防务，最终在薛焕的认可下，由中外绅商组成的“会防局”（全称为“中外会防公所”）正式成立。会防局负责筹措洋枪队的军饷，英法联军除粮饷自备外，军火和住房费等费用，主要也由会防局提供。

作为会防局在军事方面的核心成员，何伯等人经过多次筹谋，制订了分区防守上海的计划。他们沿租界区部署了四千兵力，加固了防御工事和炮兵阵地，同时还命令八艘英国军舰起锚联防上海。

就算是这样，仍然不能让中外官绅感到足够安全。英国领事馆举行集会时，有人甚至提议说不如“与太平军首领好言相谈”，把上海拱手让出。虽然这个提议最终没能获得通过，但众人那种胆战心惊的样子已经一览无余。

担忧是多余的

就在大家都相信一场空前血战无可避免的时候，天时无常，从1862年1月26日起，上海突然下起大雪，雪停之后又开始降温，气温从1℃下降至 -20℃,《北华捷报》称:“未尝见诸上海的气象记录也。”

整个原野天寒地冻，而且整整持续了二十多天之久。对上海的洋商洋兵来说，这种不期而至的气候简直是“上天佑助”: 暴雪和酷寒重创了太平军，由于对此缺乏心理准备，他们没有足够冬衣用以御寒，多数时间无法外出行动，按照李秀成的说法是“我们动弹不得”; 河道被冰块阻塞，在河中巡逻的军舰和船只全都行动受阻，但太平军水师也因而行动困难，不能负起配合其陆军行动的职能。

依靠天气帮忙，何伯总算把危机应付了过去，当然他知道这只是暂时应付，天气一旦转暖，太平军仍会继续进攻上海。他于是决定彻底放弃英国政府的中立政策，为了表明这么做有理有据，他宣称:“太平军不单是反对皇帝的暴乱分子，而且还践踏人间与神灵的全部法律，将他们从通商口岸驱逐出去完全正确。”

上海地区的清军包括绿营和勇军，绿营不用说了，早已堕落为乌合之众。上海地方政府自己招募的勇军也并不比绿营更强，英国情报机构汇报说，用来“保卫”上海地区的三万名勇军每个月都要耗费几十万元，可他们不是没有战斗力，就是对政府不忠诚——勇军名义上虽属江苏地方长官指挥，但地方长官其实根本不能予以控制，有人干脆称之为“市井无赖”。

在何伯眼里，清军都是废物点心，根本没有什么用处，自家的英法联军又数量有限，无论防御还是进攻都很吃力，于是洋枪队就成了他唯一能够发掘和利用的军事资源。

至1862年1月，洋枪队达到了一千多人，部队装备齐全，随时处于备战状态，同时在经过几次较小规模的战斗考验后，华尔也信心十足地认为他的部下已能适应进攻性作战。倒是中国的地方官僚受先前老洋枪队惨败的影响，认为新洋枪队再怎么训练，毕竟和受过实战锻炼和检验的英法联军不同，难以承担起主动进攻的责任。苏松太道吴煦就担心华尔过于轻视太平军，贸然出击会削弱上海的防守力量，甚至导致上海被攻陷。他在一封信中质问上海道台，说到那时即使“食华尔肉”，又有什么用呢？

事实证明，吴煦的担忧是多余的。洋枪队首先在吴淞告捷，其所属的一个支队击退了一大批太平军，接着在清军的援助下，洋枪队又于广富林击败太平军数千人。2月上旬，太平军开始重兵集结于松江周围。松江不但是洋枪队的基地和老巢，也是上海的门户，华尔急忙派约五百人出击，在清军的及时援助下，将太平军赶出了其所在营地。

洋枪队的动向终于引起了太平军高层的注意和重视。太平军直接对松江发动了进攻，但这次进攻也遭到挫败。洋枪队最新配备的大炮在此番攻守战中显示出巨大威力，太平军死伤达两千多人。洋枪队在击退太平军后，又追至广富林，俘获七百多人，并夺得大量船只。在这种情况下，加上天气寒冷，给养不继，太平军只得撤除对松江的包围。

洋枪队在这一系列战事中取得的胜利，令其身价倍增。何伯忙不迭地邀请华尔会谈，希望洋枪队能够与英法联军合作，共同对太平军发动攻势。

昔为阶下囚，今作同盟者。华尔没有忘记当初正是何伯将他变成了囚犯，他在会谈时不由自主地流露出久郁于心中的一丝愤懑，同时要求何伯保证不再发生类似过去抓捕他那样的事件。何伯立即答道：“过去的事就让它过去吧，你现在已步入坦途，并将得到我所能给予你的全部支持。”

华、何一拍即合。1862年2月16日，两人化装成猎人，对位于浦东半岛顶端的高桥进行了侦察。五天后，英法联军出动四百多人，洋枪队出动六百人，对高桥展开会攻。

在高桥战役中，洋枪队扮演了先锋的角色，不仅将据守外围工事的太平军予以击溃，而且攻陷了约有一万人守卫，虽无城墙但工事坚固的太平军前沿阵地。他们在实战中的表现确实非常出色，连对洋枪队一贯持批评态度的上海新闻界也一反常态地表示认可。

在新洋枪队成立后，以江苏巡抚薛焕为首的地方官员一直未敢向朝廷汇报相关情况。这时觉得时机已到，薛焕立即写成奏章，将高桥战役的经过绘声绘色地描述了一番，同时对华尔及其洋枪队给予了很高评价，夸口说只消少数洋枪队就能战胜众多太平军。

薛焕建议："因洋枪兵勇甚为得力，（所以希望能）取名常胜军。"他的建议得到批准，从此洋枪队获得了中国官方所授予的合法地位，并正式开始使用常胜军这一称号。

向　化

除了突出洋枪队在关键时刻的战斗力外，薛焕在奏折中也没有忘记提及华尔对大清帝国的"顺从和忠诚"。

对于借助洋兵"助剿"，那拉氏、奕䜣虽已不像咸丰时那样保守固执，但仍非常忌讳。新洋枪队的士兵全部是中国人，且可以不依靠英法联军支持，独立在战斗中取得胜利，对于这一点他们不会有什么不高兴的，所顾虑的主要是华尔等洋人。

所谓"非我族类，其心必异"，中国尽管自古就有雇用外国军事人才（"番将"）的传统，然而历朝历代留下来的相关经验也同时表明，这些"番将"的忠诚度并不一定可靠。不可靠就容易出乱子，有时还是大乱子，比如唐代安禄山发动的安史之乱，有些史家就认为它不是单纯的中国中央政府和地方诸侯之间的内战，而是中国人和叛变了的"番将"及"外国"雇佣军之间的争斗。

中国传统的世界观向来都是以中国为中心，中国之外全都是"外夷"，即便开明如奕䜣、文祥，思想意识上也从来没有能够脱离这一窠臼。衡量外夷是否忠实，由来已久的尺度只有一个，那就是文化归顺，中国的文化典籍称之为"向化""来化”“慕义”。

早在1861年，华尔就向道台府和美国公使馆提出申请，要求“归化”为中国臣民，以及改变“服色”，改穿大清官服。华尔当时这么做，主要是迫于压力，避免因违背中立而再遭逮捕和起诉，同时也让美国政府不能利用其国籍插手洋枪队内部事务。薛焕是个老官僚，中国官员常见的机敏、圆滑、谨慎等特点在他身上一个不缺，他自然不会傻到将这些背景和盘托出，他在奏章中一再强调的，是华尔对朝廷如何“真心实意地忠诚”，以及“抑制他‘向化’的忠诚似不妥”。

朝廷对华尔的主动“向化”显然感到非常满意，在诏令中称赞道：“（华尔）已由钦慕转向华风并怀有忠心，能干而顺从，确实值得敬佩。”按照薛焕的意见，华尔被授予四品顶戴花翎，继续负责训练常胜军，这意味着他成为中国近代第一位得到皇帝特赐嘉奖的西方人。

高桥战役让何伯和华尔都尝到了甜头。何伯虽然预料这次军事行动最后终将得到上司的支持，但他心里非常清楚，英法联军哪怕是以主动防御为名义对太平军发动进攻，也已经明显破坏了英国政府所公开宣布的中立政策。为此，他在给海军部的报告中特意做了掩饰，竭力说明所派出的数百名联军“并不是认真安排的”。

何伯自己是早就把中立政策扔到爪哇国去了，他仍一心想着如何进一步攻打太平军，“三十英里外围战”由此破炉而出。所谓“三十英里外围战”，是由英法联军和常胜军实施联合作战，对上海城外围三十英里范围的区域实施“清剿”。

1862年2月22日，何伯给英国驻华公使卜鲁斯写信，提出了“三十英里外围战”的计划。不过他把计划的发明权戴在了华尔头上，还说明洋枪队将在计划中承担主要作战任务，联军仅提供有限的军事援助。

卜鲁斯早就倾向于清廷，但根据本国外交部的中立政策，仍主张限制英国直接介入清军与太平军之间的战争。他一边有保留地对“三十英里外围战”计划表示同意，一边坚持联合作战期间，所攻克的城市都应由清军来守卫。

在“三十英里外围战”正式开始以前，英法联军、常胜军和当地清军对太平军展开了一系列小规模的攻势，对太平军修有防御工事的各个前哨阵地发动进攻，目的在于减轻太平军对上海和松江的压力。在这些战事中，联军多数情况下仅担负后备军的角色，以及向联合部队提供具有压倒性优势的炮火支援，在战事中发挥主要作用的是常胜军，他们作为散兵、攻击部队与追击部队，在战场上表现得异常活跃。

华尔毫无疑问是常胜军的灵魂人物，指挥作战时他不穿军装，不佩军阶标志，若用正规军人的标准来衡量，可以说举止极为随便，然而另外一方面，他的衣着打扮又十分讲究和引人注目。

华尔有一件紧身便装军大衣，乃英国女王维多利亚的丈夫、阿尔伯特亲王赐赠，一般情况下，华尔不是穿这件亲王赐赠的军大衣，就是穿一件热带居民所穿的紧身短上衣。除此之外的行头，还有一件厚厚的斗篷、头上所戴的宽边帽，以及嘴里叼着的方头雪茄烟。

华尔手中也从不握刀或武器，只拿一根马鞭聊作手杖，它的作用和其他行头一样，并不光是为了出风头，更有消除士兵的恐惧心理，塑造自己战无不胜形象的目的。

哭秦庭

对常胜军而言，上海周围的战役并不容易打。这一带地形特别复杂，如同迷宫一般，同时太平军也十分擅长情报战，他们四处安插内线人员，用以打探军情。有时常胜军距离太平军明明只有几百码，太平军却能在掌握情报的基础上，利用地形之便巧妙周旋，一旦发现情况不妙，立即沿着河沟壕壑从容撤退。

常胜军士兵的装备笨重，追击时往往会陷入泥淖，从而变得寸步难行。一位前去采访的英国记者哀叹道："要捉住狡猾、凶残的胆小鬼（指太平军）实在不可能。"

另一名记者用文学语言描述正面战斗的场面："曙光喜洋洋地洒泄在稻谷之上，法军军乐队吹奏军乐，鼓舞士兵攀爬城墙。"事实上，虽然在与太平军作战时，常胜军基本都占有绝对的火力和技术优势，但绝不像记者所写的那么轻松。参战双方都在战斗中表现出了空前的残酷性，华尔因为指挥位置靠前，也已多次负伤。

在实战中，华尔确实充分展示出了他的军事才干。针对上海周边的复杂地形和太平军能够利用地形迅速转移的特点，他费尽心机地为常胜军购置了汽船和浮舟，用以增加部队的机动性，并试图以此控制水道。另外，他通过对士兵加强训练，大规模利用能到手的火炮实施攻击等措施，也有效改善了正面作战和追击的效果。比如在一次战斗中，两名中尉指挥野战炮，用葡萄弹和霰弹向太平军进行轰击，当场就打乱了太平军的撤退步骤，使其由撤退变成了溃逃。

从 1862 年 3 月初至 4 月中，联合部队先后占领了萧塘、泗泾等五处城镇。这是至为关键的几个月，在这几个月里，恶劣的天气和常胜军的异军突起，令李秀成处境尴尬，他的部队不仅没能突破上海业已增强的防御工事，而且前哨阵地接连失守。幸好，西方人“所攻克的城市应由清军来守卫”这一条帮了他大忙，当地清军既没有什么战斗力，也缺乏长期驻守的准备，太平军发挥机动灵活的优势，又轻而易举地夺回了大部分失守的据点。

尽管上海城得到了暂时的安全，但上海的中国官绅仍未能从恐怖气氛中摆脱出来。在他们看来，联合部队在 1862 年年初所取得的胜利，“仅仅是在完全阴暗的画面上投射了一束微光”罢了。吴煦身为苏松太道，居然害怕到要求外国卫队保卫其衙门，就怕哪天一早醒过来，满城到处都是太平军。

官绅们的恐惧不难解释。本地清军如此脓包，英法联军和常胜军又兵力有限，怎么可能让人觉得心里踏实呢？李秀成从浙江打到上海、松江，在突降大雪之前足以称得上是战无不胜，所向披靡，若是气温转暖，使得太平军可以全力以赴，到时上海还能保得住吗？

就在众人担惊受怕的时候，一支从上游开来的部队抵达上海，他们日思夜盼的援军终于来了。

数月之前，由曾在胡林翼手下为官，正在江苏老家丁忧的湖北盐道顾文彬等人倡议于前，薛焕、吴煦等人首肯于后，会防局决定以江浙乡绅的名义，向湘军集团求援。此后，便由吴煦筹银二十万两，雇佣外国轮船，派遣同在家乡丁忧的户部主事钱鼎铭专赴安庆，面见曾国藩。

钱鼎铭的父亲钱宝琛与曾国藩是同年，除了这层关系外，他随行还带去了官绅们共同署名的一封公函。公函的实际执笔者为苏州人、散文家冯桂芬，冯桂芬起草的文章用辞委婉恳切，大意是说江浙共有三个可以利用但已不能持久的有利条件，分别是民团、枪船、内应，同时，共有三个尚能保存但已不能持久的城池，分别是镇江、湖州、上海。

江浙两省人文鼎盛，世家众多，有的甚至历时数百年，然而战乱一起，皆“遗其器物，丧其身家”，很多中产家庭瞬间沦落为家破人亡的难民。钱鼎铭和冯桂芬皆为世家子弟，对此有切肤之痛，当曾国藩接见他时，他便以自己的亲身遭遇，向曾国藩诉说上海如何危如累卵，说着说着，竟至当场号啕大哭。

春秋时有哭秦庭的故事，说的是楚人申包胥向秦国求援，请秦王派兵援救自己的国家。因为秦王起先没有答应，他立在庭墙之下日夜哭泣，乃至七天都没有吃一口饭。曾国藩当时感到钱鼎铭几乎就是现实版的申包胥，“见而悲之”，颇为之动容。

此次上海方面的求援确实非常郑重，除了打感情牌外，他们还承诺每月可募集军饷十万两。湘军虽然已有了多个省份可为之提供军饷，但供饷省份大多存在各种各样的困难，往往两三万都不能及时足额接济。更有朝廷已下了命令，要求该省务必拿出饷银，然而仍数年不见一文者。如果真的像上海方面所承诺的那样，每月都能固定提供十万两军饷，就可以帮助湘军解决大问题了。

曾国藩不能不心动，但这并不说明他能马上行动。需要湘军用兵的地方太多了，江西和安徽兵戈未息，鲍超、多隆阿等人都尚在那一带作战，浙江确定派左宗棠增援，计划派去浙江的部队，除左宗棠本部的楚军外，还需要从湘军中拨出相当大一批人马予以补充，剩下来已没有多少兵力可用了。

稳扎稳打是曾国藩的一个主要军事思想，所以他还必须考虑到，上海同安徽相距较远，一旦有紧急状况发生，没有办法像浙江那样迅速派去援兵。

舍我其谁

曾国藩不答应援助上海，钱鼎铭就住在安庆不走，而且每次见曾国藩，必然哭着哀求，那样子真的跟申包胥哭秦庭一样，反正只要曾国藩不松口，就决不打算还乡。

钱鼎铭的父亲钱宝琛既与曾国藩是同年，自然与李鸿章的父亲李文安也是同年。得知李鸿章是曾国藩的亲信幕僚和学生，深得曾国藩的器重，钱鼎铭又亲自登门拜访李鸿章，请求帮助劝说曾国藩。李鸿章答应了他的请求，帮助积极劝说曾国藩立即派兵助守上海。

这一期间，大学士、江苏常熟人翁心存以朝中元老的身份，上疏称：“苏州、常州一带的绅民一边结团自保，一边急切盼望曾国藩来援，其心情就如同盼望自己慈祥的父母前去解救他们一样。”他请求朝廷敦促曾国藩，赶快派出一名擅于跟太平军作战的将领驰援。

朝廷接受了翁心存的意见，随即颁发谕旨，命曾国藩速遣大将东下江南，“以慰民望”和解除政府的南顾之忧。至此，上有朝廷的谕旨，下有官绅的恳请，加上李鸿章等人的劝说，曾国藩开始对东援方案进行重新审视。

自从曾国荃攻下安庆后，攻夺江浙及其南京便已成为湘军亟待解决的迫切任务。由左宗棠入浙起，从西向东一个个依次解决江浙沪，这当然是一种办法，另一种办法则是分兵援沪，在援沪的同时以上海为基地，加强东线的进攻力量，从而造成东西两线互相配合、分进合击的有利态势。

经过认真考虑，曾国藩终于痛下决心拨兵援沪，钱鼎铭一行这才高高兴兴地回沪报喜。

在大计已定的前提下，派谁领兵援沪就显得至关重要了。湘军集团当时被公认最能打仗的三员大将，分别是多隆阿、鲍超、曾国荃。多隆阿智勇双全，但唯一能调动他的湘军主帅只有胡林翼。胡林翼死后，多隆阿大有伯乐已去之感，不愿听从曾国藩的调遣，而且他正在皖北与陈玉成部的太平军作战，就算是硬调也调不过来。鲍超倒是肯听从曾国藩，不过江西、皖南战场也缺不了这位宿将坐镇。

三大将中只有曾国荃能用。因为攻克安庆，曾国荃声名大震，连朝廷也把他作为了援沪的最佳人选。此时曾国荃已奉命回湖南增募新营，朝廷因此在谕旨中问道：“贼匪（指太平军）攻陷杭城后，势必将窥伺淞、沪，曾国荃募勇是否已经回营？”

按照朝廷指示，曾国藩须催令曾国荃统带老勇八千人援沪，同时曾国荃的职责不仅是防守上海，也包括乘虚袭进青浦等上海周边县城，从而为进一步克复苏常两郡做准备。

在这种情况下，曾国藩两次致书在湖南募勇的曾国荃，与他商量援沪一事，但曾国荃一心要攻夺南京，并且认为攻南京对援沪乃至克复苏常也非常必要：“金陵为贼（指太平军）根本，急攻金陵，贼必以全力援护，而后苏杭可图。”

见曾国荃志不在此，曾国藩只得另择良将。李鸿章发现机会来了，立即主动请缨。在曾幕之中，李鸿章是抱负最为远大的一个，每次谈及中外形势，均有收拾天下，舍我其谁之概。鉴于他在投入湘军前就有多年征战经历，不是一个只会纸上谈兵、好高骛远的书生，所以曾国藩对他也极有信心，认为李鸿章做事从容不迫，今后定能肩负重任。

在此之前，曾国藩已把李鸿章作为重要的储备将才，通过各种机会和场合予以打磨，如今也确实到了将他推上前台，一试锋芒的时候了。曾国藩笑着对身边的人说："少荃（李鸿章号少荃）去，我可以高枕无忧了。只是安庆这里少了一个左膀右臂，怎么办？"他两次上疏奏保李鸿章"久历戎行，文武兼资""才大心细，静气内敛"，请求以之替代曾国荃东援。

朝廷旋即回复照准。胡林翼生前曾建议曾国藩在两江总督后，应大胆地派李元度、李鸿章统兵分别进军江浙，如今除了李元度易人外，这一建议基本都得到了实现。

民　风

此次李鸿章受命出征，最大的困难还是没有兵，湘军的规矩是兵为将有，于是曾国藩便派他招募淮勇，用以组建援沪之师。

曾国藩最初创建湘军的思路，很多都取法于戚继光。戚继光练兵用兵有"澄定浑水，再汲新水"一说，浑水指的是旧军，新水指的是新军。按照一般经验，士兵从征的时间一久，都会渐渐染上暮气，秉性善良者思乡心切，凶暴狡诈者甚至会为敌方所诱而另有图谋。戚继光的对策是以新代旧，用重新招募的新军来替代暮气沉沉的旧军。

曾国藩对戚继光的这一策略非常服膺。湘军军制，凡一个军营染上暮气，就必须立即全部遣散，另行招募新军。曾国藩引用北京旧鞋铺里的一句谚语，称之为"抽帮换底，整旧如新"，意思是就好像鞋铺把旧鞋的底子换上新底子，便能够使之焕然一新。

由于需要不断地遣撤旧勇，另建新营，对兵员的需求量就相当之大，据曾国荃统计，仅湖南湘乡一县，前后从军的人便有二十余万之多。

除湖南外，从就近原则出发，胡林翼、曾国藩、骆秉章也都曾分别筹划在湖北、四川、江西招募勇丁，并按湘军成法，组建由该省勇丁组成的新营。可惜的是成效都不显著，有的刚刚成立不久就被裁汰了。比如胡林翼抚鄂时，就想招鄂人为兵，选鄂人为将，结果所建的部队根本就不能用，最后他的所谓鄂军其实仍是湘军，从兵到将大部分都是从湖南招募过去的。

为什么湖南人能当兵打仗，几个邻省的人就不行呢？细究起来，这与当地风气大有关联。湖南民风之强悍，在历史上是有名的。当初太平军进入湖南而湘军尚未建立时，境内民众便立刻自发分化为壁垒分明的两派，一派投入太平军，一派成为结堡自守的民团，这两派立场完全不同，但都毫不迟疑地与对方誓死争斗。这种民风，在当时的湖南各地少有例外。

反观同时期的湖北、江西，太平军一来，民众就赶紧蓄起头发，清军一来，又马上剃头，民风差异，显而易见。四川素为天府之国，有渔盐之富和商贾之利，老百姓生活安逸，民间肯冒兵戈之险从军的人自然更不会多。

安徽的情形则与湖南、湖北、四川、江西都不大相同。安徽除通常以长江划界，分成皖南皖北外，还可以按经济文化水准，大体分出三区，即最南面的皖南地区、最北面的两淮地区以及夹在两区之间的皖中地区。

皖南是三区中最富的，这主要是由于徽商的缘故。太平军攻入皖南时，绅商们曾集巨资献给太平军，试图换取对方不攻夺他们所在的城池。可是太平军作战本有其既定的战略目的，往往都是钱财收了，城池也照攻不误，于是有人就讽刺说："徽人必有抱金而死者！"显然，皖南民风不过是湖北、江西、四川的翻版，在这里很难招募到敢战能战的武士。

三区中最穷的是两淮地区，包括明太祖朱元璋的老家凤阳在内，都是"十年倒有九年荒"的所在。两淮在嘉庆时就出现动荡，至道光年间日趋严重，在凤阳、颍州两郡，抢劫和杀人放火的事件层出不穷，犯案者甚至敢和官府对抗，公然拒捕。

发现两淮风气刚劲，还在李鸿章初入湘军幕府时，曾国藩就决定由他主持招募淮南勇五百人，组成淮南骑兵，为创建湘军骑兵探路。李鸿章受命后，派人到两淮募勇，但当地士绅却借口团练仅保卫乡里，对前往招募的人员百般阻拦，结果这次试验没能成功。

失败的原因主要是淮河两岸地区的士族力量薄弱，士绅集团受理学忠君的思想影响较浅，见清廷和太平天国对峙日久，相持不下，便对形势大多采取了观望和两面应付的态度。

等到曾国藩出任两江总督，又再度提出了创建淮军的计划。他认为，两淮地区应该不愁招不到合适的勇丁，只是缺乏训练人才而已，倘若能用湘军的制度来训练两淮勇丁，同时严格纪律，并多训练一段时间，不但能练出好兵，还有望从中选拔出一两个日后的名将之才。他乐观地估计，这样一支淮军将成为声望不减于湘军的劲旅。

按照自己的设想，曾国藩上疏朝廷，请求由两淮兵勇组成淮扬水师，以作为创建淮军的前奏和铺垫。曾国藩安排李鸿章帮助湘军水师将领黄翼升经办此事，不料两淮当时已成为太平天国的势力范围，李鸿章暂时无法前往。后来因为替李元度向曾国藩求情，李鸿章一怒之下离开了祁门大营，以淮勇办水师的事也就只能泡汤了。

经历两次失败后，再议创建淮军，曾国藩和李鸿章都把目光从两淮移向了皖中。皖中在经济文化程度上居于皖南和两淮之间，同时因其北面与两淮接壤，东面的巢湖又是盐枭出没之区，因而民风也较强悍。

相比两淮，皖中的士族力量较大，理学思想影响深。再者，皖中地区有的为太平军巩固的根据地（安庆），有的为拉锯战区（庐州一带），战斗激烈频繁，持续时间长，各县团练头目或有父兄被太平军所杀，或财产被毁，房屋被占，客观上也使他们丧失了妥协观望的余地。

走捷径

最早回籍办团练的吕贤基、李鸿章父子都来自于皖中的士族家庭。李鸿章自随吕贤基回籍，一直到他后来投奔曾国藩，皖中民团与太平军的对抗始终没有终止。通过实战锻炼，团练头目们提高了军事才能，增长了胆识，其中，庐州人张树声筑数十寨自卫，连太平军都不敢接近，是皖中势力最大的民团之一。曾国藩通过李鸿章得知张树声的事迹后，大加赞许：“独立江北，今之祖生（祖生即东晋名将祖逖）！”

虽然如此，这些民团却都难成气候，原因是他们喜欢互争雄长，快意恩仇，通常情况下都是太平军来攻了还能互为声援，太平军一走，彼此之间便打成一团。比如，庐州有一个以解先亮为首的团练，解先亮的部下叶志超身材魁梧，膂力过人，每次打仗都勇冠全军，很受解先亮的重用。叶志超有一天在路上看到一个长得很漂亮的姑娘，眼珠子顿时就不会转了。解先亮看在眼里，便对他说："你下次作战要是能够再次取胜，我就把她送给你。"

叶志超依言打了胜仗，解先亮果然说到做到，把叶志超心仪的那位姑娘抢来送给了他。后来才知道，这位姑娘竟然是张树声的表妹。即便这样，解先亮、叶志超也没把张树声当回事，更没去向其赔礼道歉，只是相互之间从此不来往而已，反正一句话，大家都凭实力在江湖上生存，你能吃得了我就吃，吃不了就相互提防着。

由于团练头目们互不服气，无法自行团结成整体，因此就需要一个地位高、声望隆，各方非但对他没有私怨，还有好感的人来一体统摄。李氏为皖北望族，李家与团练头目们有着较深的渊源，有的论交情甚至可以追溯到上一代，李鸿章本人既是高官，又被大名鼎鼎的湘军统帅曾国藩所倚重，他自然而然就成为团结众人的合适人选。事实上，在湘军攻下安庆后，头目们就不断与李鸿章联系，希冀着能够通过他与湘军挂上钩。

李鸿章从前曾随父亲在庐州办过团练，但追随他的那些人早已星散。眼看援沪事宜箭在弦上，重起炉灶已不可能，他便决定走捷径，对皖中的旧有团练进行罗致和改编。

想好办法之后，李鸿章没有返回故里，而是坐镇安庆，通过派人传达或通信的方式，与团练头目们进行联络。皖中一带早就已经形成了以李鸿章为群体中心的趋势，李鸿章奉命募勇的消息一出，张树声、潘鼎新、刘铭传、吴长庆四位头目马上闻风而动，率所部团勇前来安庆。当然也有例外，解先亮原先是个不识字的农民，不愿意离乡外出作战，正好吴长庆的手下兵勇不多，解先亮就把包括叶志超在内的部属交给了吴长庆。

经过两个多月的筹备，淮勇陆续抵达安庆北门城外并在城外进行驻扎。这批淮勇共有三千五百人，根据淮勇实力单薄的实际情况和李鸿章本人的请求，曾国藩从湘军中陆续拨出三千人归其统一节制。这三千人里面，有一千人是曾国藩的亲兵，一千人是曾国荃的旧部，均为湘军中最精锐的部队。

1862年3月4日，在李鸿章的陪同下，曾国藩对各营进行检阅，这标志着淮军的正式建成。

初建时的淮军，共计十三个营，其中只有张、潘、刘、吴四营是纯粹的淮勇，另外三个营虽然营官和弁勇也都是安徽人，但原先都是湘军旧部。除此之外，各营官兵皆为清一色的湖南人，且他们中的大多数人已跟随曾国藩多年。在军制上，淮军的营制、营规、饷章也都沿袭于湘军，没有变化。也就是说，这时候的淮军仍然只是湘军的一个分支，与过去胡林翼手下的鄂军相比，并无多大差异。

3月19日，上海会防局提供的八万军饷解至安庆。对于湘军而言，这是多年来少见的一笔巨款，既足证了上海的财力，又进一步显示出官绅们求援的诚意及其急迫心情。看到军饷，压在曾国藩心头的一块石头也落了地，他在日记中直言："少荃（李鸿章）启行的军费有着落了，真是快慰之至。"

此时江苏范围内能作为据点的，仅上海、镇江两个城市。镇江守将是江南大营时期的绿营将领冯子材，冯部一直处于孤城被困的境地。指挥江北清军的都兴阿曾派兵救援，但没有能够取得成功。朝廷认为镇江乃南北枢纽，务必确保，所以谕令曾国藩速催李鸿章率水陆军前往应援。

以前胡林翼也觉得镇江比上海更重要，他和曾国藩商量，准备一旦进兵江苏，即留驻镇江，并保举李鸿章、李瀚章兄弟中的一人为两淮盐运使，以便用征收的盐税为湘军提供军饷。

根据朝廷的谕令及与胡林翼商量的结果，曾国藩初步计划以黄翼升指挥的淮扬水师搭配淮军，组成水陆万余人的东援大军，其中淮军由陆路进兵，经巢湖、含山一带前往镇江。

陆路行军路线长达千里，首先遇到的困难是粮饷难以接济，李鸿章就叫苦说："江北遍地疮痍，人烟寥落，办米、办夫、饷运维艰。"其次，从安庆到上海，沿途多半是太平天国控制区，淮军要穿越其防线，艰难程度可想而知，很有可能部队还没到镇江，就遭到太平军的截击甚至被其消灭。

退一步说，即便淮军能够顺利到达镇江，由于上海正处于太平军的包围之中，由镇江开往上海也不容易。上海会防局正是看到了这一点，所以连忙筹措十八万两运费，雇佣英商的七艘轮船，用来将淮军分三批运往上海。

李鸿章与曾国藩经过商议，决定顺应上海绅民之请，“由水路东下，直赴上海”。

站墙子

1862 年 4 月 8 日，李鸿章率首批两千淮军到达上海。上海人平常所见到的英法联军、洋枪队皆着华丽制服，就连绿营和勇军也都穿得像模像样，唯淮军头上包着布帕，身穿短褂衣，足蹬草鞋，显得土里土气，路人行人见了，都笑指他们为乞丐。

李鸿章对此倒并不是很介意，也不急于用战绩来证明自己。在加入湘军之前，他可不是这样，那时的李鸿章年轻气盛，无论是跟随吕贤基、福济作战，还是在庐州办团练，经常脑子一发热，就会跑出去和人作战，即所谓“专以浪战为能”。

在加入湘幕后，曾国藩特地把他调到曾国荃军的营务处待了一年，以学习军事。这一年让李鸿章取到了真经，他告诉别人：“湘军善战，我原先以为他们是有什么神奇的战略战术，现在才知道其战略战术也无特别之处，就是发现敌人来了，马上去‘站墙子’！”

按照湘军营规，部队是半天走路，半天筑营，官兵们一到宿营地后，就必须立即修建营垒，待营垒修成后方能休息。湘军的营垒为圆形，最外面一圈是鹿砦，中间有内外壕两条壕沟，最里面一圈是土墙，分为内侧的子墙和外侧的正墙。正墙高两米多，子墙的高度只是它的一半，士兵可以站在子墙上，依托正墙顶部挖出的枪炮眼，向外观察和射击，这就叫“站墙子”。

“站墙子”有一套固定的制度和办法。一般在凌晨四点，也就是敌军最容易偷营劫寨的时候，营垒中的官兵要全部起床，其中三分之一的士兵“站墙子”一次。晚上七点以前，再派三分之一的士兵“站墙子”一次。晚上的其余时间，也要派一成士兵“站墙子”唱更，彼此轮换。

在曾国荃营中，李鸿章亲身体验到了“站墙子”的必要性和好处，他认为“半日行路，半日筑营，扎稳脚跟，劳逸结合”，乃湘军很少打败仗的秘密法宝。

其实不光是“站墙子”，稳扎稳打和时时防备的军事思想也早已渗入湘军的血液之中。就在李鸿章临别安庆前夕，曾国藩特别告诫他不要急于求战，而应先练就精兵，站稳脚跟，他还针对李鸿章急躁任性的性格弱点，以“深沉”二字进行戒勉。其他好友如李续宜等人也纷纷以“从容”“勿急”等字相赠。对于师友们的这些劝诫，李鸿章都铭记在心，表示“当奉为枕中秘”。

淮军到上海后，洋人屡屡要求他们出兵“会剿”，与洋兵共同作战，李鸿章都不肯答应。李鸿章的这一态度得到了曾国藩的大力支持，后者在来函中指示：“阁下此次专以练兵学战为性命根本……阁下此时除选将、练兵、筹饷，别无政事；除点名、看操、查墙，别无功夫。”

这时，朝中恭亲王、文祥等人也主张淮军即刻参与“会剿”，借洋兵之力打击太平军。那拉氏难以决断，专门为此征询曾国藩的意见。

在回奏中，曾国藩以科举打了个比方。一个读书人如果具备一点功底，文章也能写出个大概模样来，那么在他报名应试时找别人将自己的文章适当润色一下，虽然是作弊，但还能勉强说得过去。如果他既不能写文章，又不赴试，只是一味找枪手顶替，则无论最后是否会被录取，都会令父兄蒙羞。

曾国藩说淮军就好像是那个报名应试者，而专借洋兵之力，则就相当于单纯地以枪手顶替。他的意见非常明确，在淮军尚未能够练成精兵的情况下，一味想靠“会剿”投机取巧，若不能取胜，必然贻笑外邦，有辱国格；若侥幸取胜，又后患莫测，洋人会以为中国无兵，从而更加轻视中华。

曾国藩同时致信恭亲王等人，进一步说明了现阶段淮军所面临的困难：李鸿章一军，惯战者不过两千人（指编入的湘军精锐），其余都是刚刚才集结起来的士兵，操练未精，胜败难料。

曾国藩认为应分三个阶段使用淮军：第一个阶段是专心训练，等第一个阶段完成，初步具备战而能胜的实力和把握了，才能进入第二个阶段；第二个阶段是出战而不“会剿”，与洋人各“剿”一处，但尽量靠近一些，以进行战略战术的配合；在第二个阶段中，如果淮军表现优异，洋人也发现淮军确实可用，不再嘲笑了，才能自然而然地进入第三个阶段，也就是与之“会剿”。

“先疏而后亲，先分而后合”，曾国藩所思考和归纳出来的这套办法最终得到了朝廷的理解和认同。

嫁出去的女儿

带兵将帅必须同时为地方大吏，否则在领兵筹饷时将步履维艰，这是曾国藩从自己的军事生涯中所总结出一个极其重要的经验教训。他在向朝廷推荐李鸿章领兵东援时，就请求朝廷“等该员（指李鸿章）到镇江后，请明降谕旨，令其署理江苏巡抚”。

朝廷当时就应允了，因此李鸿章到上海不久，便由道员破格超升为署理江苏巡抚（七个月后，实授江苏巡抚），取代了原先薛焕的位置。李鸿章虽已贵为一省之长，可是他的政令也只在上海这座孤岛才管用，出了上海，就全是太平天国的天下，这使他更深刻地领会到曾国藩要他沉住气，积极“练兵练器”的重要性和必要性。

李鸿章最初的扩军方式是效法湘军，让湘籍营官们返湘募勇，但淮勇毕竟是淮军的基础部分，所以他很快就改变方式，令张树声、吴长庆等人前往两淮等地，收编两淮团练及其太平军降众，同时大力整编原驻于上海的勇军。

近代史家将恭亲王奕䜣、文祥、曾国藩、左宗棠、李鸿章称为洋务派五大领袖。作为地方洋务派的代表，曾、左、李在很多具体观点上其实并不一致，比如对待西式武器的态度就有很大差异。曾国藩主张“用兵之道，在人而不在器”，且向来“不深信洋枪，（洋）火药为利器”，即便在皖南指挥所部进攻徽州，被太平军用洋枪击退后，亦不改初衷。左宗棠同样不是很相信洋枪的功效，他认为洋枪仅仅是重量轻一些而已，要论射程，还不如抬枪。

事实上，洋枪虽然没有抬枪射得远，可是射击速度却要高出后者数倍之多，再加上可以随装随射，不避风雨，火力方面绝非抬枪所能及。至于曾国藩对洋枪的观点，则只能说明当时的多数士大夫都还无法完全摆脱传统文化的片面说教。

李鸿章与曾李的想法都不一样，而这与他的上海之行又有着很大关联。他刚刚抵达上海时，就受何伯之邀，前往英国海军驻地进行参观。一进英军军营，英军大炮的精纯，弹药的细巧，枪支的鲜亮，队伍的整齐，顿时把他弄得眼花缭乱，目眩神迷。

英国海军本身并不以陆战见长，但也拥有用于攻城劫寨的各种武器。令李鸿章备感惊异的是，这些武器他在国内大多闻所未闻，见所未见。即如浮桥、云梯等，虽然中国军队中亦有装备，可其精良的制作和巧妙的设计，仍是中方设备所做不到的。

李鸿章虽奉曾国藩为师，但他是一个极重实效的人，做事往往随实际需要而定，不像曾国藩受传统束缚那么深。再者，他的淮军新建，人数既不多，战斗力也不强，又远离湘军母体，在孤军作战的情况下，若不另辟蹊径，势难自立自强。在发现洋枪确实比他的刀矛加旧式火器更为精利后，李鸿章马上决定予以采用。曾国藩将鸟枪称为小枪，湘军营制中原有刀矛队、小枪队、抬枪队、劈山炮队，李鸿章便在战斗力最强的程学启部率先添设了洋枪小队。

扩充军队和购置西式武器，都需要大笔资金的投入，而此时李鸿章署理江苏巡抚，曾国藩是两江总督，上海的财赋收入完全为李鸿章和湘军所掌握。上海的海关厘税数额巨大，但由于开支同样惊人，所以仍然入不敷出。为了解决这个问题，李鸿章决定采取海关厘税分收分用的政策，即以关税支付会防局、常胜军和镇江绿营的费用，以厘金承担湘淮军的军费。

厘金是商业税，李鸿章认为，从商人手中多收点钱，胜过从农民身上收税，在他出任江苏巡抚期间，上海厘金被规定为值百抽一，收取标准是全国最高的。这些厘金除基本解决淮军所需外，还资助了湘军在西线的作战。

那个时期，因江西巡抚沈葆桢截留江西税收和厘金，湘军粮饷出现很大困难。就在曾国藩坐困愁城之际，李鸿章雪中送炭一般地从上海送来七万两银子，令其大喜过望。在给李鸿章的复信中，曾国藩戏言李鸿章如同嫁出去的女儿，自己日子好过了，还没有忘记要时时贴补娘家。

当然，曾国藩为“出嫁女儿”提供的嫁妆也同样极其丰厚，淮军的相当大一部分力量都来自于湘军不说，直接继承于湘军的军制，更令它在初建时就已站在了很高的起点之上。

必须讲信义

直到李元度用兵出问题，湘军军制仍存在将才太少，统领的责任又太大这一缺憾，胡林翼为此进行改革，设立了分统。分统介于统领和营官之间，它的主要作用包括：不打仗时，负责协助统领处理日常事务，统领如有事离营，即以大事归于营务处，小事归之分统；作战时，可按照统领的调度，指挥四到五营人马独立作战。

曾胡以往最头疼的就是统领不好选。有了分统制后，优秀的营官就有了磨炼上进的机会，把他们放在分统的位置上，如果确实能独当一面，便可以在进一步历练后，将其提拔为统领，而不用再赌博式地“选天才”了。反之，若证明难当其任，则分统之上尚有统领，也不会造成李元度兵败那样的事故。

胡林翼先在李续宜军中施行分统制，接着是多隆阿军，最后曾国藩命令曾国荃、鲍超等军也全部照此办理，曾国荃军中的曾国葆就是分统。

湘军军制至此基本臻于完备，从大帅、统领、分统、营官，再到哨官、队长、士兵，环环相扣，犹如现代军制中的军、师、旅、团、营、连、排、班、士兵，尽管二者差距还比较大，但从当时来看已经是很先进了。

可以说，湘军和太平军之间的争斗，很大程度上就是军事理念及其制度的竞争，谁走在了前面，谁就可能比对手领先一步。在淮军中担任分统的李鹤章、李昭庆乃李鸿章胞弟，和曾国葆一样，他们虽不及乃兄那样出类拔萃，但也全都文武全才，有胆有识，在军中起着不可或缺的作用。

初至上海，让李鸿章最感头疼的不是练兵，而恰恰就是洋务，具体来说就是如何与洋人洋兵相处。在李鸿章看来，之前的本地官员在处理洋务方面都不能算成功。吴煦、杨坊过于谄媚，总是把“洋兵远过中华”放在嘴边，显得毫无民族气节，但因为他们有钱有势，洋人都乐意和二人打交道。薛焕是科举出身的疆吏，比较注重气节，可是在细节方面又总与洋人发生龃龉，洋人也不爱和他交往。

李鸿章赞同薛焕的气节，然而如果洋人看到你都敬而远之，那还如何涉足洋务？他一度不知道该如何下手，便常常写信向老师请教。

和李鸿章一样，曾国藩所受的只是传统的儒学教育，日常所读之书绝大多数为国学，也没有出过国，对外情的了解可以说极为有限，他的可贵之处，是能够从自己所受的儒学教育中积极汲取思想资源，从而制定对策。

曾国藩承认洋务确实很棘手，但他认为只要将孔子所说的“忠信笃敬”四字贯彻始终，就不难处置。他告诉李鸿章，和洋人打交道最重要的是必须讲信义，果决而不反复，“今日说定之话，明日勿因小利害而变”。

在大沽口战役中，郭嵩焘曾力持对外交涉应“循理”，劝僧格林沁不要破坏外交规则，实际和曾国藩的思路是很相似的。两次大沽口战役的先胜后败也从反面证明了为什么要这么做：弱国与强国交涉，任何一个钻空子的冒失举动，当时看起来似乎占了便宜，但过后一定会遭遇对方更猛烈更疯狂的报复，最终将得不偿失。

1862 年 3 月底，英国驻华陆军司令士迪佛立率领由两千名英军士兵组成的部队抵沪。英法联军数量的急剧增加，使得联合部队作战规模的扩大成为可能，士迪佛立也从何伯手中接过指挥权，为即将开始的“三十英里外围战”着手进行准备。

从这时候起，洋人更是频频要求淮军参与“会剿”。4 月 22 日，一名英军头目的翻译官又来催促李鸿章共同进攻嘉定，被李鸿章拒绝后，翻译官十分恼火，当即拂衣而去。得知李鸿章触怒了洋人，吴煦等会防局官绅赶紧从中转圜，先对英军头目“再四开导”，劝其息怒，然后再来劝李鸿章，说英军建议“会剿”是出于“至诚”，让他多少做出一些让步。

李鸿章被逼无奈，只得提议派薛焕所部勇军作为搪塞，他为此向老师请示，并大叹苦经：“洋情诡秘，究不知其底细也。”曾国藩不同意以勇军搪塞洋人，认为有悖诚信：“明知薛营为洋人所鄙弃，而以此愚弄之，可乎？”与此同时，他继续坚持：“兵勇训练未熟，人数未齐，目下断不宜出战。”

原则问题决不能让步，但跟洋人彻底闹掰也不对。曾国藩说，对待洋人态度一定要谦和，切不可把傲慢无礼当成风骨，要做到“以诚心待之，以婉言谢之”。他还让李鸿章今后再碰到类似问题，尽可以把责任都推给他，就说淮军须由他曾某节制，而他坚决不同意出兵和“会剿”，以此来分担李鸿章身上所承担的压力。

根据曾国藩的意见，李鸿章一方面坚持淮军在短时间内“会防不会剿”，即“会防上海则可，会剿他处则不可”，另一方面，为了不和洋人闹翻，他也没有完全听从老师的话，虽然未派勇军敷衍“会剿”，但还是答应了洋人要他拨兵交其训练的要求，从薛焕的勇军和上海本地练丁中拨出一批人马，分别交给英法进行训练。

真神技也

1862年4月27日，由士迪佛立亲自指挥的“三十英里外围战”正式打响。在战役中，英法联军主要凭借性能优良的火器尤其是火炮取胜，仅在进攻青浦一役中，联军就动用了四十多门大炮，如再加上常胜军和法国一艘浅水军舰的火炮，火炮数量更为可观。如此凶猛的火力，既能大量杀伤太平军，又能轰塌城墙，正如一个参战的英国军官所言：“我们用远程大炮打死了数以百计的太平军，而我们自己却在他们的小炮和简陋火器的射程之外。”

依仗着强大火力，联军形成了一种碾压式的攻势，沿途太平军很难抵抗。在最初的几周内，除英军炮队管带白来渣阵亡外，英法联军几乎没有遇到什么损失，“伴随着一种近乎狂欢的气氛”，他们先后攻占了嘉定、青浦。

李鸿章谨守“兵力只能防，不能剿”的宗旨，没有派兵参与联合行动，但他心里明白，淮军若久驻上海而迟迟不出战，时间长了，必定会为洋人所轻视。其实即便是防，淮军也无能力防守上海全城，城北外国租界得靠洋兵，他们仅足以防西南，就这还须借助于常胜军之力。

要想使淮军迅速强大起来，既能防守又能进战，除了加紧操练和扩军外，就只有仿效洋兵，使用西式武器这一条捷径可走了。在“三十英里外围战”进行期间，李鸿章特意进行了观察，他发现火炮乃洋兵在进攻战中的最大利器，在青浦之战中，“洋兵数千，枪炮并发，所当辄靡。其落地开花炸弹，真神技也”。

洋炮结构复杂，买来之后若无洋人教援，也并不容易掌握。李鸿章原来打算把交给英法训练的勇军编入淮军作战序列，或者等勇军接受训练后，再抽调其中的人员帮助淮军进行训练。他没料到的是，勇军头目皆为吴煦所派，他们到了英法那边之后，完全听从洋人的指挥调度，李鸿章以堂堂江苏巡抚之尊，竟无法约束征调，更不用说从中抽调人员了。

勇军的例子带给李鸿章的教训之一，就是不能把部队交给洋人进行训练，否则很容易失去控制权。由于直接向洋人学习洋枪洋炮的路子行不通，李鸿章便想到能否在洋兵出战时，派淮军将弁随队，以便暗中学习洋兵“临敌之整齐静肃，枪炮之施放准则”。可是跟营官们一说，除程学启羡慕洋炮的威力，表示愿意从命外，其余人的态度都不积极，于是偷师的办法也就只能暂时搁置。

“三十英里外围战”的战报传至京城，朝廷既满意又不满意。满意的是，此次战役改善了江苏东部的军事形势，不满意的是，清军在战役中几乎没有存在感。朝廷随即发布诏谕，要求当地清军务必独立收复太仓。按照这一旨意，被任命为太仓知府的绿营将领李庆琛率部扎营于板桥，伺机攻城。

“三十英里外围战”也惊动了太平天国高层。自进攻上海的计划受挫后，李秀成一直住在天京，对天京的防守进行未雨绸缪式的部署。嘉定、青浦的丢失，使他十分担心自己的苏州基地受到威胁，遂立即返回苏州坐镇。

此时已进入了春暖花开的季节，组织反攻恰逢其时。李秀成下令召回在外省作战的部队，同时抽调在天京外围担任防守任务以及驻扎于邻近城市的各部进行增援。几天之内，苏州便集结了五万精兵。

1862年5月14日，李秀成把全军分成多个纵队，发起了声势浩大的春季攻势。一开始，他没有直接进攻由英法联军驻守的嘉定、青浦，而是把目标锁定于李庆琛部。

绿营本是联合部队中最弱的环节，遇到数量和战斗力较占上风的太平军主力部队，战斗结果可想而知，板桥一战，知府李庆琛以下五千余人几乎全军覆灭。

首战告捷之后，李秀成这才率部围攻嘉定。就在板桥大捷的同一天，英法联军和常胜军攻占南桥镇，但联军遭遇到了自外围战发起以来的最大重创，除十余名英法士兵死伤外，法国驻华陆军司令卜罗德也中炮阵亡，联军士气受到很大打击。

得知嘉定被围攻，士迪佛立唯恐上海有失，急忙下令撤出南桥等城镇，向上海回缩。接着，他率兵赶到嘉定南翔，对嘉定进行增援。

在春季攻势中，李秀成不但亲自指挥作战，而且动用了其最核心的部队。这支部队主要由久经战阵的老兵组成，其中包括了金田从军时期的原有骨干，他们在战斗意志和作战经验方面堪比陈玉成属下的刘玱琳部。武器方面，该部亦堪称精良，三分之一的人都配备着洋枪。此外，呤俐还亲自率领一支经过训练的炮兵队，携数门轻型炮助战。

太平军精锐尽出，在对阵英法联军时并不处于绝对劣态，英法联军本身又受到南桥之战的负面影响，打起来缩手缩脚，连重炮都没了以往见谁灭谁的威风，很快便从南翔败走。由于害怕被围被歼，士迪佛立干脆下令连嘉定也予以放弃，一干人马狼狈地逃回了上海。

用一个字来概括就行

占领嘉定后，李秀成设总部于常熟，指挥部队继续往前推进。1862年5月30日，一支有一千多人组成的太平军先锋部队对松江城东北发起奇袭，城内守军尚未在城头上列好，云梯就已架在了城墙边。

由华尔亲自指挥的常胜军和部分英国海军负责防守松江。松江附近有一条小河，英军海军坐着快艇在小河内进行观察。看到常胜军来不及防御，太平军已经快爬上城墙，海军水兵急忙用枪炮进行射击。太平军敢死队员虽英勇过人，但终究不敌背后突如其来的弹雨，为首将领身负重伤，一名参加太平军的法国人阵亡，太平军被迫撤出战场。

次日，堵王黄文金、纳王郜永宽等部赶到松江，将松江城予以紧紧包围。当天士迪佛立致函他在英国陆军部的上司："我认为，目前形势下我所指挥的部队仅能守住上海本身。"

实际上，士迪佛立自嘉定兵败后就决定将联军行动限定于"直接守卫上海、吴淞和暂取南桥"。这一政策等于是对"三十英里外围战"的否定，引起了何伯的强烈抗议，上海的洋人和中国绅商也都表示不满。

士迪佛立自己解释，他之所以制定限制作战的政策，乃是出于多方面的考虑，其中一个十分重要的考虑，是随着夏季的到来，长达数月的酷暑和由此带来的疾病，将给继续作战的英法联军带来重大损失。不过李鸿章等人却并不这么认为，他们认为士迪佛立改变政策的原因没那么复杂，其实用一个字来概括就行，那就是——㞞!

如果是因为冬季太冷，部队准备不足，必须等待后方送来冬装，那还情有可原，可有谁听说过因为夏天太热也要避战？再者，你怕热，人家太平军可不怕热，他们会照打不误。

李鸿章在"西兵退出嘉定折"中直言不讳地指出："贼（指太平军）兵员浩大，

气焰大长，西兵为其所慑，从此不肯出击。”他同时推断，士迪佛立此举将促使太平军加速扑向松江与青浦。

李鸿章的推断无疑是正确的。松江、青浦皆为战略要地，尤其松江还是被太平军称为“假洋鬼子”的常胜军的避难地及老巢，李秀成对此可谓是志在必夺。6 月 2 日，他亲自率部到松江与黄、郜会合，攻城部队的力量得到极大增强。

发现松江城防坚固，守军人数也不少，李秀成决定变攻城为打援。当天，他偕黄、郜部对松江城西北的广富林实施突袭，不仅成功击破清军营寨，而且俘获英国皇家军舰“圣陀号”所属的一艘快艇，外加十二艘满载军火的中国炮艇。

华尔一看急了眼，指挥常胜军和所有英军从城内发动反突袭，将快艇和两三艇炮艇又抢了回去。即便这样，太平军仍缴获洋枪四百支，火药三十六箱，原快艇中的水手及其炮艇中的其余洋人全部被俘。

太平军不但加紧围攻松江、青浦，而且也没有放松夺取上海的计划，其前锋与上海城仅隔二十里，抬眼望去，上海近在咫尺。英法两国驻沪领事惊慌失措，立即要求李鸿章前往领事馆会晤。会晤过程中，洋人们除与之商议如何共同抵抗太平军外，还明确规定了清军在联合作战时所必须投入的兵力。

这时淮军已训练了一个阶段，同时上海日益危迫的局势也容不得他们再坐而观之，李鸿章决定将淮军的力量全部动员起来，以支撑住上海摇摇欲坠的防卫，他下令程学启部对太平军予以坚决阻击。

程学启原是太平军的一个低级将官，曾国荃围攻安庆时，因曾国荃幕客孙云锦的劝说力保，他始归降于曾国葆军营。湘军集团对太平军降将一向都非常提防，曾国荃用长壕围攻安庆，其余各部都以壕墙护卫，唯独把程学启营置于壕外，而且正当太平军进攻之要冲。甚至于，曾国荃还在壕内列炮，将炮口指向程营。

程学启既已投降湘军，公开与太平军为敌，便已无法回头，可是又得不到曾氏兄弟的信任，内心十分痛苦。他白天不敢流露出这种情绪，只有到了晚上睡觉时，才一个人偷偷落泪，甚至一度想要自杀。

为了改变自己的处境，从此一有苦仗恶仗，程学启就主动请缨，如是者数月，曾国荃才对他有所信任。不料胡林翼、曾国藩又都双双给曾国荃写信，让其防止程营生变，与此同时，随着程学启不断建功，周围忌妒他的人也趁机在曾国荃面前说他的坏话，这让曾国荃对程学启重新起了疑心，决计找机会杀掉他。程学启的保人兼老师孙云锦知道后，急忙上书曾国荃，逐一辩明针对程学启的各种不实之词，曾国荃这才作罢。

等到湘军攻占安庆，因程学启立有大功，曾国荃仅给他增添了一营人马，连同原来一营，共两营，称为“开字营”，显然是既要借其死力，又不打算予以重用。在这种情况下，程学启自知在湘军中难以出人头地，不能不产生出另栖高枝的念头，只是未逢时机，不敢声张而已。

真情流露

程学启打仗凶悍，本人为安徽桐城籍，所部开字营亦属淮勇，李鸿章在组建淮军时，便一面极力向曾国藩索借，一面派人私下对程学启进行罗致。

一开始，程学启认为上海是偏隅死地，此去艰险重重，加上怕得罪曾国荃，所以表现得不情不愿。后来见曾国藩已经对曾国荃下达调令，李鸿章也亲自致函恳求，方决定弃曾投李。他对孙云锦说：“某念先生（指孙云锦）言，宁为鸡口，毋为牛后。上海固然是死地，但现在湘军门户太严，大丈夫与其仰人鼻息，不如拼死一战。”私下当着李鸿章派来招致他的人，他更是有感而发：“吾辈皖人入湘军，终难自立。大夫当别成一队，岂可俯仰因人！”

当程学启率部自安庆登船东下时，曾国藩亲自到码头送行，还拍着他的背勉励道：“江南人爱降将张国梁（指张国梁有受官府招安的历史），你去了，又是一个张国梁！”

曾国藩爱屋及乌，因为对李鸿章期许太深，连带让他对降将的成见也减去了不少。其实他和曾国荃如果当时真把程学启视为“张国梁第二”的话，又岂能这么容易就放人？后来曾国荃在南京城下屡陷危局，才想到昔日被他视为“食之无味，弃之可惜”的程学启，于是几次要将程学启调还，可是李鸿章既强留不放，程学启自己也不愿重回湘军，于是只得作罢。直到这个时候，曾氏兄弟才有后悔莫及之感，曾国藩为此专门向曾国荃致歉：“近年以来我觉得愧对老弟的事，就是拨去了程学启这员名将，有损于阿弟。”

程学启深感李鸿章知遇之恩，加入淮军后，追随李鸿章最紧，也最为卖力。他是淮军中最早响应李鸿章的号召，添设洋枪小队的营官。1862年6月3日，当太平军推进至漕河泾、虹桥时，程学启把开字营所有洋枪小队所装备的来复枪都集中起来，突然向太平军进行射击。太平军猝不及防，被迅速击退。第二天，七宝的太平军前往增援，程学启故技重演，不但再次击败太平军，还趁势攻破了太平军在七宝的营垒。

见漕河泾、虹桥一时难以拿下，李秀成旋即缓攻上海，转而集中兵力专图松江、青浦二城。在松江战区，太平军每天攻城不断，李秀成又督军占领松江城外的土山，在土山上修筑炮台，对城内进行连续轰击。

鉴于英法联军转攻为守和松江城日益危迫的局势，华尔急召正在宁波参与防守的三百常胜军回援。这三百常胜军乘轮船自宁波兼程赶到松江，从城外对太平军发起攻击，并将土山炮台予以摧毁。与此同时，为减轻松江所承受的压力，李鸿章亲督淮军主力进至上海西南的泗泾、新桥，与太平军进行激战。

在进攻松江受阻的情况下，李秀成再次改变计划，在松江一线暂取守势，集中谭绍光、陈炳文等部的精锐进攻青浦。青浦守军多已调往松江，余下的常胜军一部难以支撑，常胜军副领队法尔思德急忙向松江告急。6月8日，华尔与英国军官斯宾塞率领英军、常胜军及汽船两艘，自松江赴援青浦，但在冲入城中后，他们却发觉难以取胜，于是第二天将城中房舍、船只、辎重、粮食全部焚毁，弃城重新退回松江。

青浦原有守军也跟着一道突围，由于太平军的包围并不严密，几乎所有人都突了出去，唯独法尔思德鬼使神差地沦为了太平军的俘虏。

原来在上一次常胜军攻进青浦时，法尔思德抢了不少金条银圆，逃走时因过于慌忙忘了带走。本来忘了就算了，这位财迷心窍的老兄不甘心，竟去而复返。当他浑身装满财物，准备再次逃跑时，被太平军给逮了个正着。

为了赎回法尔思德以及在松江广富林被俘的洋人，英法联军和常胜军方面被迫用大量军火进行交换。次日，在不知道青浦已破的情况下，联军向松江运送枪支弹药的十几艘船只驶近松江城垣，又被太平军全部截获。

至此，太平军已完全取得了上海战役的战场主动权。英法联军行动消极，几乎不愿出战，用李秀成的话来说，“那时洋鬼并不敢与我见仗，战其即败”。左宗棠在写给曾国藩的信函里，也语带讥讽地写道：“青浦、嘉定二处，一旦发现发贼（指太平军）成群结队地杀来，夷兵就迅速逃遁。原来夷人也跟我们一样畏惧长毛，他们弃城而逃的样子绝不是假装的，那是真情流露！”

左宗棠信里的“我们”，当然不包括湘军自己，他是把英法联军和湘军素来看不起的绿营八旗放一块儿了。

第九章

除了拼命就是更拼命

罗泽南在世时曾建议曾国藩，不争一城一地之得失，而以“安天下”为重。什么是“安天下”？就是攻克金陵。因为金陵是太平天国的都城，只有克复金陵，才能最终消灭太平天国。

罗泽南同时指出，虽然古人称金陵为虎踞龙盘的天险，但从军事地理的角度看，金陵的软肋突出，尤其它地居长江下游，“势不足以控西北”，一旦荆州、岳州、武昌、九江等大江要害之处非其所有，便将岌岌可危。

至 1861 年底，湘军尽取长江上游各要点，对金陵形成高屋建瓴之势，罗泽南当初的构想成为现实。1862 年 3 月 15 日，曾国荃率新募的六千湘勇自湖南回到安庆，旋即东行，与上年即已进驻无为的部队会合。湘军直接针对天京的新一轮攻势开始了。

按照曾国藩的部署，曾国荃、曾国葆分别沿长江南北岸夹江东下。安徽的太平军此时已成强弩之末，其沿途部队无力抵抗湘军的攻势，节节败退。曾氏兄弟自东下后，十天之内连克名城要隘数十座，渐渐逼近了位于天京外围的金柱关、东西梁山。

置之死地而后生

金柱关、东西梁山均为通往长江下游的要隘，其中东西梁山隔江对峙，形成门户，古时称为天门山，诗仙李白有诗赞叹："天门中断楚江开，碧水东流至此回。"1862 年 5 月中旬，曾国荃率部自北岸的西梁山渡江，会同彭玉麟的水师、曾国葆的陆师，先后攻克了金柱关、东梁山和芜湖。至此，天京屏障尽失。

曾国藩向来主张不图速效，稳扎稳打，其时曾国荃等水陆军加在一起尚不满两万人，又是孤军深入，所以他感到担心，让曾国荃缓进，以便等候多隆阿讲兵九洑洲，两军会攻天京。曾国荃不同意，认为所部士气正旺，如果一下子停顿下来，官兵的斗志也会随之松懈，而且"金陵为贼（太平军）根本，拔其根本则枝叶不披而萎"，如此大的战机绝不能轻易错失。曾国藩拗不过胞弟，只得同意他继续进兵。

5 月底，湘军三部合力，对天京形成了围攻之势：曾国荃连夺天京城外秣陵关、大胜关两处重镇，进逼天京城下扎营，距天京城仅隔四里之遥；彭玉麟攻占江心洲，进泊于天京的护城河口；曾国葆在秦淮河入江口的三汊河一带傍水驻垒，以确保湘军的西路粮道。

湘军突然兵临城下，使得自击破江南大营后，已度过两年平静期的天京人心大震，天王洪秀全更是惊惧交加，忙命李秀成、李世贤回援天京。

李秀成于一天之内，连续三次接到天王派人送来的诏书，但此时上海战事正处于关键阶段，所以他并没有马上应命赴援天京。

在淮军出战后，李秀成已经意识到，这支尚隶属湘军的新建之师实力不容小觑，必须全力以赴，首先予以击破。6 月 17 日，他暂时放松对松江的围困，亲率慕王谭绍光、听王陈炳文、纳王郜永宽等部，将程学启部重重围困于新桥。

程学启除了依然组织洋枪小队进行阻击外，还用上了火炮。彼时淮军没有洋炮，他们的火炮是由湘军创制并且也是湘军独有的劈山炮。双方在激战中均死伤枕藉，仅仅一天之内，开字营就伤亡了两百余人，太平军的尸体则已经把淮军所挖的壕沟都填平了，但依旧攻势不减，他们踏着同伴尸体继续越壕猛冲。

此时，“洋人拥兵数千，坐守洋泾浜……作壁上观”，常胜军自顾不暇。只能独立作战的淮军遇到了自组建以来的第一次重大考验，胜负与否，决定了他们能否在上海滩立住脚。程学启使出浑身解数，不仅亲自操作劈山炮进行射击，而且率队实施了多达八九次反冲锋，最后自己也在战斗中负了伤。

关键时刻，李鸿章也拿出置之死地而后生的勇气，决意全力出击，率淮军主力分路进援。1862 年 6 月 18 日，正在苦战的程学启通过望远镜看到援军赶来，连忙跃出阵地，对太平军进行夹攻。淮军和太平军在虹桥、徐家汇、新桥一带展开搏杀，史称虹桥之战。

淮军到沪两个月，未曾痛快地打过一仗，可谓是养精蓄锐，待势而发。相比之下，太平军连战疲乏且扎营未定，在猝不及防的情况下显得非常被动。更重要的是李秀成所部数量虽多，但除核心主力外，其余各部多以江苏、浙江、江西人为主，打仗并不特别勇悍，在阵亡千余人后，即大败溃退。次日，程学启乘胜进克泗泾，李秀成被迫解除对松江的围困，退兵苏州。

虹桥之战是淮军在没有洋兵协助下所取得的第一场大胜仗。战前李鸿章并没有十足的把握取胜，只是因为军情危急才不得不“跃马独出”，他本人也“不作生还之想”，准备随时战死沙场。最终的结果令李鸿章喜出望外，在写给曾国藩的报捷信中，他显得踌躇满志：“有此胜仗，我军可以自立，洋人可以慑威，吾师可稍放心，鸿章亦敢于学战。”

李鸿章在信中并没有过分夸大其词。当初淮军刚到上海时，因衣帽粗陋，外表土里土气而曾遭到洋人的讥笑。李鸿章激励部属道：“兵贵能战，岂在华美？等他们亲眼看到我们打胜仗，看法自然会改变。”虹桥之战后，洋人的态度果然大变，洋兵见到淮军士兵时无不礼敬有加，何伯更是亲自到淮军营中拜访李鸿章，并且再无任何居高临下的言辞和神色。

接到李鸿章的报捷信，曾国藩的欣喜之情可想而知。他在回信中用半开玩笑的语气对李鸿章说：“以前我看你写字，就认为你命中必贵。胡文忠（胡林翼）擅长相人之术，他也说你‘君必贵’。现在一看，果不其然！”

一般认为，李秀成在松江的不战而退，乃是因为天王洪秀全催逼之故，但值得注意的是，他真正退兵其实是在虹桥一战之后，换句话说，如果太平军在这场战役中取胜，他很可能不顾天王的命令，继续坚持进攻松江和上海。

李秀成虽然暂时放弃了对上海的进攻，但在虹桥之战后的很长一段时间内，他的战略方针和主要兵力依旧集中于东部，上海战区的太平军实力也没有被完全削弱。

李秀成对东部的重视可以理解。他的基地是苏福省（苏南），如果苏福省的安全得不到保障，他将失去立身之本，一如皖北丧失，陈玉成亦无立足之地一样。

不能说在李秀成的心目中，苏福省的重要性胜过天京，但起码对他来说生死攸关，不到万不得已，绝不肯予以放弃。李世贤同样如此，当他接到天王洪秀全要求回援的命令时，也没有第一时间赶回南京，而是强调必须把左宗棠击退或击垮才能动身启程。

不战而屈人之兵

上海的英法联军在与太平军作战中曾经表现活跃，但在李秀成率主力进兵后，却逐渐选择按兵不动，消极应付。朝廷一度很是惊疑，甚至猜测洋人是不是已经暗地里与太平军达成了某种协议。李鸿章通过观察，得出的结论是洋人既非与太平军私通，也不是要故意坐观成败，而是慑于太平军之兵威，不敢出战。

1862 年 7 月 7 日，英国公使卜鲁斯收到了外相罗塞尔的训令。这份训令实际上早就从伦敦发出了，只是经过三个月的时间才寄到卜鲁斯手中。当时罗塞尔获悉了太平军攻克宁波并将进攻上海的消息，于是代表英国女王，批准了何伯关于对太平军采取攻势行动，用以武装防守上海及其他通商口岸的计划。

何伯虽然得到了本国政府的支持，但英法联军的指挥权已掌握在士迪佛立手中，而士迪佛立又不敢出战。两人在是否要再次出兵进攻太平军的问题上争论不休，最终谁也拿不出一个令双方信服的方案，结果便造成在 1862 年的整个夏天，英法联军几乎毫无动静。

在英法联军暂停作战的这段间隙，他们所留下的空缺被淮军和常胜军完全填补。

先前李秀成所发动的春季攻势，其战事主要集中于浦西，但在浦东方面太平军仍占有优势，不过一个叫刘铭传的淮军营官却以不战而屈人之兵的方式，率先改变了这一局势。

与湘军将领多为投笔从戎的书生不同，淮军营官中仅李鸿章的门生潘鼎新一人为举人，其余营官，张树声是团练，吴长庆是守备，程学启是降将，刘铭传是盐枭，没有一个是有功名在身的读书人。由于李鸿章所长者为事功而非学术，所以他的择才观也与曾国藩不同，他偏爱的淮军将领，第一当然是程学启，其次便轮到了刘铭传。

其实刘铭传和李鸿章并无旧缘。当年李鸿章在庐州办团练时，刘铭传还在做着私盐生意，直到李鸿章逃离安徽后，他才举办团练，就是后来投身淮军，也是靠了张树声的大力推荐。

最初李鸿章下令潘鼎新和刘铭传共同驻防浦东，从这一安排来看，实为潘主刘辅，即以潘鼎新为主，刘铭传为次，但刘铭传的光芒很快就超过了潘鼎新。

太平军在浦东的重镇包括南汇、川沙、奉贤、金山等，其中南汇城高池深，积粮颇多，就算潘刘要强攻，也很难拿得下来。令人奇怪的是，南汇守军却屡次托人向他们请降。潘鼎新担心对方使诈，搞假投降，不敢答应。刘铭传多了个心眼，他派人到南汇城探听虚实，终于弄清了实情：南汇守将吴建瀛曾遭李秀成养子李容发的凌辱，其他将领的部属又有半数是兵败后投降太平军的勇军和绿营，皆为身在曹营心在汉之辈。

确定吴建瀛等是真心投降，刘铭传毫不迟疑地率军抵达南汇城下。在他的要求下，城内一万多太平军全部剃发，呈缴印鉴及兵器，整个过程没出一点差错。

南汇是淮军在浦东夺取的第一个城池。虹桥之战后，李鸿章乘太平军新败，挥师向浦东发起进攻。在新的战事中，刘铭传同样令李鸿章眼前为之一亮：此人打仗虽然有些天马行空，但“有血性，有狠劲”。

综合刘铭传收降吴建瀛的表现，李鸿章认为他“颇有应变之才”“潘（潘鼎新）之得众尚不如刘，打仗奋勇亦较逊”。刘铭传由此得到李鸿章的赏识和重用，在原籍皖中的诸营中，李鸿章待之最厚的便是刘铭传的“铭字营”。

在战争中考查将官的同时，李鸿章自己也遇到过危险。有一天，前线的弹药都快要打光了，阵地上的太平军仍支撑不退，部队陷入了进既不得，退亦不甘的尴尬境地。李鸿章见状，便立马桥头，用望远镜进一步观察敌情。不料此情此景正好被太平军某将看在眼里，于是举枪瞄准，准备将李鸿章射于马下。

李鸿章的坐骑这时候不知道是不是因为受了惊，突然向敌阵奔驰而去，用缰绳拉都拉不住。李鸿章身后有一支三百人的卫队，他们为了保护李鸿章，急忙朝敌人猛冲过去。卫队队长手持盾牌率先冲入敌阵，发现某将正朝李鸿章举枪瞄准，立即一跃而起，一刀将其砍翻在地。其他卫队成员也全是精挑细选出来的搏战高手，一大半人皆能飞檐走壁，一个打对方好几个都不在话下。队伍势如潮涌，竟然一下子就把太平军给击溃了。

事后李鸿章才知道，若不是卫队队长力斩敌将，不但难以将敌人击溃，连自己也差点死在太平军枪下，不禁悚然，连忙对这位队长表示感谢并给他记了一大功。

至 1862 年 7 月中旬，淮军先后收复川沙、奉贤、金山，浦东半岛上的太平军势力被全部清除。

中国女婿

在浦东战役中，淮军采取了与常胜军联合作战的方式。常胜军装备精良和战斗力强的特点，在这次战役中得到了淋漓尽致的展现，加上又是不同于英法联军的中国军队，李鸿章逐渐视之为自己的左膀右臂，相应地，他与华尔的接触也越来越多。

自重建常胜军以来，依靠战场胜利，曾经被上海洋人扫地出门的华尔声誉日隆。当然，他也知道这一切归根结底都是拜中国雇主所赐，而他在上海的洋人社区里依然势单力薄，要想继续巩固和加强自己的地位，就必须进一步证明自己对中国雇主的忠诚，且尽最大力量将自己融入中国的体制之中。

在薛焕、吴煦、杨坊等人的保举下，华尔先是和白齐文一起加入中国籍，仅仅一个月后，他又决定娶杨坊的女儿为妻。婚礼按照中国的习惯操作，华尔身穿大清官袍，骑着马，完全是个中国女婿的打扮。

在那个年代，像华尔这样的涉外婚姻足以惊世骇俗。实际上，华尔只能结结巴巴地说一两句中国话，中国字是一个不识，新娘则对英文一窍不通。换言之，新郎新娘根本无法交流，他们的婚姻当然也不可能是爱情的产物，而不过是华尔希望更紧密地靠拢中国人的一个实际步骤。

华尔的努力没有白费。他顺理成章地得到了很多他想要的东西，比如官赐四品，恩准佩戴花翎，比如军队被赐号“常胜军”，比如官级随之升到三品。他在上海洋人当中的地位也直线上升，以一个不入流的雇佣兵、前大副身份，不仅得以与外国商人、传教士结伴搭帮，还受到了各国驻华公使、领事等高级官员的青睐，在流亡中国的洋人当中，他毫无疑问是一个成功者的典范。

问题在于，华尔毕竟是个外国人，在对中国国情的熟悉和掌握运用方面远没有他自己想象的那么到位。他以为自己加入中国籍和成为中国女婿，就能够得到中国雇主的完全信任，殊不知中国政府还有另外一套检验其忠诚与否的尺度，那就是文化归顺。华尔因为害怕被其他外国人嘲笑，一直拒绝剃发，平时也不肯穿华服。按照文化归顺的标准，中国政府就有理由对他的忠诚度表示怀疑。

除此以外，华尔傲慢不羁和喜欢夸夸其谈的个性也令中方感到不安。已离任的江苏原巡抚薛焕在提到华尔无可争辩的战功时，总是不忘批评他的不礼貌和不驯顺。实际主持朝廷政务的恭亲王奕䜣有一次收到华尔的一份申请，华尔在申请中不但自夸其功，而且竟然要求朝廷授予他随意调遣军队的权力。恭亲王吃惊之余，不得不在批复中对他进行训斥，事后在一份文件中说：“华尔虽为中国出力，究系外国之人，性本不羁，心尤难测。”

常胜军是雇佣军性质，既有军饷也有赏金，二者加起来有时数目很惊人。按照恭亲王的说法：“华尔每收复一地，就要求赏金两万两，而收复青浦后他又额外要求一万两。”

杨坊时任常胜军管带，支出方面主要由他负责管理。如同一位熟悉华尔经历的西方观察家所言，“在华尔领导常胜军时，杨不想扣留军饷，就像他不想跳进黄浦（江）一样。”尽管如此，面对沉重的经济负担，拖欠军饷和赏金的情况也不可避免地会时常发生。每到这个时候，华尔就会朝自己的老丈人大光其火，而杨坊是个不讲究节操的市侩人物，他往往会“在华尔的一声怒吼中扑通跪倒……用头撞他的脚，同时答应一切要求”。

可以想见，类似传闻将令朝廷多么难堪，倘若换成其他人，恭亲王很可能早就向两宫皇太后提出建议，将华尔解职了。就是因为知道华尔能替朝廷打仗，所以恭亲王便只能一边装聋作哑，一边叮嘱李鸿章、左宗棠，要求加强对华尔的控制，并特别指出这是“爱惜将才之道”。

华尔应该感到庆幸的是，他的新上司李鸿章既与其前任薛焕不一样，也没有完全按照恭亲王所说，对他实行严格控制。李鸿章在对华尔的军事才能深表赞赏的同时，对其小节之处毫不介意。他曾告诉曾国藩，华尔既未剃发，自他出任江苏巡抚后，也从未主动前来拜谒，不过“哪里有空与外国人争此小过节耶”？

华尔给李鸿章留下深刻印象的，是其充沛的精力、过人的军事才华以及战场上的勇敢精神——因为负伤次数太多，即便洋人圈子里都觉得华尔“是一个打不死的家伙”。

李鸿章向朝廷报告：“华尔拱卫松、青（松江、青浦），战功卓著，实为洋人之佼佼者。此夷酋至今留长发，亦不来臣府（指李鸿章的官邸）请安，然臣对夷人之不拘小节并不耿耿于怀。”

试　枪

华尔的名望主要局限在中国人包括在华外国人中间，就是对于在华外国人而言，他也不能说是一个权威人物。对于这一点，当时中方并不了解，以李鸿章为代表，人人都以为他对海内外的外国人能产生巨大影响力，李鸿章在奏章中说：“上海夷人均以华尔马首是瞻……近来，臣鸿章竭力与敦和好，以洽众列强之友情。”在给曾国藩的信中，他也同样表达了这一意图，即希望以华尔为桥梁，得到来自外国的友谊。

当然，从那时候李鸿章所担当的角色来说，所谓中外交好离他还比较远，比这更实在的应该是华尔在军事上所能提供的帮助。

在虹桥之战中，李鸿章亲眼看到太平军的洋枪配备已具相当规模，每次进攻时都必定有数千支洋枪用以射击，“猛不可当”，加上程学启的洋枪小队又立了大功，这使他对洋枪的作用更加深信不疑，于是命令除“开字营”外的其他各营都必须添练洋枪小队。

要大量购买洋枪，就必须有一个合适的供货渠道，李鸿章找来华尔，华尔表现得很爽快，一口答应帮他代购洋枪。与此同时，华尔也不是没有让李鸿章感到头疼的地方。例如，他总是想当然地认为自己每次卖了力，朝廷都会立即授勋和向他发布表彰诏令，一旦落空，便推断是作为上司的李鸿章蓄意隐瞒或抢了他的功劳。他曾为此给美国驻华公使蒲安臣写信发牢骚，说：“这里的官员卑鄙地……剥夺了一个人最珍重的东西，即当他出生入死时对他的信任——但我认为真相终将大白于天下。”他甚至还请求蒲安臣在见到恭亲王时，为他的人“说句话”。

官府经常性拖欠常胜军的军饷和赏金一事，也仍然是华尔要炮轰的重点对象。以前他只对老岳丈杨坊叫板，如今则捎带上了李鸿章及其同僚，他指责后者扣留了本应属于常胜军的三万五千两白银，并且说：“如果我的脚不是在这泥塘里陷得这么深，我就会把它们全都抛弃。”

不过抱怨归抱怨，华尔很清楚他要想功成名就，就不能脱离这位他口中“可恶的巡抚”。至于军费方面，他其实另有办法。他和杨坊翁婿合作做投机生意，每次攻下太平军所据守的城池又都大肆劫掠，这为他积累了颇为可观的财富，因此之故，即便李鸿章、杨坊等人没有补足欠款，对常胜军的后方勤务也没有造成严重影响，华尔依然是李鸿章指到哪儿，他打到哪儿。

对于刚刚在上海滩立住脚的李鸿章来说，听从指挥和敢战、能战是他考查部将优劣的最主要标准。这一标准适用于程学启，也同样适用于华尔，他对华尔的信赖和赞赏，超过了对其他任何洋人。

与华尔自己的想象相反，给朝廷的奏章里，李鸿章多次特别提到华尔的战功，正是由于他的极力保举，华尔被授予了绿营副将。发现有人向总理衙门报告华尔的越轨行为和傲慢态度，李鸿章也连忙上疏替其辩护，以保证他不被来自背后的暗箭所射中。可以说，在当时的清廷高官里，李鸿章几乎称得上是华尔唯一的朋友，同时也是他最坚强的支持者之一。

到 1862 年夏天，常胜军已扩充至三千人，而且装备了数门重炮，随着事业进入峰巅，华尔开始构思更宏大的作战计划，他通过吴煦向李鸿章传话，表示愿意前去协助攻打天京。

李鸿章虽然考虑到常胜军开去天京后，双方可能会在通信和指挥方面产生问题，然而还是对其表示支持，并向曾国藩进行了报告。曾国藩没有拒绝，不过他建议应先让常胜军攻打青浦、嘉定，“以试试枪”。李鸿章看出曾国藩明显缺乏热情，只得直接致函曾国荃，说明若断然拒绝华尔的“好意”是不太合适的。

这时淮军的后续各营陆师、淮扬水师、马队陆续来沪会合，看到兵力逐渐变得充裕，华尔又跃跃欲试地嚷嚷着要“试枪”，李鸿章便决定在浦西展开夏季攻势。

1862 年 8 月 9 日，淮军和常胜军联合攻占青浦。常胜军在此战中阵亡了五六十人，受伤者不下百人，但华尔自认为已经“试枪”合格，他再次向李鸿章请求攻打天京，说他可以三天赶到前线，三天修筑堡垒，三天攻下天京，还说攻克天京后，可以与湘军平分财物。

实际上由于常胜军是洋人指挥的部队，不到万不得已，曾氏兄弟并不真的想让华尔参与攻打天京，“试枪”只是一个借口，所以华尔越这么夸口，曾氏兄弟反而心里越不乐意，李鸿章也就只好将这件事暂时搁置了起来。

我中弹了

李鸿章发起夏季攻势时，李秀成正在组织增援天京，青浦失陷打乱了这一部署，他赶快派慕王谭绍光进行反攻，欲夺回青浦。

守卫青浦的是程学启，因虹桥大捷中的出色表现，他受到李鸿章的特别青睐，李鸿章特别给“开字营”增添了一个营，使其由两营变成三营，从而打破了当时各个营头都只有一到两营的状况。程学启投桃报李，在淮军攻占青浦后，主动要求与水师一营共同防守这个前敌县城。

青浦易守难攻，太平军又没有重炮，加上水师和常胜军的协助，程学启很快就将谭绍光予以击退。李鸿章非常高兴，特地致函曾国藩：“程将（程学启）智勇皆备，战守可靠。青浦非他不能守，别人也不肯守……安庆分遣此将，实感师门（曾国藩）与沅丈（曾国荃）厚赐。”

谭绍光夺青浦不成，转而把矛头指向北新泾，淮军常字营被围。之后太平军进占法华镇，距上海城仅十余里。李鸿章闻报急忙调兵分三路赴援，其中密令程学启一路前往七宝，用以抄袭敌后。

程学启受命后，率部从小路到达七宝，结果一到七宝就被谭绍光以三万之众围了个水泄不通。

程学启的“开字营”一共只有一千五百人，还担负着守卫青浦之责，为什么李鸿章仍要把他抽出来？这是因为“援击之师亦非程不可，其才实可统四五千人”。程学启也果然不负所托，在敌我兵力悬殊的情况下，硬是经过苦战得以脱险。

虽然北新泾的局面依然没能打开，但程学启已经成功吸引住了对方的注意力，李鸿章决定复制虹桥之战的成功打法。当时太平军沿吴淞江筑垒，监视着淮军的一举一动，要与程部会合，就必须从太平军的眼皮子底下通过。不能不说，打仗确实很能锻炼人，浦东战役时，李鸿章遇到危险尚有心惊肉跳之感，这次他竟然骑着马从太平军的营垒附近疾驰而过，似乎丝毫没有担心太平军会实施截击，将其击落马下。

与程部会合是北新泾战役的一个重要转折点，之后李鸿章和程学启分道对太平军实施了夹击。在交锋时，淮军将劈山炮和洋枪结合起来使用，“以劈山炮护洋枪队而行”，等太平军一靠近，便用劈山炮、洋枪、抬枪、鸟枪齐射，使太平军蒙受很大伤亡，并成功地将其逼退至吴淞江北岸。

此时另外两路赴援部队也陆续加入战团，黄翼升率淮扬水师首先自上游杀来，连破北岸的七个太平军营垒，接着刘铭传又在野鸡墩告捷。谭绍光再也无力抵御，被迫经南翔退回嘉定，上海外围至此得以肃清，淮军声威大振。

从浦东战役到夏季攻势中的克复青浦，直至北新泾战役，英法联军均未参与，连英国观察家也不得不承认，淮军的努力已使得英法的军事行动“不必再扩大”。

对淮军真正起到帮助作用的还是常胜军。淮军在战斗中不仅得益于他们的优势火力，还通过与常胜军士兵的接触，学到了很多西方的实战技能，这使淮军在武器、训练和技战术方面都有了长足的进步。至1862年9月，即淮军抵达上海的五个月后，他们已拥有洋枪千杆，所添练的洋枪小队数量虽不多，但已能与湘军营制所规定的火器相配合。

李鸿章与华尔的关系变得越来越密切，因为双方都意识到了紧密合作给他们带来的好处。不过他们之间的合作很快就在一次意外中画上了句号。

1862 年 9 月 21 日，在浙江指挥攻打慈溪的一场战斗中，站在前沿阵地上的华尔突然用手捂住肚腹，大叫一声："我中弹了！"他被太平军用滑膛枪击中要害部位，当晚便死在了营中。

华尔死后，吴煦在其遗物中发现了一张天京地图，图上详细列明了一百多处交通要道、重要人物居所的方位，以及它们各自与城垣的距离。谁也不知道这张地图究竟是何人以及在何时绘制，大家只能感叹华尔确实是个"不易动摇的人"。

华尔被打死时刚过而立之年。这位年轻的美国冒险家刚来中国时不过是船上一个籍籍无名的大副，死时却名利双收，不但成为显贵们的座上宾，还成了一个腰缠万贯的富翁（华尔的个人遗产总计价值六万英镑），只不过他还没来得及享受这些所谓的成功及其财富，就一命呜呼了。

"可怜的华尔！"一位英国青年军官在访问松江后，写信告诉他远在大洋彼岸的母亲。

我还有什么话可说呢

曾氏兄弟将华尔和常胜军拒之门外，并不说明湘军在天京外围的境遇乐观。

曾国藩原计划让多隆阿参与攻打天京。多隆阿在攻克庐州，促使陈玉成被杀后，失去了作战目标，完全可以在天京外围承担打援任务，但令曾国藩感到无奈的是，多隆阿依旧不愿听从调遣，他先是选择了按兵不动，而后又自请援陕，在湖广总督官文的举荐下，以钦差大臣的身份径自率部赴陕西督办军务去了。

多隆阿有着极高的军事天赋，但也有其偏狭和俗气的一面。在他看来，自己在安庆战役中之所以出力颇多，可论功行赏时却落在曾国荃之后，乃是曾氏兄弟和湘军故意排挤所致。

你们兄弟令他人出力，自己坐收其功，我在安庆时已经吃了你们一次亏，还会再上当吗？面对曾国藩的一再请求，多隆阿干脆把话挑明：要我来打金陵也不是不可以，但是一定不能再屈居于曾国荃等人之下，必须以我为主帅！

虽然明知胞弟亦不肯相让，然而出于大局考虑，曾国藩还是答应一旦多隆阿兵临天京，即以其为统帅，到时“各路无不听命者”。到此双方算是已经谈妥了，不料天意弄人，多隆阿北上后，陕西突然爆发大规模的回民起义，多隆阿一时难以脱身，就算自己想来天京都不可能了。

在湘军的顶尖名将中，除多隆阿外，能够担纲重任的还有鲍超、李续宜。可是鲍超正在皖南对付杨辅清等军，李续宜被朝廷任命为钦差大臣，用以进攻皖北捻军以及割据一方的苗沛霖，二人暂时也都无法抽身。

由于缺少友军的配合，曾国荃必须同时进行围城和打援，日子比安庆战役时要艰难得多。曾国藩一面竭尽全力为其筹集军火粮饷，一面叮嘱曾国荃以“不出壕浪战”五字为主旨，要他在“自固”的前提下，能不出战尽量不要出战。曾国荃言听计从，自扎营天京城下起，便采取“先为不可胜，以待敌之可胜”的战法，日日“以挖壕筑垒为能事”。

在曾国荃军营垒初成之际，天京太平军即出动三万之众予以攻击，力图趁曾军立足未稳，将其歼灭或驱逐。曾军虽然兵力数量不及敌方，但以静制动、反客为主的传统战法使他们占据着有利位置，加之安庆战役以来，因屡获大捷，部队士气十分旺盛，官兵作战时均能以一当十。太平军出师不利，铩羽而归。

首次解围失利后，天王洪秀全急催李秀成赴援，同时令李世贤速还天京。李秀成正与淮军、常胜军相持于淞沪，后顾之忧不除，自然心结难消，而且他不光是为了确保苏福省，更是因为看到曾军营垒坚固，若强攻的话，牺牲巨大却又难以得手。

天京城阔墙坚，当初江南、江北大营以七八万之众，合围天京数年，天京依旧岿然不动，相比之下，曾国荃军人少兵单，要想攻下也不是件容易的事。李秀成之前曾数次成功解除天京之围，以他的经验来看，天京城内只要储备充足的粮草弹药，坚守几年都不成问题。

基于这一考虑，李秀成决定对曾军采取“避其锋锐，击其惰归”的战法。为了争取洪秀全的支持，他上书分析道：“清军之锐，湘军为最。现湘军乘胜下安庆，破芜湖，而围天京，其势正盛，不可与战，须坚守以待其疲，方可一鼓破之。”

洪秀全早就诏令李秀成、李世贤亲自率兵回援，可是始终只听楼板响，不见人下楼，内心已经很是不快，李秀成的上书犹如火上浇油，令他勃然大怒，当即下诏加以斥责：“三次下诏要你回救天京，为什么还不启程？你到底想干什么？如果你再不按诏行事，就是公然违抗命令。天国之法俱在，你自己好好想想吧！”

作为天国领袖，洪秀全不但治国无方，而且驭将无能。关键时候，他那种对于李秀成既要戒备防范，又急于利用的心态都分分秒秒地写在脸上，可以这样说，他连怎么拿好话哄住部下都不会。

李秀成非常郁闷，不由得摇头叹息：“京中五王十将，有众二十万，不能自卫，非要调疲于奔命之师解围，这是自杀！我还有什么话可说呢？”

1862 年 7 月 12 日，李秀成派对王洪春元引兵数万，自苏州回援天京。洪春元将其部分出二十余队，每队以一个曾军的营垒为目标，对各垒进行牵制，然后用主力猛扑曾军长壕。

曾国荃凭壕据守，等到太平军靠近，便令部将刘连捷实施反击。刘连捷在吉安时期即曾国荃追随左右，是曾军的一员虎将，洪春元作战不利，只得退入天京城中。

其后，洪春元部与来自浙江的援军、天京城内的守军合兵一处，以四万人的规模突击长壕。曾军长壕既宽又深，太平军无法越过长壕，只得隔壕用枪射击。曾国荃瞅准时机，出壕猛击，太平军铩羽而归。

7 月中旬，辅王杨辅清、干王洪仁玕被鲍超赶出宁国，避至天京附近。二王集结所部两万人，与天京城内各军一起夜袭曾军军营，但这次攻击又再度宣告失利。

一片愁云惨雾

在多次解围未果的情况下，天王洪秀全以不容置辩的态度，急切要求李秀成自领大军来援，甚至派大员至苏州坐催。

李秀成分析形势，认为曾军营垒很坚固，短期内要想予以攻陷非常困难，同时湘军又主要通过长江运粮饷，太平军无战船之利，要从下游截粮道也不容易。他为此提出不如先取宁国、太平，从上游截断湘军的粮道。可是洪秀全却以这一方案需时过长，而天京缺粮，刻不容缓为由，仍促其直接来援。

李秀成思前想后，决定统筹兼顾，把几个方案和天王的要求放在一起进行处理。1862 年 8 月 6 日，他召集杨辅清、黄文金等人在苏州开会，会上确定将全军分成三路，其中两路在皖南，一攻宁国，一攻金柱关，其目的在于牵制曾国荃的援军，并相机夺取长江要隘金柱关，从而威胁乃至切断湘军粮道，同时割断曾国荃军与大本营安庆之间的联系。李秀成自领主力部队为第三路，负责围攻曾军，直接为天京解围。

会议结束后，太平军各部便为即将开始的大战做准备。在此期间，江南突然暴发特大疫情，令他们的对手遭受到了比单纯作战更为沉重的打击。

这次疫情并非没有预兆。所谓“大兵之后，必有大疫”，长期而残酷的战争令江南各地已经遍布死尸，江湖溪流甚至井水都受到严重污染，疫病于是便毫不留情地对人类发动了袭击。

在疫病的大面积攻袭之下，湘军各部无一能够幸免。在皖南，霆军染病者达万人，每天都要死数十人，张运兰等军的百分之六七十官兵都病倒了。在浙江，楚军病者过半。在天京，曾军染病者亦逾万人。

曾军军营内一片愁云惨雾。湘军部卒之间大部分是亲戚关系，常见的情形是：哥哥刚刚病倒，弟弟就又染疾；有人早上还笑着和人打招呼，晚上就咽了气；一人暴毙，数人送葬，结果在回来的路上，送葬者竟也有一半人倒毙；因为不断有人病倒病死，十个营帐里面每天都有至少五个不能正常开饭。

湘军在整个江南的军事都陷入了停滞。与此同时，曾国藩希望派去天京助阵的大将仍然没有一个能够成行，鲍超、张运兰、杨岳斌等皆卧病不起，多隆阿继续滞留于陕西，李续宜因母亲去世已丁忧回籍，原部暂归曾国藩节制。唯一能够让人稍感宽慰的，倒是曾国荃本人尚未病倒。

许多天过去了，疫情仍未有消散迹象，湘军官兵互相传染，“死者山积”，而药物已尽，水师不得不将船开到皖鄂诸省去买药。曾国藩忧惧不已，偏偏朝廷还在不断催其进兵，内外压力之大，几乎将其击垮。无奈之下，他逐渐萌生退意，遂上奏告以实情，坦承自己才能不济，无力挽救厄运，请求朝廷另派得力大臣驰赴江南，会办军务。

朝臣中惯于指指点点，评你议他的人不少，但懂军事，能打仗者却是凤毛麟角，更何况湘军岂是局外人能指挥得动的？一见曾国藩有卸责之意，朝廷的态度马上软了下来。那拉氏、奕䜣等以同治皇帝的名义下谕曾国藩，表示对他和湘军完全信任，以后战守均由其自主，不会再进行催促。

清廷的用人手段和技巧远在太平天国领袖之上，这封入情入理的谕旨与天王洪秀全的那些气急败坏的诏书一比，可谓高下立判。曾国藩收到后大感宽慰，“读之感激涕零”。

朝廷与曾国藩虽达成了谅解，但并不能使湘军马上摆脱尴尬被动的局面。得知湘军营中疫病大作，有机可乘，李秀成加快了部队集结速度。一俟集结完毕，他便立即下令按苏州会议的决议案展开行动。

在苏州会议上，李秀成曾呼吁诸王团结对敌：“如欲奋一战而胜万战，先须联众心而作一心。”几名具备作战能力的王侯也都以实际行动做出了回应，辅王杨辅清一路进逼宁国，鲍超只得抱病迎战，结果一路连败。与此同时，护王陈坤书一路水陆并进，对金柱关、芜湖一带展开反攻。

这两路都是为了策应天京城下对曾国荃军的攻击。1862 年 10 月 13 日，李秀成自领的第三路从苏州出发，他亲率十三王计十万人马，号称六十万大军，经溧水、秣陵关，直达天京城下。太平军与湘军的最后一次大会战由此揭开帷幕，加上在外围的杨辅清等部，太平军投入会战的实际兵力达到了三十万人以上。

把肠子都悔青了

一到目的地，李秀成大军便东起方山，西至板桥镇，联营数百，将曾国荃军的营垒严严实实地围了数层。站在曾军营垒之上，往四周围看去，但见旗帜如林，层层排列，景象十分骇人。

当天，李秀成大军与天京守军合力，对曾军军营实施了第一次围攻。在攻击中，太平军使用了洋炮（也称西洋炮），炮弹挟着风声自空而下，声音震天动地。为了挡住对方的猛烈攻势，此次曾军付出的代价超过以往任何一次，阵亡将官中首次出现了一名副将的名字。

经过百般堵截，太平军的围攻未能奏效，但曾军已然身陷重围，而且水陆外援皆被阻断，局面变得极其严峻。

消息传到安庆，曾国藩真是把肠子都悔青了，他后悔自己没能坚持住稳扎稳打的策略，同意曾国荃孤军突进天京。想想当初李续宾也是执意要突入三河，最终导致全军覆灭，差点让湘军给打回起点。这几年好不容易才一步一步地爬上来，难道再次前功尽弃？

曾国藩急得茶饭不思，寝食难安。部将幕僚们也都个个惶恐不安，认为曾国荃可能将步江南大营的执掌者向荣、和春的后尘，大家建议让曾军尽快突围，在水师的掩护下退入芜湖。

曾国藩采纳众人的建议，飞檄传令曾国荃撤围。使者想方设法进入包围圈，把相关命令送到了曾国荃手中。

曾国荃多年与太平军征战，深知太平军运动作战的能力很强。在他看来，向荣、和春之所以一败涂地，就是因为意志不坚，撤得太快。如果他也这么做，太平军一定会在后面穷追猛打，并长驱西上，到时大局尚且倾覆，靠一个芜湖遮护，又能起到什么作用？

太平天国初期，太平军军纪相当严格，对民间的宣传和思想动员也做得较好，反而官军经常骚扰百姓，所以“百姓不甚怨贼（太平军），不甚惧贼（太平军），且有忠心从逆者（即参加或支持太平军）”。可是自天京事变后，太平军的军纪越来越坏，扰民情况十分严重，民众便逐渐倾向于军纪相对更好的湘军，以往官军过境，无物可买，无人愿为之做向导的情况为之大变。

一方面是失去了民众支持，另一方面是其本身的凝聚力和战斗力也迅速降低，出现了不思进取、得过且过的状况。曾国荃一到江南就觉察到了这种变化，他认为太平军人多势众不假，然而多为没有纪律的乌合之众，又久据江浙，没有吃过大亏，与之对战，并没有想象中那么困难。他将兄长的撤围命令弃之一边，对手下将领们说：“我正苦于敌人零零散散，难以逐个打击，如今他们集结一处，正好聚而歼之。这样以后我们就可以集中全力捣其老巢（指天京），击破它将没有任何问题。愿与诸君共努力！”

曾军虽然兵微将寡，更受疫情困扰，但仍然保持着很高的士气，在曾国荃进行激励和动员之后，诸将均表示愿随其死战。

自第一次围攻开始，太平军依仗兵多将广，实行轮流交替，倒班作战，其攻击也因此不分昼夜，不分间隙。面对太平军的日夜围攻，曾国荃将军队一分为三，其中两部用于防止天京城内的太平军趁机偷袭，他亲率一部抵御李秀成大军的进攻。

曾国荃、曾国葆兄弟进逼天京后，认为自身兵力过于单薄，曾向安庆方面提出增募新营以扩充力量，可是因为粮饷筹措困难，都被曾国藩以“兵不在多而在精”为由拒绝了。到李秀成赴援天京时，曾氏兄弟的兵力合起来也才两万多人，其中八千人还是新兵，加上军营内疫病流行，勉强能战斗的人员不足万人。曾国荃把老弱和生病的兵卒留下来守住大营，只挑选精壮一些的用于前线作战，这样一来，兵力便更加有限，根本无法像太平军那样轮替，不但几乎每个人都要以一当十乃至当百，还经常不眠不休地抵御抗击。

1862 年 10 月 15 日，李秀成督军分东西两路，在猛攻曾军军营的同时，又倾力攻击江边的三汊河。曾国葆部驻垒三汊河，为的是护卫粮道，粮道一绝，则被围的曾军必溃。曾国葆深知三汊河绝对不容失守，他率部一个晚上筑成无数小垒，再将填满泥土的木箱堆在垒上，用于遮挡子弹。太平军亦有攻垒的办法，他们推上洋炮，一颗开花炮弹打过去，工事和木箱便都被炸毁了。

获知天京会战打得如此激烈艰苦，曾国藩忧心如焚，焦灼之情不可言状。为了安慰自己，他特地占了一卦，结果先得否卦，后得涣卦。

在《易经》中，否卦是说隔绝不通，但暗含否极泰来的意思。涣卦代表着风行水上，必须面对狂风骇浪之险，不过也隐喻着可以转危为安，逢凶化吉。

正如卦象所示，那几天天京会战打得惊心动魄，太平军一拨拨冲锋，无论如何不肯退却，曾军损失不小，又战死了一员副将，但曾军军营和三汊河均未失守。

方寸大乱

1862 年 10 月 18 日，会战开始后的第六个昼夜，曾军发动反击，突破了太平军设于西路板桥的四座营垒。这次对西路的反击成功，是因为李秀成已将兵力相对集中于东路方山。

实际上，从第二天起，李秀成即亲督各军力攻东路。在东路战场，太平军首先用洋枪洋炮进行猛烈射击，其中的洋炮对曾军阵地造成相当大的威胁，开花炮弹四处爆炸，火光冲天。接着，太平军一边齐声呐喊，一边抬着用于填壕的木板、草束和泥土，向曾军阵地发起冲锋。

曾国荃见状，急忙亲自带队策应，指挥各营拼死抵御。几番激战下来，曾军的一名副官中炮阵亡，曾国荃自己也被子弹击中脸颊，血流满面，但为了稳定军心，鼓舞士气，包扎好伤口之后，他就立即出来巡视各营。

在经历十几个昼夜的血战之后，太平军这才稍稍退却，然而紧接着又开始挖掘通往曾军营垒的地道。曾国荃发现后，屡次率部堵击，并通过掘内壕、修外墙等方式，对太平军的地道进行破坏，终未让对方得到可乘之机。

10 月 23 日，侍王李世贤率三四万浙江太平军赶到天京，该军与李秀成军合兵一处，号称有八十万人马。李世贤的到来，再次带动了太平军的气势，曾国荃连忙集结所有能战之士，整暇以待。

太平军掀起的又一个进攻高潮如期而至，官兵们前仆后继地向前猛进，同时他们还利用地形，用洋枪洋炮对曾军进行射击。曾国荃的现场感受是，这次太平军的进攻规模比安庆战役时要大三倍，洋枪洋炮更是那时的百倍。

曾军不断出现伤亡，加之疫情未退，活着的人已不到七成，生病不能出力的则还有四成之多，如此计算下来，只有三成的人可以继续作战。这一部分人苦守着曾军军营的大部分区域，又经历了长达半个月的昼夜劳苦，个个精疲力竭。所幸曾国葆在确保粮路的前提下，自带七到八哨人马前来增援，才使曾军方面的危机有所缓减。

李世贤回援天京的消息对安庆方面也造成了极大冲击。曾国藩焦灼莫名，接二连三地给李鸿章、左宗棠分别去信，要李鸿章派程学启直接赴援，要左宗棠派兵赴宁国助战，以便可以腾出鲍超的霆军去天京。

李鸿章、左宗棠各有自己的战区和任务，面临的敌情和各自的担负也都不轻，短时间内抽不出力量增援天京或宁国。曾国藩明明知道这些情况，仍不顾一切地向二人求援，说明由于过于着急，这位平时一贯给人稳重印象的湘军大帅已经方寸大乱。

设身处地地说，处于那种境况下，没有谁还能沉得住气，曾国荃素以打仗刚猛坚韧著称，也一样吃不住劲。他连着两天给曾国藩写信告急，称所部"每新营（即新兵营）中此时真能出力者不满八十人，老营不过百六七十人"。

事到如今，曾国荃不得不承认兄长坚持稳扎稳打的策略是对的，让他尽快突围，退入芜湖的命令也没有错，不然如今怎么会深陷危机呢？他请求曾国藩尽快派来援兵，说如果一个月之内没有援兵，则后果不堪设想，“务求老兄大人原谅弟弟从前的错误，而拯救弟弟今日所遇到的困境”。

在太平天国诸将中，以作战能力而论，曾国藩、胡林翼对陈玉成的评价最高，对李秀成的评价略低。曾国荃亲自在前线和李秀成对垒，其看法就与曾胡不同，他认为李秀成智勇兼备，绝不亚于陈玉成。当然他也同时发现李秀成确有其缺点，那就是有时候，智有余而勇不足（“狡有余而悍尚不足”），这也是曾军虽已接近山穷水尽，但仍可继续支撑的重要原因之一。

无独有偶，与李秀成多次交手的李鸿章对李秀成有着几乎相同的评价：“李秀成用兵比狗逆（指陈玉成）更稳一些，然而胆气不足。”李秀成的弱项，正是曾国荃的强项，更何况，已经被逼至墙角的他也没有别的法宝，除了拼命就是更拼命。1862 年 10 月 27 日，即发出第二封告急信的次日，曾国荃孤注一掷，率李臣典等分三路跃出壁垒，对西路太平军展开了声势凌厉的反击。

李臣典是曾国荃手下的第一勇将，在搏杀中身负重伤。其他曾军官兵也争先恐后，喊杀声惊天动地，差不多把身上的所有潜能都激发了出来。这次反击共击毁太平军营垒十二座，歼灭其近三千人，经此一战，一度危到极致的局面初步得以扭转。

次日，李秀成、李世贤以牙还牙，围逼东路曾军。就在东路曾军岌岌可危的时候，正好江北及上游援军两千余人赶到，从而大大缓解了曾军兵力不足的窘境，并使东路曾军也具备了组织反击的条件。

曾国荃发出的两封告急信在四天后才到达安庆，曾国藩自然是又急到跳脚，他打算万不得已，从九江雇外国轮船，送原鲍超部将覃联升的升字营赴援天京。此时恰好湘军大胜的消息传来，得知天京形势已逐渐趋于稳定，曾国藩这才稍稍松了口气。

如芒在背

在李秀成、李世贤联合发起攻势之初，太平军就使用了许多填满泥土的木箱，他们把木箱抬到长壕边，然后堆砌排列开来，明为遮挡枪弹，实际是以此为掩护偷偷地挖掘地道。1862 年 11 月 3 日，地道已经通到了曾军营墙之下，李秀成、李世贤将所有部队全部集中到东路进行潜伏。

当天，太平军工兵点燃了地道火药，随着霹雳般的数声巨响，烟焰上冲，土石如雨点一样飞入半空之中，曾军有三个营的营墙被轰塌多处。太平军乘势分两路猛扑，从缺口处涌入者每路都各有数千人之多。

对于曾国荃而言，危机不仅并没有就此远去，甚至还出现了更为凶险的迹象，他急忙指挥所部站到墙外，一边投掷火球，一边用洋枪进行射击。

不同于曾国藩主要在后方运筹，曾国荃大部分时间在前线指挥作战，早在围攻安庆时，他就已从对手那里领教了洋枪洋炮的厉害，因此他几乎和李鸿章一样渴望拥有西式武器。在进军天京途中和到达天京后，他一边要曾国藩给他购买洋枪，一边托李鸿章在上海为之代购。至天京大会战开始前，曾军营中已有不少洋枪，换句话说，在整个会战过程中，除了火炮方面不及太平军外（曾军只有劈山炮和短劈山炮，没有洋炮），洋枪火力并不落于下风。

在依靠洋枪齐射挡住敌人的同时，后方人员加紧修补缺口。三个时辰过后，缺口全都得以修复，已经从缺口处冲入的太平军反而陷入包围。

太平军一旦遭到围困，双方战斗力和意志的差距便表现得极为明显。经过一番鏖战，曾军方面虽也战死百余人，受伤三百余人，但包围圈中的太平军死伤了数千人，等于起初从缺口冲进去的人没跑出来多少。

太平军士气大受挫伤，官兵也出现了打不动的情形，李秀成只好取消不分昼夜连续攻击的办法，代以白天休息，晚上轮番实施进攻。进攻之术仍是偷挖地道，准备乘雨夜轰塌曾军营墙。曾国荃已经摸透了李秀成的路数，他一面下令各军赶筑内墙内壕进行防御，一面分兵破坏地道。太平军所挖地道被连破七处，再次通过地道攻击的计划宣告失败，至此，李秀成已经基本无计可施。

参加天京会战的太平军虽然号称数十万，但诸王之间并无明确的统属关系，李秀成只是通过声望和个人关系进行号召，这种指挥关系本身就极其脆弱。事实上，除李秀成、李世贤等少数人外，大多数将领不把心思放在与湘军作战上，他们认为既然以前能够两破江南大营，这次自然也不例外。大家都表现得漫不经心，说是来天京参加会战，给人的感觉却仿佛是逛趟庙会一般。

更为恶劣的是，向来与李秀成关系不睦的干王洪仁玕等人又上疏天王洪秀全，要求防范李秀成。本来就对李秀成很是猜忌的洪秀全听后，便以防止疫病传染为名，下令紧闭城门，不与城外援军相通，在天京会战打得如火如荼之时，也不出一兵一卒相助。参加会战的下级官兵为此义愤填膺，斗志就慢慢地丧失掉了，虽然李秀成、李世贤仍不断组织对曾军发动进攻，但声势和规模都越来越小。

在为天京解围的同时，李秀成并没有忘记身后的苏福省，淮军的进攻令他时有如芒在背之感。

青浦失守后，太平军在上海只剩下了嘉定一座据点。受到淮军、常胜军所取得战绩的激励，英法联军也胆壮起来。英国驻华海军司令何伯即将离任，他认为嘉定是在他任期内丢掉的，所以便约李鸿章联合进攻嘉定。

嘉定之战尚未打响，何伯就任满离沪，其职务由固伯接替，但既定目标不变。1862 年 10 月 24 日，士迪佛立、固伯率两千多英法联军与淮军、常胜军一起开始攻打嘉定。是役，联军动用了十六门大炮，在仅仅几个小时内，就将嘉定的南门城墙轰塌了十余丈，淮军、常胜军趁机冒着浓烟冲入城中，嘉定遂被攻克。

嘉定陷落，使得苏福省失去了最后一块屏障。留守苏州的慕王谭绍光为防止敌军进犯苏州之地，乃调集重兵进行先发制人式的反攻，重点是围攻驻扎在四江口的淮军四营。

极古今之恶战

四江口告急，李鸿章忙令程学启督各营前去解围。先前程学启能战之名早已传遍湘淮各军，适逢曾国荃在天京城下被围，情况危急，曾氏兄弟便拟调程学启带全军雇轮船回援。李鸿章早已视程学启为麾下首席勇将，哪里舍得放人，太平军的反攻正好给他提供了一个加以拒绝的绝好理由。他对曾国荃说："程镇（程学启）日夜奋战，对我支持极大。我这里临敌调兵，根本找不到人替代他。他如果被调走，不但青、嘉（青浦、嘉定）必然得而复失，淞沪也将大受震动。"给老师曾国藩的回复则更简单："此间若无程镇，再有危难，鸿章还能站得住脚吗？"

北新泾战役后，为了留住程学启的心，李鸿章已将他的人马扩充到三四千人，可独当一路。在四江口，经过两天激战，程学启部的营官大多受伤，将弁阵亡十三人，兵勇死伤六七百人，但依旧未能给被围淮军解围。

李鸿章闻报，深恐被围淮军覆灭，遂在常胜军的协同下，亲率程学启、刘铭传等部进行大举反攻。太平军方面除谭绍光外，听王陈炳文、潮王黄子隆也赶来参战，这就是四江口会战。

在北新泾战役中，李鸿章进一步发现李秀成所部不仅洋枪最多，而且作战时专用洋枪，射击距离很远。这使他感到要与李秀成部对抗，也唯有尽可能地多用洋枪。

洋枪引进越多，原有营制势必难以容纳。李鸿章虽然早就在原有营制外添练洋枪小队，但只能是临时措施，而非根本之计，于是他决定对营制进行改革，将原有的小枪队全部改为洋枪队。由于程学启部战斗力最强，其所属的一个营还被专门改成了洋枪队营。

在四江口会战中，这种营制改革被证明颇为有效，洋枪武装下的淮军表现出了丝毫不逊于湘军的战斗力，在他们面前，太平军竭尽全力仍讨不到半点便宜，在折损一万多人后，不得不朝昆山败退。

得知所部大败于四江口，苏昆（苏州、昆山）空虚，李秀成当即抽调兵力回援，显示其继续进攻曾国荃军的决心已大为动摇。在此期间，另外两路的进攻势头也遭到了不同程度的遏制：辅王杨辅清一路虽然多次击败鲍超，还攻下了宁国县城，但却奈何不了核心的宁国府城；在彭玉麟、杨岳斌的指挥下，湘军水陆军肃清了太平军设于金柱关和芜湖之间的营垒，护王陈坤书一路在陆战方面遭遇失败。

退一步来说，就算杨辅清、陈坤书两路能够取得一隅之胜利，在李秀成这一路经营惨淡的情况下，也不可能再对大局产生多大影响。1862 年 10 月 25 日，李秀成终于认识到再围攻下去仍然无济于事，只是徒损精锐和元气而已，遂下令撤围，停止进攻。

太平军撤围后，曾国荃派部分兵勇出壕，尝试性地发动了一次攻击，结果发现对方已经军心涣散，斗志全无。于是他下令各营倾巢而出，对东西路太平军发动大反击。这下太平军不光是撤围，连在天京城下都待不住了，李世贤率西路军、李秀成率东路军分别败退，后者绕城而走，退入了天京城内。

天京会战是一场关系双方军事消长的决定性战役。曾国荃军在此役中被数倍于己的敌人包围，孤军奋战达四十六天之久，其间有一段时间连火药都用完了，只得向湖北、江西紧急求援。湘军自成立以来，还从来没有打过如此漫长而艰苦的战役，郭嵩焘称之为“极古今之恶战”。战役结束时，幸存官兵几乎个个伤痕累累，满面枯槁。

曾国葆在战前本已染疾，并获准回家休养，这一战之后病情加重，很快便死于军营之中。曾国藩也被折腾得够呛，直言：“心已用烂，胆已惊碎，实在没有什么比这更可怕的。”在太平军撤围前，他致信曾国荃，说如果太平军撤围，你当以追为退，不可再长驻天京城下。

曾国荃一度在告急信中表现得可怜兮兮、哀哀戚戚，闯过生死线之后却又重新恢复了他那狠巴巴的性格，他拒绝听从兄长的意见，依旧扎营天京城下，呈虎视姿态。

曾国荃继续待着不走，令李秀成大感头疼。李世贤见状，建议不如暂时舍曾国荃不攻，转而北上进攻扬州、六合。

李世贤分析，江北清军兵力空虚，也不会料到太平军敢于突然渡江，正是北上的好时机。在占领扬州、六合后，除可以得到粮食补给外，还能夹江打击曾国荃，之后再分兵前往安庆进攻曾国藩，从而吸引曾国荃分兵救援，到时“乘虚击之，则必胜矣”。

李秀成听后觉得很有道理，同时考虑到自己与捻军首领张乐行曾有合作，北上后可以与其联合，于是决定采纳这一计策。

在北上构想的基础上，众人又经过一番斟酌，最终形成了“进北攻南”方案。所谓进北，是由洪春元、李秀成先后率部北渡长江，所谓攻南，是李世贤等人在长江南岸进攻金柱关等地，以与北上行动相呼应。

当年安庆失陷时，陈玉成面对湘军的紧逼围攻，派扶王陈得才等人西征，“往河南、陕西等处去打江山”。进北攻南的目的，一方面是接应陈得才西征军和联合张乐行捻军，另一方面是深入湘军后方，威胁安庆直至武汉，以牵制乃至解除湘军对天京的严重威胁。

东　巡

1862 年 12 月 8 日，对王洪春元等人率北路先遣军自天京出发，昼夜北渡，冒着风雪挺进皖北。在多隆阿、李续宜离开后，皖北一带的湘军兵力单薄，对太平军的北上也毫无准备，含山、和州、巢县等湘军新得之城很快就被太平军占领。

曾国藩旋即发现了太平军的意图，他一边命令新募的淮军九营分守无为、庐江等其余皖北城池，一边调湘军驰援。曾国荃闻讯果然也分兵来援，竭力阻止太平军西进。李世贤原建议中促使曾国荃分兵救援的意图初步实现，但太平军却无法做到“乘虚击之”，因为李秀成还是放不下他在苏福省的坛坛罐罐，他没有随先遣军行动，而是径自回到苏州，处理那方面的军政要务去了。

没有李秀成亲自坐镇和参与，北路先遣军的力量有限，至第二年初，湘淮军各支援部队在无为一带成功地堵截了太平军的攻势，双方出现了暂时的相持状态。

来自其他方面的消息对太平军也不利，杨辅清一路在宁国被鲍超打得大败，陈坤书一路准备用于出江作战的两百艘战船则被湘军水师付之一炬。在李秀成天京会战的三路出击方案中，这两路均为外围配合措施，如今双双落败，令天京形势雪上加霜。

尽管如此，湘军中仍有不少人认为，让曾国荃孤军而蹈危地不是一个正确的选择，曾国藩自己也有此顾虑，可是又没法说服弟弟。思量再三，他决计东巡，亲自视察江南前线情况，以搞清楚当下围攻天京的时机究竟是否成熟，还要不要催促乃至强令曾国荃撤围退兵。

自安庆启程后，曾国藩逐一察看了沿江各军营，特别是天京外围的军情形势。到达天京城下后，他直入曾国荃军营，次日又和曾国荃一起检阅四周营垒。

这一番巡视下来，曾国藩收获巨大。他发现，在江南的太平天国统治区域，到处都是一幅民不聊生的凄惨景象，天国及其军队已鲜能得到民众的支持。

实际上，随着形势的日益恶化，天国内部的问题已经越来越多，越来越严重。天王洪秀全整日沉溺于他的那套宗教迷梦，战略上只知天京安危，不顾大局，而且赏罚不明，任人唯亲，遇事固执，处事粗暴，从而造成内部矛盾加剧，人心涣散。

当年陈玉成失守安庆，洪秀全除了对其大加斥责外，还予以革职，此举已足以令将士寒心。陈玉成死后，旧部悉归李秀成掌管，这又引起了洪秀全的猜忌。李秀成部将陈坤书因为扰民，畏罪逃到常州，洪秀全为了制衡李秀成，竟将其封为护王，其后更对太平军大小将领滥封王爵，以便让他们互相牵制。根据曾国藩得到的情报，太平军已有九十多人被封王，造成的直接后果是“各争雄长，苦乐不均，败不相救”，其行径已与流寇无异，同时他们中的大部分人也并不服从李秀成直至洪秀全的调度。

曾国藩与太平军打了很多年的仗，对太平军的作战特点相当熟悉。从前太平军长于防守，所到之处，必然“筑垒如城，掘壕如川”，曾国藩对此印象深刻，所以他才会在湘军军制中加入“站墙子”等规定。这次东巡，曾国藩再没有在太平军方面看到如此“坚深无比”的工事，所筑营垒皆极为草率，可见太平军战斗作风的下滑有多么厉害。相比之下，湘军原先就重视修垒挖壕，如今所筑垒的标准和水平又远胜于昔。

曾国藩还了解到，现在太平军投降变节的情况很普遍。即便在天京城下的四十六天大战中，也出现过招之即降的事。曾国葆生前告诉曾国荃，他的人出去放哨探路，一下子就招来了四十个自愿投降的太平军。由于粮饷及管理等问题，他甚至还不愿收降，就怕“此门一开，来者必接踵而至”。

东巡之后，抑制不住兴奋之情的曾国藩立即向朝廷上疏，报告自己此行的观感。他一贯谨慎，自创建湘军以来，从未敢在奏疏中说太平军的势头转衰，此次则断言，太平天国日暮途穷，只要紧扼长江，断其粮道，洪秀全便只有困守待毙一途。

敌有必灭之理，我有必胜之势，抱着这样的信心，曾国藩不仅打消了撤兵撤围的念头，还决定继续增兵围攻天京。

炸死了一排排的人

曾国藩的观察和判断都没错，湘军胜利在望。不过正所谓瘦死的骆驼比马大，天国仍拥有一定的实力，而湘军要想扳倒它，也还需要经过一个时期。

据湘军方面统计，曾国荃军在天京会战中伤亡了五千人，如果算上病死者，折损情况就更为严重。在添加援兵后，虽然总兵力增至三万余人，但由于要不断分兵北援，力量就又不够用了，不得不在天京城下停止进攻。

笼罩于重重危机之下，太平天国把所有的解围希望都放在了“进北攻南”之上。1863 年 2 月底至 3 月中旬，李秀成陆续抽调精兵，由其亲自率领渡江北上。如此一来，太平军同样无法在天京城下进行反攻，这种双方都无力进行大战的状态由此保持了约半年之久。

李秀成军在经过含山、和州、巢县后，先攻下江浦，进而又对有“无为北大门”之称的石涧埠展开围攻。石涧守军以逸待劳，坚守不出，太平军连续攻击数日都无法得手。那几天大雨瓢泼，曾经困扰湘军的疫情也在太平军军营中传播开来，很多官兵一病不起，与此同时，曾国藩调鲍超等部北上增援。眼看形势不妙，李秀成只得从江浦撤军，并将攻击目标转向无为、庐江，但这些城池的防守也很严密，太平军一无所获。

1863 年 5 月 10 日，李秀成率部围攻六安。他原计划在六安与张乐行和陈得才会合，到了六安才知道，张乐行已经被捕，陈得才则西入陕南，无法与之取得联系。此时鲍超等赶来增援的湘军各部已抵达庐江、无为一带，六安一带又粮食紧缺，在自身所携军粮告急，且前进无望，久留不能的情况下，李秀成只得停止西进，全军东返。

北上时浩浩荡荡，东返时却两手空空，李秀成实在不甘心。“进北攻南”方案的最初灵感来自李世贤之计，他便打算按照此计，在东返过程中，“倒击扬州、六合，然后袭通、泰（南通、泰州）以连苏、杭（苏州、杭州）”。

从扬州到南通、泰州，乃俗称的里下河地区，该地区盛产海盐，漕运发达。李秀成预计，在占领里下河之后，一者有条件征集粮饷，二者慑于太平军的声势，镇江清军将不击自退。镇江既下，就可以通过天京郊外的燕子矶，将外界粮饷源源不断地运入天京城内，而只要粮饷有保障，曾国荃便不足为虑。

5 月 19 日，李秀成下令撤六安之围，准备先往寿州、天长补充军粮，然后再进围六合、扬州。孰料寿州原为皖北割据势力苗沛霖的地盘，苗沛霖多年在此强征谷粮，胡作非为，导致这一带人烟稀疏，一片荒凉。当李秀成军到达寿州时，军粮已经所剩无几，官兵们只能以草根充饥，因此饿死了许多人。之后他们花费了将近半个月时间，才得以通过寿州，到达天长。

太平军进兵皖北，一度分散了曾国荃的兵力。发现李秀成即将挥师东下，进军里下河，曾国荃也决定采用围魏救赵之计，在天京城下发起新的进攻，以迫使李秀成放弃东向，回救天京。

自古守城必守山，攻城必攻山。天京城外的雨花台地势高，且紧邻城墙，太平军在其上修筑石垒，作为对天京城进行协防的一大要塞。江南大营曾围攻雨花台要塞多年，但都没能打下来。这次曾国荃授命李臣典，对要塞采取了乘夜偷袭的方式。

自天京会战结束后，攻守双方已休战数月，要塞守军明显懈怠下来。直到李臣典率部在三更天时架梯登垒，惊醒过来的守军才急忙对外开炮轰击，然而已经来不及了，李臣典一马当先地攀上城头，拔下太平军军旗，紧随其后的兵勇将火箭射入石垒，彻底打乱了守军的阵脚。

天亮时，雨花台要塞被湘军完全攻克。曾国藩在奏报中为了给弟弟请功，极力渲染战况之激烈，不过据他的幕僚赵烈文透露，实际上整个战斗过程并没有那么惊心动魄，湘军仅死伤了几个人，这一方面归功于偷袭战术的实施，另一方面也得说，太平军的战斗力和作战意志确实早已今不如昔。

除雨花台外，湘军还攻克了聚宝门（即今中华门）外的九座石垒。消息传到江北，李秀成自然无心再进攻里下河，匆匆率军南下以回救天京，成了他的唯一选择。

李军南下时正逢长江水涨，道路被洪水冲毁，无法行走，滞缓了其前进速度。等全军到达江岸，鲍超等部已攻下江浦，他们在长江北岸的后路被截断了。太平军人心慌乱，都希望自己能早一点登船，由于船少兵多，过于拥挤，许多前面的人都被后面的人挤落江中，让江水给卷走了……

造成李军损失惨重的另一个因素，是杨岳斌部湘军水师的攻击。这时天京附近的江面几乎完全掌握在湘军水师之手，太平军只能通过九洑洲要塞炮台等几座江边炮台，对江面进行有限的控制。在李军渡江的过程中，湘军炮船不断朝岸边等待登船及其正在抢渡的太平军施以轰击。英国人呤俐其时正在九洑洲炮台协助李军渡江，他目睹“炮弹不断在这些骨瘦如柴的人们中间隆隆爆炸”“炸死了一排排的人”，感到痛苦莫名，可是又爱莫能助，无能为力。

李军花了整整二十天才完成南渡，就这样，老弱病残人员及其不肯上船的马匹也都被抛于北岸，等于大部分损失掉了。南渡前，李军尚有可作战士兵五万人，最终回到天京城的只有一万五千人。“进北攻南”战略彻底失败，天京不但没能解围，还因雨花台要塞的陷落以及前后数万精兵的损失，陷入更大的困境之中。面对此情此景，连李秀成本人都意识到，天国确实已经岌岌可危。

收获远远抵销了损失

1863 年 6 月 13 日，因抢渡大渡河失败，石达开全军覆灭。其实如果没有江边炮台进行掩护，南渡的李秀成军也极可能遭遇到同样的命运。

太平军在江边的炮台尤其是九洑洲炮台，既是保卫长江两岸交通的关键，也是天京得到外界接济的咽喉。九洑洲炮台由南岸诸垒作为屏障，曾国荃与杨岳斌、彭玉麟经过实地侦察，派兵首先攻占了下关、草鞋峡、燕子矶等处，继而才对北岸的九洑洲等炮台发起猛攻。

6 月 29 日晨，数不清的湘军炮船蔽江而下。这些炮船大小不一，有的仅在船头架一门轻炮，有的则架有四五门重炮，所有炮船一齐朝九洑洲炮台开炮轰击，隆隆之声顿时不绝于耳，炮台完全被笼罩在弥漫的浓烟之中。

以九洑洲炮台为主，各炮台守军立即组织抵抗，总计达到千门之多的大炮一齐轰响，并且片刻不息地向敌船进行射击。白天湘军炮船几乎总是隐蔽在浓烟中，还不太好瞄准，到了晚上，湘军火炮所吐出的火光反而让炮台的射击更为准确，给予湘军的打击也更大。

夜晚的大江上到处都是红光，大炮的雷鸣，子弹的呼啸，火箭的光线，伴随着炮船的偶然爆炸声，响成一片。由于湘军炮船几乎全都拥挤在两岸炮台之间的狭窄江面之上，因此损失格外惨重（“损我精锐，几不可以数计”），到了晚上 10 点钟时，全部炮船都纷纷停止攻击，向上游和下游撤退。

守卫炮台的太平军欢呼雀跃，认为已经取得了胜利，众人嘲笑“衙门鬼”（指清军）无能，认为后者不可能占领江边的任何要塞。呤俐却嗅到了一股不寻常的气味，他发现，这次湘军水师的攻击相当顽强，那种坚持不懈的劲头是他先前从未见到过的。

呤俐劝告负责炮台防御的贡王梁凤超，千万不能在夜间疏于防范，可是梁凤超却不以为然地答道：“我防守这些炮台已有十二年了，要是天父不离弃我，我可再防守十二年以上，抵抗这些满妖的攻打。”

太平军很快便为他们的自负和轻敌付出了代价。在水师攻击受挫的情况下，杨岳斌通过情报得知，北岸有一条草木丛生、不太为人所知的堤埂，可直达九洑洲壕外，便与陆师商量，请其沿堤埂突进，与水师会攻九洑洲。

当天深夜至次日凌晨，湘军水师卷土重来，对九洑洲发动突袭。彭玉麟传令后勤部队将饭菜送到前线，声言不破洲不还师。其时西南风大作，湘军乘风向停靠在九洑洲岸边的太平军舟船施放火箭，风烈火猛，连洲上的营房都被烧着了。

太平军猝不及防，炮弹都来不及装填上膛，加之炮身笨重，根本无法在第一时间进行阻击。沿着堤埂突入的湘军陆师抓住这一战机，大叫着跃过壕沟，然后不顾一切地登上了炮台。此时太平军才刚刚压低炮身，勉强装上几发炮弹，面对已经冲到面前的敌人，火力完全失效。

包括九洑洲炮台在内，太平军在江边的炮台全部失陷，守军约两万人被全部歼灭。协助太平军的欧洲志愿军也遭到攻击，呤俐受伤昏迷，他的妻子玛丽和志愿兵埃尔等人均中弹阵亡。

湘军总计伤亡了两千余人，但他们的收获远远抵销了损失。经此一役，天京在大江两岸的要隘无一幸存，湘军拔除了大江中最后也是最大的障碍，从此在大江中畅通无阻，而太平军则再也不能渡江北进或突围了。

攻占雨花台和九洑洲后，曾国荃军直逼聚宝门、方山，曾国藩也调鲍超、萧庆衍两军南渡，扎营于神策门沿江一带，以便合围天京。不料鲍超的霆军军内突然疫疾大作，加上皖南江西再次吃紧，曾国藩不得不再调其西援，合围遂成泡影。

太平军方面，李秀成虽已回到天京，但所部在天京会战和进北攻南战役中折损了十多万，且苏州、杭州同时告急，自然也无力反攻。他只能从苏常等地搬运粮食物资入城，以图长期坚守，天京攻守战因此继续陷入僵持状态。

革新政策

华尔被太平军击毙后，华尔的副手白齐文接管了常胜军的指挥权。白齐文在许多方面与华尔相似，两人都是来自美国的冒险家，刚到中国时同为大副。白齐文作战也很勇猛，曾经几次负伤，后来他又和华尔一同加入中国籍，甚至都娶了一名中国妻子，当了“洋姑爷”。

两人不同的是，华尔深知自己的飞黄腾达全都仰仗于中国人，因此很自觉地接近中国人，白齐文却无此自知之明。除此之外，他缺乏华尔的管理和军事指挥才能，性情也很专横，常常因酗酒、伤口疼痛等原因乱发脾气，弄得与其意见相左者都不免提心吊胆。

这时拖欠常胜军的军费和赏金的情况依旧存在，白齐文和几名部下便跑到上海，当面向杨坊索要饷银。几句话不对付，杨坊就遭到一顿暴打，之后白齐文一行闯进上海官方专为军队所设的“大吉行”，从中抢走了四万余两库银，史称“大吉事件”。

大吉事件一出，各方均为之震惊。士迪佛立急忙派兵前往松江，对白齐文和常胜军进行弹压，同时另派英国军官奥伦接管常胜军。

这一期间，在天京、浙江战线日趋紧张，太平军也无力再进攻上海的前提下，淮军发动了对苏福省太平军根据地的大举反攻。皖籍的常熟守将骆国忠见势不妙，连忙献城投降。

常熟北临长江，南邻苏州，东接太仓，骆国忠的叛降，不仅使太仓处于被东西夹击的地位，而且对苏福省首府苏州的安全也构成了严重威胁。太平军急忙调集大军围攻常熟，李鸿章闻报双管齐下，一面增援常熟，一面会攻太仓，双方在两地展开大战。

常熟方面，太平军夺回了常熟的福山镇，但这还比较好交代，因为太平军在那一面略占优势，何况常熟也没有被攻破。太仓方面却是令人大跌眼镜，李鸿章派去的是程学启部及其常胜军主力，结果仍被人打得丢盔卸甲。

常胜军大失水准，被认为是太仓惨败的主因，这也是常胜军自重新组建以来打的最糟糕的一仗，情报失误、侦察不准、战术不当、撤退无当等各种毛病都一股脑儿堆到了一起。

鉴于奥伦难以胜任他的新职务，另一名英国军官戈登得以走马上任。当戈登到达松江时，士兵正陷入低迷士气之中，军官们则要求被赶走的白齐文重返部队，整个常胜军已处于哗变边缘。戈登当即向官兵们表示，他不会再因大吉事件和太仓惨败而解雇任何人，只要他们表现良好，他就将“精心维护他们的权益”。在戈登做出这一保证后，官兵们才勉强接纳了他。

戈登是个和华尔一样具有冒险精神的人，但军人世家、英国皇家军官学校毕业生、正规军官的履历，又使他在很多观点上有别于华尔。比如在军队管理上，华尔较注重权术，戈登却更坚持原则，华尔追求名望和财富，戈登更在意他所谓的荣誉和建树。

接手常胜军之初，戈登即按照西方做法，对原先混乱的财政管理制度加以整顿，其中包括：削减军饷，并用成色统一的墨西哥元作为军饷，以阻止军官们盘剥士兵以及滥用资金；取消每半个月发饷一次的惯例，改为每个月发饷一次；取消夺城后的特别赏金。

相应地，戈登也要求中方必须按时发放军饷，不得拖欠。常胜军的士兵和中方对这些措施都能接受，李鸿章向戈登保证，只要是正当要求，他就一定会予以满足。

华尔治军，靠的完全是经验、直觉甚至随心所欲，这是华尔一死，部队便立刻涣散失去战斗力的一个重要原因。戈登将英国陆军的纪律及其规章制度引入常胜军，下令开除吸鸦片者和其他不良分子，禁止抢劫、酗酒，他自己也以身作则，宣布吃住自理，除统领的固定薪金外，不再从军队里获取额外奖金。

在贯彻其革新政策后，戈登赢得了各方认可。常胜军士兵对他的态度由勉强接纳转为表示尊重和支持，戈登在家信中写道："我的军队……士气高涨，可以胜任一切任务。"李鸿章也对戈登大加赞扬，认为他不仅恢复了常胜军的秩序，而且使得军队开销井井有条，有效缓解了政府在这方面的财政压力。

华尔在世时，虽然与李鸿章尚保持着良好的合作关系，但却从未主动前去拜谒这位上司，轮到白齐文上台，那就更是专横高傲得没谱了。戈登不一样，在李鸿章面前，他能够按照英国军队里下级对上级的礼仪行事，身上完全没有华尔、白齐文那种令中方官员不能容忍的高傲姿态，这让李鸿章感到特别舒服和受用。

令李鸿章满意的还不止于此。戈登拥有英国军方背景，他的到任，使得常胜军可以源源不断地从英军手中直接购买武器，相比于华尔时期来说，渠道更稳定，价格更便宜。这样一来，淮军在西式武器的采购方面也因而变得更加便利。

淮军对于洋枪的使用，最初只是停留在闭门效仿的层面上，雇聘的洋人教习极少。经由戈登介绍，淮军各营陆续从常胜军中增雇洋教习，淮军洋教习前后达到了二十余人之多，其中除两名来自法军，一名雇聘较早外，其余全部出自于戈登的介绍。

李鸿章一直发愁的教练问题终于得到解决。在洋教习们的指导和带领下，淮军士兵不仅学会了如何使用洋枪洋炮，而且全部改用洋式操练法，比如开步走、向右转等，都按照外国军号以及音译的外国军令行动。

原先由于不易买到真正的西洋开花炮，又无人教授，淮军所拥有的火炮既小且少，形不成战斗力（劈山炮的威力只堪与火力较强的洋枪相当，而不能与洋炮相比较）。从 1863 年春季起，在洋教习的牵引和鉴定下，淮军所购买的洋枪洋炮陡然大增。戈登又将常胜军停用、闲置乃至从太平军手里夺过来的洋炮，转赠给淮军使用，于是淮军各主力大营便都先后建立起了自己的炮队。

胜利魔杖

1863 年 4 月，淮军和常胜军组成联合部队，开始重新对苏福省发起攻击。他们一口气夺回了一度失守的福山，又击破太平军对常熟的包围，显示出与日俱增的战斗力和攻坚能力。

淮军虽然通过引进西洋炮加强了自身火力，但炮位都还很小，所以攻城仍需依赖于常胜军，更确切一点说，是依赖于常胜军的开花炮队。经华尔、戈登等人的先后经营，常胜军建有六百人的整营炮队，拥有三十余门以上的大炮，这些大炮都是当时中国所没有的，其中“开花巨炮”（实际为加农炮和榴弹炮）等重炮就有一二十门。

5 月，联合部队再攻太仓，在攻城战中起主要作用的，就是常胜军的开花炮队。戈登采取的战术是首先向城墙猛轰四个多小时，然后才组织步兵向被炸塌的城墙缺口冲锋，如此反复三次，终于攻破了太仓。自此以后，每当淮军遇到坚城难克的情况，都要调常胜军开花炮队强轰硬炸。

华尔也很重视火力组织，从这个角度来说，戈登并没有完全脱离前任的路数，但确实已更上一层楼，所以有人称戈登是个出色的战术家，在用兵上比华尔更精。

当然，戈登本人也许更愿意别人把他看成是第二个华尔，他甚至还模仿华尔的风格，作战时手里不握枪（在衬衣里藏一把左轮，但从来没用过），只拿一根小手杖，士兵们戏称为“胜利魔杖”。

1863 年 6 月 1 日，联合部队围攻昆山。在北面的常熟、太仓均已失陷的情况下，昆山守军仅有一条退路和粮道可通往苏州。戈登经过侦察发现，可在昆山城西的正仪镇对此退路予以切断。

昆山周围河道纵横，湖泊甚多，和华尔一样，戈登认为汽船在江南三角洲地带是不可或缺的，“在这个国家里，我们的汽船具有绝对优势”。他率领常胜军和部分淮军，乘着汽船，在太平军占领区内迂回行进三十多公里，对正仪镇发动了突袭。

多数太平军对汽船都很陌生，也异常害怕，听到汽船尖厉的鸣叫声，士兵们甚至都惊呆了。联合部队以突袭的方式成功占领了正仪，戈登事后颇为得意地总结道：“熟悉地形起了决定性作用，我花了很大精力研究地形……”

后路被切断令昆山城内的太平军不攻自乱，继太仓之后，通往昆山的第二座城市也落入淮军手中。

到这个时候为止，淮军和常胜军的配合已经相当默契：淮军有野战优势，主要负责占领阵地，保护常胜军的开花炮队以及掩护其侧翼；常胜军有技术优势，重点通过对大炮和汽船的有效运用，来击破敌方的坚固防线。

过去国内战争的经验表明，湘军长于野战，而拙于攻城，太平军相反，长于守城，拙于野战。长江上游重镇，武汉、九江、安庆，没有哪一个不是湘军经年累月，付出巨大代价才攻下来的。淮军改变了人们的这一习惯看法，由于其本身装备了大量的洋枪洋炮，又有常胜军协助，从而弥补了不善攻坚的缺点，迅速成长为一支野战攻坚兼长的军队。

如果说太仓是苏州的北大门，昆山就是东大门，太仓、昆山既下，苏州的北、东两面完全暴露在联合部队面前。程学启、戈登继续加强进攻，他们在攻占苏州南面的吴江，隔断苏州与浙江太平军的联络之后，开始着手进攻苏州。苏州主将、慕王谭绍光屡屡出师反击，但均未能得胜，不得不派人前往天京，向李秀成频频告急。

自南渡回到天京后，由于天京、苏州的局势同时恶化，李秀成一直在两地的前线奔忙，往往是早上在苏州，晚上就得回天京，两边都需要兼顾，两边又都难以集中精力，其有限的突击部队也无法集结于一处使用。为此，李秀成再三奏请天王洪秀全，要求准许他先出京解苏杭之困，但洪秀全只顾天京一头的安危，始终不肯放行。

1863 年 9 月中旬，刘铭传攻克江阴。此后李鹤章等部向无锡推进，致使无锡、常州的太平军都不敢也无法进援苏州。眼看苏州危在旦夕，李秀成又一次向天王恳切奏请，说："苏州、杭州一旦失去，天国的粮库就将毁于一旦，天国将永远得不到安宁。我恳求天王让我出京，解救苏州、杭州，这样我死也瞑目。"

见硬留李秀成不住，洪秀全及群臣向他提出两个条件，一是要资助天京饷银十万，二是只给四十天期限，四十天后必须立刻回京，如果银两不够或逾期不归，将依法予以处理。

李秀成急于解苏杭之困，只好把全家的金银首饰等值钱物品都拿出来，凑够十万两交给洪秀全，并将母亲和儿子留下作为人质，这才得以出京。

第十章

愤怒而又绝望的嘶喊

用兵如弈棋，从江南战场这副棋局来看，太平军除苏常外，已无其他活动余地。李秀成所辖主力尚余一万五千人，他从中拨出八千人，也就是超过一半人马随其援苏。

随着李秀成军的到来，苏州守军增至四万人，其中三分之一都是精壮士卒，其余也都是久经战阵的老兵。对太平军而言，另一个利好消息是，前常胜军统领白齐文率领两百余人，带着一批军火以及从常胜军里偷来的汽船“高桥”号，前来苏州投奔了太平军。

1863年9月28日，程学启、戈登协同新近调来的湘军太湖水师、上海刚成立的中法混合军，攻占了宝带桥。宝带桥位于苏州城东南处，傍京杭大运河，有“水陆要枢，苏垣锁钥”之称。李秀成率部欲夺回宝带桥，在反击过程中，他命令白齐文部用西洋炮进行突轰，联合部队当场被击毙数百人。虽然太平军最终并未能够如愿夺回宝带桥，但太平军火力的增强已令联合部队感到很是不安。

面对敌人的步步进逼，李秀成决定向西路集结部队，通过守住无锡，来确保常州等地的太平军能够增援苏州。李鸿章也早就注意到无锡的重要性，遂敦促李鹤章等部分路向无锡疾进。侍王李世贤在无锡列队数十里，都挡不住湘淮军的攻势，直到李秀成亲自率部赶来，战局才出现了扭转的迹象。

外围战

如同宝带桥之战的情形一样，李秀成所带来的白齐文部继续发挥着重要作用，他们的大炮汽船给湘淮军带来了不小压力，仅湘军淮扬水师就被炸毁了二十一只舢板船。不过湘淮军随即发起反击，用火箭焚烧和击沉了“高桥”号，加上淮军援兵大批赶到，李秀成军支撑不住，只得暂时退往苏州外围要地黄埭。

白齐文加盟太平军，曾让李鸿章担心从此会出现一个太平军版的洋枪队，由此大大加强太平军的力量并在心理上给其以激励，白齐文在几次作战中的表现，似乎就是对这种担心的一种验证。英国驻华公使卜鲁斯闻讯更是惊恐万状，以至于向英国国内报告说，如果白齐文率领“众多军队”在冬季进军北京，就将获得攻占北京的良机并最终推翻清廷。

事实是，这样的情况并没有发生。白齐文如果还在常胜军，其枪炮和弹药都有充足和稳定的来源，但自投入太平军阵营后，随着联合部队对军火走私的查缉越来越严，这些都成了问题。白齐文为了补充弹药，曾亲自潜入上海，结果不仅没能买到军火，还差点被捕，之后他再不敢如此冒险。因为军火不足等原因，白部对淮军的几次攻袭都未成功，渐渐地，慕王谭绍光便失去了对他的信任。

见失意于慕王，白齐文又向忠王李秀成献计，劝其“弃江浙，北据山东、山西、河南、陕西，使清水师无所用，外人亦不能相助”。可这种时候李秀成哪里需要如此迂阔和不切实际的“计谋”，自然没法采纳。白齐文深感受到冷遇，转而与戈登联络，劝他脱离清军，两个人联合起来独立作战，“组织两万人，进取北京”。戈登听后啼笑皆非，也没当一回事。

白齐文大失所望，于是向谭绍光提出辞行。谭绍光倒也豁达大度，抬抬手就放他和部下走了。白齐文被戈登用船送回上海后，因他正生着病，美国领事便将他遣送到日本横滨治病，并禁止其再来中国。

1863年10月24日，程学启、戈登会同太湖水师，一举攻克苏州外围要地五龙桥。李秀成合谭绍光之军前来救急，但被击退，苏州守军的处境日益窘迫。

为了实施防守反击，李秀成继续把战火引向无锡，他从无锡、溧阳、宜兴等地约集了八九万机动兵力，这些部队出运河口作战，以连营并进的方式对李鹤章等军进行挤压，李秀成自己则率数千精锐扎营于无锡后宅，居中调度。

李鸿章不为所动，一面让李鹤章等军坚守营垒，巩固后路，一面派程学启由苏州横出敌后，对太平军发动攻击。这时的程学启部已扩充至水陆十八个营，成为淮军中唯一也是最大的大枝营头，攻击能力很强。在常胜军的协助下，程学启连下苏州外围的蠡口、黄埭，从太平军身后对其造成了威胁。

李鹤章和曾国葆一样，是由分统提拔成的统领，军事指挥能力丝毫不亚于其他由团练头目出道的淮军将领。看到有机可乘，他立即约集原先固守的诸军主动出击，滚营前进，除李秀成所据营垒无法攻克外，太平军驻于前线的十余座营垒都被他们端了个干净。

在这一轮外围战中，常胜军不仅自己乘汽船作战，也用汽船为湘淮军运兵，从而成功地将苏州外围河流多的劣势转化为了自身的优势。鉴于白齐文带来的“高桥”号已经被毁，李秀成交给呤俐一项重要使命，让他寻机捕获常胜军的汽船，以为己用。

呤俐奉命潜入上海，他侦察到一艘名叫“飞而复来”的汽船从苏州开往上海，当天即开回苏州。于是便在一个星光黯淡的深夜展开行动，与同伴一起夺取了这艘汽船。

对于呤俐这次行动取得成功，李秀成很是高兴，亲自到船上对参与行动的人员进行慰问和奖励，“飞而复来”也被重新命名为“太平”号，悬挂忠王军旗，由呤俐统领。

“太平”号的船头架有一门旋转炮，船尾架有一门榴弹炮，船中装置精良，弹药充足，虽然它无法在湖中与数量众多的敌船抗衡，但在相对狭窄的小河中却占有机动灵活的优势，也因而部分打乱了联合部队进攻苏州的部署。

联合部队的对策是断绝运河，使太平军不得使用“太平”号，同时阻止外地的太平军进援苏州。他们一路由蠡口、黄埭进发，攻克浒墅关及虎邱，进逼苏州阊门街口，一路由五龙桥进发，在接连摧毁太平军营垒后，进逼苏州盘门。

炮　战

在苏州外围要点尽失的情况下，谭绍光依托于护城河，在娄、齐、葑、盘四门外，筑成了由十余里长墙和二十余处堡垒组成的栅寨，并集中精兵进行防守。

淮军被阻住了，无法再向前推进。李鸿章见状，亲自来到前线督战。程学启等人向他反映，苏州“城大河宽，虽开花炮亦难攻取”。实际上是淮军各营炮队的炮位太小，尚不具备足够的攻坚能力，这样一来，李鸿章便授令常胜军由助攻上升为主力。

娄门栅寨是苏州东面所有栅寨的锁钥，戈登集合常胜军步兵主力及炮队，下令夜袭娄门。战前，所有士兵都头缠白布，以便于近战肉搏时可与太平军相区别。

1863 年 11 月 27 日夜，万籁俱寂，当戈登率部下进抵栅寨附近时，栅寨未有任何动静，似乎守军完全没有发现敌人要进攻。众人认为此举定能成功，前卫开始爬入胸墙工事，在后面列队做准备的其余部队也陆续跟进。

就在常胜军参战部队几乎都进入前线后，太平军突然开火，向他们射出葡萄弹、霰弹和步枪子弹，常胜军的步兵立马就被打蒙了，纷纷后退。就在这次战斗中，戈登发现中国士兵“不宜夜战”，虽然他和其他外籍军官们一再督促士兵继续进攻，但始终无法组织起第二次攻势。在他们看来，中国士兵“似乎连见到自己影子都害怕”。

戈登认为唯一的办法只有用大炮把太平军轰出其所在阵地。常胜军的开花炮队奉命对栅寨进行猛烈轰击，炮弹阵雨一般落入太平军的工事之内，栅寨全线火光冲天。慕王谭绍光接到报告，从城内派数千援军支援栅寨，他自己也光着脚前往督战。受此激励，太平军官兵冒着猛烈炮火，继续寸步不退地坚守在自己的阵地上。

常胜军的炮击一直持续到天亮破晓，但始终无法取得突破。鉴于守军奋力抵抗，城内又开来了援军，戈登只得将部队撤出。这是常胜军战史上所遇到的最激烈血战之一，士兵共伤亡约两百人，三名大尉、一名中尉阵亡，还有数名军官负伤。太平军之所以能够及时发现戈登的夜袭企图并予以重创，部分原因是谭绍光军中容纳了约二十多名欧洲志愿军，常胜军里的洋军官与他们暗中有联系。

就在常胜军夜袭娄门栅寨失败的次日早晨，纳王郜永宽暗遣密使至程学启军营，表示愿献城归降，并要求合作拿下慕王谭绍光。

苏州城内的太平军将领，除主将谭绍光外，尚有四王四天将，其中纳王郜永宽的品级仅次于谭绍光。谭、郜均为李秀成一手培养提拔起来的左右手，谭绍光是广西人，乃参加过金田起义的元老，郜永宽等四王四天将则多为两湖之人（即后来加入太平军的湖南湖北籍将领）。

发现连李秀成都无法解苏州之困，四王四天将便起了投降的念头。他们通过密使与程学启约定，如果淮军和常胜军再去进攻娄门栅寨，他们就设法把谭绍光关在城外。

程学启把这一消息告诉戈登，戈登正为攻城战继续打下去，他的部队将蒙受更为重大的损失而担心和发愁，听后自然非常高兴。就在众人阴谋暗害谭绍光的时候，一直在无锡境内指挥作战李秀成突然率四百卫兵，由小路入城。

当初李秀成离京时，曾说好以四十天为期，如今早已超过了这一期限，后来因为孝陵卫失守，天王洪秀全又催促他还师回救天京。李秀成进退两难，上奏言明自己无法马上回京的苦衷，但并未被天王所接受。纵然如此，他仍不忍放弃自己多年苦心经营的老基地，看到苏州城危势孤，便决定回来与谭绍光共同守城。

李秀成在军中的声望非谭绍光可比，他的出现，打乱了预谋投降者的计划，将谭绍光关闭于城外的意图自然也无法实现了。

此时苏州的外援路线已被完全切断，李鸿章于是敦促各部加紧攻城。1863 年 11 月 29 日，他调集常胜军、程学启部、淮扬水师、中法混合军，对娄门栅寨进行会攻。会攻仍以常胜军为主，说得更准确一点，是以常胜军开花炮队为主。因为大家都知道，要想攻下坚固城寨，只有戈登的开花炮最有效，就连程学启都将自家炮队扔到一边，一心依赖于“戈炮”。

此次不同于偷袭，双方都做了充分准备。太平军一见到敌方的大炮和步兵接近自己的防线，就立即升起一面表示作战的红旗。戈登将常胜军的所有大炮都推上前线，加上向英军借来的，一共集中了四十六门大炮进行射击。

太平军弹药有限，炮的数量和炮位也和常胜军无法相比，面对面进行炮战，很快落入下风，栅寨内的房屋和船只等不断被炸毁。在戈登的指挥下，常胜军第五联队奉命向栅寨右翼尽头实施冲锋，此处邻近苏州河，是越过壕沟最有利的地方。眼看有些军官已经爬过或正准备爬过胸墙，却遭到了太平军的拼死抵抗，激战十分钟后，第五联队被迫退回。

谈　判

常胜军攻城时，李鸿章本人就在后方一座淮军的栅寨内观战。戈登有心在中国上司面前展示自己的才能，第五联队冲锋失败后，他一边下令恢复炮击，一边派第三联队佯攻栅寨左翼尽头，以便把太平军的注意力吸引到左面。

正在娄门督战的慕王谭绍光果然中计，命其精锐部队前去防守左翼。他的精锐部队刚刚一转移，第二联队马上从栅寨右翼冲了上去，而且不等架设浮桥，就越下城壕，泅水而过。

见到这一情况，太平军心慌意乱，争相逃入娄门，城东栅寨全部弃守，被联合部队趁机予以控制。

战后，人们看到栅寨周围的土地就好像被炮弹犁翻过一样，常胜军炮火之猛烈，太平军损失之惨重，可以想见。对于太平军能够在这么长的时间内，冒着炮火坚守阵地，连观战的洋人都认为他们“实在令人赞赏”。

攻下栅寨后，淮军从水陆三面兵临苏州城下，城中粮道和援兵入援之路双双断绝。李鸿章急于拿下苏州，一个劲地催促程学启快打猛攻。程部官兵以肉搏战的方式企图登城，致使守城形势极其危急，李秀成、谭绍光冲上城头，亲自挥刀与敌兵格斗，这才稍稍打压了一下淮军的气焰。

看到形势如此危急，以郜永宽为首的四王四天将乞降之念更加强烈和迫切。郜永宽亲自出城，在城北阳澄湖与程学启、戈登进行谈判。

虽然联合部队已控制了城东栅寨，但这并不意味着继续攻城就会取得成功。常胜军在两次攻城战中已经损失巨大，下一步他们还需要冲过六十多米的距离才能到达苏州护城桥的桥头，而只要部队在桥头稍微受挫，就会被太平军击退。出于这一顾虑，戈登竭力主张提供优惠条件，以诱使郜永宽等人投降。

在谈判过程中，程学启代表李鸿章，答应给予四王四天将最高不低于二品的武将官职，代价是杀掉李秀成、谭绍光，然后献城归降。作为信誉保证，程学启与郜永宽换帖结为兄弟，他还当众折箭起誓，并让戈登做了证人。

作为太平军统帅级别的人物，李秀成具有极强的观察力，虽然他并不掌握郜永宽暗中出城谈判的详情，但通过一些细节仍不难察觉到对方态度的变化，其中最明显的一点就是，他欲调郜永宽等人出战，却未能得到响应。

问题在于，即便李秀成明知彼辈有异心，要想予以阻止也很困难。因为按照太平天国后期的军制，郜永宽等人的部队均由各自进行掌握，而且他们还据守着包括苏州的四个城门。这是四王四天将能够有恃无恐地不断乞降的一个重要原因，谈判时郜永宽就告诉程学启、戈登，他的军队足以制住忠王和慕王，所以就算出城谈判的事泄露出去，他也不怕。

此外，在苏州和天京均处于内乏粮草、外无救兵的情况下，李秀成自己对于前途也非常悲观，他实在拿不出一个足够理由，来说服众人继续为天国拼死拼活。

借着私下闲谈的机会，李秀成对郜永宽等人说："现在主上（洪秀全）遭遇困境，看来势头不能长久。你们是两湖之人，想怎么做就怎么做吧，我不会加害于你们……现在这样的形势，我也不能再留你们。"

接着，李秀成又说："我是天国名将，若有他心，有谁能够为我做担保呢！"那意思很明白，如果他李秀成不是名声太大，投降无门，也极有可能走上同样的道路。

众人弄不清李秀成是否在故意试探他们，只得都半真半假地表示："忠王宽心，我等由忠王提携至今，万万不会忘恩负义，而有他心！若有他心，也不会与忠王共尝甘苦数年。"

李秀成听得出，郜永宽等人在他面前仍没有完全说实话。他想来想去，自己成名皆赖部下之力，事情到了这个地步，不如给这些人留一条活路。可是谭绍光身为苏州主将，为人刚直，又是广西老兄弟，与郜永宽的意见不会一致，若要两全其美，还是让他别走为好。于是，他便当着诸将的面，提议放弃苏州和天京，将全部人马转移至广西。

谁知此议一出，谭绍光极力反对，仍主张坚守到底，其他诸王一心想要投降，也不同意李秀成的意见。

见事不可为，又别无良策，李秀成只得在半夜里从胥门城头上缘绳而下，离开苏州。临行前，他握着谭绍光的手流下了眼泪，说："事败如此，只好靠老弟一人肩负重任了。"

受降如受敌

李秀成前脚刚走，四王四天将就放弃了对齐门外栅寨的防守。事情做得这么明显，谭绍光就算心再粗，也看出了其中端倪，但四王四天将所拥有的实力和职权，使他明白要想不动刀枪地就拿下对方是不可能的，而内部只要一动刀枪，城还如何能守？

谭绍光只能一厢情愿地认定，只要对郜永宽等人动之以情，晓之以义，仍然能够让他们放弃投降之念，从而团结众人共同守城御敌。1863 年 12 月 4 日，谭绍光在慕王府召集众人聚会。大家用餐后进入会议厅议事，谭绍光首先发言，既不回避守城所遇到的种种困难，但也表明了自己背水一战的决心。在座的郜永宽等人不再掩盖他们的真实意图，对谭绍光反唇相讥。

随着争论越来越激烈，康王汪安钧站起身脱掉了朝服。谭绍光连忙问他要干什么，汪安钧突然抽出匕首，刺向谭绍光的颈项，谭绍光立即倒在了座位前面的台案上，天将汪有为紧接着赶上前去，将谭绍光的脑袋砍了下来。

在刺杀谭绍光后，郜永宽等人又杀掉了谭绍光的亲信部卒千余人，这才打开齐门迎降。

在当时的西方观察家眼里，清军收复苏州意义非凡，它不仅提高了清帝国的威望和清军的士气，而且大幅度剥夺了太平天国赖以获得收入和给养的能力，对其军事力量造成严重削弱。天国一方亦有很多人持相同观点，干王洪仁玕事后慨叹："安庆失守危及天京，而当苏州陷落时，我们就几乎无希望脱离危险了。"

从苏州被太平军占领，到淮军克复苏州，在这两年半时间里，朝廷出于心理和实际需要，多次催促湘军予以收复，但都未能如愿。淮军到上海不过一年零八个月，即占领苏州，令朝野为之瞩目，就连曾国藩也不得不承认他的学生青出于蓝而胜于蓝，在战绩上已经超越了自己（“本非始愿所可及，亦愧谋略之不如”）。

李鸿章彼时正在湖中泛舟小酌，闻报立即下令撤去杯盏，准备在桌案书写奏折，向朝廷报喜兼给诸将请功。有个姓杨的幕僚小楷书法写得好，李鸿章拍拍他的肩膀：“伙计，咱们来啊！”杨某立刻走到案前，按照李鸿章的授意一挥而就。这封奏折从拟稿到拜发，不过弹指一挥之间，其速度之快，在李鸿章所上呈的奏疏中大概也算“之最”了。

李鸿章春风得意的心情自然可以想见，但程学启带来的一个新消息却让他皱起了眉头。原来郜永宽等人不肯迅速接受整编、遣散，其部众依旧集中屯扎于阊、胥、盘、齐四门，而且郜永宽本人也未剃发。四王四天将以此讨价还价，试图争取更多的好处，具体来说就是要求割苏州西南半城来安置其部下，同时分东北半城给他们作为官府。按照谈判协议内容，李鸿章、程学启许诺给以最高不低于二品的武将官职，但这只是一个含糊的概念，四王四天将此次除表明希望得到总兵、副将官职外，还直接指明了需到何省任何职。

古语道，受降如受敌，意思是接收来降之敌要像迎战来攻之敌一样，保持高度警惕和戒备，以防其诈。明代刘基在他的传世兵书《百战奇略》中，专门列有“降战”一篇。实际上，明末官军就吃够了降敌的苦头，李自成、张献忠都曾屡次投降明军，但却是降了再反，反了再降，最终养虎遗患，提前颠覆了大明江山。

清军在招降过程中，类似的教训也同样层出不穷。胜保最喜欢招降太平军和捻军，苗沛霖、宋景诗、李昭寿均为其所招降，结果苗沛霖被太平天国封为奏王，宋景诗成了捻军劲旅，相比之下，李昭寿算是最好的，但也一直骄横跋扈，拥兵自重，且长期盘踞于苏皖交界的滁州等城不肯退出，令政府十分头疼。

吸取这一教训，湘军对于接受太平军归降一事十分谨慎，确实做到了受降如受敌。太平军一旦投降湘军，所部首先就要被整编、遣散，其目的在于压缩投诚者的实力，使之难于反复。比如曾与胡林翼、罗泽南激烈对抗的韦俊，投降湘军后近两万人被整编为三千，他的老部下古隆贤步其后尘，七万人仅编留一千。又如原在李秀成军效力的童容海，在皖南归降鲍超后，六万人被整编为五千。

脱胎于湘军的淮军自然不会不遵循这一原则，先有南汇降将吴建瀛，后有常熟降将骆国忠，一个所部被削至千人，另有一个被削至两千人，而且均被要求退出所在城池。吴、骆不敢不从，以后各自凭战功才混到了副将。

根据淮军方面得到的信息，苏州降敌达二十万之众。二十万云云尽管只是虚饰之辞，但据估计城内实际能够作战的太平军仍有约三万人，数量上比淮军要多得多。郜永宽等人继续保留这样的实力，而且据于苏州省城不退，理所当然被李鸿章、程学启认为是居心叵测，别有所图，他们也不能不为此感到焦虑：重者，郜永宽等人可能反戈一击，对即将入城的程学启部进行反噬；轻者，这些人也会如同苗沛霖、宋景诗、李昭寿一样，形成尾大不掉之势，给清廷在苏南的统治造成无穷后患。

就在李鸿章苦思良策的时候，程学启断然建议：杀！

杀　降

杀降者不祥，这句警言在中国的普及程度，可以说远远超过了受降如受敌。从中国古代的伦理道德出发，人们一直认为杀降属于不仁不义，杀降者也定会受到天道的惩戒。

最广为人知的事发生在春秋战国时期。秦国名将白起因触怒秦王被逼令自尽。白起开始还叫屈，嚷道：“我究竟犯了什么罪过，老天竟会让我落得如此下场？”不过在匆匆回顾了一下过往的所作所为之后，他终于为自己找到了原因，说：“我确实该死。长平之战，赵军降卒几十万人，我用欺骗的手段把他们全部活埋了，这就足够死罪了！”说完便自杀了。

李鸿章岂能不知杀降者不祥以及白起的故事，因此听了程学启的话后显得很犹豫。见上司持有顾虑，程学启坚决请求：“某极知杀降不祥，然如不杀此八人，苏城终不可得，我宁负贼，不负朝廷。”

中国人的民族性格是比较现实的，自古至今，即便有杀降不祥一说，但在现实政治和战争的博弈传统中，更多讲求的还是所谓的“势”与“术”，说得直白一点，就是以利益和胜利为最终目的，在此前提下，坚持不杀降者反而会被说成是妇人之仁的宋襄公。

白起坑杀赵国降卒自然广遭非议，但它却将秦国当时的现实利益推向了最大化——赵国的军事力量遭到根本性削弱，这个关东六国中实力最强的国家迅速走向衰弱，与此同时，其余关东诸国也受到极大震慑。

正因为存在这样巨大的现实利益，所以即便白起被杀也不妨碍后来的仿效者纷起云涌，仅仅到了秦末，项羽就成了第二个白起，他直接把二十万秦军降卒给全部活埋了。

要的是眼下风情万种，谁在乎今后波涛汹涌？程学启本身亦为太平军降将，但为了拿到投名状以及染红自己头上的顶子，他在战场上对付太平军，向来比湘淮军的同僚们都狠。如果不杀四王四天将，他就不敢入城，如此则大功必将付之东流，如何能够甘心？至于结拜、起誓之类，在他看来，也不过是为了招降的需要逢场作戏而已，到了认为必须抛弃的时候，随时可以一抛了之。

程学启的话终于让李鸿章下定了杀降的决心。1863 年 12 月 6 日，他和程学启故意设局，引诱四王四天将出城参谒。一番虚情假意的寒暄之后，李鸿章命左右取出八具红顶花翎，给八人分别戴上，说："现在诸位都是我大清的官了，好好一起为大清立功吧。"

戴花翎是为了让八人卸下心理防备，八人被邀请在帐内赴宴，他们的随从则一律被支到了帐外。随后李鸿章借故巡营，离开了大帐。他一走，程学启立即下令关闭营门，同时发炮作为信号。

听到炮声，郜永宽还没醒过味来，吃惊地问道："发生了什么事？"话音刚落，已经是伏兵四起。郜永宽腰间尚别着小洋枪，他连忙拿着枪找程学启，但程学启早已消失得无影无踪。八人中的一人见状顿足大叫："到了这个时候，（找程学启）还有什么用？我就知道程某不可靠，一定会出卖我们的。"

四王四天将当天全部被杀。完成诱杀计划后，程学启率部入城，宣布八人诈降已经被杀，不再对其余人员问责。蛇无头不行，八人既死，降卒多数噤若寒蝉，只有两千余旧部起而抗争，但很快就被程学启的部队消灭了。

杀降事件迅速在联合部队内部掀起波澜。戈登是郜永宽等人归降的证人，李鸿章在决定杀降时就知道他不会同意，便将他先行调往昆山。从昆山回来后，戈登才知道郜永宽等人被砍了头，这让他愤怒至极，认为自己作为保人，已经身不由己地被卷入了这场是非之中，尤其不知情者很可能会以为他也是同谋，从而使他引以为豪的军人荣誉以及英国的脸面受损。

就算淮军里面也有人对此表示不满。作为郜永宽献城归降的牵线人之一，副将郑国魁曾参与阳澄湖谈判，现场见证了程学启折箭起誓的全过程。杀降事件发生后，他哭着连饭都不肯吃，连续在床上躺了三天三夜。

程学启部的军纪原本很好，但在郜永宽被杀后，他的部队却趁机将纳王府劫掠一空，弄得满城大乱，加上当时又盛传谣言，说郜永宽的党羽并未除尽，仍暗藏于城中，随时准备袭击李鸿章。凡此种种，都令李鸿章烦恼不已，对杀降一事也颇感有些后悔，便埋怨程学启道：“你也是降人，为什么要做得这么过分呢？”

程学启最怕也最恨别人揭自己的这层伤疤，盛怒之下当即回营，要打点行装离淮军而去。他的部下连忙跑去向李鸿章报告，李鸿章自知失言，忙假借商谈其他事务，前来探望程学启。程学启有了台阶可下，两人的关系才又重新融洽起来。

为了安抚郑国魁及其降卒，李鸿章下令为郜永宽做佛事，并亲自前往祭吊，其间还假惺惺地掉了几滴鳄鱼眼泪。倒是郑国魁动了真情，他叩棺大哭，一边哭一边诉说：“杀你的自有他人，我可没有欺诈你啊！”

茫然不解

别人都还好打发一些，缠着李鸿章不放的是洋人。

按照近代西方社会的观念，战场上主动投降者的生命应该得到保障。纵使投降者罪大恶极，也应先将对方送上战争法庭，对其履行相应的司法程序和进行公正的审判，包括人犯亦拥有为自己辩护和申诉的权利，只有经过这一系列法律程序，判定有罪后，方可施以惩罚。

四王四天将是协议投诚，而且身为江苏巡抚的李鸿章已经口头承诺将予以赦免，如此情况下仍被杀害，自然最容易引起西方人的不解和反感。上海英国领事馆官员代表在华洋人，集体签署了一份决议，对此事表示强烈抗议，同时声称“这件事很可能使西方国家对清帝国事业失去同情，使迄今一直在帮助他们的豪侠军官撤回援助”。

戈登就是“豪侠军官”中的干将。他原本与程学启的合作非常密切，他对程学启也很欣赏和敬重，认为“程将军是改革中国军队的最佳人选”。至于李鸿章，更被戈登描述为“清帝国最先进的实权人物”“我遇到的最睿智的清廷官员”。李鸿章身上所展现出的充沛精力、才干、学识、决断力，以及善于接受新思想、新事物的精神，无一不令其赞不绝口。

杀降事件发生后，戈登二话不说，先宣布和程学启断交，接着又盯上了李鸿章。湘淮军中传闻，戈登天天拿着手枪到军营中去见李鸿章，想要杀死他，李鸿章避而不见，于是戈登便率常胜军绝尘而去。还有人说，李鸿章的部下幕僚预先得知戈登要杀他，向李鸿章进行报告并为之筹划，问是否要先发制人，把戈登抓起来。李鸿章长叹一声道：“我自己不修德行，乃至招来了外界的怨尤。洋人刚直豪爽，随他去吧，我不怕。”戈登听到李鸿章的这番话后，隐隐然对其心悦诚服。

传闻虽非事实，但戈登确实给李鸿章制造了不少麻烦。他的第一个举措是计划逮捕李鸿章，发现行不通，就径直携郜永宽的首级及其郜永宽的义子郜胜镳回昆山。走之前留书一封给李鸿章，要求李鸿章立即退出苏州，引咎辞职，否则的话，他将率常胜军进攻淮军，夺回常胜军所得城镇，再把这几座城镇重新交还太平军，以作为对其背信弃义行为的补偿。

李鸿章倒不怕和常胜军干仗，常胜军除了西洋开花炮特别厉害外，野战能力其实不及淮军，当然他也知道这个时候不能产生内讧，能想方设法把戈登安抚住，乃是解决事情的最佳方案。

令李鸿章感到茫然不解的是，戈登怎么会产生如此大的反应？这显然已不是一句“刚直豪爽”解释得通的。想来想去，他只能认为戈登是在借题发挥闹情绪。

戈登在对常胜军进行革新时，曾提出取消攻城后的赏金，但常胜军过去拿赏金拿惯了，攻克苏州后，不少官兵重又要求给予赏金。戈登为了稳定队伍，便向李鸿章提出补发两个月军饷。李鸿章开始不同意，后经磋商，改为补发一个月共计一万两白银的军饷。

这是杀降前发生的事。在当时中国官员的习惯性思维中，洋人都是唯利是图，一心钻在钱眼里的角色，李鸿章便猜测戈登是因“索重赏”未得到满足而泄愤。除此之外如果还有原因，就是戈登可能希望获得入城之功，但在入城的关键阶段，他和常胜军却被调回了昆山。

在常胜军的历任统领中，戈登曾经最得李鸿章的欢心。在给曾国藩的一封信中，李鸿章如此评价道："自戈登掌帅印以来，该洋将老成勤谨，讨逆之志尤坚，窃以为尚能秉承调度，哪怕花四五十万两白银何足惜哉。"

四五十万两都不在乎，多出个几万两又能如何？李鸿章固然很会算细账，但需要投入的时候他也决不会吝惜，在他看来，只要能把戈登劝住，增加赏金的事完全可以再商量。至于战功，他其实也并没忘记戈登，已经在奏疏上为其请功了。

李鸿章把这层意思告诉道员潘曾玮、总兵李恒嵩，让他们向戈登进行传达。与此同时，他又派在淮军中任炮队教习的英国人马格里专赴昆山，对戈登进行解劝。

痞子放赖手段

当马格里来到昆山，进入戈登的住所时，他看到戈登正在哭泣。两人还未讲上一句话，戈登就躬下身子，从床底下掏出一样东西，举在空中，大声叫道："你看清没有？看清没有？"

窗棂中透进来的光线很暗，马格里起初根本没认出那是一个什么东西。戈登见状，又再次大声说道："这是纳王的头！完全是卑劣的谋杀！"说完之后，便放声大哭。

经过马格里等人的一番好说歹说，戈登总算答应不再与李鸿章发生直接冲突，但他并没有真正感到解恨。在他的怂恿下，英国新任驻华陆军司令伯郎自上海来到昆山，宣布由他接管常胜军，常胜军今后不再受李鸿章的节制和调遣，也不再参与对太平军的进攻，其作用仅止于防守上海。

接着伯郎来到苏州，怒气冲冲地找李鸿章兴师问罪。当着伯郎的面，李鸿章辩称他不是一个天生爱杀降的人，假如不是郜永宽等人的要求太过分，使形势变得十分特殊和严峻，他是会接受郜永宽等人投降的。

李鸿章所提供的理由并没有能够得到伯郎的认同。伯郎说他代表英国女王与在华官商向李鸿章提出抗议，因为英国遵循不杀俘、不杀降的准则，"不喜杀人"，而李鸿章已经触犯了这一准则，如果他希望事情得到转圜，就必须备文认错。

李鸿章初来上海时，对洋务不熟悉，曾写信向老师请救。曾国藩依照宋儒义理之道，指示他应按“忠信笃敬”四字去和洋人打交道，后来李鸿章自己经过一番实践，认为对待洋人没必要这么实诚。他把老家的“痞子手段”（流氓、无赖手段）掺和进来，从而形成了他所谓的“亲近加痞子放赖手段”，说得直白一点，就是既要和洋人假装亲近，但又不能真的以心换心，必要时候还得像痞子一样耍耍无赖。

李鸿章连向洋人口头认错都不愿意，更不用说写下文字了。既然与伯郎“亲近”不得，他就把“痞子放赖手段”搬出来，笑着对伯郎说：“这里是中国，不是外国，而且此为中国军政，与外国无干，不能向你认错。”

伯郎的要求虽被毫不客气地堵了回去，但俗话说，伸手不打笑脸人，他就是心里再窝火，看着李鸿章笑嘻嘻的样子也不好怎么发作了，只得悻悻然抛下一句“将转告本国公使与总理衙门交涉”之后，便起身离开了。

李鸿章本质上是个读书人出身的文官，不是真的痞子，厚着脸皮耍无赖也实在是一种没有办法的办法。戈登和伯郎如此折腾个不休，让他自觉烦恼不已，心情十分恶劣，对戈登和常胜军的印象也因此有了一个一百八十度的大转弯。在给曾国藩的信中，他忍不住道出了自己的愤懑：“常胜军终无结局，外间不知者以为好帮手，其知者以为磨难星也。”

对于伯郎说要闹到北京去，李鸿章不能不做好相应的心理准备。他向总理衙门发去密奏，详细报告了整件事情的前因经过，同时表示为大局着想，愿意任由朝廷对他进行惩罚。

英国驻华公使卜鲁斯果然在北京对清廷施压，而且是直接给同治皇帝发去照会，要求对李鸿章进行调查，但那拉氏接到照会后，对此的评论却是：“洋人不明事理。”随后她就把皮球踢给了总理衙门。

“洋人不明事理”，其实就代表了中国官方的一致态度。以曾国藩为例，他在半个月后才知道此事，“阅本日文件，见李少荃（李鸿章）杀苏州降王八人一信稿一片稿”。对李鸿章的做法，他表示完全同意，且认为李鸿章出手果断，“殊为眼明手辣”。

总理衙门的恭亲王、文祥也都站在李鸿章一边，自然不可能责备乃至处罚李鸿章。为了让双方都有台阶可下，朝廷遂以克复苏州论功，特授戈登以头等功牌，并给予一万两赏银。可是戈登拒绝接受赏银，还在赏赐诏令的背面写道：“由于攻占苏州后所发生的情况……不能接受任何标志皇帝陛下赏识的东西。”

洋人竟然不要皇帝的赏银，这件事着实令人吃惊，同时也可能会使朝廷很没有面子。李鸿章急忙为之打圆场，解释说戈登是英军指挥官，属于伯郎的下级，此时伯郎正在香港，没法向他请示，而在未征得伯郎同意之前，戈登自然不敢接受中国皇帝的赏赐。

戈登虽然对赏银没兴趣，他却未将头等功牌拒之门外。发现洋人喜欢奖牌一类荣誉，朝廷便又授予他荣誉提督衔以及四套黄马褂。对能够得到这些东西特别是黄马褂，戈登显得和华尔一样受用，他不无炫耀地对别人说：“中国人极力阻挠我获得它，但我说或者给我黄马褂，或者什么也别给。他们终于屈服了。”

常胜军方面更好打发，李鸿章宣布犒赏常胜军七万两白银，相当于一次性加发了七个月的军饷。在拨出这笔巨额赏金的同时，他又让人写了一张文告，声明戈登在归降谈判中确实说过要宽赦郜永宽等人的话，但杀降时他并不在场，事后也对杀降提出了质疑，但“本部堂（指李鸿章自己）与戈总兵（戈登）之用心实有不同而同之处”。

这张文告写得相当高明，既没有脱离事实，也让戈登下了台，戈登后来还特地把它带回了国（后来收藏于大英博物馆）。戈登的面子和里子都有了，从此不再对杀降案进行追究，一场风波终于得以烟消云散。

请一刀杀了我

在淮军进攻苏州的那段时间里，曾国荃采用逐点进攻战术，先后对天京城外的方山等十余处要隘发起猛攻，并悉数加以占领。1863 年 11 月中旬，曾军分兵进扎孝陵卫，至此，除城北的神策、太平两门外，其余各门都已无法再对外联络。

12 月 15 日，曾国荃开挖地道，将神策门城墙轰塌了十余丈，虽然太平军随即就进行紧急抢堵，封住了缺口，但天京处境之危险已毕现无遗。几天后，李秀成赶回天京，眼前的情景顿时令他有了朝不保夕之感。

李秀成曾数次解天京之围，未雨绸缪的思想在他头脑中根深蒂固。三年前，太平军组织最后一次西征，他在离京时就力劝诸王、大臣及军民百姓，让他们把家里的金银都尽量拿出来，用以购买粮食，以备不测。不料当权的信王（原为安王）洪仁发、勇王（原为福王）洪仁达却视之为一桩有利可图的生意，他们不准天京居民随意购买粮食，如果要买，必须花钱从他们手中领取买粮许可证和通行证，美其名曰“洪氏帖”。就算有人办齐了所有手续，领到了“洪氏帖”，也找到了出产粮食的地方，运回天京仍需额外征税。结果在这么长的时间里面，天京城内愣是没能存下多余粮食，等到湘军一封锁，城内粮食便坐吃山空，越来越少。

此时浙江大部分区域被楚军攻陷，江苏境内，淮军相继攻占苏州、无锡，李秀成估计丹阳、常州也支撑不了多长时间，而在皖南方面，霆军等部更已占据压倒性优势。凡此种种，都意味着天京周围地区的太平军自顾不暇，既无能力也不情愿增援天京。

其间随着天京形势越来越紧急，干王洪仁玕曾奉命出京，亲自到太湖一带催要救兵和征集粮草，但不管他怎样“对各军力陈赶紧援助天京之重要”，还是无人响应。随着集结于天京周围的湘军不断增多，洪仁玕想回京都回不来了，只能在太湖南边距天京两百里远的湖州驻足观望。

一边是内无粮草，外无救兵，一边是城中老弱妇孺多，不懂军事的文官多，费粮费饷者多，可是有战斗力能打仗的士兵却很少。这使李秀成在苏州时就萌生的念头如今变得更加强烈，回京次日，他便启奏天王洪秀全，提出趁敌军尚未对天京形成合围，放弃天京让城别走。如果天王执意不走，他也愿意护送幼天王先行突围，向江西转移，然后再会合在陕鄂一带活动的陈得才军，徐图振兴。

可是洪秀全对这两项建议都不肯接受，同时还大发雷霆，对李秀成横加指责。万不得已，李秀成只好硬着头皮，跪奏陈情：“如果再不听我的意见，全天京的人都将性命不保！”

一向自命不凡的洪秀全听了这话，愈加暴跳如雷：“朕奉上帝圣旨、天兄耶稣圣旨下凡，作天下万国独一真主，何惧之有！你不用再向朕启奏，政事也不用你来打理，以后你要走就走，要留就留，随你的便。”

随后从他嘴里又冒出了一连串犹如梦游般的呓语：“朕铁桶江山，你不扶，有人扶。你说没有兵，朕的天兵多过于水，何惧曾妖（曾国藩）！你怕死，反而可能死得更快。”

所谓“天兵”，不是宗教或神话传说中的天兵天将，而是指太平天国的士兵。太平天国晚期，洪秀全以向他的天父上帝表示崇敬为名，下旨舍去“太平”二字，仅用“天国”称之。太平天国统治区域的军民也都以“天”冠之，比如老百姓称为天民，官员称为天官，将领称为天将，士兵称为天兵。李秀成等人对此很不习惯，但只要他们的话语中提到“我队我兵”，就立刻会遭到洪秀全的斥责：“你包藏奸心！天国境内都是天兵，哪有你的兵？”

洪秀全认为，所有的“天兵”都为他一人所有。可就算这样，环顾四周，哪还有多少“天兵”？更不用说什么“多过于水”了。

洪秀全还当众宣布说，今后李秀成无权再插手政事，朝中政事由勇王洪仁达执掌，幼西王萧有和颁发命令，谁如果不执行幼西王的命令，就立马处死。

幼西王不过是一个什么都不懂的小孩儿，洪仁达正是天京陷入断粮困境的罪魁祸首。事到如今，见天王仍然执迷不悟，李秀成深感绝望和痛心，他甚至希望第一个被天王处死的人就是自己，这样也免了日后耻辱地死于清军刀下。他悲愤地说：“我作为主（指洪秀全）的臣子，日夜操劳，未有半刻偷闲。我今天是为国事启奏，可是主却如此严责于我，也罢，请一刀杀了我，我愿意死在殿前，以尽我的一片忠心。”

洪秀全虽然放出狠话，但他也知道军事上舍李秀成外无人可以依赖，自然不会真的把对方给杀了，不过另一方面，他又死活不肯采纳李秀成的建议。李秀成一无所获，唯含泪退朝而出。

一切都晚了

由于天王不肯纳谏，李秀成致信驻于溧阳的李世贤，约他一起前往江西。察觉李秀成要走，天王急了，忙授意群臣苦苦挽留，李秀成本身也顾忌老母仍留于城中，只得答应继续在天京主持防守。

1864 年 1 月，李秀成携手李世贤，在天京周边发动了一次大胆突击，试图冲破淮军对常州的包围，重续天京补给线。然而这次突击并没能取得成功，连“太平号”汽船也被焚毁。

一计未成，再生一计，李秀成部署沛王谭星等分路南进江西，以便从江西夺取粮食补给。可惜这些军队只是牵制了部分湘军，既定目标仍未能够达成。

2 月 27 日，李秀成养子李容发自句容护粮入天京，但在到达天京城墙边时遭到截击，超过一万多公斤的粮食全部落入了湘军之手。

在截断陆路粮道的同时，曾国荃军继续向前步步推进，次日他们攻克了钟山上的要塞天堡城，天京四周的制高点尽为其所有。李秀成虽然实施了猛烈反击，但是再未能够收复这些山头。同一天，曾军在神策、太平两门外筑起营垒，从而完成了对天京的合围。

湘军在天京城外的营垒完全依照其固有的军制进行构筑。鹿砦、壕沟、土墙齐备，土墙为双层胸墙，两层胸墙间相隔三百米，胸墙上每隔四百米到八百米都有一座堡垒。这样的堡垒总共有一百二十座之多，而且每座堡垒里面都驻有全副武装的官兵，天京军民如今是插翅难飞了。

曾国荃在天京，左宗棠在浙江，李鸿章在江苏，三路分进合击，令太平军陷入了首脑被困，四肢被制，顾此失彼，坐等宰割的绝境之中。至 1864 年 3 月，左宗棠攻克杭州，李鸿章攻克嘉兴、溧阳，并在常熟取得大捷。与此同时，曾国荃也进一步加强了对天京的封锁，外界与天京沟通的水陆两路全都被阻住，连城墙和河岸之间的洼地都有人巡逻守卫。

中国商人当然不敢，实际也无渠道与天京进行交易，洋商由于外国领事发布了禁令，一般也不敢火中取栗，只有少数胆子特别大的洋商为了牟取暴利，才敢冒着被官军巡逻队抓获的危险潜入天京。几年前，向天京偷运军火弹药才能大发横财，现在若哪个洋商从汉口或上海出发，往天京输入了大米、食油或煤炭，那他能够获取的利润就可与前者等同。在洋人圈子里，只要听说某艘洋船已自天京运粮返回，这艘船便会立刻成为其他西洋亡命徒的攻击目标，他们会不顾一切地冲上船，杀死船员，抢走银钱。

通过这样的方式进入天京的粮食少之又少。天京城中家家粮食罄尽，户户米缸见底，一些太平军士兵只好用绳子从城头上吊下来，在官军睁一只眼闭一只眼的情况下，从城墙底下寻找野菜以及其他可以用来充饥的食物。

李秀成忧惧不已，决定开城放出妇女，用以节省粮食。对于他的用意，湘军方面看得很清楚。曾国藩堂堂一个理学大师，但在战争期间却心硬如铁，甚至可以说是极为残忍，他为了能够拖垮城内守军，争取早日攻下天京，不惜建议曾国荃把城内放出的难民全都堵回去。倒是曾国荃尚存恻隐之心，加上还有西方官员在一旁观察，所以不仅没有照做，还设局招抚难民。

截至三月中旬，天京城内已放出妇女一万多人，但仍不能从根本上缓解粮食奇缺的困境。李秀成启奏天王洪秀全，告之以实情："城中食物匮乏，饿死的人很多，恳求降旨筹谋，以安众心。"

李秀成的意思还是劝天王突围前往江西。这个时候，天王洪秀全突然做出了极为异常的举动，他握着李秀成的手，抽泣着说道："朕吃过东杨（指东王杨秀清）的苦头，又被四王（应指幼西王萧有和、信王洪仁发、勇王洪仁达、干王洪仁玕）所惑，所以才会任用你却又不信任你，也才会落到如今这个地步，现在一切都晚了！大厦将倾，就算突围出去又何济于事？朕已与天父约定，誓与此城共存亡！"

或许洪秀全长在深宫，实际早已失去了转战异地或重起炉灶的能力和勇气，也或许，他真的已对前途绝望。不过在这一刻，他总算没有再拿大话诳人或呓语欺人，也总算承认了自己的失误，认识到了谁才是真正的忠臣。这对于同样深陷于绝望之中的李秀成来说，未尝不是一种迟来的安慰。

李秀成悲从中来，当即伏地痛哭，无法仰视。

甜　露

《出埃及记》是《圣经·旧约》第二本书，书里面讲到以色列人的先知摩西带领众人穿越荒漠时，曾依赖一种名叫"吗哪"的食物为生。不过"吗哪"究竟是什么，没人能说得清，书中也只记载它"如白霜的小圆物"，而且必须于早晨收集。

洪秀全读过《出埃及记》，他理解的"吗哪"是所谓"甜露"。当李秀成请求他"降旨筹谋"时，他回答道："全城人都吃甜露，可以养生。"还下令："取来做好，朕先吃。"

大家都不知道去哪里找这个"甜露"，无法遵旨办理。洪秀全就自己在宫中开阔地里把各种野草挖出来，制成团块状，然后派人送出宫去，说这个就是"甜露"，并要所有人以此为食。

这不就是灾荒时吃的草粮树皮吗？李秀成只好自己想办法，除了继续放难民出城外，他又下令军民广种小麦。结果到了四月中旬，彭玉麟经过观察发现，天京城中二麦（大麦、小麦）即将成熟，“满地无余土”，而天京军民已开始再次播种，一眼看去，“遍城青秧”。

李秀成所实施的这两项措施虽然不能解决根本问题，但对城内粮食的供应和消耗不无小补，也大大增加了湘军克城的难度。

天京城大，周长近百里。尽管此时曾国荃经过增募和调拨，部队已陆续增至五万多人，可是五万人沿城墙布围，兵力仍显单薄。曾国藩对此也是忧心忡忡，他明言“以数万人围困数十万贼（太平军）”，就好像堵塞黄河一样，合龙固然可喜，但离大功告成还远得很。

为协助胞弟围城，曾国藩增调鲍超部一万六千余人入援。霆军先进驻有天京南大门之称的东坝镇，继而通过攻克句容，肃清了天京外围的太平军营垒，使天京彻底成为孤城一座。

自被合围以后，天京攻守战就进入了后期阶段。与前期重点围绕外围要隘进行争夺不同，后期主要是对于城墙的攻守。1864 年 3 月 14 日，湘军第一次以云梯攻城，以试探城防的坚固与否。经过这次攻城，曾国荃发现天京城墙既高且厚，仰攻的话，成功的概率很低。经过研究，他决定沿用攻克安庆时的穴地攻城法，将城墙炸开缺口，在此基础上再实施强攻。

三个月前，湘军已经试炸过神策门城墙，此次置换地点，改在南门、朝阳门至钟阜门范围内，以逼城筑垒为掩护开挖地道，同时还专门从别处调来挖煤工进行作业。

即便较大的地道每天也可以往前延伸四米半，所以湘军很快就挖出了总计三十四条地道。其中的许多地道的规模都相当可观，里面的地下走廊用木头支撑加固，达到两米高、一米半宽，且每隔一段就有小孔用来通风，到离城墙二十米的地方还会分出支路。

5 月中旬，李鸿章的淮军先后攻破常州、丹阳，守军主将、护王陈坤书在被俘后自陈：“欲保常州以为金陵犄角，奈事不成，只有尽忠！”

虽然湘军尚未大规模硬攻城墙，但地道的挖掘以及常州、丹阳等城池的失陷，都足以加剧天京城内的紧张空气。天王洪秀全为此焦急万分，以至于天天烦躁不安。他下达命令，要求所有城外来的信件，一律要报给他知晓，谁如果私自拆阅信件，将以通敌论罪，予以满门抄斩。举报者封以王位，知情不报者也要处以极刑。

如此严刑峻法，却仍挡不住有人顶风作案。松王陈德风、慰王朱兆英均偷偷地和曾国荃进行联系，企图献城投降，最终并没有成功，陈德风还率先东窗事发，被信王洪仁发抓了起来。幸亏陈德风和李秀成的关系很好，陈母又来央求李秀成，李秀成出银一千八百两，把陈德风担保下来，救了他一命。

此事刚过不久，李秀成的妻舅宋永祺也向李秀成声称，自己已经与曾国荃取得了联络，并劝说李秀成归降。李秀成既不知真假，暂时亦无投降打算，所以没有当场表态。

宋永祺好酒，第二天与朋友喝酒喝得太多了，酒后吐真言，竟然将劝李秀成归降的事泄露给了陈德风。李秀成对陈德风有救命之恩，陈德风不敢造次，同时也有些半信半疑，就写信来问李秀成是否真有此事。

信件送达时，李秀成正在自己的忠王府开会，补王莫仕暌、章王林绍璋等王公大臣都在会上。这时城内信件与城外信件一样，只要被别人看见了，都不得藏私。李秀成尚未反应过来，莫仕暌就顺手一把从信使手中夺过信件，撕开阅看，众人也围拢着一同进行检查。

信的内容令他们大吃一惊。莫仕暌其时执掌刑部，他当即对李秀成说："你快把你的妻舅宋永祺叫来，我会当面询问，不然的话，我就要先行启奏天王，这恐怕对你多有不便。"

李秀成措手不及，只得听任莫仕暌布置。当天晚上，他把宋永祺叫到王府，莫仕暌乘机将其拿下。之后，宋永祺的同谋郭老四也被抓获。

放火烧朕城了矣

宋永祺案事关重大，直接牵连到李秀成，当然瞒不了天王洪秀全。如果真要依法办事，宋永祺免不了要满门抄斩，就算李秀成也脱不了干系，轻者囚禁审问，重者斩首示众。可是从洪秀全到满朝文武，都知道李秀成对天京防守意味着什么，哪里敢动他分毫。

李秀成牵连宋案的事没人提了，就好像从没发生过一样，对宋永祺的处分也从满门抄斩降为对其个人予以正法。李秀成为了救出宋永祺，暗地拿银两对莫仕暌进行贿赂。莫仕暌遂利用自己的职权免除宋永祺死刑，予以从轻发落。

当年李秀成被天王猜忌，身为监军的莫仕暌曾主动站出来为他仗义执言，也算是天国政权中难得的直臣，如今却也随波逐流，做起了收受贿赂、徇私枉法的事，天国政治之腐败与不可救药于此可见一斑。

莫仕暌徇私的前提，是其实已得到了天王洪秀全的默许，所谓“奏旨轻办”。这个时候的洪秀全既不敢也无心处分李秀成及其亲属，自从传旨“食甜露”之后，他就一直卧病在床，其间病情曾有所好转，但很快又加重了。

洪秀全致病的原因不详，李秀成认为他是吃了有毒的“甜露”也就是野草，且不肯让医生开药方之故，这反映出洪秀全对待眼下困境的态度：好就好，不好就拉倒，反正都已无能为力。

洪秀全在创立拜上帝会后，天国高层有三个人掌握着“通灵”的能力，除洪秀全本人自许为上帝耶和华的儿子、耶稣的弟弟外，杨秀清、萧朝贵分别负责传达天父和天兄的信息。

在天国最初的那些时光里，每逢危难或重要时刻，天父、天兄都会下凡给他的信徒们带来鼓励，信徒们也个个精神饱满、斗志昂扬，即便遇到重重困难甚至牺牲也百折不挠。

永安突围是太平天国战史上的关键性战役，当时太平军后勤不继，士气不高。为了鼓舞士气，萧朝贵假装神灵附身，手执宝剑，跳到桌子上与“妖魔”大战，没想到跳着跳着，一不小心从椅子上摔下，跌伤了颈椎，乃至接连几个月都无法起身。躺在病床上，他仍不忘激励众人，说：“越受苦，越威风。”

可惜的是，后来天父天兄的信息以及神灵附身却被越来越多地用在了争权夺利上。天京事变前，杨秀清之所以被诛，秦日纲、陈承镕起到了重要作用。秦、陈原先都是杨秀清的亲信，但因为抗议杨办事不公，杨秀清便借天父下凡进行报复，以天父的口吻指责他们企图叛变：“秦日纲帮妖，陈承镕帮妖，放火烧朕城了矣！未有救矣！”

如此严重的罪名，砍秦日纲、陈承镕的头都是轻的，秦、陈二人走投无路，只得依附于洪秀全和韦昌辉，从而酿成天京血案，杨秀清自己反倒人头落地。

“放火烧朕城了矣！未有救矣！”天父这一声愤怒而又绝望的嘶喊，仿佛又回荡在了天王府的上空，只不过即将毁于一旦的，不再是天父的城池，而恰恰就是人间的这座天国之城。

1864年5月30日，洪秀全下发诏令，称：“朕即上天堂，向天父天兄领到天兵，保固天京。”事后，这一诏令被解读为他在借宗教安抚人心的同时，已下定了自杀的决心。

距诏令下达仅隔两天，洪秀全忽然很感慨地问了左右一个问题：“自古以来，有肯做敌人俘虏的帝王吗？”这个问题其实他并不需要别人回答，因为他自己已经准备好了答案——当天，洪秀全即一命呜呼。

关于洪秀全的死因，流传着两种说法，一为自杀说，依据来自于天王府一位参与掩埋洪秀全尸骸的黄姓宫女，另外李秀成在供状中也隐隐约约地透露了这一信息。一为病故说，干王洪仁玕说洪秀全之死是一次“拖了二十多天的病”，洪秀全长子幼天王洪天贵福则说父亲是“被病拖垮了”。

洪仁玕、洪天贵福均非亲眼看到，所说得自于传闻。事实上，即便他们亲眼看到了洪秀全是自杀，也会讳言为病故（李秀成也是在后来的供状中才加以说明），因为在此危急关头，如果有天王因绝望而自杀的消息传出，无疑将对太平军坚守天京的意志造成毁灭性打击。

天王死后的葬事处理似乎也说明了这一点。李秀成等诸王秘不发丧，只派那名黄姓宫女用黄绸尸布将洪秀全的尸骸裹起，安葬于御林苑东边的一座山上。

6月6日，在城内一片喧嚷，传言官军即将入城的情况下，众人才扶幼天王洪天贵福登基。新天王年仅十六岁，毫无治国或从政经验，遂决定由干王洪仁玕掌管朝政，封李秀成为大元帅，执掌兵权。用洪天贵福的话来说：“朝事都是干王掌管，兵权都是忠王掌管，所下诏旨，都是他们做现成了叫我写的。”

由于洪仁玕尚在湖州，所以军政大权基本都掌握于李秀成一人之手，然而不管城内的军政事务究竟由谁主持，都已经无法动摇大局。

激将法

湘军在天京城下所挖的地道虽然均在四米半深的地下，但在开挖时，地道内必然要放置灯火用于照明，烟气上灼，使得上方的植物不是呈微黄色就是枯死，这样很容易就会被城头上的太平军所发现。

穴地攻城法本为太平军首创，太平军自然也精于此道，对如何反制亦不陌生。他们一边据城射击，一边在外城根修筑“月围”。所谓“月围”，就是附城筑垣，用以破坏地道。在“月围”范围内，太平军同样挖沟穿穴，一旦与湘军地道穿通，即灌沸汤毒烟，或近身肉搏，予湘军以杀伤。

获悉湘军的地道挖掘受阻，曾国藩又着急起来，认为“地道轰城，系蛮干之法，无必胜之道”。有“曾铁桶”之称的曾国荃没听哥哥的话，他再次发挥其悍不畏死的蛮劲，命令所部缩小包围圈，争取将拦路的“月围”尽数摧毁。

在曾国荃的指挥下，湘军进一步拉近了环形防御工事与城墙的距离，有些地方离城墙已不到三十米。他们把大炮集结于阵地之上，对“月围”进行猛烈轰炸，轰炸过后，再进行集团式冲锋。

最终，曾国荃用伤亡三千人的代价攻克了“月围”，但是地道仍大多为守军所破，有的虽尚未遭到破坏，但所引爆的火药因药量不足，作用也不大。

战至6月，湘军所挖的三十四条地道一条都没有奏效，伤亡却已增至四千余人，其间所策划的里应外合，献城归降的办法也全都流产。这时距离曾国荃顿兵天京城下已近两年之久，却仍然师老无功，进展缓慢。京城官员们对此议论纷纷，各种怪话纷至沓来，都怀疑曾国荃攻不下天京，只有文祥等少数人尚对其抱有信心。

为了能够早日看到克复天京的捷报，朝廷在加紧对曾国荃进行催责的同时，命曾国藩敦促李鸿章前来参加会攻。收到朝廷旨意，曾国荃急得生了肝病，几乎躺倒不能理事。曾国藩则是左右为难，一方面，他深知李鸿章的淮军在攻坚克城方面的能力已经超过湘军，而攻克天京乃“本朝之大勋，千古之大名”，曾国荃并不愿意与他人分享其功，一旦李鸿章参加会攻后，令曾国荃相形见绌，必然会加重曾国荃的病情。可是另一方面，如果李鸿章不来，曾国荃这边仍是毫无进展的话，也一样会把他这位弟弟弄得急火攻心，更何况，宣李鸿章参战乃朝廷旨意，并无适当理由进行推托。思虑再三，他还是决定请李鸿章带炮队前去天京助战。

李鸿章是个聪明人，哪能体会不到曾氏兄弟的窘迫和尴尬。他当即启奏朝廷，替曾国荃进行辩解，认为曾国荃围攻天京两年，虽然尚未能克竟全功，但也仅一步之遥。他说他还听曾国荃讲过，围城部队最大的困难不是缺兵而是缺饷，所以暂时不需要添加援兵。

朝廷再催，李鸿章就抛出另一个理由，说所部兵将在久战之后未得休养，官兵均疲乏不堪，况且已经在全力进攻湖州的太平军，无法在近期内赴天京作战。

李鸿章此举可算是给够了曾氏兄弟面子，让曾国藩很是感动。问题是，倘若天京依然是久攻不下，不管李鸿章再怎么推托拖延，最终还是要来的。

曾国荃既愤且急，不惜对将领们用上了激将法："别人就要来了，我们在这里辛苦了整整两年，难道就要这样把功劳拱手让人了吗？"这些将领自然没有一个甘心，纷纷表示："愿尽死力！"

重新审视战局，曾国荃发现太平门外的龙脖子和地堡城值得重视。龙脖子乃钟山西麓余脉，地形弯弯曲曲，状似龙的一条脚脖子，因此得名。地堡城和钟山上的天堡城同为太平军所修筑的军事要塞，二者可上下呼应，天堡城早已为湘军所夺，但地堡城仍在太平军手中。

曾国荃一声令下，湘军日夜发炮进行轰击，终于拿下了龙脖子和地堡城。至此，他们控制了城外最后一处制高点，可以俯视城内，居高攻击。

破　城

自 1864 年 7 月 4 日起，湘军各营逼近天京城墙根，使用云梯，昼夜不息地轮流发动猛攻。该轮攻势启动后，湘军付出了极大的伤亡代价，总兵陈万胜以下许多将领相继战死。

在实施车轮战法攻城的同时，曾国荃实施了两项措施，一是令兵勇将割下的数万捆柴草往城墙根下码堆，准备等堆到与城墙一样高时就强行登城，二是利用地堡城既紧靠城墙，又居高临下的优势，筑炮台于其上，不停地向城中进行俯射，使得守军在城头上不能立足。

这一切的一切，其实都是为了掩护一个重大的企图：重开地道！

经过十五个日夜的隐蔽作业，7月18日，大功告成。曾国荃亲率李臣典等人到地道口进行指挥，共填充火药六千袋计三万斤。李秀成觉察到情况有异，当天晚上率两队各数百人的敢死队，穿着清军号衣，分别从太平门和朝阳门潜出，对湘军发起突袭。

湘军久战疲惫，太平军抓住机会烧毁了全部的柴草堆，遗憾的是在湘军的拼死反击下，终究未能攻破保护地道口的大垒，从而与守住天京的最后一次机会失之交臂。

次日，五更时分，小天王洪天贵福做了一个令他惊恐不安的梦，他梦见官军把城墙轰塌，冲进了城内。这其实是一个即将成为现实的噩梦，当天，曾国荃站在龙膊子制高点处进行观察，看到城内太平军正四散觅食，城防空虚，于是决定实施总攻。总攻前，他申明军纪，麾下的九名高级将领则一一立下了军令状。

中午时分，随着霹雳一声巨响，湘军引爆了地堡城附近地道的火药，太平门的城墙被炸塌二十余丈，烟尘蔽空，砖石纷飞。湘军官兵从缺口处蜂拥而入，李秀成闻讯急忙赶到太平门，指挥太平军进行堵击。在太平军的猛烈射击下，四百余人的湘军先锋部队即刻毙命，然而随着湘军后续部队不断压上，太平军终于抵御不住，接连向后败退。

亲自到前线坐镇指挥的曾国荃见状，趁机命令其他各门的湘军搭起云梯，强攻而入。除中关门外，各门均被攻破，守军死的死，逃的逃，降的降，再无能力将湘军逐出城外。

眼看大局已定，李秀成被迫退回了朝门。此时洪天贵福和他的两个弟弟光王、明王来到朝门，请求李秀成救他们出去，李秀成没法把他们都带走，只能携洪天贵福一人出逃。出逃时，李秀成传令在天王府和各王府同时放火，对宫殿进行焚烧。在太平军“城中不留半片烂布与妖享用”的呐喊声中，城中燃起熊熊大火。

赵烈文原为曾国藩的机要幕僚，奉命在曾国荃大营中协调各项事务。他这时尚未入城，从兵营远眺天京，可以看到城内火光烛天，而且天王府也燃起大火，且火光冲入云霄，他估计可能是府中储藏火药的地方被引燃了。

意识到已铁定破城，赵烈文等大营留守人员欢声雷动。下午5点，曾国荃回营，赵烈文忙率众人上前祝贺。曾国荃穿着短布衣，光着脚，早已是汗泪交加，他示意众人先不要急着祝贺，随即便让赵烈文赶快替他写奏折向朝廷报捷。

赵烈文很快就交了稿。晚上六七点钟的时候，他听说各营入城后，官兵贪图抢掠财物，多单独行动，已使部队呈游兵散勇状，接着又见留营兵勇甚至杂役也都争先恐后地进城搜刮，路上肩挑背负的人络绎不绝，顿感不安。

赵烈文无功名在身，他经人引荐刚入曾幕时，曾国藩对他的印象还只是一般，所交授的第一项任务是视察湘军水陆各营。赵烈文视察后向曾国藩报告，说樟树营陆军营制很是松懈，军气已老，恐不足恃。曾国藩平素最不喜欢夸夸其谈的书生，连大名鼎鼎、给肃顺做过幕僚的王闿运都被他归入此列，听了赵烈文的话后，立刻流露出了不快的神情。

赵烈文善于察言观色，见状只好以母病为由辞行，曾国藩也顺水推舟地立刻予以批准。令人大跌眼镜的是，十天不到，湘军周凤山部果然在樟树大败。这件事让曾国藩认识到，赵烈文的见识和观察力都高出普通幕僚，于是后来又再次延聘赵烈文入幕，并对他越来越信任和器重。

曾国荃因久攻天京不下，感到帐下缺乏谋略之士，他早知赵烈文之才，多次写信请他前来相助，可是赵烈文并不愿往，曾国荃便又让哥哥出面做工作，赵烈文这才勉强答应。

赵烈文反对纵兵抢掠，认为有损湘军声誉，同时他也担心太平军会乘此机会扭转局势或突围逃逸，因此连忙入帐劝曾国荃亲往弹压。曾国荃此时已疲惫至极，一动都不想动，他瞪着眼问赵烈文：“你想要我去哪里？”赵烈文答道：“听闻缺口（指湘军的包围缺口及缝隙）很大，恐怕需要你亲自去堵御。”曾国荃摇摇头，不再理会赵烈文，赵烈文只得走出帐外。

丧尽天良

晚上8点，赵烈文听到龙脖子至钟山孝陵卫一带传来炮声，知道太平军正在组织突围。鉴于城池虽破，但“逆首”李秀成等人仍不知下落，他于是再度入帐去找曾国荃。

曾国荃已经睡着了，赵烈文把他从床上摇醒，告知详情并请求派骑兵进行堵截。曾国荃却不以为然，在床上躺了好长时间后，才爬起来，掌上灯，但并不是要派兵堵截，而是与赵烈文商量如何修改那份奏折。商量完了，他让人重新缮写新稿，然后又重新睡下了。

曾国荃及其部下的大意懈怠，给突围者带来了机会。赵烈文所听的炮声正是城中的突围信号，趁湘军正热衷于抢掠，太平军一部分缒城外逃，另一部分一千多名步骑兵，在李秀成的率领下，换穿官军服饰，保护小天王洪天贵福伺机冲出。

因为人数较多，李秀成这一部分人马突围起来要困难得多，几次要冲出去都没能找到机会，众人手足无措，唯知惊恐流泪。这样一直拖到凌晨1点过后，李秀成一马当先，率部向太平门城墙被炸塌的缺口处猛冲。湘军有四个营负责守卫缺口，但这四个营的精锐大半在城中未返，留在缺口处的皆为疲惫士卒，根本挡不住对方，太平军仅损失了数十人便得以出城。

冲出城之后，突围部队还要越过层层叠叠的湘军营寨及其所挖的深壕高垒。好在这一方向的萧孚泗等营与缺口守军的情况类似，看到了也不敢上前阻击，只能咋咋唬唬地胡乱放炮。

眼看太平军已经绝尘而去，各营忙派人向大帐进行报告。因为曾国荃还在睡梦之中，报信的人不敢随意惊动，便先行向赵烈文汇报。赵烈文稍加分析，马上断定李秀成等“逆首”就在这支突围部队之中。

赵烈文深知，曾国荃花两年时间才攻破天京，如果再让“逆首”逃脱，不但不能得到大功，反而还将招致朝廷的严厉谴责。他再回头一看，按照曾国荃要求重新缮写奏折的人还没有完工哩，此情此景令他长叹一声，颇有“竖子不足与谋”之感。

赵烈文一溜小跑，赶到大帐，在将曾国荃叫醒后，将太平军突围成功一事以及自己的估计告诉了他。曾国荃这才明白事情的严重性，顿时也是又急又怕。赵烈文赶紧对他说，可以在奏折内增加几句话，以便留下退身步。曾国荃连连称好，并急调骑兵进行追击。

李秀成将部队一分为二，前队保护洪天贵福先逃，后队由他率领，阻挡湘军的追击。洪天贵福随前队逃出，年底在南昌被俘。因为突围时，洪天贵福没有马骑，李秀成便将自己的好马让给他，改骑了一匹普通的马。在方山一带，李秀成与其他人失散，坐骑也失去了行走和奔跑的能力，他被迫步行避入附近的方山。

几天后，方山山民王小二上山砍柴，在庵内发现了饥肠辘辘的李秀成。他一下山就将这一情况向村董陶大兰进行报告。两人合谋将李秀成哄骗下山，捆绑送入萧孚泗军营。

萧孚泗看到李秀成眼睛发亮，立即贪天之功为已有，向曾国荃诳称是自己抓获了李秀成。他还怀疑李秀成尚有财物藏在陶大兰家（实际李秀成随身所带财物吊在一棵树下，且已被另一群山民拾去），于是便派人将陶大兰全家连同邻居都抓到营中进行拷问，逼他们供出财物藏匿之所。陶大兰所在村庄的村民知道后，都吓得跑掉了，以致整座村庄变得空空荡荡。

赵烈文知道这件事后十分愤慨，责骂萧孚泗丧尽天良，说他“以后死都不知道要死在哪里”。

萧孚泗干的缺德事远不止这一件。本来李秀成虽下令焚烧天王府和各王府，但可能大家都急于突围和出逃，天王府并没有被烧毁，即便赵烈文看到天王府燃起大火，亦未伤及根本。可是萧孚泗在抢劫天王府后，为了掩盖罪证，却纵火烧掉了天王府。

其他湘军各营在抢劫的时候，也四处放火。江宁城（城破后，自然无人再以天京相称）的大火烧了八天八夜，数十道紫绛色的烟尘如同大山一样，长久地屯结于空中，经久不散。赵烈文估计，城内所烧掉的王府及房屋，只有十分之三是太平军所为，其余都是湘军干的。

至攻破城池，曾国荃军的欠饷已达十七个月之久，官兵甚至一度不得不靠食粥度日，一旦大功告成，曾国荃既无心也无力对其部属进行约束。赵烈文指出萧孚泗在抓获李秀成一事上系欺诳冒功，但曾国荃不肯深究，赵烈文请求他对入城后的湘军下达“止杀令”，他也不同意。

曾国荃的放纵态度直接导致许多无辜居民被害。赵烈文在江宁的大街上行走，看到沿街死尸九成都为老者，即便侥幸未死的人也无不负伤，有的甚至中了十几刀、数十刀，哀号之声不绝于耳。倒是精壮者因为被兵勇抓去抬运抢劫物品，反而死的不多。

左宗棠说过，他虽然戎马一生，但始终谨守“不重伤，不禽二毛”的古训，决不伤害年长的人。曾国荃军如此滥杀无辜，令赵烈文都看不下去，直斥："其乱如此，可为发指。"

谶　语

1864年7月31日，一名信使骑快马冲进北京城门。他一边策马飞奔，一边不停地挥舞着手中的红旗。

红旗是报捷的信号，表示已战胜了国家最危险的敌人。这名信使随身还携带着一份特快公文，上面标有"六百里加急红旗报捷"的字样。"六百里加急"是清帝国官邮最高等级的特急件，凡是这样的特急件，信使都必须以最快的速度一刻不停地送达京城。

特急件为两江总督曾国藩、两广总督官文所写，他们在文件中详细描述了金陵城的收复经过以及对太平天国所造成的毁灭性打击。虽然曾国荃亦有单独的奏疏，但只有曾国藩、官文所寄来的这份文件，才能为克复天京，或者说太平天国的灭亡盖上大大的戳印。

收到特急件后，朝廷立即在公报上予以发布，同时对有功之臣大加封赏，其中曾国藩赏加太子太保衔，赐封一等侯爵，世袭罔替；曾国荃赏加太子少保衔，赐封一等伯爵，两人均赏戴双眼花翎。

太平天国运动是除两次鸦片战争之外，对清帝国影响最为深刻的一次事件。同治皇帝在以他名义发布的诏书中，进行了简要概括："这次叛乱从开始到现在，历时十五年，叛乱者占领江宁达十二年之久，其间他们践踏了十多个省，造成数以百计的城市沦陷。"

年幼的同治皇帝宣布他将亲自到天坛进行祭祀。十二年前，当江宁落入太平军手中时，清帝国被推到了崩溃的边缘，咸丰诚惶诚恐，在禁食斋戒后赶到天坛，忏悔自己可能招致上天愤怒的种种过失，请求上天予以宽恕和帮助。一晃十二年个春秋过去了，作为清帝国的继承者，同治又将前往同一个地点，只不过这次他的心情是轻松和愉悦的，因为他只需替父亲向上天还愿，感谢"苍天的怜悯"，而不用再自贱式地将自己狠批一通了。

清帝国似乎危机已除，但有些明智之士并不这样想。李秀成被俘后，赵烈文特地前去看望，并征询他对今后局势的看法。李秀成直言虽然他已身陷囹圄，但天下不会从此太平。赵烈文问为什么，李秀成说他看过星象，“天上有数星，主夷务不靖，十余年必见”。

赵烈文是懂《易经》和星象的，他问李秀成所观察的那几颗星的星名度数。李秀成不是士大夫一类的文化人，他的星象学只是土法星象学，哪里知道什么正经的星名度数之类，他随后的回答仅被赵烈文认为是“鄙俚俗说”。

李秀成关于夷务之患，十余年必见的预言，成为同治年间第一个能够得到事实验证的谶语。李秀成死后十年，即 1874 年，发生琉球事件，日本侵犯台湾。琉球事件虽然只是个引子，却是随后夷务之患的导火索。正是通过琉球事件，日本看到了清帝国的外强中干，于是整军备战二十年，直至发动甲午战争，从而给清帝国造成了重大变故，清帝国走向没落乃至垮台，可以说都离不开甲午战争的影子。

外患终究只是一种挑战。如同太平天国的灭亡一样，所有败亡的种子都深埋于其内部。1867 年，即赵烈文、李秀成对话后的第三年，赵烈文与曾国藩又进行了一次极为深入的秘密谈话。

其时不仅太平天国，就连捻军也已遭到彻底镇压，但曾国藩对当时社会的时风日下、民穷财尽感到忧心忡忡，他问赵烈文是否会因此出现重大的社会变动。赵烈文分析说，暂时还不会，但随着时间的推延，这种事情一定会发生，其过程是先“分剖”，形成分裂割据的局面，到一定时候再“抽心一烂”，到那时，如果连中央政权都维持不住，土崩瓦解的局面就自然而然形成了。

赵烈文道出了同治年间第二个被事实所验证的谶语，他预测：清帝国将在五十年内灭亡！

曾国藩当时虽然不完全相信赵烈文的预测，但他也知道这一天终将到来。他颇为无奈地对赵烈文说：“我每天都希望自己能快点死掉，免得看到朝廷走向末路。”

有一点却是曾国藩永远设想不到的，那就是清帝国败亡的种子其实就撒在了湘军中间。

攻占江宁后不久，因深感湘军暮气已深且恐遭时谤，曾国藩对湘军进行了遣散。对于很多军人来说，遣散等于失业。他们在花光从军营带回来的金钱后，穷困无聊，便纷纷加入哥老会起兵作乱。从前曾国藩处置会党，实行的是屠杀政策，如今不同了，哥老会的这些人都是共过患难，一起出生入死的袍泽，曾国藩只能代之以从宽办理、孤立首领以安众心的办法，再不敢咬着牙斩草除根了。

曾国藩在世的时候，哥老会虽然在湖南年年起事，但未见大的干戈。曾国藩死后，哥老会的势力从湖南迅速扩展到湖北，两湖成为会党的重要潜伏地。到了光绪末年，哥老会加入革命党，一同掀起反清浪潮，最后在辛亥革命的枪声中，清帝国完全垮台。

辛亥革命爆发于1911年，掐指一算，离赵烈文留下谶语的那一年，相距四十四年，真的没能逃过五十年的宿命。

血，到底不能洗血。曾国藩和湘军用无情杀戮太平军及无辜者，用噍类无遗，用尸山血海，为清帝国延续了四十多年的寿命，不料四十多年后，这个帝国却被他们亲手埋下的种子给推翻了。

谁能说这不是一个奇迹，然而谁又能说这仅仅只是一个奇迹！

（全系列完）

参考文献

[1] 张恩荫，杨来运. 西方人眼中的圆明园 [M]. 北京：对外经济贸易大学出版社，2000.

[2] 葛罗. 黄皮书日记 [M]. 赵勤华，译. 上海：中西书局，2011.

[3] 瓦兰·保罗. 远征中国 [M]. 孙一先，安康，译. 上海：中西书局，2011.

[4] 贝齐亚·布瓦西厄，伯纳·布立赛. 中国之役——1859—1861，陆军少尉的战争记忆 [M]. 陈建伟，译. 上海：中西书局，2011.

[5] 埃利松. 翻译官手记 [M]. 应远马，译. 上海：中西书局，2011.

[6] 麦吉. 我们如何进入北京——1860 年在中国战役的记述 [M]. 叶红卫，江先发，译. 上海：中西书局，2011.

[7] 库赞·德·蒙托邦. 蒙托邦征战中国回忆录 [M]. 王大智，陈娟，译. 上海：中西书局，2011.

[8] 霍普·格兰特. 格兰特私人日记选 [M]. 陈洁华，译. 上海：百家出版社，2011.

[9] 额尔金，沃尔龙德. 额尔金书信和日记选 [M]. 汪洪章，陈以侃，译. 上海：中西书局，2011.

[10] 斯温霍. 1860 年华北战役纪要 [M]. 邹文华，译. 上海：中西书局，2011.

[11] 奥保罗·帕吕·德·拉·巴里耶. 远征中国纪行 [M]. 谢洁莹，译. 上海：中西书局，2011.

[12] 布隆戴尔. 1860 年征战中国记 [M]. 赵珊珊，译. 上海：中西书局，2011.

[13] 特拉维斯·黑尼斯三世，弗兰克·萨奈罗. 鸦片战争——一个帝国的沉迷和另一个帝国的堕落 [M]. 周辉荣，译. 杨立新，校. 北京：生活·读书·新知

三联书店，2005.

［14］耿异．孟斗班与第二次鸦片战争——新公布的档案文献揭露英军焚毁圆明园之真相［J］．学术月刊，2006（1）：94-100.

［15］郑曦原．帝国的回忆——纽约时报晚清观察记［M］．李方惠，郑曦原，胡书，译．北京：生活·读书·新知三联书店，2001.

［16］刘毅政．僧格林沁［M］．北京：军事科学出版社，1994.

［17］乔子良，刘坤．僧格林沁亲王［M］．通辽：内蒙古通辽市档案馆，政协通辽市文史资料委员会，2004.

［18］周双利，巴根．论僧格林沁［J］．内蒙古民族师院学报，1993（2）：1-8.

［19］郭廷以．郭嵩焘先生年谱：上［M］//“中央研究院”近代史研究所专刊：29. 台北：“中央研究院”近代史研究所，1971.

［20］赘漫野叟．庚申夷氛纪略［M］// 齐思和，等．中国近代史资料丛刊：第二次鸦片战争．上海：上海人民出版社，1978.

［21］不著撰人．庚申英夷入寇大变记略［M］// 齐思和，等．中国近代史资料丛刊：第二次鸦片战争．上海：上海人民出版社，1978.

［22］蒋廷黻．中国近代史［M］．上海：上海古籍出版社，1999.

［23］杨宗亮，韩晓华．“洋务”及总理衙门辨正［J］．中华文化论坛，2001（4）：128-131.

［24］萧一山．清代通史：三［M］．上海：华东师范大学出版社，2006.

［25］吕思勉．吕著中国近代史［M］．上海：华东师范大学出版社，1997.

［26］吕思勉．白话本国史：下［M］．上海：上海古籍出版社，2005.

［27］赵尔巽．清史稿［M］．天津：天津古籍出版社，2012.

［28］刘忆江．曾国藩评传［M］．北京：经济日报出版社，2008

［29］萧一山．曾国藩传［M］．海口：海南出版社，1994.

［30］曾国藩．曾国藩日记［M］．北京：团结出版社，2012.

［31］严树森．胡文忠公（林翼）年谱［M］// 沈云龙．近代中国史料丛刊：第8辑．台北：文海出版社，1966.

［32］蔡锷，徐一士，徐凌霄，曾胡谭荟——曾胡治兵语录．［M］．太原：山

西古籍出版社，1995.

［33］孙占元 . 左宗棠评传［M］. 南京：南京大学出版社，2002.

［34］贝尔斯 . 左宗棠传［M］. 王纪卿，译 . 南京：江苏文艺出版社，2011.

［35］李春光 . 清代名人轶事辑览［M］. 北京：中国社会科学出版社，2004.

［36］龙盛运 . 湘军史稿［M］. 成都：四川人民出版社，1990.

［37］罗尔纲 . 湘军新志［M］// 沈云龙 . 近代中国史料丛刊续编：第 95 辑 . 台北：文海出版社，1983.

［38］史景迁 . 太平天国［M］. 朱庆葆，等 . 译 . 桂林：广西师范大学出版社，2011.

［39］郭廷以 . 太平天国史事日志：下册［M］. 上海：上海书店，1986.

［40］孔飞力 . 中华帝国晚期的叛乱及其敌人——1796—1864 年的军事化与社会结构：修订版［M］. 谢亮生，杨品泉，谢思炜，译 . 北京：中国社会科学出版社，1990.

［41］张海鹏 . 湘军在安庆战役中取胜原因探析［J］. 近代史研究，1988（5）：27-52.

［42］隋丽娟 . 多隆阿与安庆战役［J］. 黑龙江社会科学，1997（1）：57-60.

［43］梁从国 . 曾国藩与李元度的关系再辨析——从咸丰十年的一个奏折说起［J］. 沈阳师范大学学报，2013（2）：180-183.

［44］吴梅 . 曾国藩与李元度关系探微［J］. 池州学院学报，2016（2）：75-77.

［45］贾熟村，龙盛运 . 袁甲三与临淮军［C］. 太平天国北伐史论文集，1983.

［46］R. J. 史密斯 . 十九世纪中国的常胜军——外国雇佣兵与清帝国官员［M］. 汝企和 . 译 . 余永定，郭方，校 . 北京：中国社会科学出版社，2003.

［47］何桂春 . 上海中外会防局及其反革命活动［J］. 福建师范大学学报（哲学社会科学版），2016（2）：75-77.

［48］樊百川 . 淮军史［M］. 成都：四川人民出版社，1994.

［49］梁启超 . 李鸿章传［M］. 西安：陕西师范大学出版社，2009.

［50］罗尔纲 . 增补本李秀成自述原稿注［M］. 北京：中国社会科学出版社，1995.

[51] 呤唎 . 太平天国革命亲历记 [M] . 王维周，译 . 上海：上海古籍出版社，1985.

[52] 呤唎 . 我们被太平军迷住了——在中国的一次奇异经历 [M] // 中外关系史学会，复旦大学历史系 . 中外关系史译丛：第 2 辑 . 上海：上海译文出版社，1985.

[53] 邓嗣禹 . 太平天国与西方列强——1853—1854 年 [M] // 中外关系史学会，复旦大学历史系 . 中外关系史译丛：第 4 辑 . 上海：上海译文出版社，1988.

[54] 柯文 . 在中国发现历史 [M] . 林同奇，译 . 北京：中华书局，2005.

[55] 史景迁 . 追寻现代中国——1600—1912 年的中国历史 [M] . 黄纯艳，译 . 上海：上海远东出版社，2005.

[56] 乔纳森 · 斯潘塞 . 改变中国 [M] . 曹德骏，竺一莘，周定国，朱子文，译 . 北京：生活 · 读书 · 新知三联书店，1990.

[57] 曾根俊虎 . 北中国纪行——清国漫游志 [M] . 范建明，译 . 北京：中华书局，2007.

[58] 陈乃乾 . 阳湖赵惠甫（烈文）先生年谱 [M] // 沈云龙 . 近代中国史料丛刊续编：第 99 辑 . 台北：文海出版社，1983.

[59] 华强 . 论湘军幕僚赵烈文日记的历史价值——以天京破城战和谶语为例 [J] . 玉林师范学院学报，2011，32（6）：2-8.